추세 매매 절대지식

The Universal Tactics of

SUCCESSFUL
TREND TRADING

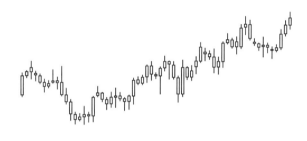

프로 트레이더의 주식투자 성공 전략

추세 매매 절대지식

브렌트 펜폴드 지음 • 정진근 옮김

에디터
editor

감사의 글

내가 유일하게 감사의 말을 전하고 싶은 사람들은 필자의 이전 책 《주식투자 절대지식》을 구매한 독자들이다.

지금 이 글을 읽고 있는 당신이 그중 하나라면 너무나 감사한 일이다. 만약 그렇지 않더라도, 어쨌든 이 책을 선택했으므로 역시나 감사하다!

이 책은 《주식투자 절대지식》의 성공에 힘입어 태어난 책이다.

2010년에 출간된 《주식투자 절대지식》은 이후 폴란드어, 독일어, 한국어, 일본어 그리고 중국어로 번역되어 세계적인 베스트셀러가 되었다. 만약 그 책이 성공을 거두지 못했다면, 동반자와 같은 이 책은 절대로 만들어지지 않았을 것이다.

따라서 《주식투자 절대지식》이 오늘과 같은 성공을 거둘 수 있도록 도와준 모든 투자자에게 큰 감사를 드린다.

추세 추종 매매의 세계에 대한 안내

안전벨트를 매라

이 책은 실질적인 추세 추종 매매에 관한 것이다.

하지만 서두르지 말자. 추세 추종 매매를 시도하거나 추세 추종 매매를 계속하기 전에, 먼저 간단한 '속성 검사' 혹은 '속성 자가 분석'을 통해 당신이 이런 매매에 적합한지 확인해야 한다. 당신이 추세 추종 매매를 하는 데 적합하지 않다면, 이 책을 읽는 것은 무의미하다. 따라서 시작하기 전에 간단한 검사를 해보자.

속성 검사를 통해 추세 추종 매매가 당신을 위한 것이 아니라고 판단되더라도, 걱정할 필요는 없다. 자기 자신과 투자자산 그리고 가족을 위해 진실하게 행동한 것은 잘한 일이다.

만약 자신이 추세 추종 매매에 적합하다고 생각된다면, 그리고 그것을 지속할 수 있다면 당신은 보상받을 것이다. 그러나 중요한 것은

'지속하는 것'이다. 단순하긴 하지만 매매, 특히 추세 추종 매매는 절대로 쉽지 않다. 당신은 추세 추종 매매의 불편함을 견디는 법을 배워야 할 것이다. 그것은 요철(凹凸)이 없는 편안한 길이 아니다. 그러나 만약 당신이 그것을 지속할 수 있고 분별력이 있다면, 당신은 보상받을 것이다. 자, 이제 안전벨트를 매고 전문적인 추세 추종 매매의 세계에 대한 간단한 소개를 들어보자.

추세 추종 매매의 첫 번째, 그리고 가장 중요한 사실

불편한 사실부터 시작하겠다. 추세 추종 매매는 부인할 수 없을 정도로 비참하다. 말 그대로 표현할 수 없을 정도로 비참하다.

추세 추종 매매는 모든 매매의 67%에서 손실을 기대할 수밖에 없는 비참한 매매다. 당신은 돈을 버는 쪽보다 잃는 일에 더 많은 시간을 쓰게 될 것이다. 나는 지금 당신이 돈을 잃는 데 훨씬 더 많은 시간을 쓰게 된다고 말하는 것이다. 만약 아직도 나의 글을 읽고 있다면, 당신은 다음의 사항들을 반드시 알고 있어야 한다.

- 당신은 당장의 이익을 위한 매매를 하지 않을 것이다. 절대로!
- 당신의 시장 분석이 정확하다는 것을 증명하기 위한 매매를 하지 않을 것이다. 절대로!
- 시장에 참여하는 데 따르는 만족감을 위한 매매를 하지 않을 것이다. 바보같이 굴지 마라.
- 당신은 자신이 생각하는 시장 추세의 대체적인 방향으로만 매매할 것이고, 꽤 자주 틀릴 것이다. 거기에 익숙해져야 한다.

- 당신은 기대이익을 얻을 기회를 위해 매매하는 것이지 이익을 얻으려고 매매하는 것이 아니다. 정말 그렇다.
- 기대이익은 매매에서 얻을 당신의 승패에서 나온다. 그렇다, 정말 그렇다.
- 기대이익은 수많은 패배와 몇 번의 승리가 오랜 시간 계속될 때만 쌓인다. 내가 이미 비참하다고 말하지 않았는가?

이러한 사실을 알고 받아들일 수 있다면, 당신은 준비된 것이다.

당신의 흥을 깨기 위해 이런 말을 하는 것이 아니다. 나는 이것이 현실이고, 그 현실이 어느 정도인지 당신에게 말하고자 하는 것이다. 나는 당신이 열 번, 스무 번, 서른 번의 끔찍한 손실 후에, 결국은 그것을 내다 버리는 추세 추종 매매 전략을 만들기를 바라지 않는다. 하지만 그런 일은 반드시 일어난다. 그렇게 되지는 않을 것으로 생각하지 마라. 시장의 역경이 그렇게 만들어줄 것이다.

추세 추종 투자자로 사는 삶은 비참하다는 것을 기억하라. 당신은 항상 돈을 잃고 있을 것이다. 이 매매는 반복적이고 지루하다. 항상 똑같은 주문을 하고 동일한 포트폴리오의 시장에서 매일 똑같은 매매를 하게 된다. '진입과 청산'을 되풀이하는 과정이다. 그야말로 반복적이고 지루하고 고통스럽다. 당신은 계속해서 손실을 겪게 될 것이다. 그것도 꽤 큰 손실을 말이다. 이것은 정신을 자극하는 것이 아니라 정신을 멍하게 만든다.

하지만 그런 역경에도 불구하고, 이런 매매로 이익을 볼 수도 있고, 때로는 매우 큰 이익을 얻기도 한다.

그러나 격동의 시기에도 이런 매매를 고수할 때만 그렇다. 격동의 시기를 견뎌낼 수 있다면 좋은 시기를 즐길 수 있다.

당신은 적절한 자금 관리 기법을 사용해야 할 것이다. 자신의 자산에 비해 작은 규모로 매매해야 한다. 자신의 파산 위험이 0%인지 확인해야 한다. 자신이 정한 손절매 기준을 변경하지 않고 손실이 자신을 화나게 하지 않는 것, 두 가지 모두에서 제대로 돈을 잃을 줄 아는 투자자라는 것을 확실히 해둘 필요가 있다. 당신은 나쁜 시기를 겪을 필요가 있다. 때때로 당신의 세상을 방해하는 어둠을 견뎌내는 법을 배울 필요가 있다. 이 모든 것을 해냈을 때 당신은 놀라운 결과를 얻을 수 있다.

당신이 이런 추세 추종 매매의 여정을 시작하기로 마음먹었다면 지금 말한 것들을 기억하기 바란다.

당신이 모든 추세 추종 투자자들이 사는 깊고 어두운 곳에 있을 때, 그곳이 가장 어두운 것처럼 보일 때 성공적인 추세 추종 매매는 오로지 생존의 문제이며, 파산 위험을 피하고, 좋은 패배자가 되고, 훌륭한 매매 계획을 따르는 것이라는 점을 기억하기 바란다. 지금 당장의 이익이 아니라, 기대수익을 얻을 기회를 위해 매매한다는 점을 깊이 새겨두기 바란다. 이런 기대수익은 오랜 기간에 걸쳐 많은 매매를 통해 쌓일 수 있는 것이다. 어쩌면 1년 내내 매매를 해야 할지도 모른다. 2년이 걸릴 수도 있다. 왜냐하면 어떤 시장이 추세를 만들기로 할지 당신은 알 수 없기 때문이다. 그러나 당신이 험난한 시장에 계속 머물 수 있는 법을 배운다면, 시장이 새로운 고점에 도달할 때 당신은 그만한 보상을 받을 것이다.

자, 당신은 아직도 추세 추종 매매에 관심이 있는가?

추세 추종 매매에 관심이 없다면, 당신은 결단력 있고, 정직하게 대처했으므로 걱정할 것이 없다. 그러나 아직도 관심이 남아 있다면, 나의 고통스러운 추세 추종 매매의 세계에 온 것을 환영한다. 내가 여러분에게 들려줄 아이디어들이 마음에 들었으면 싶다.

매매로 어떻게 돈을 벌 것인가?

이제 여러분에게 간단히 설명을 마쳤으니, 본격적으로 시작하겠다. (안전벨트를 단단히 매는 것을 잊지 말자.) 이제 본론으로 들어가자. 당신은 단지 한 가지 이유로 이 책을 읽는 것이고, 내가 이 책을 쓴 이유도 그것 때문이다. 즉 당신은 추세 추종 매매로 어떻게 돈을 버는지 알고 싶은 것이다.

이제부터 여러분에게 방법을 알려주겠다.

하지만 내가 진도를 나갈 때마다 당신은 나와 함께 해나가야 한다. 이 책을 다 읽은 뒤에는 내가 말하는 모든 것을 독립적으로 검증하고 확인해야 한다. 무엇이 효과가 있고 무엇이 그렇지 않은지 내가 아무리 말해봐야 아무 소용이 없다. 스스로를 이해시키는 것은 당신 자신의 몫이다. 인간의 본성에 도전하고 노력을 기울여라. 그렇게 한다면, 그리고 제대로 실행한다면 당신은 보상받을 것이다.

행운을 빈다.

브렌트 펜폴드

차례

감사의 글 · 5

서문 / 추세 추종 매매의 세계에 대한 안내 · 7

들어가기 / 이 책의 두 가지 목적 · 18

제1장 • 역설

해탈과 절망 · 39

또한 혼란스러운 시기 · 41

내가 어떻게 도울 수 있을까? · · · · · · · · · · · · · · · · · · · 42

성공적인 투자 방법 · 44

요약 · 44

제2장 • 핵심 메시지

지식 · 50

위험 · 81

매매 전략 · 99

매매 실행 · 129

요약 · 143

제3장 • 추세 추종 매매의 매력

펀치와 주디 인형극 ································· 147
추세 추종 매매란 무엇인가? ····················· 149
추세가 중요한 이유는 무엇인가? ················ 151
추세 추종 매매의 매력 ···························· 152
돈을 버는 추세 추종의 매력-이면의 과학 들여다보기 ··· 165
최고의 훈련 ····································· 217
요약 ··· 228

제4장 • 추세는 왜 존재하는가?

혼란의 시대 ····································· 231
행동 금융학 ····································· 232
경로 의존성 ····································· 240
승자는 누구인가? ······························· 241
요약 ··· 242

제5장 • 왜 그렇게 많은 사람들이 실패하는가?

과학은 우리가 잃을 수 없다고 말한다 ············· 245
추세 추종 매매의 개요 ··························· 246
왜 그토록 많은 사람들이 실패하는가? ············ 251
지표를 무용지물로 만드는 가변성 ················ 262
인기 있는 지표들 ······························· 263
상대 강도 지수 ································· 266
전략 지속성 검토 ······························· 267
반전 추세 전략 ································· 269

투자자들은 항상 변숫값을 변경한다 ·································· 288

선택 가능한 다양한 손익 그래프, 기대치, 파산 위험 ········· 288

최적의 변숫값 조합은 항상 바뀐다 ································· 291

선택 가능한 손익 그래프의 상위 및 하위 대역 파악하기 ······· 294

전략의 지속성 검토 ·· 296

변수가 많을수록 선택할 것이 많고 위험도 커진다 ··············· 297

가변적이고 주관적인 도구들 ··· 299

독립적이고 객관적인 도구들 ··· 300

그렇다면 어떻게 해야 하는가? ······································ 303

요약 ··· 303

제6장 • 매매 전략

시장 ··· 308

기술적 분석이 전혀 없는 전략 ······································· 310

추세 추종 매매 전략 ·· 321

모멘텀 추세 추종 매매 ··· 322

상대 강도 추세 추종 전략 ·· 323

가상 매매 결과 ··· 325

상대적 모멘텀 추세 추종 매매 전략 ································· 326

절대적 모멘텀 추세 추종 매매 전략 ································· 346

되돌림 추세 추종 매매 전략 ··· 387

랜덤 추세 전략으로의 귀환(2020) ·································· 397

요약 ··· 400

제7장 • 위험 측정

전략의 성과를 측정하는 방법 ·· 406

위험 조정 성과 측정 ···················· 408

표준편차 ································ 411

궤양 지수 ······························· 421

궤양 성과 지수 ························ 431

모든 전략이 동일하게 만들어지는 것은 아니다 ··········· 436

요약 ···································· 439

제8장 • 앞으로 나아가기

매매 전략 개발 도구 ···················· 444

포트폴리오 구성 ························ 444

데이터 ································· 448

소프트웨어 ······························ 449

성공하는 전략의 속성 ···················· 451

전략 검토 ······························· 456

벤치마크 전략 – 어떤 전략이 적합한가? ············· 472

전략 개발 ······························· 500

요약 ···································· 504

제9장 • 다시 미래로

전략 개발 ······························· 508

매매 기법 찾기 ························ 508

매매 기법 코드화 ························ 518

매매 기법 검토 ························ 520

매매 기법 비교 ························ 520

매매 기법 조정 ························ 523

손익 그래프 안정성 검토 ···················· 575

합리적인 매매의 도착지 ···································· 577

고점 대비 하락 ······································· 578

찰스 다우 ·· 582

전진을 위해 다시 미래로 ································· 583

다양성 포용하기 ······································ 584

감사의 글 ·· 585

역자 후기 / 추세 추종 매매의 궁금함에 대한 저자의 명확한 응답 · 589

찾아보기 · 593

이 책의 두 가지 목적

이 책은 두 가지의 목적이 있다.

현실주의자의 책

첫째, 나는 이 책이 나름의 장점을 바탕으로 인기 있는 책이 되었으면 한다. 언젠가 이 책이 추세 추종 매매에 대한 현실적이고 솔직한 목소리로 비치길, 그리고 추세 추종 매매처럼 시간의 시험을 견뎌내는 책이 되길 바란다.

동반자로서의 책

두 번째로, 나는 이 책이 나의 이전 책인《주식투자 절대지식(*The Universal Principle of Successful Trading*)》과 함께할 수 있는 동반자로 여겨지기를 소망한다. 이 책이 내가《주식투자 절대지식》에서 많이 썼던 성공적인 매매의 보편적 원리에 대한 자연스러운 확장과 찬사가 되기를 바란다.

이전 책에서 누락된 제14장

나는 《주식투자 절대지식》에서 여러 가지 불변의 핵심 원칙을 따르는 매매 과정을 논의하기 위해 총체적인 접근법을 취했다. 그것은 시장이나 금융상품 및 기간, 기술 또는 분석과 관계없이 모든 투자자에게 적용되는 원칙이었다. 훌륭한 매매 과정을 따르는 일은 시장, 금융상품, 기간, 기술 및 분석과 같은 부수적인 것들보다 더욱 중요한 것이다.

《주식투자 절대지식》은 총체론적인 유형의 책이었으므로 나는 매매의 가장 흥미로운 부분, 즉 매매 전략의 분석과 개발을 다루는 데에는 거의 시간을 할애하지 않았다. 또한 나는 시장의 구조를 분석하고, 적절한 예비 신호를 확인하고, 합리적인 매매 계획을 적용하는 데에도 시간을 할애하지 않았다.

부연하자면, 기본적으로 시장 구조, 분석 기법, 예비 신호, 진입, 손절매, 이익 실현 기법 등을 자세히 논의하지 않은 《주식투자 절대지식》이 그처럼 인기가 있었다는 사실이 아직도 나를 놀라게 한다. 간단히 말해서 그 책은 매매 전략의 분석, 조사, 개발, 검토 그리고 최종 결정이라는 흥미로운 측면을 자세히 설명하지 않는다. 이 책은 성공적인 매매의 보편적 원칙, 즉 매매에만 초점을 맞추고 있다.

내가 개인적으로 가장 소중하게 여기는 주제이지만, 그럼에도 불구하고 그것이 특별히 흥미진진하지 않다는 것은 알고 있다. 다루는 내용의 관점에서 보면 이 책은 《주식투자 절대지식》에 비해 더 중요하지는 않을지라도 훨씬 더 흥미로울 것이다.

이제 다시 원래의 논점으로 돌아가보자.

이 책은 추세 추종 매매에 관한 좀 더 실용적인 안내서로서, 좀 더 총체적이고 이론적인 유형의 《주식투자 절대지식》의 자연스러운 확장판이자 보완재가 될 것이다. 이 책에서 나는 매매 기법과 관련하여 두 책에서 공유되는 원칙을 취하여 강력한 추세 추종 매매 전략을 조사하고 검토하고 개발하는 데 이를 실용적으로 적용할 것이다.

《주식투자 절대지식》에서는 '매매 전략'에 대해 폭넓게 썼지만, 내 생각을 증명할 수 있는, 곧바로 사용할 수 있는 실질적인 매매 전략의 사례를 제시하지 못했는데, 이 책에서는 내가 말한 것을 증명하기 위해 즉시 사용할 수 있는 전략의 예를 제공할 것이다. 그것은 《주식투자 절대지식》에서 논의한 내용의 실제 사례를 보여주기 위함이다.

나는 여러분이 이 책을 객관적이고 독립적인 매매 전략의 예를 제공하는 '실용적' 내용을 담은, 《주식투자 절대지식》에서 빠진 제14장이 될 것으로 생각한다.

책의 목적

앞에서 언급했듯이, 나의 목표는 이 책을 다음과 같이 만드는 것이다.

1. 진지한 추세 추종 투자자에게 중요하고, 정직하며, 유익하고, 실용적이면서 도움이 되는 동시에 시간의 시험을 견딜 수 있을 만큼 견고한 책으로 만드는 것

2. 《주식투자 절대지식》의 중요하고 보완적인 동반자가 되도록, 말하자면 그 책의 누락된 제14장의 역할을 하는 책으로 만드는 것

따라서 이 책은 '매매 전략'이라는 단일하고 집중적인 주제에 초점을 맞출 것이다. 이 책은 성공적인 매매의 다른 보편적 원칙을 다루지 않는다. 그것들은 《주식투자 절대지식》에서 이미 포괄적으로 다루었기 때문이다.

이 책만으로 성공할 수 있는 것은 아니다

이 책이 엄청난 비법을 알려주진 않는다는 점을 이해해주기 바란다. 이 책 하나만으로 당신을 장기적으로 지속 가능한 성공적인 투자자로 만들지는 못할 것이다. 나는 이 책이 좋은 내용으로 꾸려졌다고 생각하지만, 이 책만으로 당신을 성공적이고 지속 가능한 투자자로 만들기에는 충분하지 않다. 모든 투자자에게 익숙한 피할 수 없는 손실과, 또한 피할 수 없는 의심과 고통에도 불구하고 살아남는 투자자 말이다. 다시 말하지만, 이 책만으로는 절대로 충분하지 않다. 그러나 필자의 《주식투자 절대지식》과 함께, 나는 이 책이 시장에서 실패하는 투자자를 장기적으로 지속 가능한 승자로 바꿔줄 잠재력이 있다고 믿는다. 아직 읽지 않았다면 먼저 《주식투자 절대지식》을 읽어볼 것을 권한다.

이 책은 성공적인 매매의 보편적 원칙 중에서 '매매 전략'이라는 한 가지 요소만 다루고 있으며, 매매의 지속적인 성공을 달성하기 위해서는 다른 원칙들도 필요하다.

성공적인 매매를 위한 보편적인 원칙들

1. 준비하기	2. 깨침	3. 매매 스타일 개발하기	4. 시장 선택	5. 세 개의 기둥	6. 매매하기
극한의 역경 감정의 지향 지는 게임 무작위 시장 재정적 한계치 잘 잃는 자가 승자 리스크 관리 매매 동반자	파산 위험 피하기 −잘 잃는 자가 　승자 −자금 관리 매매의 성배＝E×O 단순성 −지지선/저항선 두려운 곳에 발을 디디기 검증하기−T.E.S.T.	매매 방식 −추세 추종 매매 −스윙 매매 타임프레임 −데이트레이딩 −단기 매매 −중기 매매 −장기 매매	시장의 특성들 단일 시장 복수 시장	매매의 세 개의 기둥 1. 자금 관리 2. 매매 전략 3. 심리적인 문제 1. 자금 관리 −리스크 금액 고정 전략 −자산 고정 전략 −비율 고정 전략 −매매 가능 횟수 고정 　전략 −윌리엄스의 리스크 고정 　전략 −변동성 고정 전략 2. 매매 전략 접근법 −자유재량에 의한 매매 −시스템에 의한 매매 방법 ＝예비 신호＋매매 계획＋ 　검증 예비 신호 분석−어떤 이론을 선택 　　할까? 매매의 판도라 상자 −점성술 −순환 이론 −다우 이론 −엘리엇 파동 이론 −피보나치 수열 −프랙탈 분석 −기하학 −기술적 지표 −시장 프로파일 −패턴 분석 −계절 분석 −통계적 분석 −갠 이론 매매 계획 진입＋손절매＋청산 검증−기대치 T.E.S.T.(30번의 이메일 가상 매매) 3. 심리적인 문제 희망, 탐욕, 두려움, 고통 다루기	모든 것을 합치기 매매 성과 관찰하기 장점의 극대화 손익 곡선의 모멘텀 이 책은 성공적인 매매의 보편적 원 칙 중에서 바로 이 부분만을 다룰 것이다

와우! 공부할 것이 많군요!

그림 1−1 이 책만으로는 당신을 성공시키기에 충분하지 않으며, 필자의 전작 《주식투자 절대지식》에서 광범위하게 논의한 성공적인 매매의 보편적 원리도 함께 알아야 한다.

중복되는 부분이 있을 것이다

이 책은《주식투자 절대지식》과 중복되는 부분이 있으므로 지금 미리 사과하겠다.

비록 이 책은 집중적인 주제를 다루지만,《주식투자 절대지식》에서 자세히 설명된 다른 분야를 다루어야 할 때도 있다. 이 때문에 중복이 생길 수 있다. 여기저기 중복된 부분이 있다는 점에 대해 사과한다. 하지만 그런 중복은 내가 말하고자 하는 요점을 설명하고, 강조하고, 상기시키는 데 도움이 된다는 점을 이해해주기 바란다. 절대로 책의 분량을 늘리려고 중복하지는 않았다. 사실 나는《주식투자 절대지식》을 보완하기 위해 고안된, 투자자들의 '핸드북'인 이 책의 분량이 상대적으로 더 적기를 원했다.

다양한 경험을 가진 독자들

나는 이 책이 모두를 위한 무언가를 갖고 있기를 바란다. 매매를 시작한 지 얼마 안 된 독자들에게는 좋은 소식과 나쁜 소식이 있다. 나쁜 소식은 내가 이 책에서 많은 정보를 다룬다는 것이다. 게다가 나는 말을 많이 한다. 따라서 여러분은 집중해야 한다. 여기까지가 나쁜 소식이다. 그리고 좋은 소식은 그것들이 모두 좋은 정보라는 점이다!

좀 더 경험이 많은 독자들이라면, 내가 여기서 공유하는 아이디어들이 자신에게 반향을 불러일으키는 것들이나, 자신이 이미 사실로 알고 있는 것들을 보강할 수 있기를, 혹은 그것들을 다시 찾아가 재조사한 다음 내가 여기서 공유한 아이디어들을 떠올려볼 수 있기를 바란다.

의견이나 믿음이 아닌 명확한 증명

나는 오직 증명할 수 있는 것만 다루려고 한다. 의견이나 맹목적인 믿음은 내가 선호하는 것이 아니다. 매매에 관해 쓰이거나 묘사되는 것의 대부분은 잘 선택된 몇 가지 차트의 예를 곁들인, 저자나 편집자의 개인적인 의견에 기초하고 있다. 불행히도 이 의견들은 정밀한 조사를 받게 될 것이다.

이 책에서는 명확하고 객관적인 규칙으로 요약되는 아이디어만을 논할 것이다. 여기서 말하는 규칙은 과거의 중요도를 결정하기 위해 적절한 소프트웨어로 정확히 프로그래밍할 수 있는 규칙이다. 논의할 가치가 있다고 여겨지는 모든 아이디어의 역사적 수익성(또는 손실)을 실례를 들어가며 입증하는 것을 나는 선호한다.

TV에 나와서 대놓고 말하는 사람들, 매력적인 작가들 혹은 카리스마 넘치는 발표자들이 투자자들의 관심을 사로잡는다. 많은 사람이 가치 있거나 실행 가능한 지식으로 표시되는 '확신'에 속아 넘어간다. 하지만 일반적으로 이런 독선적인 의견으로 돈을 번다는 것은 불가능하다. 불행히도 그런 사람들은 자신들의 견해를 지속해서 표현할 수 있는 세밀함이 부족하기 때문이다. 세밀함이 부족하면 책임을 회피하는데, 이는 그들에게 유리한 점이다. 안타깝게도, 대개 매매 손실로 무지함의 대가를 치르는, 경험이 적은 투자자들은 일반적으로 이런 세밀함의 부족을 무시한다. 그들은 보통 어디에서 '손절매'를 할지, 어느 정도의 기대수익을 위해 매매하는지에 대한 고려 없이 '유망한' 주식을 매수하기로 결정한다.

나는 이 책에서 좋든 나쁘든 간에 그것들의 역사적 수익성(또는 손실)을 설명하기 위해 나의 아이디어를 프로그램화할 것이다. 그리고 또한, 어떤 아이디어의 역사적 성과일지라도 그와 동일한 성과가 미래에도 계속된다는 것을 보장하진 않는다는 중요한 경고를 반드시 덧붙이고자 한다.

새롭고 획기적인 것은 없다

만약 당신이 새로운 매매 아이디어를 찾기 위해 이 책을 집어 들었다면, 나는 그런 것들을 가지고 있지 않으므로 당신을 실망시킬 것이다. 그 점은 미안하다. 내가 여러분과 나누고자 하는 것은 새로운 것이 아니다. 내가 여러분과 나눌 내용은 다른 책에서도 참조할 수 있다. 내가 여러분에게 보여줄 새로운 것은 없다. 나는 그저 나보다 먼저 간 다른 사람들의 어깨 위에 서 있을 뿐이다. 그러나 분명히 말할 수 있는 것은, 내가 약한 어깨가 아니라 강한 어깨 위에 서 있으리라는 사실이다.

따라서 불행하게도, 만약 당신이 새로운 매매 아이디어를 찾고 있다면, 이 책은 당신을 위한 것이 아닐지도 모른다.

그러나 당신이 좋은 아이디어를 찾고 있다면, 내가 당신을 도울 수 있다. 나는 그런 것들을 되도록 많이 공유할 것이다. 하지만 그것들이 새로운 것은 아니라는 점을 반드시 기억하라. 어떤 아이디어는 오래되고 단순한 것이다. 실제로 그것은 매우 오래되고 매우 간단하다. 그것은 너무 오래되고 명백해서 대부분의 투자자가 그것의 유용성을 무시한다. 대부분의 '오래되고', '단순한' 것은 '인기가 없고', '수익성이 없음'을 의미하기 때문에 '유용하지 않은' 것으로 여겨진다.

하지만 '오래되고', '단순한' 것은 '변함없이', '좋은 것'이다. (당신이 만약 끝까지 나와 함께하여) 이 책의 끝에 이르게 되면 '오래되고', '단순한' 것이 '인기 있고', '유용하며' 새로운 '필수'가 되리라는 확신을 가질 것이다.

내가 새로운 아이디어로 당신을 유혹할 수 있으면 좋겠다. 더 밝고 수익성이 좋은, 미래에 대한 희망을 불러일으켜 기분 좋은 신경 전달 물질을 활성화하는 획기적인 새로운 아이디어 말이다. 하지만 나는 그런 일을 할 수 없다. 이 책의 성공을 위해서라면 신비로움으로 포장된 새로운 아이디어만큼 좋은 것은 없을 것이다. 하지만 불행하게도, 나에게는 그런 것이 없다.

나는 오래된 것을 좋아하고, 단순한 매매 아이디어를 좋아한다.

단순한 것이 최선이다

나는 '단순'하다는 명확한 이유 때문에 '단순한' 아이디어를 좋아한다. 투자자들이 돈을 잃는 데는 많은 이유가 있다. 그러나 그들이 돈을 잃는 한 가지 이유는, 대부분의 투자자들이 명백한 것을 믿지 않고 단순한 매매 기법을 믿지 않기 때문이다. 그들은 매매가 단순할 수 있다는 것을 믿지 못하고, 새롭고 복잡한 것에서 실마리와 특별한 장점을 찾으려 애쓴다.

내가 단순한 것이 효과 있다고 말할 때는 나를 믿어라. 단순하다는 말은 과도한 최적화의 함정을 피했다는 것을 의미한다. 의도적으로든 또는 의도하지 않았든 매매 전략을 과거 데이터에 최적화시키면서 저지르는 수많은 실수를 피했다는 말이다. 단순하다는 말은 변동될 수 있는 부분이 적다는 것을 의미하며, 따라서 앞으로 잘못될 수 있는 부분이 적다는 것을 의미한다. 나에게 매매에서의 단순함은 '덜(less)'이 아니라 '더(more)'를 의미한다. 그리고 '더' 단순하다는 것은 매매 전략에서 가장 중요한 단일 속성인 '지속성'이 더욱 강하다는 것을 의미한다. 즉 시간의 시험을 견뎌내는 지속성이 있다는 것이다. 오늘뿐만 아니라 내일과 미래에도 수익을 낼 수 있는 것이 지속성이다. 따라서 앞으로 배울 내용을 의심하지 말고, '단순성'을 가장 큰 장점 중 하나로 수용하기 바란다.

따라서 만약 당신이 반드시 새로운 아이디어를 찾는 것이 아니라, 무엇이 효과가 있는지 소개받거나 상기시키기 위한 도움을 구하고 있다면, 이 책은 여러분을 조용히 놀라게 할지도 모른다.

완벽한 것은 없다

또한 내가 여러분과 나눌 아이디어는 완벽하지 않다. 이 아이디어들도 돈을 잃는다. 실제로 큰 손실을 겪고, 당신의 자산을 망칠 수도 있다. 그것들은 불확실하고 당신을 실망하거나 좌절하게 하고 때때로 격노하게 할 것이다. 하지만 그것들은 멋지고 긍정적인 기대치를 갖고 있다. 훌륭한 투자자는 이런 특별한 장점들로부터 돈을 벌 수 있다.

현실을 받아들이기

나는 환상을 좇는 사람들이 아니라 진지한 투자자를 위해 이 책을 쓰고 있다. 이 책은 성공을 위해 조금씩 나아가는 방법에 관한 것이다. 매매의 비밀을 폭로하려는 것이 아니다. 이 책은 헛된 희망을 파는 것도, 헛소리를 늘어놓으려는 것도 아니다. 여러분에게 어떻게 신화적인 '홈런'을 치는지 보여주려는 것이 아니다. 오히려 진지한 투자자를 위해 현실을 알려주려는 것이다. 그렇다, 내가 여러분과 나눌 것은 획기적이고 새로운 것이 아니다. 내가 여러분과 나누는 것은 때때로 여러분을 다치고 멍들게 할 것이다. 하지만 그것은 트레이딩의 일부분이다. 트레이딩이 항상 멋지고 신나는 일은 아니지 않은가. 장기적으로 성공적인 매매를 하는 중에도 어둡고 불확실한 시기는 있다. 이 책에서 내가 여러분과 공유하는 것들이 때때로 당신을 흔들리게 하고 의심하게 만들 것이라는 점은 약속할 수 있다. 하지만 내가 공유하는 것들은 적어도 현실적이고, 특별한 장점이 있다.

성공이 올 것이다

만약 여러분이 자금 관리의 중요성과 그것이 파산 위험(ROR, Risk of ruin)에 대항하는 중요한 무기 중 하나라는 사실을 이해하고 존중하며 받아들인다면, 내가 이 책에서 여러분과 나눌 것들은 험난한 시장에서 길을 찾아가는 데 도움이 될 것이다. 하지만 먼저 《주식투자 절대지식》에서 내가 광범위하게 작성한 성공적인 매매의 보편적 원칙들을 이해하고 존중하고 포용하고 실행해야 한다. 당신이 그렇게 할 수 있다면, 그리고 당신이 다음 장에서 내가 당신과 공유할 것들과 그것들을 결합할 수 있다면, 당신은 자신이 도착한 곳에서 큰 만족감으로 놀랄지도 모른다. 당신이 안전하게 도착하기를 바라는 목적지, 지속 가능한 매매라고 부르는 바로 그 목적지에서 말이다.

내가 걸어온 길

나는 1983년 뱅크오브아메리카에 수습 딜러로 입사한 이후 35년 넘게 시장에 참여해왔다. 첫 매매 이후 나는 사용할 수 있는 모든 매매 기법을 시도했다. 매매에 도움이 될 만한 책, 세미나, 워크숍 또는 소프트웨어가 있다면 무엇이든 사들이거나, 참석하거나, 설치했다. 1990년대에 획기적인 매매 전략을 탐색하는 동안, 나는 마치 온갖 세미나로 연결되는 회전문에 있는 것 같았다. 나는 많은 훌륭한 세미나에 참석했다. 러셀 샌즈(Russell Sands)와 함께 터틀 세미나에 참석했고, 커티스 아널드(Curtis Arnold)와 함께 패턴 확률 전략을 배웠고, 브라이스 길모어(Bryce Gilmore)와 기하학을 공부했으며, 래리 윌리엄스(Larry Williams)의 '100만 달러 만들기(MDC, Million Dollar Challenge)' 세미나에 참석했다. 나는 여기저기서 유용한 정보를 얻었고, 래리 윌리엄스의 MDC 세미나는 나의 작업을 단기의 기계적 가격 패턴으로 강화시켰다.

나는 투자자로서 (단기·중기·장기의) 여러 타임프레임으로 글로벌 지수, 통화 및 상품 선물 포트폴리오에 걸쳐 추세 추종 및 역추세 전략으로 시스템 트레이딩(혹은 알고리즘 트레이딩)을 한다. 내 포트폴리오에는 30개 이상의 시장이 포함되어 있다. 지수선물로는 호주 S&P 지수, 닛케이 지수, 대만 지수, 항셍 지수, DAX 지수, 스톡스50, FTSE 지수, E-미니 나스닥, E-미니 S&P500 지수를 매매한다. 통화선물로는 미국 달러화 대비 유로화, 영국 파운드, 일본 엔화, 스위스 프랑 선물을 거래한다. 상품선물로는 이자율, 에너지, 곡물, 육류, 금속 부문에서 미국에서 가장 거래량이 많은 세 가지 선물을 매매한다.

나의 포트폴리오는 일주일 내내 시장이 멈추는 시간이 거의 없고, 내가 내는 수많은 선물 주문 중 하나라도 나오지 않고 지나는 날이 하루도 없다. 나는 기본적으로 패턴을 사용하는 투자자다. 200일 이동평균선과 ATR(Average True Range)를 사용하는 것을 제외하면, 나는 오로지 가격에만 초점을 맞춘다. 그리고 내가 200일 이동평균을 사용하는 점에 대해 너무 많은 의미를 부여할 필요는 없다. 내가 200일을 사용하는 것과 관련해서 마법과 같은 비밀이 있는 것은 아니다. 그저 내가 익숙하게 사용해온 기간일 뿐이다. 나는 그것이 지배적인 추세를 결정하는 데 최적의 기간인지도 모르고, 또한 관심도 없다. 내가 매매를 할 때 절대 하고 싶지 않은 일은 '최적화된' 변수를 사용하는 것이다. 그것이야말로 쪽박을 차는 가장 빠른 길 중 하나이기 때문이다. 그리고 200일 이동평균을 사용하는 나의 전략이 예비 신호를 찾기 위해 그것을 사용하지는 않는다. 진입, 손절매 혹은 이익 실현 시점을 찾는 데 사용되는 것도 아니다. 나의 전략들은 단지 지배적인 추세를 결정하기 위해 200일 이동평균을 사용할 뿐이다.

이 책은 선물 매매에 관한 것이 아니다

나는 선물투자자이지만, 이 책은 선물 매매에 관한 것이 아니다. 아이디어를 공유하고 설명하기 위해 사용하는 많은 예와 포트폴리오에는 선물이 포함되겠지만, 그것은 단지 나 자신에게 익숙한 것들일 뿐이다. 《주식투자 절대지식》에서와 마찬가지로 이 책에서 공유할 내용은 개별 시장이나 상품과 같은 2차적인 문제가 아니라 기본적으로 좋은 매매 과정에 초점을 맞추고 있다. 이 책은 여러분을 선물의 세상으로 이끌려는 것이 아니다. 선물은 단지 내가 매매하기 좋아하는 상품일 뿐이다. 당신에게는 당신이 선호하는 시장과 상품이 있다. 따라서 이 책이 내가 거래하는 시장과 상품으로 여러분을 이끌려는 목적을 가진 책이라고 생각하지는 마라. 절대 아니다. 나는 여러분이 개별 시장이나 상품, 매매 기법이나 타임프레임보다는 좋은 매매 과정에 먼저 초점을 맞추도록 격려하기 위해 이 책을 쓰고 있다. 이 책의 수많은 예가 선물과 관련 있지만, 내가 선물을 사용한 이유는 나에게 편하기 때문이다.

그러므로 이 책은 시장, 상품, 타임프레임과 상관없이 올바른 매매 과정에 초점을 맞출 것임을 이해해주기 바란다. 이 책에서 사용되는 시장이나 상품은 예시의 목적으로 쓰일 뿐이고, 우수한 매매 원칙을 따른다면 그것들은 부수적인 것이다.

지속 가능한 매매로 가는 길

나는 이 책이 지속 가능한 매매로 나아가는 당신의 길에 실용적인 디딤돌이 되기를 바란다. 필자의 《주식투자 절대지식》과 함께 이 책이 사용된다면 여러분이 목적지에 도착할 수 있다고 확신한다.

나는 이 책에서 여러분과 공유할 것이 많다. 앞으로 논의할 내용에 대한 간략한 개요는 다음과 같다.

제1장에서는 당신과 내가 투자자로서 성공하는 일이 얼마나 어려운지를 요약하는 것으로 시작한다.

제2장에서는 지식, 위험, 적용 및 실행과 관련된 여러 주요 메시지를 제공한다.

제3장에서는 추세 추종 매매의 매력과 이를 매매 기법으로 진지하게 고려해야 하는 이유에 대해 설명한다.

제4장에서는 추세가 존재하는 이유를 간략하게 설명한다.

제5장에서는 왜 그렇게 많은 사람들이 추세 추종 매매에서 실패했는지에 대한 내 생각을 공유한다.

제6장에서는 이미 존재하는 기법들을 보여주기 위해 다양한 추세 추종 매매 전략을 검토한다.

제7장에서는 위험 조정 기준에 따른 매매 전략 성과 측정의 중요성에 대해 논의한다.

제8장에서는 투자자가 매매 전략을 검토하고 개발하고 선택하는 데 사용할 수 있는 도구들을 공유한다.

제9장에서는 그런 도구들을 사용하여 실용적이고 지속적인 매매 전략을 개발하는 예를 들어 이 책을 마무리한다.

단지 나의 견해일 뿐

이 책을 읽으면서 내가 쓴 글이 단지 한 사람의 의견임을 항상 기억하고 이해하기 바란다. 이 글은 나의 의견일 뿐이다. 나는 한 투자자의 견해를 말할 뿐이며, 내가 뭔가를 쓴다고 해서 그것이 반드시 사실이라고 받아들이지는 마라. 나는 절대로 권위자가 아닐뿐더러, 누구도 매매에서 그런 권위를 주장할 수 있다고 믿지 않는다. 나는 내가 진실이라고 믿는 것을 쓸 뿐이다. 그러니 내가 쓴 글에 기분 상하지 않았으면 좋겠다. 그건 내 생각이고, 독자 여러분이 동의하지 않아도 괜찮다. 나 역시 기분 나빠 하지 않을 것을 약속한다. 내가 유일하게 경고하는 것은 내 아이디어나 견해가 역사적 증거와 실제 매매 경험으로 뒷받침되기 때문에, 내 견해에 맞서려면 거기에 필요한 실증을 제시해야 한다는 점이다. 따라서 만약 여러분이 내 생각에 동의하지 않는다면, 여러분의 견해를 뒷받침하는 데 필요한 검증을 해야 할 것이다. 직감이나 개인적 의견에 의존하는 것만으로는 충분하지 않다. 기억하라, 우리의 직감이나 개인적 의견은 일반적으로 우리의 인지적 편견에 사로잡혀 있다. 그것은 우리의 매매 결정에 큰 혼란을 줄 수 있고, 또 그렇게 작용한다. 그러니 조심하라!

내가 쓴 글이 나의 의견만을 나타내듯이, 나의 사고방식이나 매매 방식으로 당신을 바꾸려는 것은 나의 의도가 아님을 인정해주기 바란다. 나는 단지 내 생각과 매매에 대한 접근 방식을 여러분과 공유하고자 이 글을 쓰고 있다. 당신이 그것으로 무엇을 할지는 당신의 선택이다.

다시 한번 말하지만, 내가 무언가를 쓴다고 해서 그것이 반드시 실현되는 것은 아니라는 사실을 기억하라. 비록 나는 내가 쓴 글이 사실임을 마음속 깊이 믿고, 이를 뒷받침할 증거를 갖게 될 것이라고 믿지만, 여러분이 그것을 액면 그대로 받아들여야 한다는 것을 의미하지는 않는다. 물론 내 아이디어와 의견을 환영하더라도, 시장에서 실행하기 전에 모든 아이디어를 검증하는 것을 잊지 마라.

모든 길은 로마로 통한다

우리가 알다시피 로마로 가는 길은 많다. 마찬가지로, 매매에서도 수많은 방법이 있다는 것을 여러분은 기억하고 이해해야 한다. 나는 내가 사용하는 방법을 하나씩 보여줄 것이다. 나는 내 접근법만이 유일한 최고의 방법이라고 말하는 것이 아니다. 내가 지금 하는 일은 내가 여행하는 하나의 길을 보여주는 것이다. 당신이 같은 길로 가야 한다는 뜻은 아니다. 그러나 만약 당신이 자신의 매매 여행에서 길을 잃었다고 생각한다면, 적어도 나의 접근법이 당신이 이용할 수 있는 방법 중 하나임을 당신은 알게 될 것이다.

반복

나의 글쓰기 스타일은 반복을 통해 아이디어를 강화하는 것이므로, 이제부터 이 책을 통해 여러분이 보게 될 반복에 대해 사과한다. 나는 매우 반복적이다. 나는 글을 쓰고 가르치는 방식에 대해 비난을 받았지만, 나는 단지 나 스스로가 이해할 수 있기를 바랄 뿐이다. 그건 나의 방식일 뿐이다. 나는 전문적인 교육자나 작가가 아니다. 나는 그저 매매를 하고, 내 생각을 공유하기 위해 종이에 펜을 대는 것이 행복하다. 비록 그것들이 약간 혼란스럽고, 순환적이면서 반복적이더라도. 나도 내가 무엇이든 한 번만 말하고 멈출 수 있다면 좋겠다(그러면 나의 아내도 무척 좋아할 것이다). 하지만 나는 그렇게 생겨 먹질 않았다. 그러니 만약 반복이 여러분을 짜증 나게 한다면, 지금 나의 진심 어린 사과를 받아주기 바란다.

모든 것을 질문하고 확인하라

나 또는 다른 저자가 쓴 것을 액면 그대로 받아들이지 마라. 물론 매매와 관련하여 듣고 보고 읽은 모든 의견과 생각을 환영하지만, 먼저 그 아이디어에 대해 의문을 제기하고 독자적으로 검증할 때까지는 자신의 의견을 보류해야 한다.

오직 당신의 질문, 검토 그리고 독립적인 검증만이 내 생각이나 다른 사람의 생각이 진실인지, 그리고 더 중요한 것은 당신의 손에 가치가 있는지를 보여준다. 당신이 진실 혹은 허구임을 결정할 수 있는 것은 오직 당신 자신의 노력으로만 가능하다. 그리고 그 일을 하면 보상을 받을 것이다.

이제 시작하자

이 책에 나와 있는 나의 아이디어를 환영해주기 바라며, 질문이 있으면 주저하지 말고 나의 웹사이트 www.indextrader.com.au를 통해 연락 바란다.

여러분의 여정을 시작하기 위해, 나는 투자자가 되는 것이 가장 좋은 때이기도 하고 최악의 때이기도 하다는 삶의 역설에 관해 이야기하고자 한다. 혼란스러운가? 나의 모순된 트레이딩 세계로 들어온 것을 두 손 들어 환영한다.

제1장

역설

해탈과 절망

오늘날 우리는 투자자가 되기에 가장 적절하면서 한편으로는 최악이기도 한 역설의 시대에 살고 있다.

투자자가 되기에 오늘날처럼 좋은 적도 없었다. 인터넷의 출현과 함께 고속 무선 네트워크의 발달과 훨씬 더 똑똑한 모바일 매매 애플리케이션을 가진 스마트폰의 확산 덕분에 투자자들은 어느 시장, 어떤 거래소에서 언제든 거의 모든 상품을 사고팔 수 있다.

데이터 호출기를 사용하는 것이 불공평한 이점이라고 여겨졌던 1980년대 초와 비교했을 때, 오늘날에는 손가락 끝만 움직여도 되는 기술적 마법 덕분에 완전히 미래에 사는 듯한 느낌이 든다.

또한 오늘날에는 웹과 스마트폰 애플리케이션을 기반으로 하는 많은 온라인 할인 중개 회사가 있다. 우리는 자동화된 매매 프로그램을 통해 과거 데이터 및 실시간 데이터를 저렴하게 확보할 수 있다. 수백 개의 지표가 있는 차트 작성 프로그램도 많다. FX, 금융, 상품 시장 등 다양한 시장도 있다. 거래할 수 있는 암호화폐도 다양하다. 옵션, 워런트, 선물, 주식 및 CFD(Contract for Difference, 차액 결제 거래 – 옮긴이)와 같은 금융상품도 여럿 있다.

여기서 끝이 아니다. 투자자들은 지금처럼 엄청난 양의 거래 지식으로 무장한 적이 없었다. 오늘날에는 고려할 수 있는 많은 매매 이론, 구독하거나 읽을 수 있는 다양한 정보지와 책들, 쉽게 시청할 수 있는 온갖 금융 프로그램과 자유롭게 참석할 수 있는 수많은 세미나들이 있다.

그야말로 현대의 투자자들은 실패에 대해 변명할 수 있는 여지가 없다. 역사상 지금이 가장 좋은 때다.

하지만 불행하게도, 지금이 최악의 시기이기도 하다.

트레이딩을 하는 아무나 붙잡고 물어도 같은 답이 나온다. 왜일까? 그 이유는 기술과 매매 지식의 발전에도 불구하고 오늘날 대부분의 투자자들이 여전히 손해를 보고 있기 때문이다. 활동 중인 투자자의 90% 이상이 실패를 맛보는 안타까운 상황이다. 첨단 데이터 호출기를 사용하는 것이 유리하다고 여겨졌던 1980년대와 크게 달라진 바가 없다. 따라서 대부분의 사람들에게는 지금이야말로 최악의 시간이다.

이것이 바로 투자자들이 직면하고 있는 역설이다.

또한 혼란스러운 시기

오늘날은 최악의 시기이면서 혼란스러운 시기이기도 하다. 세상은 혼란과 불확실성에서 최고인 듯싶다. 세상은 좋은 답이 거의 없는 수많은 질문들을 토해낸다.

세상의 수수께끼를 풀려고 할 때마다 내 머리가 아파온다. 누가 거시적인 매크로 이슈에 대한 해답을 알고 있는가? 나는 누구도 그 답을 정말로 안다고 생각하지 않는다. 유럽연합(EU)이 지속될지 누가 확실히 알겠는가? 미국이 부채와 적자를 감당할 수 있을지 누가 알겠는가? 중국이 추세 성장으로 돌아올지 누가 알겠는가? 일본이 인구 문제의 해결책을 찾을지 누가 알겠는가? 세계가 코로나바이러스 대유행 이후 정상으로 돌아올지 누가 알겠는가? 그리고 중앙은행들이 통화 정책을 정상화할지 아니면 싸고 풍부한 돈의 마약을 계속 공급할지 누가 알겠는가? 그들이 시장의 유동성 의존성을 지속시킬 것인가 아니면 위험을 극복하고 이전의 상태로 되돌릴 것인가? 나는 이 중 어느 것도 확신이 없다.

하지만 질문은 거시적인 매크로 수준에서 멈추지 않는다. 미시적인 수준에서도 질문은 반복되고, 매매는 여기에서도 엄청난 질문들을 쏟아낸다.

이용할 수 있는 수백 개의 시장 중 어떤 시장에서 매매해야 할까? 국내 시장에서 매매해야 하는가, 아니면 글로벌 시장에서 매매해야 하는가? 임의 소비재, 필수 소비재, 에너지, 금융, 헬스케어, 산업재, 정보 기술, 소재, 금속, 광업, 통신, 유틸리티 또는 상품 시장에서 매매해야 하는가? 각각의 업종 분류 내에서 어떤 개별 비즈니스 혹은 시장을 선택해야 하는가?

질문은 여기서 그치지 않는다.

어떤 금융상품을 매매해야 할까? 주식, 옵션, 워런트, 차액 결제 거래 혹은 선물?

기본적 분석 혹은 기술적 분석을 사용해야 하는가 아니면 둘의 조합을 사용해야 하는가? 기술적 분석이라면 주기, 패턴, 지표, 점성술, 기하학, 다우 이론, 계절 이론, 시장 프로파일, 엘리엇 파동 혹은 갠(Gann) 이론을 사용해야 할까? 몇 가지만 언급해도 이 정도다.

이렇게 많은 질문들이 있고 그것들은 끝나지 않는다.

시장은 강세인가 약세인가? 추세를 따를 것인가 역으로 할 것인가? 우리는 단기, 중기, 장기 투자자 중 어떤 투자자가 되어야 할까? 위험은 어느 정도 감수해야 할까? 어디에서 진입하고 어디쯤에서 손절매를 하거나 이익 실현을 할까?

앞서도 말했듯이, 대답해야 할 질문이 너무 많다. 오늘날 그토록 많은 투자자들이 혼란스러워하는 게 이상한가?

내가 어떻게 도울 수 있을까?

나는 여러분을 돕기 위해 여기에 있다.

하지만 여러분을 돕기 전에 말해야 할 중요한 사항들이 있다. 내가 시장에 대해 알아야 할 모든 것을 알지는 못한다는 점을 미리 말해두고 싶다. 나도 그랬으면 좋겠지만, 그렇지 않다. 내가 더 젊었을 때, 나는 알아야 할 모든 것을 안다고 생각했었다. 하지만 나이 들수록 더 현명해졌다! 그래서 미리 말하자면, 시장에 참여한 지 35년이 지나고,《주식투자 절대지식》을 저술한 지 10년이 지난 지금, 나는 아직도 트레이딩과 시장에 대해 알아야 할 모든 것을 알지 못한다는 것이 불행한 진실이다.

하지만 나는 여러분이 답을 찾고 있다는 것을 안다.

내가 할 수 있는 것은 내가 하는 일의 일부를 공유하는 것이다. 그리고 나는 트레이딩으로 돈을 번다. 내가 말할 수 있는 것은 이것이다. 만약 내가 트레이딩으로 돈을 벌 수 있다면 여러분도 그렇게 할 수 있다.

만약 내가 감당할 수 있는 위험으로 연간 20~30%의 수익을 낼 수 있다면 당신도 그럴 수 있다. 그리고 여기서 '감당할 수 있는 위험'이라는 말이 중요하다.

나는 독창적이고 누구도 흉내 낼 수 없는 지식을 가진 대단한 투자자가 아니다. 아니, 나도 여러분과 똑같은 사람이다. 내가 여러분보다 더 많은 경험이 있을지는 모르지만, 나는 여전히 평범하다. 나는 슈퍼히어로 같은 힘이나 통찰력을 가진 특별한 투자자가 아니다. 나는 그저 많은 경험을 통해 지식을 얻은 평범한 사람이다.

그러니 지금까지 당신이 어떤 경험을 해왔든, 성공적인 매매가 가능하다는 것을 믿어주기 바란다.

성공적인 투자 방법

나는 한 가지 이유, 단 한 가지 이유로 이 책을 쓰고 있다. 어떻게 하면 추세를 따라 매매하여 돈을 벌 수 있는지 보여주고자 하는 것이다. 간단히 말해서, 추세 추종 매매를 통해 돈을 버는 것은 성공적인 매매의 보편적 진리와 원칙에 대한 이해 및 수용의 정도에 달려 있다. 성공적인 매매의 보편적 진리와 원칙을 읽고, 이해하고, 받아들이고, 실행해야 한다. 보편적 진리와 원칙을 받아들일 때 이익은 저절로 따라온다. 반드시 그래야 한다. 그것들을 무시하면 계속 힘들어질 뿐이다. 이것뿐이다. 더 이상의 논쟁은 필요 없다. 요행도 변명도 필요 없다. 이 방법은 모든 시간과 모든 금융상품을 아우르는 모든 시장의 모든 투자자에게 적용된다.

성공적인 매매의 보편적인 원칙을 알기 위해서는 필자의 《주식투자 절대지식》을 읽어야 한다.

보편적인 진리에 대해 알고 싶다면 제2장을 읽어야 할 것이다.

요약

투자자가 되기에 가장 좋은 때이기도 하고 가장 나쁠 때이기도 하지만, 나는 여러분이 합리적인 목적지를 향해 나아가는 데 도움이 될 안전한 길이 있다고 믿는다. 이 길은 투자자들이 매일 맞닥뜨리는 혼란스러운 질문에 답하기 위한 긴 여정이 될 것이다. 또한 이 길은 불확실성 속에서 기회를 찾을 수 있는 경로다. 비록 내가 제한된 지식을 가지고 있더라도, 내가 바라는 길은 여러분을 합리적이고 지속 가능한 매매의 보람 있는 위치로 이끌어줄 것이다. 이 경로는 제2장에서 시작되는데, 여기서 나는 몇 가지 핵심 메시지를 여러분과 공유하고자 한다.

제2장

핵심 메시지

역사로부터 배우지 못하는 사람들은 불행을 반복하게 된다.

— 윈스턴 처칠

나의 경험에서 배우길 바란다. 만약 (나와) 다른 사람들이 과거에 저질렀던 실수를 피하도록 내가 여러분을 도울 수 있다면, 그것은 분명히 지속 가능한 매매를 향한 당신의 여정을 돕는 일이 될 것이다. 나는 단지 내 생각을 일관성 있게 정리할 필요가 있을 뿐이다. 나에게 행운을 빌어주길 바란다.

활동 중인 투자자의 90% 이상이 돈을 잃는다는 것은 잘 알려진 사실이다. 이런 운명을 피하려면 과거를 알고 기억하는 것이 중요하다. 과거를 알면 다른 사람들이 저지른 같은 실수를 피할 수도 있다. 그리고 투자자들은 오래된 같은 실수를 반복하는 데 전문가다. 같은 운명을 피하려면 잠시 멈춰 서서 기술적 분석, 매매 그리고 시장이 남긴 모든 대학살을 되돌아봐야 한다.

과거의 내 경험과 지식을 공유하기에 내가 아는 가장 좋은 방법은 그것들을 핵심 메시지로 제시하는 것이다.

이러한 핵심 메시지는 내가 믿는 핵심 지식과 가치를 나타낸다. 아주 굳게 믿는 것이다. 만약 그중 일부가 당신을 불쾌하게 한다면 지금 사과하겠다. 하지만 나는 진실이라고 알고 있는 것만 공유할 수 있다. 나의 매매 나침반에서 그것들은 진정한 북쪽을 보여준다. 그것들이 지속 가능한 매매를 향한 여러분의 여정에 도움이 되기를 바란다.

여러분과 공유하고 싶은 핵심 메시지는 다음의 네 가지로 분류될 수 있다.

- 지식
- 위험
- 매매 전략
- 매매 실행

좀 더 자세히 살펴보자.

지식

당신의 머리는 이것을 시작할 수 있는 분명한 장소다. 시동 스위치

에 키를 꽂기 직전의 순간이다. 지식에 대한 나의 주요 메시지는 다음과 같다.

- 모든 사람이 돈을 잃는다는 사실을 인정하고 받아들일 것
- 67%의 손실을 기대하고 받아들일 것
- 기술적 분석은 별 가치가 없다는 사실을 인정할 것
- 증거를 찾을 것
- 누구도 미래를 예측할 수 없다는 사실을 인정할 것
- 진지하게 생각할 시간을 가질 것
- 당신이 생각하는 매매를 중단할 것
- 《주식투자 절대지식》을 읽을 것
- 부정적인 사람이 될 것
- 0%의 파산 위험이 최고임을 인정할 것
- 연평균 누적 수익률(CAGR)이 그다음 최고라고 인정할 것
- 매매의 유일한 비밀
- 트레이딩에 관한 진실을 받아들일 것
- 자유재량에 의한 투자자가 되기는 어렵다는 사실을 인정할 것
- 스마트머니(고수익의 단기 차익을 노리는 기관이나 개인투자자들이 장세 변화를 신속하게 파악하여 투자하는 자금 – 옮긴이)를 따를 것
- 플라세보 투자자
- 지표에 의존하지 않을 것
- 가장 큰 범죄

이제부터 차례대로 하나씩 살펴보자.

모든 사람이 돈을 잃는다는 사실을 인정하고 받아들일 것

글자 그대로 모든 사람이다. 승자들도 많은 매매에서 돈을 잃는다. 만약 당신이 앞으로 매매를 한다면 돈을 잃을 것이다. 이전에 매매를 했었다면, 내 말의 진의를 알고 있을 것이다.

매매에는 절대적인 것이 없다. 하지만 매매에서 확고부동하고 피할 수 없는 진실이 몇 가지 있다. 돈을 잃는다는 것도 그중 하나다. 반복하자면,

- 당신은 매매에서 돈을 잃을 것이며
- 자주 돈을 잃을 것이다.

따라서 모든 손실을 피하는 방법을 고안하기 위해 지나치게 많은 시간과 노력을 들일 필요가 없다. 손실은 피할 수 없는 것이다. 손실을 줄이려고 너무 많은 시간과 에너지를 소비하면 과도한 최적화에 따르는 문제만 생길 뿐이다. 이것은 앞으로 더 자세히 논의할 문제이고, 어떤 대가를 치르더라도 반드시 피해야 할 문제다.

손실은 매매라는 비즈니스를 수행하는 데 드는 비용이라는 점을 받아들이고 익숙해져야 하며, 결국에는 편안해져야 한다.

67%의 손실을 기대하고 받아들일 것

이 책은 추세 추종 매매에 관한 것이다. 나는 앞서 추세를 따라 매

매하는 것과 관련한, 움직일 수 없고 피할 수 없는 진실을 말한 바 있다. 열 번의 추세 추종 매매를 한다면 평균적으로 예닐곱 번의 손실을 예상할 수 있다. 이것은 거의 보증수표처럼 확실하다.

추세를 따라 매매할 때 67%의 손실을 받아들일 수 없다면, 당신은 매매해서는 안 된다. 그리고 추세를 따라 매매할 수 없다면 역추세 매매나 스윙 트레이딩이 당신을 구해줄 것이라고 생각해서도 안 된다. 역추세 매매로도 돈을 벌 수 있는 건 사실이지만, 그것이 매매의 가장 안전한 방법은 아니다. 가장 안전한 방법은 추세를 따라 매매하는 것이다. 추세가 시장을 움직이고 모든 이익의 기초가 된다. 움직이는 시장의 방향을 따를 때 대부분의 이익이 여기서 나온다. 추세를 역행하는 매매는 수익 잠재력이 제한적이므로 어려운 방법이다.

장밋빛 청사진을 내놓는 대부분의 매매 관련 서적을 무시할 필요가 있다. 트레이딩은 이익을 쌓아 부자가 되는 것이 전부가 아니다. 생존해야 하고 파산 위험을 피하는 것이 트레이딩의 첫 번째 덕목이라는 현실을 받아들여야 한다. 트레이딩은 추세가 왔을 때 승리를 즐길 수 있을 만큼 충분히 오래 살아남는 것에 관한 것이다. 트레이딩은 그것이 초래하는 지속적인 손실을 경험하고, 거기에 대처하고, 살아남는 것에 관한 문제다. 트레이딩이란 당신의 매매 전략에 가해지는 의심을 처리하는 것이다. 트레이딩은 주가의 최고점에서 나오는 짧은 햇살을 즐기는 것이 아니다. 트레이딩이란 어둡고 음침하고, 종종 낙담하게 되는 고립된 장소들이 당신을 주기적으로 끌어들이는 유혹을 억제하고 살아남는 것이다. 좋은 기회가 와서 최고의 수익을 돌려주려 할 때, 그것을 즐길 수 있을 만큼 충분히 오래 살아남아야 하는 것이

트레이딩이다. 이 최고의 수익은 당신을 손실의 구렁텅이로 밀어 넣기 전에 잠깐 나타났다가 순식간에 사라진다. 트레이딩은 세탁과 헹굼을 반복하는 세탁기처럼 주기적으로 손익 그래프의 최고점과 하락을 반복해서 보여준다.

그것이 추세 추종 매매의 현실이어서 나는 지금 손실에 대해 말하고 있다. 트레이딩은 비교적 단순하지만, 날마다 손실을 기록하면서 매매를 지속하기란 결코 쉬운 일이 아니다. 앞서 말한 것처럼 열 번, 스무 번, 서른 번의 연속된 손실 뒤에 정신을 잃고 자신의 매매 전략을 내던지지 않도록 추세 추종 매매의 어려움을 인식시키는 것이 내가 가장 바라는 일이다.

기술적 분석은 별 가치가 없다는 사실을 인정할 것

과거를 기억하고, 절대 잊지 마라. 만약 과거를 잊는다면 당신은 엄청난 곤경에 처할 것이다. 여기서 '과거'의 주인공은 기술적 분석이라고 불리는 카멜레온이다.

기술적 분석은 미래 주가를 예측하기 위해 과거의 주가를 보는 분석 기법을 말한다. 그리고 누군들 미래의 주가를 알고 싶어 하지 않겠는가? 예언가들이 쓰는 수정 구슬의 궁극적인 대용품이 바로 기술적 분석이다. 하지만 기술적 분석은 시장의 행동에 대한 좋은 통찰력을 약속하면서 다른 한편으론 내 지갑에서 돈을 훔쳐가는, 살아 있는 역설이므로 조심해야 한다.

기술적 분석의 광범위한 분야를 살펴보면 어디에서나 실패의 이력을 발견할 수 있다. 거짓 기술, 실패한 전략, 죽은 꿈, 망가진 야망, 깡

통계좌가 넘쳐나는 살인 현장이다. 기술적 분석의 풍경은 여러분이 생각하는 것 이상으로 많은 실패한 매매 전략과 기법들로 어지럽혀져 있다. 잘 선택된 몇 개의 차트에서만 좋게 보이는 접근 방식, 변수가 너무 많고 지나치게 최적화된 매매 기법, 어떤 기본 원리도 찾아볼 수 없는 매매 전략, 미래에 효과가 있으리라는 희망은커녕 과거에 맞은 적이 있다는 증거도 전혀 없는 기술적 지표들……. 어디를 보든 실패를 발견할 수 있다.

기술적 분석이 성공보다 실패의 사례로 더 잘 알려진 것은 불행한 현실이다. 활동 중인 투자자의 90% 이상이 패배한 가운데 기술적 분석은 어울리지 않는 그림을 그리고 있다.

과대광고에도 불구하고, 기술적 분석에서 실제로 실체가 있는 아이디어는 찾아보기 힘들다. 돌무더기 사이에 보석 주머니가 있지만 찾기가 어렵다. 내가 할 수 있는 최선은 기술적 분석의 일반적인 분야를 열정적인 의견으로 묘사하는 것이다. 다양한 작가들이 자신들이 쓰고 공유하는 것을 믿는다는 데에는 의심할 여지가 없다. 그들이 보여주는 예들이 매우 그럴듯하게 보인다는 것에도 의심의 여지가 없다. 유일한 문제는 그들의 아이디어가 잘 선택된 몇몇 차트에서 일시적으로만 그럴듯하게 보인다는 점이다. 그들은 자기들 아이디어의 역사적, 가상적 성과를 보여주는 계좌 손익 그래프를 거의 보여주지 않는다. 손익 그래프를 보여주는 경우, 일반적으로 지나치게 최적화된 변수가 너무 많다. 불행하게도 우리 투자자들은 너무 수용적이고 너무 잘 믿기 때문에 우리의 거래 계좌와 영혼에 피해를 주는 기술적 분석 옹호론자의 설득력 있는 목소리를 쉽게 믿는다. 따라서 기술적 분석에 지나치게 의존하기 전에 이 암울한 환경을 알아야 한다. 내가 해줄 수 있는 경고는 바로 이것이다.

증거를 찾을 것

기술적 분석의 의심스러운 영역에서 자신을 보호하는 최고의 방법은 증거에 기반한 접근 방식이다. 물론 당신의 흥미를 끄는 것은 무엇이든 듣거나 읽어도 좋다. 하지만 거기에 돈을 걸기 전에 독자적으로 그 아이디어를 검증해야 한다. 아이디어나 도구가 당신에게 효용이 있다는 것을 증명할 독립적인 증거를 수집해야 한다.

아이디어를 프로그램화한 다음에는 기대치와 파산 위험을 계산해야 한다. 파산 위험이 0%인 경우 변숫값의 변화에 파산 위험이 얼마나 민감한지 확인하기 위해서는 손익 그래프의 안정성 검토(제5장과 제8장의 내용)를 완료해야 한다. 이 검토를 성공적으로 통과했다면, 매매 파트너와 함께 30번의 파산 위험 시뮬레이션(T.E.S.T., Thirty E-mailed Simulated Trades)을 완료해야 한다.

그렇게 하면 투자자들이 저지르는 과거의 실수 중 90%를 피할 수 있다. 기술적 분석을 크게 신뢰하고, 자신의 파산 위험 또는 전략이 가진 손익 그래프의 취약성에 대해 너무 모르는 투자자는 대부분 실패한다.

기술적 분석이 트레이딩을 안전하게 이끌 것이라는 기대를 접어야 한다. 기술적 분석에는 확실히 좋은 요소들이 있지만, 그것들은 대안적이고 경쟁적이며, 때로는 정반대인 접근법의 큰 분야 내에서 작은 틈새 전략(예를 들어 제6장에 나오는 리버모어의 반응 모델 vs 엘리엇 파동 이론)을 대표할 뿐이다. 밀과 겨를 가려내는 유일한 방법은 증거를 모으는 것이다.

증거가 되려면 다음의 조건을 충족해야 한다.

- 언제 매매할지, 언제 진입할지, 언제 손절매를 할지, 언제 포지션을 청산할지에 대한 완벽하고 총체적인 매매 전략일 것
- 명확하게 정의된 자금 관리 전략을 가지고 있을 것
- 기대치와 파산 위험을 계산할 수 있는 과거 데이터 기반 손익 그래프가 있을 것
- 변숫값의 변화에 따른 전략의 손익 그래프 민감도를 측정하기 위한 안정성 검토를 완료할 것

납득할 만한 증거가 수집된 이후라야, 검토 중인 특정 기술적 분석 영역에 관한 판단을 내릴 수 있는 더 좋고 안전한 위치에 서게 되는 것이다.

누구도 미래를 예측할 수 없다는 사실을 인정할 것

혹시 아직까지 몰랐었다면 내가 여러분에게 알려주겠다. 모든 걸 볼 수 있는 예언의 수정 구슬은 없다. 어느 누구도 미래를 예측할 수 없다. 따라서 갠 이론, 엘리엇 파동 이론, 점성술과 같은 모든 예측 유형의 접근법은 무시하는 것이 좋다.

(바로 앞에서 한 나의 발언으로 몇몇 사람들은 분명 불쾌감을 느낄 것이다. 만약 거기에 당신이 포함된다면 내 사과를 받아주길 바라며, 내 의견은 단지 한 사

람의 의견일 뿐이고, 나는 시장의 권위자가 아니라는 점을 밝힌다. 이미 말했듯이, 내가 시장에 대해 알아야 할 모든 것을 알지 못하기 때문에 내 의견이 틀릴 수 있다. 하지만 나의 경험에 비추어볼 때 내 의견은 사실이다.)

이제 갠 이론, 엘리엇 파동 그리고 점성술로 돌아가자. 그들의 매력은 미래 가격의 방향을 결정하는 인식 능력이다. 나는 수정 구슬의 매력을 직접 겪은 적도 있다. 기계적인 가격 패턴에 초점을 맞추기 전의 여러 해 동안, 나는 엘리엇 파동 이론의 추종자였다. 나는 이 이론들이 내일의 불확실성을 제거하는 데에서 편안함을 얻었다. 유일한 문제는 그것이 잘못된 위안이라는 것이다. 그것은 '신뢰할 수 있는' 예측 능력을 갖추고 있지 않다. 그것은 때때로 정확할 수 있고, 때때로 거부할 수 없을 만큼 매력적으로 보이지만, 하루에 두 번 정확한 시간을 알려주는 고장 난 시계도 그럴 수 있다.

누구도 미래를 신뢰성 있게 예측할 수 없다는 사실을 받아들이는 것이 최선이다. 때때로 맞는다는 것만으로는 충분하지 않다.

하지만 그 이론들의 일관성 결여가 이런 상황에서의 진정한 악당은 아니다. 진정한 악당은 그 이론들이 미래에 초점을 맞추기 위해 투자자의 초점을 현재로부터 멀어지게 하는 것이다. 미래의 어느 날에 집중하는 것은 결과에 대한 기대와 감정에 휘둘리는 투자를 증가시킨다. 이 이론들은 무의식과 의식 모두에서 예측이 실현될 것이라고 믿도록 교화하기 때문에, 예측이 맞지 않을 경우, 투자자들은 예측이 맞을 때까지 손절매를 계속 늦추고, 결국 손실은 재앙의 수준까지 이르게 된다.

그리고 이것이 놀라운 역설이다.

예측 전략은 일반적으로 역추세 전략이다. 그들은 대개 추세의 반전을 찾는다. 추세에 역행하는 것이다. 추세가 지속되는 동안 추세 추종 투자자는 아무것도 하지 않고 버티지만, 예측에 의존하는 투자자는 추세가 반전하는 타이밍을 찾기 위해 바쁘게 움직이면서 끊임없이 손실을 반복한다.

내 경험에 비추어볼 때, 예측 전략은 뜬구름을 바라보는 사람들에게 맡겨두고 현재에 집중하는 것이 최선이다. 수많은 투자자들이 지속적으로 반복하는 실수를 따라 하지는 말아야 한다.

진지하게 생각할 시간을 가질 것

자신이 매매를 시작한 동기를 검토할 필요가 있다. 바라건대, 당신은 트레이딩이 제공하는 흥분이나 아드레날린 때문에 매매하지는 않을 것이다. 시장의 난제를 해결하는 데에서 얻는 대뇌의 쾌감 때문에 매매하지도 않을 것이다. 당신이 가장 똑똑하다는 것을 주변 사람들에게 증명하기 위해 매매하지 않기를 바라며, 당신이 옳다는 것을 증명하기 위해 매매하지 않기를 바란다.

나는 당신이 돈을 벌겠다는 유일한 목적으로 매매하기를 바란다. 그 이하도, 그 이상도 아니다.

당신이 생각하는 매매를 중단할 것

당신은 스스로를 똑똑하다고 생각하며, 사실 당신은 똑똑하다. 하지만 당신 삶의 다른 많은 부분에서의 지능이 반드시 매매로까지 이어지는 것은 아니다. 자신의 매매 계좌를 확인해보라. 당신이 생각하는 매매가 손해를 끼치고 있다. 당신의 매매 파트너와 당신의 재산을 관리하는 회계사도 그 사실을 잘 알고 있다. 아마도 내 생각엔, 당신도 잘 알고 있을 것이다. 그러니 바로 이 순간부터 당신이 생각하는 매매를 중단하라. 이미 멈추었는가? 훌륭하다.

이상한 이야기를 하는 것처럼 보이겠지만, 내가 하려는 이야기는 바로 이것이다. (이것은 내가 쓰는 책인데, 뭐 어쩌겠는가!)

일반적으로 말해서, 매매할 때 생각을 하면 돈이 빠져나간다. 내가 뭐라고 했었는가?

지속 가능한 매매를 하는 성공적인 투자자는 일반적으로 적은 생각과 많은 '실행'을 필요로 하는 반복적인 행동을 수행한다. 데이터 수집, 예비 신호 찾기, 매매 실행과 포지션 관리와 같은 반복적인 일을 한다. 대부분은 인식 가능한 예비 신호를 식별하고 일관되고 합리적인 매매 계획을 적용하는 표준화되고 반복적인 행동을 한다. 정상적인 범위에서 벗어나 창의적이고 깊은 생각을 해야 하는 경우는 거의 없다.

성공적인 투자자들은 매매 전략을 개발할 때 깊은 생각을 한다. 매매할 때 그들은 자신의 노력과 에너지의 100%를 매매 계획의 완벽한 실행에 집중한다. 나도 그렇게 하는데, 이건 정말 고된 일이다. 매일매일 기록 채우기, 데이터 수집, 모델 수행, 포지션 관리, 손절매 조정, 새로운 예비 신호와 진입 신호 검토가 이어진다. 나에겐 그것이 일이다. 이 글을 쓰는 지금, 나는 86개의 포지션을 갖고 있다. 나의 여러 매매 계획을 실행하는 것은 시간이 많이 들고, 반복적이고, 지루하고 고된 일이다. 하지만 내가 쏟는 에너지와 노력 외에도, 나에게 정말 필요한 것은 집중력이다. 그것은 '생각'을 필요로 하지 않는다.

따라서 여러분이 생각하는 매매를 중단하고, 합리적이고 탄탄하면서 긍정적인 기대치를 갖는 추세 추종 매매 전략을 개발하는 것에 대해 생각해보기 바란다. 매매 전략 개발이 완료된 이후에는 매매 계획을 실행하는 데 집중하라. 당신의 매매 계획 밖에 있는 시장에 대해 너무 많이 생각하지 마라. 물론 추가 전략을 개발하거나 기본 접근 방식을 개선하고자 할 때는 깊은 생각을 해야 한다. 하지만 매매할 때는 덜 생각하고 더 집중하는 것이 가장 좋다.

또한 시장에 대한 개인적인 견해를 만족시키기 위한 매매를 해서는 안 된다는 점을 상기해야 한다. 시장의 방향을 선택하기 위한 매매 역시 해서는 안 된다. 자신의 견해가 옳다는 것을 증명하기 위한 매매도 안 된다. 오로지 기대치를 얻을 기회를 위한 매매만 해야 한다. 기대치는 당신의 개인적인 견해가 아니라 당신의 매매 계획에서만 나올 수 있다. 거듭 말하지만, 개인적인 견해는 무의미하다. 당신의 매매 파트너나 회계사에게 확인해보라. 당신의 개인적인 견해에는 비용이 든다.

여러분은 자신이 생각하는 것이 아니라, 긍정적인 기대치를 가진 매매 계획에 따라 자기 앞에 놓인 것을 매매하는 법을 배워야 한다.

《주식투자 절대지식》을 읽을 것

다시 한번 말하겠다. (나는 매우 반복적이라고 이미 말한 바 있다.) 최선의 의도와 좋은 내용에도 불구하고, 이 책은 당신이 시장에서 성공하는 데 충분한 내용을 담고 있지 않다. 지속 가능한 매매로 가는 길에 하나의 디딤돌을 제공할 뿐이다. 이 책은 전술과 전략에 관한 것이다. 긍정적인 기대치를 가진 추세 추종 매매 전략의 개발에 관한 것이다. 비록 매우 중요하긴 하지만, 이것이 투자와 매매의 전부는 아니다. 당신은 시장에서 살아남고 번영하기 위해 성공적인 매매의 보편적 원칙을 알고, 이해하고, 수용하고, 꿈꾸고, 끊임없이 실행할 필요가 있다. 아직 읽지 않았다면, 필자의《주식투자 절대지식》을 읽어보기 바란다. 좋은 내용에도 불구하고, 지금 당신이 읽고 있는 이 책을 따로 읽는 것만으로 이익을 얻거나 지속 가능한 매매를 할 수 있는 것은 아니다. 아직 읽지 않았다면,《주식투자 절대지식》을 꼭 읽어보기 바란다. 그 책을 이 책과 결합하면 지속 가능한 매매를 향한 당신의 길을 찾아낼 것이다.

부정적인 사람이 될 것

아이디어를 갖고 매매할 때는 부정적인 사람이 되기를 권하고 싶다. 모든 아이디어가 똑같이 만들어진 것은 아니기 때문이다. 앞서 언급했듯이, 기술적 분석 분야는 아쉬운 점이 많다. 모든 아이디어를 환영하고, 내 아이디어도 환영해주기 바란다. 하지만 독자적으로 검증하고 입증하기 전까지는 나의 아이디어를 포함한 모든 아이디어에 대해 부정적이어야 한다. 자신이 무엇을 매매하는지 검증하고, 검증한 것을 매매하는 법을 배워야 한다. 어떤 매매 아이디어든 그것이 아무리 설득력 있게 보여도 액면 그대로 받아들여서는 안 된다. 냉소주의자가 되어 실제로 돈을 넣고 매매를 하기 전에 모든 아이디어를 검토하고, 검증하고, 입증하는 법을 배워야 한다.

다시 한번 말하지만, 이 글은 내 의견일 뿐이다. 필자나 다른 사람이 뭔가를 쓴다고 해서 그것이 반드시 사실인 것은 아니다. 오직 당신만이 내 아이디어를 검토하고 검증할 수 있다. 오직 당신만이 내 제안의 가치를 결정할 수 있다. 오직 당신만이 내 말이 사실인지 아닌지 판단할 수 있다. 인간의 본성에 역행하는 일을 하면 보상받을 수 있다.

0%의 파산 위험이 최고임을 인정할 것

필자의 개인적인 생각에는, 파산 위험이 매매에서 가장 중요한 개념이다. '가장' 중요한 것이다. 그 어느 것도 여기에 필적할 수 없다. 매매 전략도 아니다. 예비 신호도 아니다. 진입 기법도 아니다. 손절매 기법도 아니다. 자금 관리도 아니다. 심리적인 문제도 아니다. 모두 아니다. 오직 파산 위험만이 지존(至尊)이다.

파산 위험은 매매 방법에 따라 투자자의 계좌가 파산할 확률을 알려주는 통계적 개념이다. 비전문가의 용어로 말하자면, 깡통을 찰 확률이다. 파산 위험은 매매의 중요한 두 요소인 기대치와 자금 관리를 결합한다. 투자자가 매매 전략에 따른 손실 1달러당 벌어들일 것으로 예상할 수 있는 기대치를 자금 관리 전략에 따라 매매당 위험을 감수할 수 있는 자본의 크기와 결합하는 것이다. 기대치와 자금 관리를 결합하면 통계적인 파산 위험을 알 수 있다. 시장에서 오래 살아남기를 원한다면 0%의 파산 위험으로 매매를 시작해야 한다. 여기에는 예외도 없고 반전도 없다. 이론(異論)을 제기할 만한 것이 전혀 없다. 협상의 여지가 없다. 따라서 그 값이 얼마이든 0%보다 큰 파산 위험은 너무 큰 것이다. 50%의 파산 위험을 가진 투자자가 2%의 파산 위험을 가진 투자자보다 더 빨리 파산에 도달하는 것은 확실하다. 그러나 2% 혹은 1%의 낮은 파산 위험을 가진 투자자도 결국엔 파산할 것이 예상된다. 파산은 시간문제일 뿐이다.

성공에 대한 기대를 갖고 있는 투자자라면 개별적인 매매 전략 혹은 포트폴리오가 자신의 자금 관리 전략과 결합했을 때 어느 정도의 파산 위험을 갖게 되는지 알아야 한다. 파산 위험이 0%를 초과한다면 사업으로서의 매매를 할 수 없다. 그런데도 매매한다면 부정적인 결과를 얻을 수밖에 없다.

말했다시피 0%의 파산 위험이 최고다.

파산 위험에 대한 보다 자세한 설명을 원한다면, 필자의 《주식투자 절대지식》을 참고하라.

연평균 누적 수익률이 그다음 최고라고 인정할 것

0%의 파산 위험이 최고라면, 연평균 누적 수익률(CAGR, Compound Annual Growth Rate)은 그다음으로 최고다. 연평균 누적 수익률은 당신의 전략이 주어진 기간 동안 벌어들이는 연평균 복리 수익률을 말하며, 수익을 창출하는 매매 전략의 효율성을 측정하는 척도다.

매매에서 살아남은 당신의 다음 목표는 돈을 버는 것이고, 연평균 누적 수익률은 매매 전략이 얼마나 돈을 벌어들이는지를 최종적으로 결정한다. 비록 여기에 성과를 달성하기 위해 필연적으로 부담하는 위험의 수준을 반영하지는 않지만, 연평균 누적 수익률은 시작 자본과 최종 자본 사이의 명확한 직선으로부터 계산된다.

CAGR, 즉 연평균 누적 수익률을 '평균' 연수익률과 혼동하지 말아야 한다. 때로 평균 연수익률이 전략의 성과 측정에 사용되기도 하지만, 전략의 성과를 측정하고 비교하는 데 사용되는 수익률은 아니다.

자세히 알아보자. 평균 연수익률은 글자 그대로 연수익률을 평균한 값이다. 만약 당신이 2만 5,000달러로 매매를 시작하여 100%의 수익을 낸다면 당신의 계좌는 5만 달러로 한 해를 마무리할 것이다. 다음 해에 당신의 전략이 50%의 손실을 본다면, 원래의 자본금인 2만 5,000달러만 손에 쥐게 될 것이다.

따라서 2년 동안 연평균 누적 수익률은 0%가 된다. 당신은 돈을 벌지도, 잃지도 않은 것이다.

그러나 판매 극대화에만 관심 있는 비양심적인 전략 개발자나 판매사는 이 전략의 평균 연수익률을 25%로 발표할 수 있다. 1년 차에 100% 상승하고 2년 차에 50% 손실을 보면 수익률의 합이 50%가 되고 이를 2년으로 나누면 평균 연수익률은 25%가 된다. 이 숫자를 평균 연간 수익률이라고 하는데, 전략의 성과를 제시할 때 이것을 사용한다면 오해의 소지가 있다. 연평균 25%의 수익을 낸다면 2년 후 거래 계좌의 잔고가 2만 5,000달러보다는 많아야 하지 않겠는가?

당신이 관심 있는 것은 전략이 매년 쌓아 올린 연평균 누적 수익률인데, 이 예에서는 그 값이 0%다.

연평균 누적 수익률은 전략의 전체 실적을 측정하는 최고의 지표이며, 평균 연수익률은 무시해야 한다는 점을 기억해야 한다.

매매의 유일한 비밀
어느 누군들 매매의 비밀을 알고 싶어 하지 않겠는가? 나도 그걸 좀 알고 싶다! 35년 이상을 시장에 참여한 후, 나는 진짜 비밀이 하나밖에 없다고 느낀다. 그것은 바로 다음과 같은 것이다.

가장 잘 잃는 자가 최후의 승자다.

이것은 '곡물 시장의 유령'이라고 불렸던 시카고 상품거래소(CBT)의 예전 투자자가 한 말이다.

내 생각에 그는 명언으로 속담의 정곡을 찌른 듯싶다. 대부분의 투자자들이 나쁘게 잃는다. 그들은 손실을 싫어하여 손절매 시점을 변경하면서 매매를 계속할 변명거리를 찾고, 자신들의 행동을 합리화할 온갖 변명을 늘어놓는다. 그들은 규모가 무시할 수 없을 정도로 커져서 재앙적인 상태가 되어 스스로 포지션을 정리할 수밖에 없을 때까지 손실을 보고 있는 포지션을 애써 무시한다. 대부분의 투자자는 나쁘게 잃기 때문에 나쁜 투자자가 된다. 행동재무학에서는 이를 처분효과(투자자들이 가격이 상승한 주식은 팔고, 가격이 하락한 주식을 갖고 있는 성향 – 옮긴이)라고 부르는데, 투자자들은 어떤 대가를 치르더라도 손실을 피하려 한다. 당신은 그것을 무력화시키기 위해 자신의 마음을 다시 프로그래밍할 필요가 있다.

손실을 두려워하지 않고 잘 잃는 자가 되는 법을 배워라. 나도 그렇게 되려고 노력한다. 나는 돈을 잃는 데는 금메달리스트다. 나는 매우 활발한 투자자이고, 매매의 절반에서 돈을 잃는다. 따라서 나는 돈을 많이 잃는다. 만약 내가 돈을 잃는 데 세계 챔피언이 아니었다면, 지금 이 순간 이렇게 집에서 이 글을 쓰고 있지 않았을 것이다. 그러니 제발, 부디 당신의 손실을 두려워하지 않고 잘 잃는 투자자가 되는 법을 배우라. 손실은 트레이딩이라는 사업에서 꼭 필요한 부분이다. 그것은 당신이 자금을 투입해야 하는 엄청난 재고 비용이다. 잘 잃는 투자자가 되면 성공을 향한 큰 발걸음을 내디딜 것이다. 이것이 성공적인 트레이딩을 위한 유일하고 진정한 일급비밀이다.

만약 당신이 스스로 평가하기에 잘 잃는 투자자가 아니라면, 추세추종 매매를 배울 수 없을 것이다. 일반적으로 추세 추종 투자자는 열 번의 매매 중 예닐곱 번의 손실을 예상할 수 있다는 것을 기억하라. 추세 추종 매매는 당신이 잘 잃는 투자자가 될 것을 요구한다. 만약 그런 사람이 될 수 없다면, 이 책을 내려놓고 돌아서서 잊고 싶은 경험에서 벗어나고 있다는 데 감사하라!

트레이딩에 관한 진실을 받아들일 것

몇 가지 핵심 메시지들을 하나로 묶어보겠다. 그것들은 개별적으로도 강력하지만, 함께하면 매매의 진실을 밝히는 기념비적인 존재가 된다. 매매에 관한 대중적인 서적에서 말하는 것과 달리, 수익을 내는 매매는 좋은 종목을 고르거나 주가의 고점 혹은 저점을 찾는 문제가 아니다. 내면의 자신이 누구인지를 밝혀내고 알아가는 문제도 아니다. 그런 것이 절대 아니다. 당신은 매매가 고통스럽다는 것을, 특히 추세를 따르는 매매가 비참하고 고통스럽다는 것을 이미 알고 있다. 매매는 불확실성과 손실로 가득 차 있다. 나는 지금껏 매매를 황량한 풍경으로 그려 보여주었는데, 당신의 관심이 이런 모습에 집중하기를 바라기 때문이었다. 나는 이제 나의 암울한 관찰을 좁은 범위로 압축시키고자 한다. 당신의 에너지와 자원, 집중력을 중요한 곳으로 모으는 일에 도움이 될 것이다.

혹시 조금이라도 의심이 든다면, 수익을 내는 매매는 매매에 관한 문헌들에 의해 만들어진 오해에 관한 것이 아니라는 점을 강조하고 싶다. 앞서 말했듯이, 수익을 내는 매매는 무언가를 골라내는 일에 관한 것이 아니다. 좋은 종목을 고르고, 주가의 고점과 저점을 짚어내는 것이 아니다. 내면의 자신이 누구인지를 알아내는 문제가 아니다. 마법의 지표를 찾아내거나 완벽한 진입 기법을 찾는 것도 아니다. 수익을 내는 매매는 가장 똑똑한 투자자가 되는 문제가 아니다. 올바름에 관한 문제도 아니고. 매매의 비밀을 알아내는 것에 관한 문제는 더더욱 아니다. 절대 아니다.

내 생각에, 수익을 내는 매매는 다음 두 개의 핵심 요소에 기초하고 있다는 것이 보편적인 진실이다.

1. 수학
2. 가장 잘 잃는 투자자가 되는 것

간단하다. 이것이 내가 시장에서 살아남아 트레이딩을 계속하는 방법이고, 당신이 매매를 시작하기 전에 알고 있어야 할 핵심이다. 이 보편적 진실은 성공적인 매매의 보편적 원칙에 기초한다.(《주식투자 절대지식》참조) 각각에 대해 더 자세히 알아보자.

수학

수익을 내는 매매는 단순한 수학의 문제인데, 당신은 0%의 파산 위험으로 매매를 시작해야 한다. 그러려면 파산 위험을 정확히 계산하는 방법을 배워야 한다. 파산 위험이 0%가 아니거나 계산할 수 없는 경우에는 사업으로서의 매매를 시작할 수 없다. 그럼에도 불구하고 매매를 시작한다면 당신이 겪을 실망의 책임은 당신에게 있다.

0%의 파산 위험으로 매매하는 것이 수익을 내는 매매의 수학이다.

파산 위험 계산은 매매 전략에 따라 매 1달러의 손실당 기대할 수 있는 수익률이 어느 정도인지 파악하는 데에서부터 시작된다. 당신의 매매 전략(예비 신호, 진입 신호, 손절매 및 이익 실현)에서 긍정적인 양의 '기대치'가 나와야 한다. 또한 각 매매에 어느 정도의 위험을 감수할 준비가 되어 있는지 파악하는 것에 관한 문제이기도 하다. 매매할 금액의 단위를 아는 것에 관한 문제다. 이때는 좋은 자금 관리가 필요하다.

당신의 기대치와 자금 관리를 수학적으로 결합하면 파산할 위험을 백분율로 구할 수 있다. 양의 기대치를 가진 전략을 합리적인 자금 관리 전략과 결합하는 것이 수익을 내는 매매의 수학이다. 트레이딩으로 수익을 내려면 0%의 파산 위험으로 매매를 시작해야 한다. 이것이 수익을 내는 매매의 수학이다.

가장 잘 잃는 투자자가 되는 것

수익을 내는 매매를 하려면 손실을 보는 매매의 처분 효과를 이겨 낼 필요가 있다. 수익을 내는 매매의 유일한 비밀은 가장 잘 잃는 투자자가 장기적인 승자가 된다는 점을 기억하라. 사업으로서의 매매에서 손실은 피할 수 없으므로 손실을 두려워하지 않는 법을 배울 필요가 있다. 그것은 당신과 늘 함께하는 동반자가 될 것이므로 손실을 보는 고통을 어떻게 견뎌야 하는지 배울 필요가 있다. 손절매 시점을 바꾸지 않고 자신의 매매 계획을 고수하는 법을 배울 필요가 있다. 희망, 두려움, 탐욕을 무시하는 법을 배울 필요가 있다. 지나친 생각을 멈추고 자신의 매매 계획을 실행하는 데 집중하는 법을 배울 필요가 있다. 올바른 사고 체계를 개발할 필요가 있다. 트레이딩을 하기에 적절한 심리를 가질 필요가 있는 것이다.

매매의 보편적 진실

수익을 내는 매매는 좋은 종목, 주가의 고점과 저점을 짚어내는 문제가 아니다.

#1. 수학

  매매의 수학 = 양의 기대치 + 매매 금액의 단위

  매매의 수학 = 0%의 파산 위험

#2. 잘 잃는 투자자

  – 손실을 두려워하지 마라.

  – 손실의 고통을 견뎌라, 손실은 매매의 일부다.

  – 희망, 두려움, 탐욕을 무시하고, 자신의 계획에 집중하라.

  – 올바른 사고 체계를 개발하라.

  – 트레이딩을 하기에 적절한 심리를 개발하라.

보편적 진리는 성공적인 매매의 보편적 원칙에 기초한다.

  《주식투자 절대지식》 = 자금 관리 + 매매 전략 + 심리

그림 2–1 보편적인 진실은 수익을 내는 매매가 좋은 종목, 주가의 고점과 저점을 짚어내는 문제가 아니다. 보편적인 진실은 수학과 잘 잃는 투자자가 되는 것에 관한 것이다.

그림 2-1을 복사하여 매매할 때 사용하는 모니터 옆에 붙여둘 것을 제안한다.

자유재량에 의한 투자자가 되기는 어렵다는 사실을 인정할 것

투자자에는 두 가지 유형이 있다. '기계적' 매매를 하는 투자자와 '자유재량에 의한' 매매를 하는 투자자가 그것이다.

'기계적 트레이딩', '시스템 트레이딩', '퀀트 트레이딩', '알고리즘 트레이딩'은 모두 유사한 의미를 지닌다. 이들은 모두 동일한 유형의 매매 기법이다. '알고리즘 트레이딩'에는 예비 신호가 나타나고 진입 신호가 발생했을 때 자동으로 주문이 실행된다는 추가적인 의미가 있기는 하다. 하지만 이 모든 용어는 동일한 유형의 매매 기법을 지칭한다. 이런 매매 기법을 사용하는 이들은 진입 시점, 손절매와 이익 실현 시점에 대한 명확한 규칙을 기반으로 하는 100% 객관적인 전략을 가진 투자자다. 그들의 매매 계획은 투자자에게 어떤 재량권도 부여하지 않는다.

시스템 투자자이든 자유재량에 의한 투자자이든, 모든 투자자는 예비 신호, 진입 시점, 손절매와 이익 실현 시점을 포함하는 완전한 매매 계획을 갖고 있어야 한다.

기계적 투자자, 시스템 투자자, 퀀트 투자자 혹은 알고리즘 투자자는 예비 신호가 나왔을 때 그 신호에 따를 것인지 말 것인지에 대한 재량권이 없다. 그들은 자신들의 매매 계획을 두려움이나 선호 없이 무조건 따른다. 예비 신호가 나타나면 시장 상황이나 헤드라인 뉴스에 상관없이 그 신호에 따른 매매를 준비한다. 알고리즘 투자자는 온라인 매매 시스템의 프로그램을 통해 자신들의 예비 신호를 모니터링하고 자동으로 주문을 실행한다.

　반면, 자유재량에 따라 매매하는 투자자는 자신들의 매매 계획을 실행할지에 대한 최종 권한을 갖고 있다. 그들은 최종 결정을 스스로 내린다. 그들은 방아쇠를 당길지 말지에 대해 자신의 재량권을 행사할 것이다.

　나의 견해로는, 자유재량에 의한 투자자로 성공하기란 매우 어려운 일이다. 나는 모든 투자자들이 시스템 혹은 기계적인 기반에서 매매할 것을 권장하고 싶다. 자유재량에 의한 매매는 권하고 싶지 않다.

　그 이유를 살펴보자.

　두 유형의 투자자는 두 가지 영역을 제외하고는 일반적으로 동일하다.

	매매 계획	증거 기반
• 기계적 투자자	완전	있다
• 자유재량 투자자	불완전	없다

　기계적 투자자들은 완전한 매매 계획을 갖고 있다. 그들은 일반적으로 과거 데이터에서 매매 계획의 성과를 측정할 수 있는 적은 수의 규칙을 갖고 있다. 그들은 증거 기반의 접근법을 따른다.

　자유재량에 의한 투자자들은 일반적으로 불완전한 매매 계획을 갖고 있는데, 이런 유형을 지지하는 투자자들은 대개 실행을 미루는 것에 대해 '그러나 기다려라'라고 할 수 있는 구실을 갖고 있기 때문이다. 이들의 불완전한 매매 계획은 대개 (과도한 최적화의 함정에 빠지는) 더 많은 규칙을 가지며, 과거 성과를 측정할 수 없다. 이들은 증거 기반의 접근법을 따르지 않는다.

두 유형의 투자자 모두 매매 계획을 갖고 있다. 하나는 완전한 매매 계획이고, 하나는 계속 진행 중인 계획이다. 시스템 투자자는 자신들의 매매 계획을 알 수 있지만, 자유재량에 의한 투자자는 그렇지 못하다. 나는 '자유재량에 의한 투자자'라는 말이 준비되지 않은 투자자를 정중하게 표현한 것이라고 생각한다. 매매 계획이 불완전하다는 말은 그들이 자신들의 기대치와 파산 위험을 모르고 있다는 것을 의미한다. 어쩌면 그들은 '기대치'와 '파산 위험'이 무슨 뜻인지도 모르지 않을까?

이것이 내가 자유재량에 의한 투자자로 성공하는 것이 더 어렵다고 생각하는 이유다. 그들은 대체로 자신들의 기대치와 파산 위험에 대해 무지하며, 믿음과 희망만을 품고 맹목적으로 매매한다. 반면에 기계적 투자자는 자신의 기대치와 파산 위험을 알고, 목적과 과거 데이터에 기반한 증거를 갖고 매매하며, 이는 그들에게 자신감을 준다.

기대치와 파산 위험에 무지한 자유재량 투자자들은 자신들의 매매 계획이 유리한지 아닌지를 말해줄 역사적 증거가 없다. 그들은 눈먼 상태로 매매를 한다. 그런 상태가 되면, 매매에서 성공하기가 어렵다.

자유재량에 의한 다음의 전략을 예로 들어보자.

자유재량 투자자는 깃발, 페넌트, 삼각형과 같은 전통적인 가격 정체 패턴에서 이탈할 때 추세의 방향을 따라 매매하기로 결정할 수 있다. 지배적인 추세를 판단하기 위해 200일 단순 이동평균을 사용할 수 있다. 매매를 시작한 후에는 일일 종가가 단기 또는 중기 이동평균을 넘어 반대 방향으로 끝날 때를 손절매 시점으로 사용할 수 있다.

이 특별한 접근 방식은 별다른 문제가 없으며, 실제로 많은 장점이 있는 전략이다.(제6장의 커티스 아널드의 패턴 확률 전략 참고) 하지만 나는 이런 매매 전략을 따르는 대부분의 자유재량 투자자들이 전략의 기대치를 모른다고 생각한다. 그들은 아마도 자신이 선호하는 시장 포트폴리오의 과거 데이터에 몇 개의 '깃발', '페넌트', '삼각형'이 존재하는지조차 모른다고 자신 있게 말할 수 있다. 그들은 자신들이 매매 결정의 기초로 사용하는 것들이 과거 데이터에서 몇 번이나 나왔었는지도 잘 모를 것이다. 게다가 그들은 과거에 나왔던 그 패턴들이 전체적으로 수익을 냈으리라고 믿을 것이다. 하지만 용케 선택된 차트 예제 두어 개 정도를 신뢰하는 것만으로는 충분하지 않다.

또한 자유재량 투자자는 선호하는 패턴을 시각적으로 식별하는 능력에 의존한다. 주관적인 의견이 필요한 가장 적당한 때일지라도 이것은 매우 어려운 일이다. 그리고 당신의 모든 인지적 편견이 의식에 영향을 미칠 때라면 거의 불가능한 일이다. 기대는 강력한 힘이다. 중력이 우리에게 영향을 미치듯이, 기대는 당신의 인식에 영향을 미친다. 그것은 힘이다. 그리고 우리가 기대하는 것을 보는 경향이 있듯, 당신이 깃발, 페넌트, 삼각형 패턴을 찾을 것이라고 기대할 때, 그것이 실제로 존재하는지와 관계없이 기대하던 패턴을 찾을 수도 있을 것이다. 이것은 자유재량에 의한 투자자에게 큰 문제다. 안타깝게도 전략에 사용할 패턴을 찾기 위해 당신의 시각적인 기술에 의존하는 것만으로는 충분하지 않다.

전략의 기대치를 확인하려면 포트폴리오의 전체 과거 데이터에서 모든 패턴의 출현 빈도를 알아야 한다. 그리고 그 패턴은 객관적으로 정의할 수 있어야 한다. 거의 정의할 수 있는 정도로는 충분하지 않다. 패턴은 예외나 '인지적 기대'가 끼어들지 못하도록 정확한 코딩이 가능해야 한다.

다음으로, 투자자는 그들의 주관적인 '그러나 기다려라'라는 재량권의 영향을 어떻게 측정할지 고민해야 한다. 나는 그러한 재량권의 영향을 어떻게 측정해야 할지 모르겠다. 하지만 자유재량에 의한 투자자는 그것이 가능하다고 가정해보자.

자유재량에 의한 매매 계획 전체가 완성되면 과거의 손익 분석과 함께 계좌 전체의 손익 그래프를 만들고, 그 결과에 의한 기대치와 파산 위험을 계산해야 한다.

그러면 질문이 시작된다. 매매 전략은 긍정적인 양의 기대치를 갖고 있는가? 그리고 선호되는 자금 관리 전략과 결합했을 때 전략의 파산 위험은 얼마인가? 0%인가? 만약 그렇다면 그 전략으로 매매할 가치가 있을 만큼 충분한 매매 기회가 있는가? 그렇다면 당신은 앞으로 나아가야 한다. 그런 다음 당신은 전략의 지속성이 어느 정도인지 결정해야 하고, 이것은 과거의 손익 그래프에 대한 질문으로 귀결될 것이다. 안정적인가 혹은 불안정한가? 나중에 전략의 '지속성'에 대해 더 많은 시간을 할애할 것이라는 점을 기억하기 바란다. 그러나 여기서 중요한 점은, 전략의 유용성은 기대치가 양의 값이고 파산 위험이 0%인지 여부에 따라 판단이 시작된다는 것이다. 대부분의 자유재량 투자자들은 그 질문에 대답할 수 없다.

이런 정보 없이는 자유재량 투자자로 성공하기 어렵다.

따라서 대부분의 자유재량 투자자들이 일반적으로 희망에 의존하여 매매하는 것은 불행한 일이다. 그들은 자신들의 매매 계획이 양의 기대치를 가지기를 바란다. 그들은 자신들이 파산하지 않기를 바란다. 기대치와 파산 위험을 알지 못한다면 자유재량 투자자는 본질적으로 도박꾼이며, 입증되지 않은 이론에 의존하게 되고 결과적으로 우연히 잘 선택된 차트 몇 개의 예에 의존한다.

나는 자유재량 투자자들이 '증거'의 불빛이 자신들의 매매 전략을 비추는 것을 원하지 않는다고 확신한다. 그들은 누구도 자신을 불러낼 수 없는 어둠 속에서 매매하는 쪽을 선호할 것이다. 그들은 계속해서 다음과 같은 낡고 진부한 변명을 할 것이다.

이론은 완벽하지만, 그 이론을 불완전하게 적용하는 것으로 나를 판단할 수는 없을 것이다.

실제로 그런 변명이 사용되는 경우를 본 적이 있다. 전부는 아니지만, 대부분의 자유재량 투자자들은 약간의 망상에 사로잡혀 있다고 생각한다. 그들은 미래의 모든 예비 신호 패턴(예를 들어 깃발, 페넌트, 삼각형 등)을 완벽하게 인식하고 매매하는 자신들의 능력을 믿으면서 본의 아니게 본인의 인지적 편견에 사로잡힌다. 그들은 패턴을 식별할 수 있는 자신의 능력에 (잘못된) 절대적인 믿음을 갖고 있다.

따라서 내가 생각하기에, 성공적인 자유재량 투자자가 되는 것은 불가능하지는 않을지라도 매우 어려운 일이다. 기대치와 파산 위험에 대한 지식이 없는 투자자는 어둠 속에서 매매하는 것과 같다. 그들은 자신들이 선호하는 매매 전략이 확실한 우위를 갖고 있다는 믿음만으로 매매하고 있다.

초보자 혹은 어려움을 겪고 있는 투자자들에게, 나는 그들이 아무 것도 해석할 필요가 없는 기계적 트레이딩 전략을 개발하는 방법을 배울 것을 제안하고 싶다. 그들의 전략이 적절한 기대치와 매매 기회, 파산 위험 그리고 지속성을 만족시키고 나면, 그것으로 어떻게 매매할지 결정할 수 있다. 내가 그렇듯, 혹은 래리 윌리엄스가 그렇듯, 기계적 투자자 혹은 알고리즘 투자자가 하듯이 모든 신호를 받아들이고 자유재량의 기초 위에서 기계적 매매 신호에 따라 매매하라. 그러면 래리 윌리엄스처럼 자유재량에 의한 기계적 투자자가 될 수 있다. 하지만 그에 앞서 개별적인 파산 위험과 다양한 성과 지표를 계산할 수 있는 체계적이고 기계적인 전략이 필요하다.

스마트머니를 따를 것

내가 시스템 혹은 알고리즘을 기반으로 한 매매의 장점을 당신에게 이해시키지 못한다면, 당신은 전문가들에게 가서 그들이 무엇을 하는지 보아야 한다.(그림 2-2)

바클레이헤지(BarclayHedge, 헤지펀드 수익률 분석 기관 – 옮긴이)에 따르면, 추세 추종 시스템 트레이더들은 그들의 운용자산을 1999년 220억 달러에서 2019년까지 2980억 달러 이상으로 증가시켰다. 바클레이헤지는 같은 기간 동안 자유재량 트레이더들이 운용자산을 80억 달러에서 120억 달러로 늘렸을 뿐이라고 추정한다.

전문적인 자금의 무게중심이 추세 추종 시스템 트레이딩의 배후에 있다면, 당신은 정신을 바짝 차리고 여기에 주목해야 하지 않을까? 제발 그러길 바란다. 만약 당신이 매매에서의 성공에 대해 진지하게 생각한다면, 당신의 관심과 에너지를 시스템 투자자 혹은 알고리즘 투자자에게 집중하라.

정확한 증거에 기반을 두고 측정 가능한 규칙을 따라야 당신의 기대치와 파산 위험을 계산할 수 있고, 당신이 목적을 갖고 매매하는지 혹은 그저 도박을 하는지 알 수 있다.

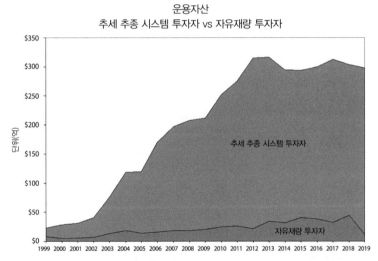

그림 2-2 시스템 투자자가 될 것인지 자유재량에 의한 투자자가 될 것인지 결정하지 않았다면, 시스템을 기반으로 매매하는 스마트머니를 따라 하는 것이 좋다.

플라세보 투자자

나는 자유재량 투자자로 성공하기 어렵다는 나의 우려에 한 가지

단서를 달고 싶다.《주식투자 절대지식》에서는 검증되지 않은 이론들을 바탕으로 시장에 진입했지만 계속해서 돈을 버는 성공적인 투자자들에 대해 논의한 바 있다. 이런 투자자들은 자신들의 전략이 가진 기대치나 파산 위험을 알지 못한 채 맹목적으로 뛰어드는데도 불구하고 성공적으로 매매를 한다.

나는 이들을 '플라세보 투자자'라고 명명했다.

'플라세보 투자자'는 입증되지 않은 아이디어에 의존해 빗나간 확신을 가진 투자자를 말한다. 나는 누적 손실보다 누적 이익이 더 큰 이상, 투자자가 시장에 진출한 이유가 무엇인지는 별로 중요하지 않다고 수긍하게 되었다. 특정 시장 이론에 대한 투자자의 믿음이 잘못된 것일지라도, 그들이 투자에 대한 타고난 직감 덕분에 여전히 성공적인 매매를 하고 있다면 그들이 어떻게 시장에 진입하는지가 정말 중요할까? 그들의 성공을 보장해주는 직감이 그들의 모든 손실을 보상할 수 있을까? 물론 그것은 중요하지 않다.

하지만 이런 플라세보 투자자들은 대부분의 투자자들이 손해를 보는 원칙의 한 예외일 뿐이다. 나는 그들이 선천적으로 손실을 짧게 가져가고 이익을 보는 매매를 지속하는 특별한 능력을 지닌 투자자들이라고 본다. 불행히도, 나머지 사람들에게 이러한 투자는 그리 쉬운 일이 아니다.

따라서 나는 여전히 자유재량 투자자로 성공하기가 어렵고, 대부분의 투자자들은 먼저 기계적 투자자 혹은 시스템에 의한 체계적인 투자자가 되는 것에 능숙해져야 한다는 주장을 고수하고 있다. 그러나 선천적으로 재능을 타고난 투자자가 있다는 점은 인정한다. 특출한 투자자들에게는 긍정적인 기대치와 0%의 파산 위험이 만들어내는 체계적인 매매 전략이 필요하지 않다.

지표에 의존하지 않을 것

(기술적) 지표에 지나치게 의존해서는 안 된다. 나는 주관적인 변수 선택에 따라 결과가 달라지는 지표를 좋아하지 않는다. 물론 나도 매매 전략상의 필요에 의해 ATR(Average True Range) 혹은 이동평균과 같은 몇 가지 지표를 사용하지만, 일반적으로 100% 가격을 이용해 매매하는 쪽을 선호한다. 변수에 종속적인 지표의 큰 문제는 대개 손익 그래프의 불안정성을 초래하는데, 이는 내가 가장 피하고 싶은 상황이다. 내 생각에 그것들은 유용한 통찰력을 제공하는 듯 보이지만 대개는 당신에게 손실을 초래하는 쓸모없는 것으로 밝혀지고 마는, 당신을 흥분시키는 독이 든 성배와 같다.

가장 큰 범죄

매매에서 저지를 수 있는 가장 큰 범죄는 당신의 투자자산 전체를 잃는 것이다. 활동하는 투자자의 90%가 이 범죄를 저지른다. 그리고 살아남은 투자자의 90%가 이 범죄를 저지를 것이다. 당신은 이 범죄를 저지르지 않기 바란다. 당신이 할 수 있는 최선의 방어는 파산 위험을 0%로 유지하는 것이다. 파산 위험의 전문가가 되는 것뿐만 아니라, 그에 따른 매매 계획을 잘 수행하는 전문가가 되는 것을 당신의 개인적인 목표로 삼아야 한다. 더 나아가서, 심지어 꿈을 꾸는 동안에도 그것을 생각할 수 있도록 '0%의 파산 위험'을 양 눈꺼풀 안쪽에 문신으로 새기는 일도 고려할 만하다. 이것이 고통스러운 생각일까? 당연히 고통스럽다. 하지만 실제로 범죄를 저지르는 것보다는 덜 고통스러울 것이다.

핵심적인 '지식'에 대한 나의 메시지는 여기까지다. 다음으로 들려줄 핵심 메시지는 '위험'에 관한 것이다.

위험

이제는 당신의 차에 에어백이 설치되어 있는지 확인해야 할 때다. 돈을 잃는 것 외에도, 당신이 경계해야 할 다른 위험들이 있다. 이 책이 만약 듣는 책이었다면, 앞으로 닥칠 위험을 경고하기 위해 "위험, 위험해"라는 경고를 집어넣었을 것이다. 내가 말하는 위험은 전략의 성과나 시장의 변동성과는 관련이 없다. 당신이 알아야 할 중요한 위험들은 바로 다음과 같은 것들이다.

- 이야기꾼들
- 전략의 성배
- 스스로 해내길 원하는 당신
- 전략 파멸의 네 기수

이야기꾼들
전문가들을 조심하라.

그들이 어떤 사람인지는 당신도 안다. 그들은 자칭 전문가들이다. 시장의 잡음을 만드는 사람들이다. 그들은 말로 먹고산다. 영리한 편집자들과 설득력 있는 전달자들이다. 나는 지금 금융 뉴스 서비스의 잘 차려진 스튜디오 진행자들이 관대하게도 자신들의 통찰력 있는 의견을 제공하는 것에 대해 말하고 있다. 대담한 예측을 암시하는 대담한 머리기사에 대해 말하고 있다. 시장이 종료된 이후 인터뷰를 진행하는, 다소 성급해 보이는 브로커들에 대해 말하고 있다. 강력한 시장 전망과 예측을 옹호하는 끈질긴 이메일 발송자들에 대해 말하고 있다. 그리고 나는 특히 그것이 진짜건 혼자만의 주장이건 간에 자신들의 '경제적' 생각을 공개적으로 주장하는 경제학자들에 대해 말하고 있다. 그들은 재미있고 신뢰를 주는 목소리로 믿음이 가는 단어들을 사용하는 매력적인 사람들이다. 당신도 그들을 알 것이다. 그들은 인포테이너로서 반복적인 주장으로 자신의 견해를 강화하거나 때론 번복하기도 한다. 그들은 정신을 산만하게 하는 이야기꾼들이다.

이야기꾼들은 방송, 인터넷, 인쇄물을 점령하고 있다. 그들은 TV에서 라디오, 책에서 소식지까지, 팟캐스트에서 유튜브까지 각종 매체를 차지하고 있다. 여러분은 그들의 말을 보고 듣고 읽는다. 그들은 유용한 정보로 가장한 열정적인 논평과 영리하고 재미있는 기사를 제공한다. 그들의 새로운 편향성은 대개 최근의 사실들을 잘못 추정하고 그것을 영속화하도록 부추긴다. 그들은 자신의 확고한 견해를 옹호하면서 자기 편견의 희생자가 된다. 그들은 자신들의 견해를 받아들이는 무리의 우두머리가 되고, 성난 시장의 가장 힘센 발언권자가 된다. 일치된 의견을 응징하는 것이 시장의 본성이다. 그들은 시장의 최대 역경이 동화 속 요정처럼 실제로는 존재하지 않는 것이라고 생각한다.

당신은 이야기꾼들을 무시하는 법을 배워야 한다. 이제 여러분은 자신의 운명에 대해 모든 책임을 져야 하고, 다른 이들은 들어올 수 없는 자신만의 가상의 밀폐된 보호막 안에 스스로를 가두어야 한다. 그들이 하는 소리는 모두 잡음이고, 그들의 논평은 그 어떤 것도 책임 있는 정보를 알려주지 않는다.

금융 뉴스의 책임자들은 시시각각 전해지는 숨 가쁘고 흥분된 발표와 함께 아마도 당신의 가장 큰 위험 요소일 것이다. 자신들의 신념에 기초한 원칙을 따르는 진지한 경제학자들은 교리와 유용한 증거에 기초한 사실을 혼동한다. 나무랄 데 없는 언행과 신뢰감 있어 보이는 경제적 논리에도 불구하고 이러한 지엽적인 시장 참여자들은 단순한 흥밋거리 이상의 정보를 제공해주지 않는다. 청중들을 달래는 심심풀이 팝콘에 지나지 않는다.

그들의 설득력 있는 이야기에도 불구하고 여러분은 자신만의 길을 가기 위해 그들을 무시하는 법을 배워야 한다. 그들의 이야기는 당신을 재정적인 붕괴로 유인하는 세이렌(아름다운 소리로 뱃사람들을 유혹하여 위험에 빠뜨리는 그리스 신화 속 요정 - 옮긴이)의 노래와 같은 역할을 할 뿐이다. 그들의 의견은 긍정적인 기대치를 가지고 있지 않으며, 책임 있는 지식을 나타내지도 않는다.

그들의 말은 모두 소음이고 책임 있는 정보가 아니다.

이야기꾼들의 소음은 그저 열정적인 의견일 뿐이다. 그야말로 자만심이다. 열정적이고 잘 짜인 논평은 유용하지 않을뿐더러 책임 있는 정보가 아니고, 단지 어떤 사람의 희망 사항을 담은 '의견'일 뿐이라는 것을 기억하기 바란다.

여러분이 특히 경계해야 할 이야기꾼들의 또 다른 그룹은 매우 진지하고, 잘 다듬어지고, 잘 교육되고, 인정받고, 정말로 말을 잘하는 경제학자들이다. 나는 그들이 가장 위험하다고 생각한다. 그들의 의견이 다른 잡음들보다 정확하지 않기 때문이 아니라, 그들의 위치가 어울리지 않는 신뢰감을 주어 사람들이 그들의 말을 진지하게 받아들이기 때문이다. 그들이 대학에서 배웠음에도 불구하고 그들의 전문 지식, 즉 경제적 지식은 종교처럼 신념 혹은 믿음에 기반을 두고 있다는 것을 이해해야 한다. 그들이 선호하는 경제 이론을 뒷받침하는 확고한 과학이나 증거는 없다. 잘 설계되지 못한 매매 전략과 마찬가지로, 경제와 세상이 어떻게 돌아가는지에 대해 그들이 선호하는 이론에는 너무 많은 변수와 가정이 포함되어 있다. 하지만 그들의 진지한 '경제' 용어와 기품 있는 언변은 그들이 대학에서 경제를 다룬다는 것에 대한 '존경심'과 어우러져 그들의 견해와 예측에 근거가 있는 것처럼 보이게 한다. 불행히도 이 '존경심'은 나방이 불빛에 이끌리는 것과 같은 재앙과 함께 투자자들을 끌어들인다.

만약 그들의 형편없는 의견에 대한 나의 형편없는 의견이 의심스럽다면, 데이비드 라이프슈나이더(David Reifschneider)와 피터 튤립(Peter Tulip)의 논문《역사적 예측 오류를 이용한 경제 전망의 불확실성 확인: 연방준비제도 접근법》(2017)을 찾아보기 바란다. 이 논문을 발표할 당시 데이비드 라이프슈나이더는 미국 연방준비제도이사회(FRB)에서, 피터 튤립은 호주 연방준비은행에서 일했다. 두 사람 모두 상당한 실력자이자 노련한 경제학자들이다. 그들의 논문은 경제학자들이 (미래를) 예측할 수 없다고 결론지었다. 그들의 연구는 주요 경제 지표(실업률, 인플레이션, 이자율, 국내총생산 등)의 예측을 조사한 후 그 예측들을 실제 결과와 비교했다. 결과는? 당신의 짐작대로다. 그들의 예측에는 많은 오류가 있었다! 그렇다, 좋은 교육, 외양, 경제적 지식과 뛰어난 말솜씨에도 불구하고, 경제학자들은 (미래를) 예측할 수 없다! 그들의 경제 예측 모델은 엉망이다. 그들의 의견에는 그것이 적힌 종이만큼의 가치도 없다. 차라리 동전 던지기가 더 나을 것이다.

항상 그런 것은 아니지만 시장 평론가, 관찰자 또는 전문가들은 대개 숨은 동기를 갖고 있다는 것을 기억해야 한다. 그들의 동기는 잠재 고객인 당신의 신뢰를 쌓기 위한 것이다. 그들은 자신들이 지식과 확신이 있는 것처럼 보이려 하고 유식하고 자신감 있는 것처럼 보이도록 행동한다. 그들의 사업에서 당신이 무언가를 구매할 정도로 믿을 만한 사람이 되기 위해, 그들은 신뢰를 쌓는 노력을 하고 있다. 그들이 팔려는 것은 은행 대출일 수도, 있고 케이블 방송이나 스트리밍 서비스의 유료 시청권 혹은 자문 서비스일 수도 있다. 그들은 속셈이 있다. 그들은 도파민(dopamine) 행상에 지나지 않는다. 우리가 듣거나 읽어야 할 것들은 실제 성공적인 투자자들의 이야기이지, 우리의 스마트 스크린을 가득 채우는 애니메이션이나 말 잘하는 마네킹의 이야기가 아니다.

이야기꾼들은 무시하는 것이 최선이다.

전략의 성배

당신이 직면하는 또 다른 큰 위험은, 전설 속의 성배와 같은 매매 전략이 존재한다고 믿는 것이다. 100%의 정확성과 0%의 손실을 보는 성배와 같은 고통 없는 전략 말이다. 여러분도 알고 있을 것이다.

그럼 (누구나 알고 있지만) 말하기 꺼려 하는 그것에 대해 알아보자. 건강하지도 않고 비현실적인, 성스러운 성배에 대한 집착 말이다. 많은 투자자들이 그들의 거래 계좌와 자아가 모두 기뻐하도록 시장의 미스터리를 드러내고 풀어줄 보편적인 비밀이 있다고 믿는다. 그들이 찾을 수만 있다면 그렇게 될 거라고 믿는다. 그리고 그것은 그들의 노력이 부족해서가 아니다!

여러분이 구매하거나 개발할 수 있는 완벽한 전략이 있다는 이러한 믿음은 여러분에게 끊임없는 위험이 된다. 그것은 시간 낭비이고, 집중을 방해하며 게으름에 대한 변명거리가 된다. 그것은 당신이 결코 빠지고 싶지 않은 커다란 토끼굴(《이상한 나라의 앨리스》에서 주인공 앨리스가 흰 토끼를 따라 토끼굴로 들어가면서 험난한 여정이 시작된다 - 옮긴이)이다.

당신은 완벽한 전략을 찾거나 개발하는 것을 꿈꾸며 시간을 낭비하고 멈춰 서서 꾸물거리는 행동을 멈출 필요가 있다. 자신을 끌어당겨 지금, 현실에 집중해야 한다.

현실은 당신이 지불해야 할 청구서에서 모습을 드러낸다. 그것이 우리가 살고 있는 삶의 현실이다. 여러분은 틀림없이 자신이 찾을 수만 있다면 더 쉽게 매매하는 방법이 있다고 믿으면서 온종일 꿈을 꾸는 자신을 발견했을 것이다. 토끼굴은 기분 좋은 망상을 할 수 있게 해주지만, 당신이 지불해야 할 청구서의 요금을 대신 내주지는 않는다.

당신이 하려는 일에 대한 의견, 신념, 선언 혹은 의도가 은행 계좌의 잔고가 불어나는 데 기여하지는 않는다. 지속성이 있는 긍정적인 양의 기대치와 0%의 파산 위험을 가진 전략으로 투자하는 것이 답이다. 무엇을 하고 싶은지 생각만 하는 것이 아니라, 실제 행동으로 옮기는 것이 시간이 지날수록 당신의 계좌를 살찌우는 방법이다.

이 책과 함께라면 지속적이고 긍정적인 양의 기대치를 가진 전략을 찾고, 그것을 독립적으로 검증하며, 관리 가능한 포트폴리오를 구성한 다음, 파산 위험 시뮬레이션을 완성하고, 0%의 파산 위험으로 매매하는 위치에 올라서지 못할 이유가 없다. 그렇게 하지 못할 어떤 핑곗거리도 없다. 당신의 의지 부족만이 당신을 방해할 것이다. 이것은 당신이 현실을 받아들였을 때만 가능한 일이다.

하지만 나는 현실주의자이고, 여러분이 여전히 그 신비한 전략을 위해 마음속 깊은 곳에 작은 촛불을 켜놓고 있다는 것을 알고 있다. 그러니 그 촛불을 완전히 끄려 하기보다는, 촛불을 계속 태울 수 있는 적당한 장소를 찾도록 좀 더 명확하게 해보자. 집 전체를 태우지 않을 만큼 안전한 곳 말이다!

우선, 성배가 의미하는 것은 투자자마다 약간씩 다를 것이다. 누군가에게는 신화나 속담에 나오는 돈이 열리는 나무처럼 궁극적으로 100%의 정확성을 갖고 있어 절대로 돈을 잃지 않는 전략일 수 있다. 다른 누군가에게는 상당히 정확해서 손실을 최소화하는 전략일 수도 있다. '정확성'의 정도와 상관없이, 매매에 따른 고통이 없는 강력한 매매 전략을 나타낸다고 하는 것이 타당하다고 하겠다. 그런 성배를 갖고 시장에 진입하는 것은 즐거운 일이다.

따라서 우리는 각자 지상 낙원의 투자에 대한 자신들만의 정도와 정의를 가질 것이다.

하지만 그처럼 '쉽고' 거의 '완벽한' 매매 전략은 존재하지 않으며, 그러한 추구는 무의미하고, 해롭고, 에너지와 자원의 낭비라는 것이 나의 솔직한 믿음이다.

당신과 나는 성배 전략이 필요하지 않으므로 그것을 찾는 것은 무의미하다. 평범하고 지속적인 매매 전략이면 충분할 것이다.

성배는 오늘 매매에 방해되기 때문에 해롭다. 완벽함을 찾기란 불가능한 일이기 때문에 해롭다. 그것의 목적은 찬란한 무지개의 끝을 찾는 것만큼 불가능하다. 끝없는 좌절의 쳇바퀴 속에 있을 때, 이성적인 사람이라면 누구든 자기중심을 잃을 것이다. 이미 말했듯이, 성배는 해롭다.

끝도 없이 엄청나게 힘든 작업이어서 에너지와 자원이 빨려나갈 것이다. 그것이 요점이다. 그것은 아마도 완성하기 어려운 작업일 것이다.

하지만 나는 또한 인간의 본성과, 우리 모두가 얼마나 호기심이 많은지를 이해한다.

그렇다면 당분간은, 각자의 정도와 정의에서 성배 전략이 존재한다고 가정하고 수용하도록 하자. 예를 들어 제임스 사이먼스(James Simons)의 르네상스 테크놀로지의 매우 비밀스러운 메달리온 펀드(Medallion Fund)가 그런 전설적인 성배 전략 또는 성배 전략의 포트폴리오를 가지고 있다고 가정해보자. 2016년 블룸버그의 기사에 따르면, 1988년부터 2016년까지 펀드의 보수 차감 전 연평균 누적 수익률(CAGR)은 80%였다! 나는 이러한 결과가 '성배'라는 칭호를 받을 만한 근거가 된다고 생각한다.

따라서 성배 전략의 존재에 대한 가설을 세우지 않더라도 그와 같이 돈을 버는 전략, 혹은 그 전략에 의한 포트폴리오가 존재한다는 증거가 있는 것으로 보인다. 그리고 나는 (비록 르네상스 테크놀로지가 헤지펀드 업계에서 선망의 대상이지만) 블룸버그 기사 하나에 근거해서만 그것을 인정한다.

자, 이제 성배 전략이 존재하고, 그것이 메달리온 펀드에 단단히 심겨 있다고 인정하자. 이제 우리는 우리의 연구와 환상의 나침반의 방향을 르네상스 테크놀로지가 위치한 뉴욕의 서퍽 카운티, 롱아일랜드의 세타우케츠로 향하도록 보정할 수 있다.

드디어 성배를 찾았다. 성배는 존재하며, 우리는 그것이 어디에 있는지 안다.

이제 현실주의자가 되어보자.

메달리온 펀드가 거둔 성과만큼 이루고자 한다면, 그들의 설정을 복제하는 것이 유일하게 논리적이라고 생각한다. 이것이 핵심이다. 블룸버그에 따르면, 약 300명의 직원 중 90명이 수학과 물리학 박사 학위를 보유하고 있다. 그것은 그들이 가지고 있는 것을 복제하기 위해 당신이 지불해야 할 비용과 노력의 수준이며, 대부분의 우리에게는 불가능한 일이 될 것이다.

내가 말하고자 하는 요점은 이것이다. 설령 우리가 성배의 존재를 받아들인다 해도, 당신이 억만장자가 아닌 이상 그것을 추구하는 것은 무의미한 일이다. 그러니 포기하라. 꿈을 접고 지금 현재에 집중하라. 오늘날에는 평균 이상의 긍정적인 성과를 보여주는 수많은 지속 가능한 추세 추종 매매 전략이 당신을 위해 일할 준비가 되어 있다. 제6장에서 그중 몇 가지에 대해 검토할 것이다. 담장 너머에 있는 것들을 기웃거리지 말고 자기 집 뒷마당에 집중하면 된다.

우리가 그것들을 우리의 매매 시스템에서 찾아낼 수 있도록, 나는 반복하고 또 반복할 것이다. 만약 우리가 성배 전략이 존재한다는 것을 인정한다면, 다음의 사실도 인정하자.

그것을 발견하기에는 시간과 자원, 노력이 너무 많이 필요하다.

그리고 다음 사항도 인정하자.

1. 성공을 위해 그것을 알 필요가 없다.
2. 지금 작동하는 전략에 집중하는 편이 더 가치 있을 것이다.
3. 과거에 잘 작동했던 전략에 집중하는 편이 더 가치 있을 것이다.
4. 과거에 잘 작동했다면 미래에도 잘 작동할 가능성이 더 클 것이다.

따라서 투자자들은 현실과 우리의 희망을 '구분'할 필요가 있다.

현실을 위해서라면 우리는 지금, 현재에 초점을 맞출 필요가 있다. 지금 작동되는 것에 집중하라. 실용적이고 이미 확립되어 있으며, 지속 가능한 매매 아이디어에 초점을 맞춰라. 지금 당장 돈을 벌어 청구서 비용을 지급하는 일에 집중하라.

희망을 위해서라면 우리는 연구할 시간을 남겨둘 필요가 있다. 이해하기 어려운 성배를 발견하는 데 쓸 시간은 뒤로 미뤄둬라. 지금 현재 성공적으로 돈을 벌고 있다면 그런 것을 연구할 시간을 가져도 좋다.

잘라 말해서, 만약 당신이 마음속으로 보물 사냥꾼을 꿈꾸고 있다면 오늘 당장은 성배 전략이 없다는 것을 받아들일 필요가 있다. 그것이 내일은 존재할지도 모르지만, 확실히 오늘은 아니다. 그러니 제발 현재를 받아들이고 지금은 돈을 버는 데 집중하고 내일의 허황한 토끼굴에서 자신을 잃지 않기 바란다. 완벽을 추구하거나 기다리는 것은 헛된 꿈이다. 오늘은 완벽한 전략이 없다. 좋은 전략은 있지만, 완벽한 전략은 아니다. 수익이 나려면 고통을 겪어야 한다. 오늘 당신을 위한 수익성 있고 고통 없는 성배 전략이 있을 것이라고 믿으면서 끝없는 토끼굴에서 자신을 잃는 위험을 무릅쓰지 마라. 그것은 시간 낭비다. 현실에 초점을 맞추고, 현재에 머무르며, 성공적으로 지속 가능한 투자자가 된 후에만 '희망'이 나타나도록 허용하라.

스스로 해내길 원하는 당신

믿거나 말거나, 당신 자신이 또 다른 큰 위험이다.

개인으로서 우리는 인정받고 존중받기를 원한다. 투자에서도 예외는 아니다. 가치를 인정받으려면 자신만의 전략을 세워야 한다.

당신이 다루고 통제해야 할 문제는 적합성이다. 당신의 개인적인 자아는 성공의 가장 큰 걸림돌이 될 수 있다. 당신, 적합한 사람이 되고자 하는 당신 말이다. 일로써 가치를 인정받기 원하는 당신의 욕구가 그것이다. 투자자들은 시장에서 성공하고자 하는 자신들의 노력이 인정받고 보상받아야 한다고 생각한다. 그들은 모든 노력에 대한 보상을 원한다. 그리고 쏟아부은 노력에 대해 인정받고 보상을 받는 가장 좋은 방법은 자신만의 전략으로 매매하는 것이다. 대부분의 매매 전략은 데이터 체리피킹과 과도한 최적화로 어려움을 겪기 때문에 긍정적인 보상이 아니라 부정적인 보상이 따른다. 따라서 투자자들은 거듭해서 전략을 수정하고, 브레인스토밍과 개발을 계속하지만, 불행하게도 고통은 끝나질 않는다. 그들은 성공적인 투자자가 되기 위해 들인 모든 노력과 재정적인 고통에 대해 긍정적인 보상을 받을 자격이 있다고 믿기 때문에 이 끝없는 순환에 갇혀 있다. 그리고 그들의 마음속에 유일하고 적절한 보상은 비록 완벽하지는 않더라도 긍정적인 성과를 거둘 수 있는 다른 전략을 선택할 수 있음에도 불구하고 자신만의 전략으로 매매하는 것이다. 투자자가 신경 써야 할 유일한 보상은 증가하는 계좌 잔고라는 것이 역설이다. 하지만 그들은 자신의 개발 노력을 통해 이를 달성하는 것을 더 중시한다. 모든 것에 자신이 관련되어 있기를 원하기 때문이다. 당신이 돈을 버는 데 도움이 되는 한 누가 전략을 설계했는지가 정말 중요한가? 자존심을 굽히는 것이 가장 좋다.

내가 믿고 있는 것이 가장 좋은 매매 전략 중 하나가 될 수 있다는 것을 나중에 설명하겠다. 여기에는 어떤 비밀도 없다. 아주 잘 알려진 것이다. 그것은 모든 투자자들이 자신의 개발 노력과 비교해야 하는 벤치마크(기준)가 되어야 할 전략이다. 만약 더 나은 매매 전략을 개발할 수 없다면, 내 생각에 그들은 내가 설명하는 전략으로 매매해야 할 것이다. 이 전략은 단순하다. 그리고 지속성이 있다. 누가 그것을 개발했는지는 중요하지 않다. 그것은 열등한 어떤 개인적 전략보다도 선호되어야 한다.

내가 지금 하는 노력의 교훈은 잘 확립되고 지속성이 있는 전략을 무시하고, 당신의 자존심을 만족시키고 자신의 자아를 고집하는 일은 어리석은 짓이라는 것이다.

만약 당신이 스스로 보상받기를 원하기 때문에 어려움을 겪는다면, 매매 전략과 자금 관리 전략을 선택하고 이를 실행하는 것도 당신이므로 이 모든 것이 100% 당신 자신의 것이라는 점을 상기하기 바란다. 당신 '자신'이 제대로 선택하지 않는다면 0% 이상의 파산 위험을 가진 전략으로 매매할지도 모른다. 당신 자신이 중요한 것이다.

그러니 당신이나 내가 개발한 것이 아니라도, 이미 많은 훌륭한 추세 추종 매매 전략이 개발되어 있다는 사실을 인정하라. 자존심을 내려놓는 법을 배울 필요가 있다. 자신과 자신의 노력이 관련되어야 한다는 집착과 싸워야 한다. 당신이 구매하고 참석하고 설치한 매매와 관련한 모든 서적, 매매 전략, 세미나, 워크숍, 소프트웨어에서 얻은 모든 지식과 노력에서 보상을 얻으려 하지 마라. 만약 자신의 노력이 뛰어넘을 수 없는 지속 가능하고 단순한 아이디어를 접하게 된다면, 당신의 자존심과 자아를 버리고, 자신이 보는 것을 믿고 그것을 이용하라.

전략 파멸의 네 기수

마지막으로, 여러분은 전략 실패의 핵심 예측 변수, 즉 전략 파멸의 네 기수라고 부르는 큰 위험을 눈여겨보아야 한다.(그림 2-3) 네 기수는 다음과 같다.

1. 데이터 체리피킹

2. 과도한 최적화

3. 최신 유행하는 매매 아이디어

4. 손익 그래프 무시하기

전략 실패의 핵심 예측 변수

전략 파멸의 네 기수

1. 데이터 체리피킹의 특징
    1) 소수의 시장
    2) 특정 시장 선택
    3) 특정 섹터 선택

2. 과도한 최적화의 특징
    1) 너무 많은 규칙
    2) 너무 많은 변수를 사용하는 지표
    3) 매수와 매도에서 다른 변숫값을 사용하는 예비 신호
    4) 시장에 따라 다른 변숫값 사용

3. 최신 유행하는 매매 아이디어의 특징
    1) 최근 발견된 아이디어의 장점을 알리는 마케팅 광고
    2) 표본 외 데이터의 부족

4. 손익 그래프 무시의 특징
    1) 손익 그래프가 없는 것 = 전략이 없는 것
        전략이 없는 것은 명확하게 정의된 매매 규칙이 없음을 의미

그림 2-3 전략 파멸의 네 기수가 당신을 향해 질주하는 것을 보면 도망쳐라!

데이터 체리피킹

데이터 체리피킹(많은 데이터 가운데 전략에 맞는 좋은 데이터만 고르는 행위, 저자는 data mining이라는 용어를 사용했으나, 전달하고자 하는 의미를 살

리기 위해 체리피킹으로 번역함 – 옮긴이)은 잘 선택된 일부 시장에서만 전략의 성과가 나타날 때 발생한다. 그것은 개발자가 가장 잘 들어맞는 시장에서만 전략의 성과를 보여주는 옛날식의 체리피킹에 지나지 않는다. 이는 전략의 과거 결과가 소수의 (완벽한) 시장 또는 (통화 시장 혹은 금리 시장과 같은) 개별 상품군에서만 나타날 때 발생할 수 있다. 나는 개별 상품군과 마찬가지로 개별 시장이 그들만의 특이한 특징을 가진다는 것을 알고 있다. 예를 들어 지수 시장은 항상 원래의 위치로 돌아가려는 특성(평균 회귀 현상) 때문에 다른 시장들과 크게 구별되며, 전통적인 추세 추종 매매 전략이 성공하기 어렵다. 나는 개인적으로 다른 시장과 반대로 지수에 대해서는 다양한 전략을 사용한다. 그러나 일반적으로, 특별히 선택한 소수의 시장만이 아니라 다양화된 시장의 전체 포트폴리오에서 전략의 성과를 보는 것이 더 낫다. 시장 포트폴리오 전반에 걸친 확장성은 성공적인 전략의 핵심 속성 중 하나다. 확장성은 데이터 체리피킹의 위험을 제거한다. 성공하는 전략은 자유롭게 거래되는 모든 시장에서 통할 수 있는 건강한 아이디어에 기초한다.

과도한 최적화

통계에서 데이터는 신호와 노이즈로 구성된다. 지배적인 추세를 반영하는 시장 데이터는 좋은 신호다. 되돌림이나 등락 반복 혹은 반전은 추세 추종 투자자에게 노이즈가 된다. 지나치게 최적화한 전략은 시장의 모든 하락과 반등을 포착하려고 한다. 그러나 노이즈는 추세 예측에 아무 도움이 되지 않으므로, 투자자는 과거 데이터에서 의미 있는 신호만을 포착하는 전략을 설계해야 한다.

의미 있는 시장 신호를 포착하기 위해서는 어느 정도의 최적화가 필요하다. 따라서 최적화는 모든 전략에 존재한다. 전략을 개발하려면 포착할 신호에 대한 아이디어와 그것을 포착할 방법이 필요하다. 그것들 없이는 전략을 만들 수 없다. 따라서 최적화는 항상 존재한다. 모든 투자자가 그렇게 하고 있으며, 대부분의 투자자가 그것을 지나치게 한다. 좋은 투자자는 항상 그것을 최소화하려고 한다. 당신은 언제든 모든 하락과 상승을 포착하려는 과도한 최적화의 함정에 빠질 수 있고, 당신의 전략은 다음과 같은 특징을 갖게 된다.

- 단순함보다 복잡함에 대한 선호
- 너무 많은 필터를 가진 너무 많은 규칙
- 조정 가능한 변수가 많은, 너무 많은 지표
- 매수와 매도 신호 사이에 서로 다른 변숫값
- 서로 다른 시장에 대해 서로 다른 변숫값

간단히 말해서, 당신의 전략은 단순한 것이 아니라 너무 복잡해진다. 당신이 도입한 복잡성은 폭등하는 주가를 포착하면서 성과에 마이너스가 되는 손실을 줄이거나 건너뛰기 위해 고안되었다. 하지만 복잡성은 그것들을 모두 피할 수 없으므로, 그런 손실들은 불가피하게 미래에 다시 나타날 것이다. 복잡성은 또다시 수익의 기회를 포착할 수 없으므로, 미래에는 불가피하게 다시 큰 수익을 포착하는 데 실패할 것이다. 이 두 가지 부정적인 결과는 투자자의 계좌와 신뢰에 손상을 안겨준다.

최신 유행하는 매매 아이디어

이것은 거물이다. 원칙 없는 개발자들이 사용하는 모든 영악한 마케팅 기법과 상대해야 하므로, 당신이 이것을 방어하기란 매우 어려운 일이다. 최신 개발된 기법의 장점을 알리는 마케팅 광고를 보면 그것이 무엇인지 알 수 있을 것이다. 그들의 영악한 마케팅은 행복감을 주는 엔도르핀을 방출하는 마약 수용체를 우리 뇌에서 유발하도록 고안되었다. 그들은 클릭 한 번만으로 자연스러운 만족을 주고, 그것이 우리의 충동 구매로 이어지길 바란다. 그리고 그것은 거역하기 어려운 충동이다. '새로운' 것에 관한 관심은 새로운 아이디어가 오래된 고통과 실망의 경험, 즉 지속적인 손실의 경험을 없앨 것이라는 희망을 심어주기 때문에 강력한 동기 부여가 된다. 과거의 부정적인 경험을 지울 새로운 것을 누가 원하지 않겠는가?

우리가 알아야 할 또 다른 수법은 판매 담당자들이 사용하는 '부정' 접근법이다. 즉 당신에게 '최신'의 아이디어가 필요하고, 그렇지 않으면 뒤처지게 될 거라고 말하는 것이다. 자신을 '부정'하는 것은 불공평한 일이다. 그들의 영악하고 교묘한 말은 다음과 같다.

당신에게는 현재 유행하는 가장 최첨단의 매매 전략이 필요하다. 이것이 없다면 당신은 뒤처져서 정상에 오르지 못하는 평범한 투자자의 나락으로 빠져들 것이다.

"와우!" 어느 누군들 앞설 기회를 원하지 않겠는가? 그 누구도 뒤처져서 나락으로 빠져들기를 원하지는 않는다! 그것은 매우 안정적이고 직관적인 발언이어서 대부분의 풋내기 투자자들을 사로잡는다. 이런 종류의 마케팅 수법은 최소한 오해의 소지가 있고, 최악의 경우 위험하므로 조심할 필요가 있다. 그들은 가장 최신의 전략을 선보임으로써 확신을 갖고자 하는 당신의 요구를 충족시키고 안심시킨다. 이 전략은 필연적으로 손실을 보고 쓰레기통에 버려질 어제의 전략임을 암시하며, 당신은 어제의 매매 정보를 다시는 활용할 수 없으므로 더 이상 어제와 같은 성과를 기대할 수 없다. 100% 쓰레기다. 당신에게 필요한 것은 표본 외 데이터에서의 성과에 의한 증거로 뒷받침할 수 있고, 오늘 잘 작동할 수 있는 전략이다. 그리고 오래된 아이디어일수록, 더 많은 표본 외 데이터에서의 성과에 의한 증거들이 당신의 신뢰를 쌓을 것이다.

따라서 표본 외 데이터에서의 성과가 전혀 없는, 눈부시게 '새로운' 매매 아이디어를 조심하고 엔도르핀을 억제하도록 노력해야 한다.

손익 그래프 무시하기

마지막으로, 미래에 전략이 실패하는 또 다른 분명한 징후는 과거 손익 그래프의 부재다. 과거 손익 그래프의 부재는 실패의 강력한 징후다. 이것은 전략이 너무 주관적이어서 코드화할 수 있을 만큼 명확하고 확실한 규칙이 없거나, 개발자가 면밀한 검사를 통해 전략의 실패 가능성을 알고 있기 때문에 발생한다. 따라서 서술이 아무리 설득력이 있거나, 혹은 선택된 차트의 예시가 매매 아이디어를 얼마나 잘 반영하는지와 관계없이, 계산된 기대치와 파산 위험이 존재하지 않는 한 그것은 단지 하나의 꿈이고, 당신이 보는 것은 시장에서 살아남은 가장 좋은 예시일 뿐이다.

이것으로 핵심 위험에 대한 메시지는 끝났다. 다음은 매매 전략에 대한 나의 통찰을 공유하고자 한다.

매매 전략

이제부터가 본격적인 출발이다. 매매 전략에 대한 나의 핵심 메시지는 다음과 같다.

- 검증 기법을 연마하고, 소프트웨어를 갖출 것
- 적을수록 좋다
- 지속성은 금이다
- 오래된 것을 받아들여라, 그것이 새로운 유행이다
- 새로운 것에 저항하라
- 일괄 수행 매매 전략을 개발하라
- 일괄 수행 매매 전략의 포트폴리오로 매매하라

이제 각각을 살펴보자.

검증 기법을 연마하고, 소프트웨어를 갖출 것

만약 당신이 진지하다면, 정말로 진지하다면 적절한 도구를 원할 것이다. 매매 아이디어를 검증하는 데 적합한 소프트웨어 말이다. 당신의 매매 전략이 긍정적인 양의 기대치와 0%의 파산 위험을 가지고 있다는 증거가 없다면 도박을 하는 것이나 마찬가지다. 그것은 절대로 안 된다. 당신이 얻는 결과의 책임은 당신에게 있다.

이제 그것을 바꿀 때가 되었다.

유용하고 필요한 기술을 연마할 때다. 매매 전략을 코드화하는 방법을 배워야 한다. 과거 손익 그래프를 작성하고, 손익 분석을 수행하고, 성과 지표를 계산하는 방법을 배워야 한다. 그러려면 적절한 백테스팅 소프트웨어를 구매하고 사용하는 방법을 알아야 한다. 적절한 소프트웨어가 없으면 매매 아이디어를 효율적으로 확인할 수 없다. 따라서 떠오르는 매매 아이디어들을 코드화하는 방법을 배워야 한다. 손익 그래프를 그릴 줄 알아야 한다. 나를 믿지 못하겠다면 필자의 책 《주식투자 절대지식》 제12장에서 브라이언 샤드(Brian Schad)와의 인터뷰를 읽어보기 바란다. 이제 나쁜 소식은 시간과 노력과 좌절이 필요하다는 것이다. 코딩은 하룻밤 사이에 배울 수 있는 것이 아니다. 소프트웨어를 다루는 기술이 없으면 아이디어를 독립적으로 검증하는 데 어려움을 겪기 때문에 반드시 배워야 한다. 좋은 소식은 적절한 소프트웨어를 통해 훨씬 더 나은 의사 결정을 내릴 수 있는, 훨씬 더 지식이 풍부하고 신뢰할 수 있는 위치에 서게 된다는 점이다.

나는 엑셀의 VBA(Visual Basic Application)를 사용하여 매매 아이디어를 코드화하고 테스트한다. 엑셀 매크로를 사용하여 코드화하는 법을 배운 것은 내가 한 일 중 가장 잘한 일이다. 그것은 나를 독립적으로 만들었고, 내 머릿속에 떠오르는 어떤 매매 아이디어도 검토할 수 있는 기술을 주었다. 매매 아이디어를 코드화할 수 있는 좋은 상용 프로그램이 많다는 것을 알고 있기 때문에, 당신에게 나처럼 엑셀의 VBA를 사용하라고 권하는 것은 아니다. 하지만 당신이 아직 코딩을 할 줄 모른다면, 지금 그것을 배워야 한다고 말하는 것이다!

어떤 소프트웨어가 좋은지 확인하는 데는 간단한 구글 검색이 가장 좋다. 하지만 나는 여러분을 돕기 위해 최근 (캐나다, 미국, 폴란드, 호주, 브라질, 홍콩, 일본 등) 전 세계 투자자들과 함께 주말 내내 온라인 워크숍을 열었었다. 워크숍 동안 투자자들에게 어떤 소프트웨어를 사용하는지 물었고, 그 결과를 여러분과 함께 공유할 수 있어 기쁘게 생각한다. 다양한 소프트웨어 목록이 있었지만, 이제 막 시작하는 상황에선 다음의 소프트웨어들을 검토해보라.

- 아미브로커(AmiBroker)
- 채널라이즈(Channalyze)
- 멀티차트(MultiCharts)
- 트레이드내비게이터(Trade Navigator)
- 트레이드가이더(Tradeguider)
- 트레이드스테이션(TradeStation)
- 트레이딩블록스(Trading Blox)

이 목록 중에서 내가 아는 투자자들 사이에서 인기 있는 것은 트레이드스테이션, 멀티차트, 아미브로커, 트레이딩블록스였다.

이런 패키지 소프트웨어 외에도 일부 투자자는 다음과 같은 프로그래밍 언어로 직접 전략을 코드화하려고 한다.

- 비주얼베이직(Visual Basic)
- 파이썬(Python)
- 자바(Java)
- 루비(Ruby)

여기서 흥미로운 점은, 그리고 여러분과 함께 나눌 수 있는 행복한 통찰은, 비록 내가 아는 투자자들 중 몇 명이 직업 프로그래머이긴 하지만, 나를 비롯한 나머지 사람들은 그렇지 않다는 것이다. 그러나 그들도 나와 마찬가지로 프로그래밍 언어로 직접 코딩하는 법을 배우려고 노력했다. 또 한 가지 흥미로운 점은, 열성적인 비프로그래머들뿐만 아니라 전문 프로그래머들도 자신들만의 매매 소프트웨어를 쓰기로 결정한 것이다. 다음은 내가 아는 투자자들 중 전문 프로그래머인 한 명으로부터 받은 이메일이다.

브렌트에게

시각화나 자동화를 많이 필요로 할 때는 트레이드스테이션이나 멀티차트를 사용하지만, 포트폴리오 수준의 시뮬레이션을 하거나 직접 매매에 사용하기에는 좋지 않습니다.

포트폴리오 수준의 시뮬레이션을 위해 트레이딩블록스를 사용하지만, 시각화에는 그리 좋지 않고 매년 비용을 지불해야 합니다.

나는 또한 개별적인 신호를 확인하고 디버깅을 하기 위해 엑셀을 사용합니다.

나는 자바를 사용하여 패스파인더(Pathfinder)라 부르는 독자적인 백테스팅 플랫폼을 개발하기 위해 노력했습니다.

당신의 시스템을 백테스팅하는 과정에서 트레이드스테이션과 트레이딩블록스의 제약 사항에 넌더리가 났고, 모든 테스트를 마친 후에는 패스파인더를 사용하여 모든 테스트와 자동화를 수행하기로 결정했습니다. 나는 이걸 오래전에 결정했어야 했습니다. 사실 나는 세미나에서 전문 프로그래머도 아닌 당신이 만든 것을 보았고, 당신이 말한 것에 영감을 받았습니다!

감사합니다.

누군가에게 인상을 남기는 것은 확실히 좋은 일이다. 그리고 그것은 내가 엑셀 VBA 모델을 만들 수 있는 영감을 스스로 얻었을 때의 나를 떠올리게 했다. 필자의 《주식투자 절대지식》 제12장에 있는 래리 윌리엄스(Larry Williams)와의 인터뷰를 참조하기 바란다.

나와 마찬가지로, 아래의 투자자는 독학 프로그래머가 되기 위해 열심히 노력했다.

브렌트에게

내가 아직 숙련된 프로그래머라고 말하지는 않겠습니다. 나는 지난 두 달 동안 파이썬을 배웠고, 지난 몇 주 동안 당신의 전략 중 다섯 개를 (클릭 한 번으로 데이터를 확인하고 주문을 생성할 정도로) 코드화했습니다. 앞으로 2~3주 내에 나머지 네 가지 전략을 완료할 예정이므로, IDX 포트폴리오 전체를 파이썬에서 몇 번의 클릭만으로 실행할 수 있을 것입니다.

하지만 그는 여전히 독학으로 그것을 다른 수준으로 끌어올렸다.

브렌트에게

소프트웨어 개발에 대한 몇 가지 코멘트

- 당신의 체계적이고 단순하고 직접적인 매매 방식은 제게 큰 반향을 불러일으켰습니다.
- 마이크로소프트 비주얼스튜디오와 VB 프로그래밍에 관한 책 두 권을 구매했습니다.
- 제1장을 읽고 책에 있는 모든 연습 문제를 풀었고, 아이들이 잠자리에 든 후 매일 밤 주방 식탁에서 책들을 탐독했습니다.
- 소프트웨어에 필요한 작업을 계획하면서, '어떻게' 할 것인지에 초점을 맞췄습니다.
  1. 텍스트 파일을 열고 배열에 저장한다(컴퓨터는 미국 표준 시간을 사용함).
  2. 각 시스템의 예비 신호, 진입 가격, 손절매 가격, 진입 날짜, 이익 실현 가격, 이익 실현 날짜, 매수와 매도의 순 포지션을 계산한다.

3. 주문을 텍스트로 만든다.

4. 매매 내역을 기록하고 성과 지표를 계산한다.

5. 엑셀 파일을 열고 배열을 엑셀 시트에 붙여 넣은 다음 저장한다.

- 이를 작은 단계로 나누고 각 단계에 대한 작은 프로그램(예: 파일 열기, 각 행 읽기)을 테스트했습니다. 작업을 수행할 때 구글 검색이 큰 도움이 되었습니다.

- 프로그램이 제대로 작동하는지 확인하기 위해 결과를 검토하고 많은 버그를 발견하여 수정했습니다.

- 아내가 매일 주문을 수행해야 했기 때문에 (그녀의 삶을 편하게 하려면) 프로세스를 간소화할 필요가 있었습니다. CSV로 만든 주문 파일을 읽고 주문을 자동으로 처리하기 위해 메타트레이더 4(MT4) 스크립트를 작성했습니다.

누구든 하지 못할 일은 없습니다. 코끼리를 먹는 것처럼 말이지요. 한 번에 조금씩, 3년 동안 계속해서 조금씩 뜯어 먹으면 코끼리를 먹어 치울 수 있습니다.

인간의 본성에 도전하자. 조금씩 전진해야 한다. 끝까지 버티면 보상받을 수 있다. 매매 아이디어를 코드화해서 손익 그래프를 만들고, 성과를 분석하고, 기대치와 파산 위험을 계산하는 방법을 배울 수 있다. 그리고 그 결과물에 대한 지속성 분석이 손익 그래프의 안정성을 시사한다면 자동으로 전략의 주문을 수행하는 방법도 배울 수 있다. 그것이 가능하다는 내 말을 믿지 못하겠다면 앞의 이메일들을 다시 읽어보라. 그들은 진정한 야망을 품은 사람들, 진정한 투자자들이다. 그들은 본받을 만한 사람들이다. 허황한 말들을 뱉어내는 시장의 사기꾼들과는 다르다.

당신이 아주 똑똑하다는 것을 알고 있는가? 당신은 이제 생각나는 대로 무작정 매매하지는 않을 만큼 똑똑하다. 이제 자신의 명석한 두뇌를 활용하여 매매 아이디어를 기존의 패키지 소프트웨어로 코딩하거나 프로그래밍 언어로 바로 코딩하는 방법을 배우라. 당신은 똑똑하다는 것을 명심하라. 다른 투자자들이 어떻게 해왔는지 보여줬으니, 당신도 할 수 있다. 당신이 그렇지 않을 유일한 이유는 다음과 같다.

- 시간이 너무 없어서 제3자의 도움을 원하기 때문에
- 스스로 생각하는 것만큼 당신이 성공적인 투자에 열성적이지 않기 때문에
- 너무 게으르기 때문에
- 당신이 내가 믿는 것만큼 똑똑하지 않기 때문에
- 불행히도, 당신이 무의식적으로 전율을 느끼기 위한 매매를 하고 있기 때문에

시작하기에 너무 늦은 때는 없다. 한 번에 조금씩 베어 물면 된다.

적을수록 좋다

매매 전략의 실패는 손익 그래프의 불안정성으로 나타난다. 불안정성은 일반적으로 과도한 최적화 때문에 발생한다. 과도한 최적화는

너무 많은 복잡성을 초래한다. '복잡성'은 너무 많은 규칙이나 필터 그리고 많은 변수를 가진 너무 많은 지표를 말한다. 이것이 바로 투자자들이 변수를 조정하느라 지나치게 많은 시간을 소비하도록 만드는 지표를 내가 좋아하지 않는 이유다. 낮이 지나면 밤이 오듯, 허황한 꿈은 보통 악몽으로 변하게 마련이다.

과도한 최적화와 그로 인한 복잡성, 손익 그래프의 불안정성 및 전략 실패에 대해서는 뒤에서 더 많은 시간을 할애하여 설명할 것이다.

지금 이 시점에서의 핵심 메시지는 당신의 매매 전략을 단순하게 유지하라는 것이다. 적을수록 더 좋다는 것을 명심하라. 복잡하고 주관적이며 일관성이 모자란 것은 위험하므로 전략을 단순하고 객관적이며 일관성 있게 유지해야 한다. 복잡성에서는 깊은 고통과 실망만 발견될 것이다.

나는 개인적으로 다음에 인용하는 문장들이 내가 투자에 대해 읽은 것들 중 최고라고 생각한다. 이것은 폴 튜더 존스(Paul Tudor Jones)와 스티브 코언(Steve Cohen) 같은 거물들을 위해 일해온 세계적인 시장 분석가 톰 디마크(Tom DeMark)로부터 인용한 것이다. 그는 아트 콜린스(Art Collins)의 《시장의 사냥꾼(*Market Beaters*)》(Traders Press, Inc., 2004)에서 다음과 같이 언급했다.

결론은, 17명의 프로그래머가 4년에서 5년에 걸친 테스트를 한 결과, 기본적인 4~5개의 시스템만 시장에 잘 들어맞았다는 점이다.

톰 디마크는 자신이 폴 튜더 존스를 위해 일하던 때를 언급하고 있었다. 튜더 인베스트먼트에서 그는 4~5개의 기본적인 시스템(매매 전략)을 만들었다. 이들 전략을 수립한 후, 이 회사는 17명의 프로그래머를 고용하여 최적화 모델, 인공지능 그리고 고등 수학과 관련된 가능한 모든 것을 조사했다. 그는 17명의 프로그래머와 함께 4~5년간 테스트한 끝에 4~5개의 기본적인 시스템이 가장 잘 작동한다는 것을 관찰했다. 나는 그의 관찰이 매우 통찰력이 있다고 여기며, 이 메시지의 교훈은 복잡한 데에서 답을 찾지 말라는 것이라고 생각한다.

매매 아이디어를 개발할 때는 복잡성을 피하고 적을수록 더 좋다는 것을 명심하라. 그리고 내 말을 못 믿겠다면, 제발 톰 디마크의 말을 경청하기 바란다.

지속성은 금이다

지속성은 표본 외 데이터에서도 안정적으로 우상향하는 손익 그래프로 정의된다. 지속성은 모든 매매 전략의 성배와 같은 목표가 되어야 한다. 투자에서 지속성은 목숨 걸고 확보해야 하는 금이다. 모든 매매 전략이 효과가 있을 듯싶지만, 실전에서는 그렇지 못하다. 따라서 단순하게 작동하고, 만들어진 이후에도 꾸준히 작동하는 매매 전략은 드물다. 사실 매우 드물기 때문에 그런 전략은 황금의 가치가 있다. 지속성은 필연적이고 고통스러운 고점 대비 하락 동안 당신을 지탱하게 해준다. 당신이 자신의 전략을 의심하기 시작할 때 당신의 자신감을 유지하게 해준다.

지속성과 안정성은 상호 보완적이다.

지속성 – 가장 중요한 속성

지속성은 당신의 전략에서 가장 우선해야 하는 속성이다. 모든 전략에서 단연코 가장 중요한 속성이다. 전략이 미래까지 계속 잘 수행될 수 없다면 무용지물이다. 전략의 수행 능력은 지속성의 직접적인 기능이 될 것이다. 당신은 그것을 식별하는 법을 배워야 한다. 나는 아이디어를 검토할 때마다, 아무리 강력한 아이디어라도 지속성이 없다면 그 아이디어를 무시한다. 당신도 그러길 바란다.

지속성 – 성과 지표보다 우선순위

지속성이 성과 지표보다 먼저다. 지속성이 없다면, 전략을 확신하지 마라. 아직 모르고 있다면, 휘황찬란한 성과 지표들이 있다는 것을 곧 알게 될 것이다. 성과 지표에 휩쓸릴 수도 있다. 수많은 성과 측정 비율(샤프 지수, 소르티노 지수, 칼마 비율)에서 젠센알파 지수, 기대치, 파산 위험, 보상 비율, 수익 비율, 고점 대비 최대 하락(MDD, Maximum Drawdown), 연평균 누적 수익률(CAGR)까지, 전략의 성과를 평가하는 지표가 수도 없이 많다는 것을 알게 될 것이다.

그러나 불행한 사실은, 표본 외 데이터에서도 손익 그래프가 우상향할 정도로 전략의 지속성이 없다면 대부분의 성과 지표가 불필요하다는 점이다. 성과 지표가 아무리 그럴듯하고 인상적이라도 전략의 지속성이 없다면 아무 의미가 없다. 따라서 아무리 기막힌 성과 지표도 하락하는 손익 그래프를 끌어올리는 데는 도움이 되지 않는다는 것을 알아야 한다.

내 견해로는, 지속성이 대부분의 성과 지표를 능가한다.

그러나 당신의 주의를 끌기 위해 경쟁하는, 지속성 있는 전략이 여러 개라면 일련의 성과 지표가 매매 전략의 순위를 정하는 데 유용할 수 있다. 제8장에서 내가 사용하는 성과 지표들을 여러분과 공유할 것이다.

그러나 불행하게도, 대부분의 전략들은 충분한 지속성이 없거나 지속성을 암시하는 특성이 없기 때문에 기준 미달이다. 과도한 최적화와 데이터 체리피킹은 시장의 맹공으로 인해 열정적인 아이디어가 무너지는 것을 목격하게 만든다. 긍정적인 성과 지표가 아무리 많아도 손익 그래프의 지속성에 도움이 되지 않을 것이다. 부득이한 경우 주의를 끄는 성과 지표를 검토하고 고려할 수는 있지만, 매매 전략에 처음부터 지속성이 없다면 이런 성과 지표가 모두 불필요하다는 점을 명심해야 한다.

지속성 – 시간은 소중하다

전략을 검토할 때 가치 있는 것은 전략이 발표된 이후의 기간이다.

기간이 길수록 표본 외 데이터에 의한 결과는 더 많아진다. 기간이 길수록 매매 전략에 지속성이 있다는 증거가 더 많아진다. 기간이 길수록 투자자는 자신의 전략이 미래의 고점 대비 하락(그림 2-4)을 잘 견딜 것이라는 확신을 더 갖게 된다. 신뢰는 길고 깊고 어두운 고점 대비 하락을 견딜 수 있게 해주는 유일한 것이기 때문이다. 당신의 전략이 회복되어 손익 그래프의 신고점으로 되돌아갈 것이라는 믿음과, 전략의 매매 계획을 고수할 수 있는 자신감은 표본 외 데이터의 성과에서 나온다. 시장에 나와 있는 기간이 길수록 더 많은 증거가 생긴다. 전략은 오래된 것일수록 좋다. 전략에 대한 신뢰가 높아질수록 고점 대비 하락 구간에서 당신의 전략으로 매매를 계속할 가능성이 커진다.

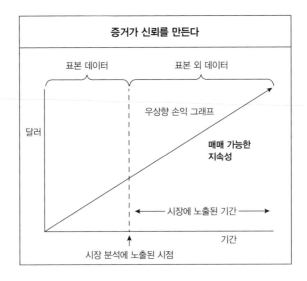

그림 2-4 매매 전략의 아이디어가 노출된 기간이 길어질수록 표본 외 데이터가 많아지고 투자자에게 더 많은 신뢰를 준다.

지속성 – 매매 가능성 결정 계수

나는 모든 전략의 성배와 같은 목표가 매매 가능한 지속성이 되어야 한다고 언급했다. 따라서 지속성이 존재한다면 그 지속성이란 매매 가능한 수준의 지속성이라고 할 수 있다. 전략이 아무리 강력한 지속성을 갖고 있더라도 고점 대비 하락의 폭이 기관투자자에게나 어울릴 정도의 규모라면, 일반 개인투자자에게 그 전략은 탁상공론이나 다름없다. 당신과 나, 우리는 그것을 현실적인 수준으로 유지할 필요가 있다. 매매 가능성을 측정하기 위해 내가 사용하는 지표 중 하나는 결정 계수(R-squared, 회귀 모델에서 독립 변수가 종속 변수를 얼마만큼 설명해주는지를 가리키는 지표 - 옮긴이)다. 그것은 손익 그래프가 회귀선에 얼마나 가까운지를 측정한다. 그 값이 100%라면 손익 그래프가 매우 평탄하여 직선이라는 것을 의미한다. 값이 낮은 경우에는 손익 그래프가 매우 울퉁불퉁하고 매매하기 어렵다는 것을 의미한다. 나는 일반적으로 결정 계수가 90% 이상인 전략을 선호한다.

지속성 - 측정 방법

전략의 지속성을 측정하는 데 쓰이는 방법은 다음 두 가지뿐이다.

1. 증거에 기반한 측정
2. 특성에 기반한 측정

지속성 - 증거 기반

부인할 수 없는 유일한 지속성의 증거는 표본 외 데이터에서의 긍정적인 성과다. 실제 시장에 사용된 이후 표본 외 데이터에서 우상향하는 손익 그래프를 만드는 것이 궁극적인 증거가 된다. 이것은 단순하면서 100% 확실한 증거다. 전략의 지속성을 부인할 수 없다. 표본 외 데이터에서의 성과를 넘어서는 증거는 없다. 복잡한 수학적 성과 지표도, 설득력 있고 압도적인 매매 논리도 이것을 능가하지 못한다. 영악하고 교묘한 마케팅 수법을 사용할 필요도 없다. 표본 외 데이터에서의 성과를 넘어서는 증거는 없다.

표본 외 데이터에서 많은 성과를 보여주는 최고의 전략은 오랫동안 확립된 매매 전략이다. 시간의 시험을 통과한 오래된 아이디어, 오랫동안 확립된 매매 원칙은 투자자에게 손익 그래프의 안정성을 입증할 수 있는 많은 표본 외 데이터에서의 성과를 보여준다. 표본 외 데이터가 많을수록 전략의 안정성과 지속성을 입증할 수 있는 시간이 더 많다.

우수한 표본 외 데이터에서의 성과가 존재한다면 나머지 다른 것은 볼 필요도 없다. 전략에 대한 의견도, 놀라운 성과 지표도, 주의 사항이나 의심도 필요 없다. 전략이 표본 외 데이터에서 긍정적인 성과를 보여준다면, 이 전략은 지속성이 있는 것이다. 예외가 없다. 정말로 지·속·성이 있는 것이다. 제6장에서는 잘 정립된 여러 가지 추세 추종 매매 전략을 검토할 것이다. 미리 말하자면, 대부분의 전략이 표본 외 데이터에서 긍정적인 성과를 보여준다. 지속성이 있는 전략인 것이다. 그 전략들의 성과를 부정할 수는 없다. 전략들의 성과가 수용 가능한 수준인지에 대한 또 다른 질문이 있는데, 그에 관해서는 이 책 뒷부분에서 다룰 것이다. 하지만 지속성의 증거에 대해 말하자면, 내가 검토할 대부분의 전략들은 그런 증거를 차고 넘칠 정도로 갖고 있다.

지속성─특성 기반

전략에 역사가 없다면 당연히 새로운 것이다. 새로운 전략은 표본 외 데이터에서의 성과, 즉 지속성을 증명할 수 없다. 하지만 이것이 투자자들이 새로운 전략을 개발하거나 검토하는 것을 막아서는 안 된다. 또한 훌륭한 설계 원칙을 따른다면 새로운 전략이라고 해서 지속성이 없을 이유는 없다.

새로운 전략으로 하는 매매는 그야말로 믿음에 기초한다. 개발자는 우수한 설계 원칙을 준수함으로써 새로운 전략이 지속성을 갖기를 바랄 것이다. 데이터 체리피킹과 과도한 최적화라는 전략 개발의 두 악마를 피할 만큼 지속성이 있기를 바랄 것이다. 그들은 새로운 전략의 손익 그래프에 안정성이 생기기를 바랄 것이다. 불가능하지 않다.

전략 개발의 두 악마를 피하는 것이 요령이다. 둘 중 하나는 제거할 수 있지만, 다른 하나는 항상 따라다닐 것이다. 경험 많은 투자자들은 과도한 최적화를 피하려 하는 데 반해, 경험이 적은 투자자들은 무리하게 최적화를 할 것이다.

지속성을 나타내는 두 개의 핵심 지표는 다음과 같다.

1. 확장성
2. 우수한 설계 원칙

확장성-데이터 체리피킹 방지 확장성이란 전략이 다양한 시장에서 수익성을 갖는 것을 의미한다. 확장성이 있다는 것은 잘 선택된 몇몇 시장에서만 작동하는 데이터 체리피킹을 피했음을 시사하므로 전략의 지속성이 있음을 잘 보여준다.

우수한 설계 원칙-과도한 최적화 방지 전략이 우수한 설계 원칙을 따랐다는 징후는 과도한 최적화를 피했음을 시사하므로 지속성을 나타내는 좋은 지표다.

우수한 설계 원칙은 다음과 같은 것들이다.

- 측정 가능성

  다음과 같은 것들을 위한 명확하고 객관적인 규칙을 통해 완전한 매매 계획을 제공한다.

  - 언제 매매할 것인가
  - 어디에서 진입할 것인가
  - 어디에서 손절매를 할 것인가
  - 어디에서 이익 실현을 할 것인가
  - 전략의 기대치와 투자자의 파산 위험을 계산할 수 있어야 한다

- 단순성

  - 적을수록 더 좋다
  - 복잡함보다는 단순성 선호
  - 주관적인 것보다는 객관적인 것을 선호
  - 유연함보다는 엄격함을 선호
  - 짜릿하고 흥미롭고 난해한 아이디어보다는 건전하고 지루하고 논리적인 아이디어를 선호
  - 규칙이 적을 것
  - 사용하는 지표가 적을 것
  - 사용하는 변수가 적을 것
  - 매수와 매도의 예비 신호에 동일한 값을 사용할 것
  - 모든 시장에서 동일한 변숫값을 사용할 것
  - 과도한 최적화를 피할 것

전략에 이러한 특징들이 있다면 잠재적인 지속성을 가진 것으로 간주할 수 있다. 바로 이것이다. 확장성이 있고 측정 가능하며 단순해야 한다. 정말로 단순해야 한다. 적을수록 더 좋은 법이다.

내 말을 믿지 못하겠다면 (다시 한번) 톰 디마크의 다음 발언에 귀 기울이기 바란다.

> 결론은, 17명의 프로그래머가 4년에서 5년에 걸친 테스트를 한 결과, 기본적인 4~5개의 시스템만 시장에 잘 들어맞았다는 점이다.

시스템 트레이더 혹은 알고리즘 트레이더로서 나는 개인적으로, 톰 디마크의 논평이 내가 매매에 관해 읽은 최고의 통찰력이라고 믿는다. 답은 복잡성에서 찾을 수 있는 것이 아니다. 당신이 투자를 시작한다면, 어떤 길을 택할지 결정해야 할 때가 올 것이다. 표본 외 데이터에서 안정성을 입증할 수 있는 오래되고 지루하며 검증된 아이디어의 길로 가라. 혹은 가능성을 보장하고 신뢰할 수 있는 새로운 지표의 길로, 데이터 체리피킹과 과도한 최적화를 피할 수 있는 안정적인 손익 그래프의 전략을 수립할 수 있는 길로 가라.

이 갈림길에서 당신은 둘 중 하나만 선택하면 된다. 믿음보다 증거를 선택할 것인가, 아니면 현실보다 희망을 선택할 것인가? 내가 선호하는 것은 희망보다는 입증 가능한 증거다.

오래된 것을 받아들여라, 그것이 새로운 유행이다
지금쯤이면 여러분도 알겠지만, 나는 '오래된' 아이디어를 좋아한다. 나는 그것들이 단지 '오래되었다'는 단순한 이유로 좋아한다. 오래되었다는 것은 시장에 머문 세월을 의미한다. 세월은 확립된 이론을 정당화한다. 세월은 표본 외 데이터에서 아이디어의 지속성을 보여준다. 세월은 수익성을 의미한다. 수익성은 모든 매매 전략의 유일한 목표인 지속성을 의미한다. 시장에 머문 기간이 길수록 더 지속성이 있고, 더 지속성이 있을수록 더 많은 자신감을 가지게 된다. 표본 외 데이터에서의 지속성에 관한 증거는 오래되고 확립된 아이디어에서만 나올 수 있다.

여기서 말하고자 하는 교훈은 과거를 잊지 말라는 것이다. 따라서 오래된 매매 서적의 먼지를 털어내고, 그것들이 효과가 있는지 없는지에 대한 증거를 모으기 위해 거기에서 나오는 아이디어를 다시 살펴봐야 할 것이다. 2000년 이전에 출판된 책들을 참조해야 한다. 그 책들은 당신에게 적어도 20년 이상의 표본 외 데이터를 제공하기 때문이다. 만약 그 책들이 코딩할 가치가 있는 아이디어를 가지고 있다면, 20년 이상의 데이터는 지속성을 측정하기에 충분하다.

제6장에서 여러 가지 추세 추종 매매 전략을 살펴볼 것이다. 그중 대부분은 표본 외 데이터에서 성과를 보여준다. 그것들만이 전부가 아니라는 건 알지만, 여러분이 시작하기에는 충분한 것들이다. 여러분이 어디에서 시작하든 간에, 오래된 것들을 받아들이는 일에서부터 시작하기 바란다. 표본 외 데이터는 '새로운' 아이디어를 위해 존재하지 않기 때문에 새로운 아이디어는 표본 외 데이터에서의 지속성을 입증할 수 없다. 풍부한 표본 외 데이터가 존재하는 오래된 아이디어를 찾고 검토하고 검증하는 방법을 찾아야 한다.

새로운 것에 저항하라

곧 알게 되겠지만 당신이 고려해야 할, 지속성이 있고 잘 확립된 추세 추종 매매 전략이 많다. 여러분 스스로 자신만의 전략을 개발하고 그에 따른 함정에 빠질 필요가 없다. 여러분은 새롭고 흥미로운 최신의 매매 아이디어를 무시하고, 이미 누군가 시도하고 검토했던 것들에 집중해야 한다.

'새로운' 매매 아이디어를 거부해야 할 중요한 두 가지 이유는 다음과 같다.

1. 지속성에 대한 증거 부족
2. 당신의 강력한 신경 전달 물질

지속성에 대한 증거 부족

방금 말한 바와 같이, 새로운 아이디어들은 강렬한 매력에도 불구하고 근본적으로 표본 외 데이터에서의 성과를 보여줄 수 없다는 점을 항상 명심해야 한다. 그것들은 우리가 매매 전략에서 원하는 바람직한 속성, 즉 지속성의 확실한 증거를 제공할 수 없다. 새로운 전략들은 그들의 손익 그래프가 미래에도 안정적이고 견고하게 유지될 것이라는 희망을 줄 뿐이다.

이미 앞에서 논한 바와 같이, 확장성이나 우수한 설계 원칙과 같이 지속성을 암시하는 '지표'가 있을 수도 있다. 그러나 당신이 새로운 아이디어를 추구한다면, 대개 그것은 그런 아이디어의 손익 그래프가 안정적으로 유지될 것이라는 믿음을 바탕으로 그러는 것이다.

이미 수없이 언급했듯이, 지속성에 대한 확실한 증거도 없는 전략을 스스로 재발명할 필요도 없이 여러분이 검토하고 고려할 만한, 확립되고 지속성이 있는 추세 추종 전략들은 이미 충분하다.

모든 오래된 아이디어들도 한때는 새로운 아이디어였다는 것은 나도 안다. 당연히 이해한다. 새로운 것이라고 무조건 비판해야 하는 것은 아니다. 나도 그쯤은 이해한다. 하지만 검토하고 매매에 사용할 만한 오래되고 검증된 전략들이 충분히 있음에도 나 스스로 새로운 실험을 위한 실험 대상이 되고 싶어 하지 않는다는 것도 이해한다. 나는 다른 사람들이 유혈이 낭자한 새로운 가능성의 가장자리를 위험스럽게 걸으면서 나 대신 실험 대상이 되어주는 것에 감사한다.

하지만 새로운 아이디어가 당신의 관심을 끈다면 그것을 검토하되, 실제로 자금을 투입하기 전에 그 아이디어의 지속성과 성공적인 손익 그래프의 안정성을 반드시 검토해야 한다. 그러나 만약 그렇게 한다면, 그림의 떡일 수도 있는 것을 선택하기 위해 잘 확립되고 오랫동안 검증된 접근법을 포기하고 있다는 것을 결코 잊어서는 안 된다. 내 생각으로는, 이것은 쉬운 선택이다. 불확실한 가능성보다는 표본 외 데이터에서 검증된 전략을 추구하는 것이 낫다. 새로운 것은 피하는 것이 상책이다.

당신의 강력한 신경 전달 물질

둘째, '새로운' 것은 당신의 신경 전달 물질을 자극하여 영악한 마케팅 전략에 취약하게 만들 수 있다. 미처 그것을 알기도 전에 매혹적인 웹사이트가 당신을 사로잡고, 당신은 어느 순간 최신의 매매 솔루션을 구매한다. 당신은 (매매 솔루션을 구매하는 유일한 이유이어야 할) 그것의 지속성을 알고 있기 때문이 아니라, 당신의 신경 전달 물질이 당신을 '기분 좋아지게' 만들기 때문에 그것을 구매하는 것이다. 기분이 좋아지는 것에 대한 유혹은 참기 힘들다.

앞서 보여준 영악하고 교묘한 문장을 다시 한번 떠올려보자. 여기에는 매우 설득력 있는 메시지가 담겨 있다.

> 당신에게는 현재 유행하는 최첨단의 매매 전략이 필요하다. 이것이 없다면 당신은 뒤처져서 정상에 오르지 못하는 평범한 투자자의 나락으로 빠져들 것이다.

어느 누군들 뒤처지고 싶겠는가? 나는 아니다. 누가 정상에 오르길 원하는가? 내가 그렇다. '최첨단' 매매 솔루션이 필요한 사람은 누구인가? 두 개 주세요. 어디에 신청하면 되죠?

영악한 판매 담당자들은 도파민과 세로토닌 신경 전달 물질을 유발하는 우리의 긍정적인 신경계를 해킹하는 것을 목표로 한다. 이것은 우리를 기분 좋게 만드는 강력한 신경 전달 물질이다. 누군들 기분이 좋아지고 싶지 않겠는가? 우리를 기분 좋게 만드는 신경 전달 물질에 저항하기란 힘든 일이다.

장기간의 고점 대비 하락 구간에서 손실의 고통은 정신에 해를 끼칠 수 있다. 손실은 낮은 수준의 도파민 수치와 연관된 심리 상태인 머뭇거림, 자기 의심 그리고 열정의 부족을 초래할 수 있다. 당신은 실패자처럼 고립되고 우울해지기 시작한다. 고립감과 우울증은 세로토닌의 부재와 관련이 있다.

개발자와 판매 담당자도 이 사실을 알고 있다. 그래서 그들은 당신에게 새로운 것을 팔기 위해 자신들의 제안을 설계한다. 당신에게 희망을 주는 제안이다. 우울함에서 벗어나게 하는 제안이다. 판매 담당자들은 '새로운' 첨단의 전략을 제공하고 부를 약속할 때 잠재 고객들에게 자연스러운 도파민 분출이 일어난다는 것을 알고 있다. 그것은 잠재 고객들의 기운과 자신감, 열정을 북돋아준다. 그들은 당신에게 최첨단 솔루션의 제안서를 보여줌으로써 당신이 그 솔루션의 이점, 즉 성공을 상상한다는 것을 알고 있다. 매매에서의 성공은 계좌에 있는 돈을 의미한다. 그것도 아주 큰 돈을 말이다. 하지만 당신의 뇌는 현실과 상상을 구분할 능력이 없기 때문에 당신의 뇌는 지금부터 벌어들이게 될 상상의 돈에 대해 기분이 좋아지도록 세로토닌을 생산할 것이다. 다른 말로 하자면, 정말로 기분이 좋아진다. 최신 첨단 솔루션 구매를 진지하게 고려해볼 정도로 말이다. 판매 담당자들은 이 모든 것을 알고 있다. 그들은 당신이 새로운 최첨단 제품을 구매할 만큼 충분히 오랫동안 당신의 기분이 좋아질 것을 알고 있다. '새로운' 매매 기법은 단기적이며, 도파민과 마케팅에 놀아나는 것이다. 구매자는 이것을 조심해야 한다!

새로운 것은 일반적으로 판매자에게 좋고, 투자자에게는 나쁘다.

따라서 새로운 것을 피하고, 그것이 불러일으키는 희망과 좋은 기분에 대한 충동을 거부해야 한다. 새로운 것은 사람들의 도파민 부족과 세로토닌 부족을 이용해 그들을 등쳐먹는 판매자에게만 좋다.

제발 '새로운 발견'이 만들어내는 신경 화학 물질의 상승에 현혹되거나 속지 마라. 나는 그것이 강력한 신경 전달 물질이라는 것을 잘 알고 있고, 과거에 그것들에 굴복한 적도 있다. 우리 모두 그렇지 않은가? 하지만 당신은 그들의 강력한 효과를 무시할 수 있을 만큼 아주 강해야 한다. 새로운 것은 바로 그 필연적인 특성으로 인해 지속성을 입증할 표본 외 데이터에 의한 증거를 제시할 수 없다는 점을 기억하라. 이런 것이 지속성을 입증할 수 있는 최선의 지표다. 새로운 매매 솔루션은 피하는 것이 가장 좋다.

일괄 수행 매매 전략을 개발하라

일괄 수행 방식, 즉 완전한 형태의 전략은 곧바로 사용할 수 있다. 이 전략은 예비 신호, 진입, 손절매, 이익 실현 시점에 대한 완전하고 객관적인 규칙을 포함하고 있다. 어떠한 해석도 필요하지 않은 전략이다.

자유재량에 의한 시스템 트레이딩이든 100% 기계적인 시스템 트레이딩이든 일괄 수행 매매 전략을 사용하는 데에는 다음과 같은 두 가지 매우 중요한 이유가 있다.

- 파산 위험
- 인지적 편향

파산 위험

모든 투자자의 최우선 목표는 0%의 파산 위험으로 매매를 시작하는 것이다. 계좌를 파산시킬 위험은 매매 방법(매매 전략)과 매매당 얼마나 많은 자본을 위험에 노출시키는가(자금 관리)를 조합한 수학적 함수다. 어떤 전략이든 0%보다 높은 파산 위험은 투자자의 파산을 보증하는 것이다. 30%의 파산 위험을 가진 투자자는 1%의 파산 위험을 가진 투자자보다 훨씬 일찍 파산에 도달할 것이 확실하다. 그러나 1%의 낮은 파산 위험을 가진 투자자도 결국에는 파산할 것이 여전히 확실하다. 그것은 단지 시간문제일 뿐이다. 장기적인 지속 가능한 투자 경력을 쌓고 싶다면, 자신이 매매하는 방식과 매매당 부담하는 위험을 바탕으로 자신의 파산 위험이 어느 정도인지 알아야 한다. 파산 위험을 제대로 계산하는 방법은 모든 규칙이 구체적이고 명확하게 기술되는 일괄 수행 매매 전략을 완성하는 것이다.

자유재량에 의한 투자자로는 성공하기 어렵다는 것을 기억하라. 대부분의 자유재량 투자자들은 측정할 수 없는 불완전한 매매 계획을 갖고 있다. 따라서 자유재량 투자자는 기대치나 파산 위험을 계산할 수가 없다. 내 생각에, 그것은 재앙적인 상황이다.

매매를 하려면 자신의 매매 전략과 자금 관리에 따른 파산 위험을 알아야 한다. 파산 위험을 정확히 계산할 수 있는 유일한 방법은 완전한 일괄 수행 매매 전략을 개발하는 것이다. 여기에 예외는 없고 협상의 여지도 없다. 자신을 자유재량 투자자로 여기든, 혹은 자유재량에 의한 시스템 투자자로 여기든, 0%의 파산 위험으로 시작해야 한다는 사실은 변함이 없다. 이것은 투자에서 살아남기 위해 필수적이다. 논의의 여지가 없는 철칙이다. 파산 위험이 왕이라는 것을 기억하라. 또한 파산 위험은 예비 신호와 매매 계획(진입, 손절매, 이익 실현)에 대한 모든 규칙이 객관적으로 정의된 완전한 전략에서만 계산할 수 있다.

완전한 전략, 즉 일괄 수행 매매 전략만이 그것을 코드화하여 과거 데이터에서 전략의 수익성과 기대치 및 파산 위험을 계산할 수 있다. 예비 신호에 대한 일반적인 아이디어와 진입, 손절매, 이익 실현에 대한 일반적인 접근 방식은 너무 느슨하고 너무 모호해서 코드화하기 어렵다. 따라서 이런 것들로 매매를 고려하기에는 너무 아마추어적이고 너무 안일하다. 책이나 세미나를 통해 팔기에는 충분할지 몰라도, 실제 시장에서 진짜 돈을 걸고 매매하기에는 역부족이다.

만약 당신이 진지하게 투자를 고려하고 있다면 개별 파산 위험을 알기 위한 일괄 수행 매매 전략을 개발해야 한다. 그다음에는 자유재량권을 활용하여 매매 신호를 취사선택할 수도 있지만, 최소한 자신이 사용하는 전략이 파산으로부터 자신을 보호할 핵심을 가지고 있다는 것을 알게 될 것이다. 만약 그것이 '일괄 수행' 방식이 아니라면, 당신은 어둠 속에서 자신의 운에 좌지우지되는 도박을 해야 한다.

인지적 편향

우리의 정신은 강력하고, 일반적으로 좋은 것이다. 하지만 투자에서는 그것이 뜻밖의 문제들을 일으킬 수 있다. 투자에 관한 한, 예비 신호와 매매 계획에 대한 명확한 규칙의 부재는 우리의 정신이 다양한 인지적 편견에 영향을 받을 수 있는 문을 열어준다. 인지적 편견이란 왜곡된 생각들이다. 앞서 말했듯이, 이것은 자유재량에 의한 투자자들에게 큰 문제다. 우리의 정신은 판단을 어렵게 만드는 인지 장애물로 가득하다.

우리 모두가 가지고 있는 잘못된 선택과 확신 그리고 새로운 것에 대한 편향을 살펴보자.

자유재량 투자자는 매매를 시작하면서 완벽하게 들어맞았던 차트만 기억하는 선택 편향의 함정에 빠질 수 있다. 그들은 패턴이 실패한 다른 차트 예제들은 쉽게 무시한다. 자유재량 투자자는 그들이 믿는 것을 뒷받침하는 정보만을 검토하거나 확인하는 정보 편향에 빠질 수도 있다. 그들은 다른 모든 정보를 무시한다. 만약 그들이 매수 포지션을 취하고 있다면 그들은 낙관적인 뉴스만을 검토할 것이다. 또한 자유재량 투자자는 최근의 수익이 반복될 것으로 예상하는 선택 편향에 빠짐으로써 손실을 겪었던 과거 데이터의 모든 예시를 무시할 수도 있다.

자유재량 투자자들은 그들의 의식과 인지적 편향을 통제할 능력이 있다고 주장할 수도 있지만, 현실과 희망은 거의 일치하지 않는다. 앞서 말한 것처럼, 자유재량 투자자들은 그들이 생각한 대로 보는 기대 편향에 빠질 수도 있다. 다음 문장을 예로 들어보자.

I cnduo't bvleiee taht I culod aulaclty uesdtannrd waht I was rdnaieg. Unisg the icndeblire pweor of the hmuan mnid, aocdcrnig to rseecrah at Cmabrigde Uinervtisy, it dseno't mttaer in waht oderr the lterets in a wrod are, the only irpoamtnt tihng is taht the frsit and lsat ltteer be in the rhgit pclae. The rset can be a taotl mses and you can sitll raed it whoutit a pboerlm. Tihs is bucseae the huamn mnid deos not raed ervey ltteer byistlef, but the wrod as a wlohe. Ins't that aaznmig?

(I couldn't believe that I could actually understand what I was reading. Using the incredible power of the human mind, according to research at Cambridge University, it doesn't matter in what order the letters in a word are, the only important thing is that the first and last letter be in the right place. The rest can be a total mess and you can still read it without a problem. This is because the human mind does not read every letter by itself, but the word as a whol. Isn't that amazing? 나는 내가 읽고 있는 것을 실제로 이해할 수 있다는 것을 믿을 수 없었다. 케임브리지 대학의 연구에 따르면, 인간 정신의 놀라운 힘이 있기에 단어의 글자가 어떤 순서로 되어 있는지는 중요하지 않다. 중요한 것은 첫 글자와 마지막 글자가 올바른 위치에 있느냐는 것이다. 나머지는 완전히 엉망진창일지라도 당신은 여전히 문제없이 이 글을 읽을 수 있다. 인간의 정신이 모든 글자를 하나하나 읽는 것이 아니라, 낱말 전체를 하나로 인식하기 때문이다. 놀랍지 않은가?)
(뒤섞인 철자를 맞추면 이와 같은 정상적인 문장이 된다 – 옮긴이)

이 문장은 폴 치아나(Paul Ciana)의 《기술적 분석의 새 지평(*New Frontiers in Technical Analysis*)》(Wiley, 2011)에 나오는 것이다. 치아나는 이 문장을 사용하여 우리의 정신이 어떻게 혼란에서 질서를 끌어내는지를 보여준다. 그리고 나는 그 점에 대해 그의 의견에 동의한다. 우리가 이 문장을 읽고 이해한다는 것은 놀라운 일이다! 하지만 그것은 또한 우리의 정신이 우리가 이해하는 질서를 만들기 위해 얼마나 강력한 노력을 하고 있는지를 보여주기 때문에 무섭기도 하다.

우리의 기대 편향은 우리가 보고 싶은 것을 보게 한다. 마치 구름을 보고 특별한 형상을 떠올리듯 말이다.

그리고 이것은 기술적 분석에 대한 비판이자 왜 자유재량 매매로 성공하기 어려운지에 대한 강한 비판이다. 많은 사람들이 차트에서 패턴을 식별하는 것이 구름에서 패턴을 식별하는 것과 유사하다고 생각한다. 이것들은 모두 개개인의 주관적이고 인지적인 해석에 달려 있다. 따라서 해석에 의존하면 기술적 분석(그리고 구름의 모양을 식별하는 것)이 너무 주관적이고 신뢰할 수 없게 된다.

일괄 수행 방식 전략은 당신의 인지적 편향이 작용할 여지를 없애준다. 그것들이 꿈틀거릴 공간이나 애매한 영역이 없다. 투자자는 예비 신호의 존재 여부와 어디에서 진입, 손절매, 이익 실현을 할 것인지를 확실히 알 수 있다.

일괄 수행 매매 전략은 편향으로 가득 찬 상상력으로부터 투자자를 보호한다.

궁극적으로는 당신이 기계적인 일괄 수행 매매 전략을 적용하는 데 재량권을 사용할지를 결정할 수도 있지만, 최소한 당신이 사용하는 전략은 긍정적인 양의 기대치와 0%의 파산 위험을 가진 완전한 전략이 될 것이다. 자유재량 투자자들은 자신의 인지적 편향을 관리하는 쪽을 선호할 수도 있다. 그러나 결국은 파산 위험이 왕이다. 그리고 그것을 정확히 측정할 수 있는 유일한 방법은 일괄 수행 매매 전략이다. 일괄 수행 매매 전략은 원원 전략이다. 이것은 개별 전략의 파산 위험을 계산할 수 있게 해줄 뿐만 아니라, 매우 강력하고 상상력이 풍부하지만 궁극적으로 해로운 당신의 인지적 편향으로부터 자신을 방어할 수 있게 해준다. 나에게는 너무 멋진 윈윈 전략이다.

일괄 수행 매매 전략의 포트폴리오로 매매하라

분산이 효과적이다. 매매 전략, 타임프레임 그리고 시장을 분산하라. 나는 여러분이 매매 기법과 타임프레임, 시장을 분산하기 위해 노력하길 바란다. 그리고 여러분이 이 책을 통해 시작할 수 있기를 바란다. 지속 가능한 매매의 길로 들어서기를 바란다. 시작하기에 가장 좋은 방법은 추세와 함께 매매하는 것이다. 그것이 매매의 가장 안전한 방법이다. 한 번, 오직 딱 한 번만 추세와 함께하는 지속 가능한 매매를 달성할 수 있다면, 그때 비로소 합리적인 역추세 매매 전략을 개발할 수 있다.

성공적인 투자자들은 결국 매매 기법과 타임프레임의 분산으로 상관관계가 낮은 다양한 전략들의 포트폴리오로 매매하는 방향으로 나아간다. 그들은 단기, 중기, 장기의 타임프레임과 추세 추종 및 역추세 전략을 모두 사용할 것이다. 추세 추종 전략과 역추세 전략은 상관관계가 없으며 서로 보완적이다. 시장이 출렁이고 추세 추종 투자자의 자금이 소모될 때, 그들의 역추세 전략이 잘 맞아떨어져 추세 추종 매매로 인한 손실을 메워야 한다.

분산은 효과적이다. 나는 그렇게 한다. 때가 되면 당신도 그래야 한다. 다양한 타임프레임을 사용하고, 다양한 시장에서 상관성이 낮은 다양한 전략을 사용하여 매매하는 것은 당신에게 더 많은 매매 기회를 제공하고 개별 전략과 개별 시장의 실패를 상쇄하여 손익 그래프를 좀 더 매끄럽게 해준다. 분산은 더 나은 위험 관리를 제공한다. 하지만 우선은 추세를 따름으로써 지속 가능한 매매를 달성하는 데 집중해야 한다.

매매 전략에 대한 주요 핵심 메시지는 여기서 끝을 맺는다. 다음은 매매 실행에 대한 내 생각을 여러분과 공유하고자 한다.

매매 실행

여기가 당신이 머무르고 싶은 곳일 것이다! 매매 실행에 대한 핵심 메시지는 다음과 같다.

- 고통을 견뎌라.
- 고점 대비 하락 구간을 견뎌라.
- 불확실성을 받아들여라, 그것이 정상이다.
- 끊임없는 변화를 받아들여라, 그것이 삶이다.
- 미래를 무시하라.
- 자신에게 집중하라.
- 만족하라.
- 겸손함을 받아들여라.

이제부터 차례대로 살펴보자.

고통을 견뎌라

고통이라고? 당신은 아마 매매로 고통을 끝내리라고 생각했을 것이다. 돈이 충분하지 않다는 그 고통 말이다. 날마다 자신이 좋아하는 일에 전념할 수 있는 자유가 부족한 일상의 고통, 고용주에게 매여 있다는 그 고통 말이다.

(또다시) 나쁜 소식을 전하게 되어 미안하다. 하지만 매매라는 사업에서 고통은 당신의 새로운 조용한 파트너. 기업의 다른 파트너들처럼 당신은 기업의 특이점에 익숙해져야 하고 동행하는 법을 배워야 한다.

만약 당신이 매매하고 싶다면, 당신은 '고통'과 인사를 나누고, 손을 깨끗이 씻고, 악수를 단단히 하고, 그것을 잡아당겨 굳은 포옹을 하고 당신의 삶에 자연스럽게 받아들일 필요가 있다. 고통은 당신의 영원한 동반자가 될 것이다. 좋은 친구처럼 포용하는 법을 배워라.

내 말을 믿지 못하겠는가? 그럼 한번 생각해보자. 당신이 돈을 잃는다면 분명히 아플 것이다. 몇 달 동안 돈을 잃는다면 확실히 아플 것이다. 당신이 돈을 벌 때는, 바로 직전에 조금만 참았더라면 지금 얼마나 더 많은 돈을 벌 수 있었을까 생각할 것이다. 이건 정말, 정말로 아플 것이다. 매매에 대한 그럴듯한 이론을 연구하는 데 상당한 시간과 에너지를 소모하고도 전략에 대한 당신의 최소 요건을 통과하지 못하면 고통스러울 것이다. 평판 좋은 세미나에 많은 돈을 쓰고 거기서 배운 아이디어를 실행했는데 돈을 잃으면 고통스러울 것이다. 아이디어를 연구하고 개발하고, 프로그래밍하고, 테스트하는 데 상당한 시간과 에너지를 소모하고도 부정적인 기대치가 나온다면 고통스러울 것이다. 전략을 향상시키기 위해 오랜 세월 엄청난 시간과 에너지를 쏟아부어 노력했는데도 실패한다면, 모든 시간과 에너지를 쏟아부었음에도 그것은 당신을 실망시키고 아프게 할 것이다. 만약 당신이 추세를 따라 매매하고 있으며 67%의 매매에서 손해를 보고 있다면 고통스러울 것이다. 정확도가 더 높은 매매 전략을 사용할지라도 아마도 대부분은 고점 대비 하락 구간을 지나고 있을 터인데, 그것은 고통스럽다. 생활비를 위해 또는 세금을 내기 위해 자금을 인출할 때, 그것은 당신의 포지션 크기에 영향을 미칠 것이고, 줄어든 포지션으로 인해 잠재적 추가 이익을 놓치는 것에 대해 느끼는 박탈감은 아플 것이다. 그리고 그것이 계좌의 고점 대비 하락 구간에서 벌어지는 일이라면 정말로, 정말로 상실감을 느끼고 아플 것이다. 시장을 떠나 다음번 매매를 기다리고 있을 때, 시장에 참여하지 못하고 다음번 큰 이익을 놓칠 수 있다는 불안감은 고통스러울 것이다. 그리고 시장이 크게 변화할 것으로 확신하는 시점에 배우자가 해외 휴가를 계획하고 있다면, 비록 여행이 확정되기 전이라도 가까운 미래에 시장을 떠나 여행을 해야 한다는 생각에 고통을 느낄 것이다. 정말 고통스러울 것이다.

제발, 제발, 제발 부탁한다. 매매가 당신을 야자수가 늘어선 열대 해변의 세상 걱정 없는 산호섬으로 데려다줄 티켓이라고 생각하지 마라. 절대 아니다. 매매는 노력과 인내가 필요한 일이다. 따라서 높은 수준의 고통을 견뎌야 한다. 이것이 내가 당신에게 줄 수 있는 경고다.

고점 대비 하락 구간을 견뎌라

고점 대비 하락을 빼고는 매매의 고통을 전부 말할 수가 없다. 모든 투자자가 이것을 싫어하고, 특히 90% 이상의 투자자들이 회복하지 못할 때는 더더욱 그렇다.

한 가지 내가 보장할 수 있는 것은 다음 고점 대비 하락 구간이 당신의 생각보다 가까울 것이라는 점이다. 따라서 그것이 먼 미래에 닥치기를 기대하기보다는 그것이 닥쳐왔을 때를 대비한 계획을 세우는 것이 최선이다. 그렇다면 고점 대비 하락을 대비하여 투자자가 할 수 있는 일이 무엇일까? 다행히도 고점 대비 하락을 견디는 몇 가지 조치들이 있다.

첫째, 전략을 버리고 다시 시작할 것인가? 아니다. 고점 대비 하락은 매매의 일부다. 때로는 짜증이 나고 고통스러울 수도 있지만, (바라건대) 그것들은 일시적일 뿐이다.

전략을 다시 검토할 것인가? 물론이다. 나는 과도한 최적화의 함정에 빠지지 않고 나의 모델을 개선할 수 있을지 고민하면서 항상 눈을 가늘게 뜨고 고개를 갸웃거리며 내가 무엇을 하고 있는지 꼼꼼히 살핀다. 대부분의 경우에 나는 아니라고 생각하여 고개를 저으며 빠져나온다. 일반적으로, 나의 전략들은 단순하고 전통적인 후행 지표에 의존하는 가변적인 지표들의 영향을 과도하게 받지 않는 가격 지표만을 사용한다. 보통은 내가 고칠 것이 없는데, 그것이 내가 좋아하는 것이다.

당신은 시장이 근본적으로 변했다고 생각하여 자신의 전략을 수정하는가? 아니, 아니, 아니다. 내가 그렇다, 그렇다고 말해야 할까? 시장은 당연히 변화하고 있다. 새로운 시장과 상품은 항상 나오고, 언제나 새로운 혁신이 계속되고 있다. 일부 시장에서는 전자 매매나 초단타 매매에서 24시간 매매까지 나올 정도로 시장은 변화무쌍하다. 그렇다, 시장은 변한다. 하지만 시장은 항상 변하고, 그것은 항상 있는 일이다. 변하지 않는 것은 아무것도 없다. 그러나 시장이 더 많이 변할수록, 더 많은 것들이 같은 상태를 유지한다. 단지 이름과 사건만 변하는 것이다. 1980년대의 저축과 대출 위기, 1987년의 주식 시장 붕괴, 1991년의 일본 부동산 시장 붕괴, 1994년과 1997년의 아시아 통화 위기, 1998년 롱텀캐피털 파산 사태, 2000년의 닷컴 붕괴 사태, 2008년의 미국 주택 시장 버블과 그로 인한 글로벌 금융 위기, 2020년의 주식 시장 붕괴와 코로나바이러스 대유행이 바로 그런 예들이다. 이름과 사건이 바뀌는 동안 결과는 항상 같았다. 정상화. 서프라이즈. 충격. 변동성. 정상화. 수많은 사건이 일어나고 똑같은 결과가 반복된다.

고대사와 현대사를 통한 문명의 흥망성쇠처럼 시장은 안정, 불안정, 안정, 불안정의 순환을 정기적으로 반복한다. 쓸어내고 또다시 반복한다. 단지 참여자와 사건들만 변할 뿐이다. 따라서 내 생각에, 시장은 변하지 않았다.

당신의 전략은 모든 시장 상황과 분위기에 대처할 수 있을 만큼 충분히 좋아야 한다. 리처드 던키안(Richard Donchian)이 1960년에 공유한 '4주 채널 전략'을 살펴보자. 이 전략은 항상 시장에 참여하며, 가격이 4주 채널을 돌파하면 시장에 진입하거나 손절매 혹은 반대 포지션을 취한다. 그림 2-5는 이 전략의 성과를 보여준다.

전략: 단기간의 4주 채널 전략 (1960)

매매 시작: 1979년 11월 20일
매매 기간: 40년

시장: EC, JY, BP, TY, FV, ZB, SP, ND, DJ, CL, NG, HO, GC, HG, SI, CO, SO, ZW, SB, KC, CT, LC, LH, GF

생존 가능성
투자 자금 분할 수: 50
기대치: 14%
파산 위험: 0%

위험 보상(1계약)
순이익: $1,601,223
연평균 누적 수익률: 9%
MDD: −$261,817
위험 보상 비율(순이익/MDD): 6
궤양 성과 지수: 1.4
평균 손실: −3.3%
총 매매 횟수: 6,134
평균 이익: $257
평균 슬리피지: −$51
이익 손실 비율: 1.2
승률: 38%
평균 이익/평균 손실: 2.0

자금 관리의 효율성
자금 관리(투자 비율): 2%
초기 투자금: $50,000
매매당 위험: −5.6%
순이익: $69,000,000
연평균 누적 수익률: 20%

매매의 난이도
고점 대비 하락(최장기간): 1,608일
최대 연속 손실: 18회
결정 계수: 93%

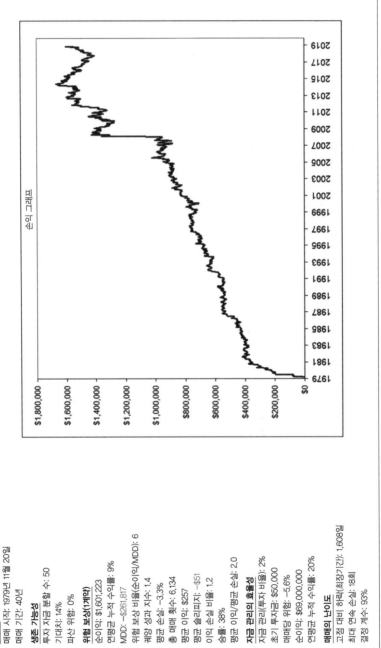

순익 그래프

그림 2-5 1960년에 공부된 리처드 던키언의 '4주 채널 전략'의 성과는 지난 40년간 일련의 금융 위기에도 불구하고 시장이 변하지 않았음을 보여준다. 이는 "시장이 더 많이 변할수록 더 많이 같은 상태를 유지한다"는 오래된 격언을 뒷받침한다.

이 전략은 1960년에 발표되었기 때문에 성과는 모두 표본 외 데이터에서의 결과물이다. 보다시피 어렵고 변화하는 시장에서도 손익 그래프는 상승하고 있다. 이 전략의 상승하는 손익 그래프에 따르면, 1970년대 이후의 모든 금융 시장 충격에도 불구하고 지난 40년 이상 동안 시장은 변하지 않았다. 이전에 없었던 가장 큰 금융 시장 충격의 집중을 경험했음에도 불구하고 시장은 아무것도 변하지 않았다.

만약 내가 특정한 내 전략이 (영구히 하락하는 손익 그래프를 그리며) 망가졌다고 받아들일 때가 온다 해도 나는 결코 시장을 비난하지 않을 것이다. 만약 실패한다면, 그것은 단순히 나의 전략이 충분하지 않기 때문이다. 그때가 되면 나는 매매를 완전히 멈출 것이다. 하지만 시장이 바뀌었다는 식의 편리한 변명은 하지 않을 것이다.

개별 전략 실패의 위험을 분산하거나 줄이기 위해 새로운 전략을 수립하고 있는가? 당연히, 그것이 내가 하는 일이다. 나는 30개 이상의 시장을 포함하고 (단기·중기·장기의) 다양한 타임프레임을 사용하는, (추세 추종 전략과 역추세 전략으로) 상관관계가 낮고 상호 보완적인 전략 포트폴리오를 이용하여 매매한다. 하지만 내가 가진 것을 더하거나 개선하지 못할 이유는 없다. 그리고 나는 새로운 매매 아이디어를 연구하고, 프로그래밍하고, 테스트하는 일에 대부분의 시간을 쓴다. 나는 대부분의 아이디어와 노력이 헛수고로 판명 날지라도 나의 쥐덫(전략)을 개선하려고 노력한다.

시장 위험을 분산하기 위해 더 많은 시장을 추가하는가? 그것은 당연한 일이고, 내가 하는 일이다. 나는 개별 시장 실패의 위험을 분산하기 위해 다각화된 시장 포트폴리오에서 매매한다.

포지션 크기를 줄이는가? 당연히, 나는 그렇게 한다. 내 자금 관리 규칙에는 내가 손실을 보고 있을 때는 포지션 크기를 줄이도록 되어 있다.

매매를 중단하는가? 이것은 그렇기도 하고, 그렇지 않기도 하다. 특정 전략 손익 그래프의 모멘텀이 부정적으로 변했다면 '그렇다'가 답이고, 그것이 아니라면 '그렇지 않다'가 답이다. 이것이 내가 하는 일이다.

계절의 변화만큼이나 고점 대비 하락은 필연적이지만, 이를 줄이기 위한 많은 조치들이 있다. 전략과 시장이 분산되고 상관관계가 낮은 포트폴리오를 구축하여 개별 전략으로 인한 고점 대비 하락의 영향을 줄이는 것이 핵심 요령이다.

불확실성을 받아들여라, 그것이 정상이다

이미 앞에서도 말했듯이, 나는 기쁨을 누리기 위해 여기 있는 것이 아니다. 나는 그걸 알고, 또 알고, 잘 안다. 내가 손실, 불행, 파산 위험 그리고 고통에 대해 말한 것들이 충분히 부정적이지 않았다면, 이제 '불확실성'에 대해 트럼펫을 불려고 한다. 당신이 지금쯤 무슨 생각을 하는지 알고 있고, 이제는 짜증이 날 법도 하다는 것을 이해한다. 하지만 나는 매매에 대한 잘못된 '환상'을 현실의 '무미건조함'이라는 제자리로 돌려놓고 싶다.

그래서 미안하지만, 내 이야기를 계속할 참이다.

투자자들에게 또 다른 걸림돌은 미래에 대해 느끼는 불확실성이다. 우리는 모두 내일을 걱정한다. 현재 상황이 2020년 코로나바이러스 대유행처럼 시장 붕괴나 금융 대재앙 혹은 말할 수 없는 불상사를 초래할 것인가에 대한 걱정이다. 세상은 불확실성과 그로 인한 불안으로 가득 차 있다. 대답해야 할 큰 질문들이 너무 많아 이 세상이 얼마나 혼란스러운지는 이미 앞에서 이야기했다. 내가 말했듯이, 나는 아직 그 문제들을 해결하지 못했다. 하지만 나는 세계에 불확실성이 항상 존재한다는 사실 자체는 확실히 알고 있다. 따라서 여러분은 그것이 정상이라는 사실을 받아들일 필요가 있다. 만약 받아들일 수 없다면, 그런 꾸물거림이 당신이 놓친 기회들을 아예 없애버릴 것이다. 걱정은 당신의 매매 계획을 실행하는 데 방해가 될 수 있다.

첫째, 당신은 자신이 가진 모든 걱정에도 불구하고 미래(바로 내일)에 대한 통제력이 없다는 것을 받아들여야 한다.

둘째, 당신은 미래의 불확실성이 항상 존재한다는 것을 인식하고, 항상 현재의 현상으로부터 변화가 일어날 것이라는 사실을 받아들여야 한다. 이것은 당신이 충분히 받아들일 수 있는 것이다. 그 무엇도 직선적이지 않다는 것을 받아들여야 한다. 영속하는 것은 세상에 없다. 세상은 안정과 불안정 사이를 왔다 갔다 한다. 내일의 일에 확실한 것은 없다. 이를 받아들여야 한다. 만약 당신이 불확실성을 환영하고 포용하는 법을 배운다면, 불확실성이 만들어내는 두려움 때문에 무력해지지 않을 것이다. 공포가 일으키는 우유부단함과 머뭇거림으로 인해 불이익을 받지 않을 것이다. 머뭇거림으로 인해 기회를 놓치지도 않을 것이다.

불확실성은 무언가를 미루게 한다. 미루는 것은 투자자들이 저지르는 치명적인 죄악 중 하나다. 당신이 피하고자 하는 것은 순환의 일부다. 불확실성 때문에 순환의 어딘가에서 머뭇거린다면 결국 기회를 놓치게 된다. 기회를 놓치면 비관론이 나온다.

가장 좋은 방법은 불확실성이 매매의 현실이라는 사실을 받아들이는 것이다. 미래를 아는 사람은 아무도 없으므로 매매를 시작하기 전에 확실성을 찾는 것은 그만두어야 한다. 확실성은 환상 속에만 있다.

당신의 개인적인 걱정이 예상되는 결과에 별다른 영향을 미치지 않는다는 점을 인정해야 한다. 그것이 가져올 유일한 영향은 망설임과 미루기를 유발하고, 당신의 매매 계획을 실행하지 못하도록 가로막는다는 것뿐이다.

따라서 불확실성을 받아들이는 법을 배워야 한다. 그것은 항상 그래왔고, 현재와 미래에도 항상 그것이 '정상'이 될 것이다. 냉혹한 진실은 항상 당신이 불확실성을 받아들이는 법을 배워야 한다는 것이다. 당신은 매매가 절대 편하지 않으리라는 점을 받아들일 필요가 있다. 그것을 받아들이는 법을 배우는 즉시 당신은 지금보다 더 나은 사람이 된다. 의심을 받아들이고 걱정을 수용하라. 그것이 시장의 진실이다. 불확실성, 미루기, 비관주의가 방해되지 않도록 하라. 매매의 세계에서는 확실성과 편안함을 찾지 않는 것이 도덕적인 것이다. 그것은 존재하지 않는다. 또한 불확실성이 존재하는 곳에서 기회를 찾을 수 있다는 점을 이해하라.

끊임없는 변화를 받아들여라, 그것이 삶이다

'변화'는 지구상의 삶 전체에 걸친 영원한 주제이므로 내일은 오늘을 닮지 않을 것이다. 나는 우리 대부분이 변화를 불편해하고 두려워

한다는 것을 안다. 하지만 그것은 역사를 통틀어 유일하게 일정하고 확실한 것이었다. 나는 끊임없는 '변화'와 '불확실성'이 함께한다고 생각한다. 끊임없는 변화는 미루기를 가능하게 하는 또 다른 요인이다. 알다시피 미루는 것은 투자자들의 치명적인 죄악 중 하나다.

불확실성과 마찬가지로 끊임없는 변화 혹은 변화에 대한 두려움은 속담에 나오듯, 한밤중 자동차 불빛에 놀란 사슴처럼 투자자를 얼어붙게 만든다. 잠재적인 문제에 대해 걱정하고 신중함을 보이는 것이 더 나은 용기(勇氣)라고 생각하는 자신을 발견할 때마다, 돌아와서 이 부분을 다시 읽어보기 바란다.

역사에는 변화가 산재하지만, 우리는 여전히 여기에 있다. 어떤 금융 사건들은 불안정을 일으켰고, 또 어떤 사건들은 2020년의 코로나 바이러스 대유행 때와 같은 금융 시장 붕괴를 초래했지만, 당신이 현명한 매매 계획을 따른다면 대부분 올바른 편에 서게 될 것이다. 변화와 그로 인한 변동성은 수익에 도움이 된다. 만약 당신이 실수로 잘못된 편에 서게 된다면, 손절매가 당신을 보호할 것이다.

변화에 대한 두려움이 매매의 성공을 가로막게 하지 마라.

아담과 이브가 나타난 이후로 끊임없는 변화가 우리와 함께 있었다는 점을 항상 기억하라. 변화는 모든 시간을 통틀어 인류의 영원한 주제이자 동반자였다. 변화는 수많은 빙하기가 오가는 것을 보아왔다. 변화는 문명의 흥망성쇠를 보아왔다. 변화는 부(富)의 흥망성쇠를 보아왔다. 변화는 시대를 거치며 돈이 오가는 것을 보아왔다. 변화는 금융 위기의 지속적인 행렬을 목격해왔다. 변화는 역사를 통해 반복되는 국가 채무 불이행들을 지켜봐왔다. 변화는 시장의 행동에 대한 잘 기록된 관찰이다. '현재의 상황'은 주기적으로 중단된다. 계절, 문명, 금융 시장, 부와 운명에 이르기까지 어떤 것도 선형(線形)의 길을 따라가지 않는다. 결국에는 종말을 맞을, 때로는 격렬하게 종말을 맞을 추세를 따르거나 그 주변을 서성이면서 썰물처럼 빠지거나 흘러들어오기를 반복한다. 변화는 안정과 불안정이 끊임없이 반복되는 주기적인 순환을 반영한다. 세탁기가 헹굼과 탈수를 반복하듯, 지속적으로 쓸어내고 또다시 반복하도록 설정되어 있다. 유일한 상수(常數)는 현재 상태로부터의 변화가 확실히 일어난다는 점이다.

끊임없는 변화와 불확실성이 당신의 지속적인 동반자가 될 것이라는 점을 배울 필요가 있다. 당신이 통제할 수 없는 것에 대해 걱정하지 말고, 우리 세상을 지배하는 끊임없는 불확실성에 익숙해져야 한다. 변화와 불확실성에 대한 걱정이 결국 절정의 미루기와 절정의 실망으로 이어질, 절정의 비관론으로 흐르지 않도록 해야 한다.

미래를 무시하라

뉴스 기사의 머리기사가 아무리 많은 관심을 끈다 해도, 미래를 말할 수 있는 사람은 없다.

아무도 없다. 예언의 수정 구슬은 없다는 사실을 기억하라. 당신도 마음 깊은 곳에서는 이미 이 사실을 알고 있다. 하지만 당신의 실용주의에도 불구하고, 마음 한구석 아주 작은 곳에 비관주의를 이기는 낙관주의의 작은 촛불이 타오르는 것은 어쩔 수 없을 것이다. 그 작은 희망의 촛불을 눌러 꺼버리는 것이 가장 좋다. 이제 어른임을 스스로 일깨워줘야 할 때다. 당신의 정원 아래에 더는 요정이 살지 않는다.

이제 정신을 차리고 삶의 특정한 본질을 냄새 맡아야 할 때다. 그것은 장미 향기가 아니다. 9할이 현실이고, 1할이 집중을 방해하는 것이다.

투자자로서 우리는 다음을 인정해야 한다.

- 우리는 미래를 모른다.
- 이익을 볼 매매가 언제 어디에서 나올지 모른다.
- 매매가 얼마나 오래 혹은 얼마나 짧게 지속될지 모른다.
- 우리는 시장이 하려는 것에 대해 통제권이 없다.

그러니 당신이 통제할 수 없는 것에 대해 걱정할 필요가 없다. 미래를 무시하는 것이 최선이다.

자신에게 집중하라

이것은 뭔가 긍정적이다. 당신이 통제할 수 있는 것은 자기 자신뿐이다. 시장이 아니다. 전략의 미래 성과도 아니고, 오로지 당신 자신뿐이다. 당신의 매매 계획을 실행하는 것이다. 예비 신호를 찾고, 시장에 진입하고, 포지션을 관리하는 것은 당신이다. 자신의 투자 자본과 자금 관리 전략에 따라 포지션 크기를 관리하는 것이 당신이다. 투자자로서 당신은 미래를 무시하고 자신에게만 집중할 필요가 있다. 투자자로서 자신의 위험과 자금 관리에 집중해야 한다. 그것이 좋은 수익을 누릴 수 있을 만큼 오랫동안 이 게임에 참여할 수 있게 해준다.

만족하라

다음으로, 당신은 만족하는 법을 배울 필요가 있다. 당신은 스타 투자자가 될 가능성이 거의 없지만, 유능하고 지속 가능한 투자자가 되지 못할 이유는 없다.

투자자로서 당신은 모든 큰 추세를 다 잡을 수는 없다는 점을 받아들일 필요가 있다. 자신이 하는 매매에 만족하는 법을 배울 필요가 있다. 투자자로서 당신은 적절한 기대치로 위험 자본을 성공적으로 관리하기 위해 모든 큰 움직임에 항상 참여할 필요가 없다는 점을 깨닫게 될 것이다. 투자자로서 당신은 자신이 매일 시장에 있을 필요가 없다는 점을 깨닫게 될 것이다. 투자자로서 당신은 숱한 좋은 추세를 놓치겠지만 그 역시 괜찮다는 것을 깨닫고 받아들이게 될 것이다. 투자자로서 당신은 자신이 가진 것에 만족하는 법을 배워야 한다.

겸손함을 받아들여라

이익을 내기 시작할 때는 자신이 손실을 보고 있던 시절을 기억하라. 당신은 매매라는 사업에서 침착할 필요가 있다. 매매에서의 성공을 다른 사람에게 들려주고 싶은 충동과 싸울 필요가 있다. 성공이 이루어지면 겸손함을 품기 바란다. 그렇게 하지 않는다면, 시장이 극한의 역경이라는 고통의 쓰나미를 당신에게 보낼 것이다. 그리고 시장은 당신이 가장 기대하지 않는 시점에 그것을 보낸다.

나는 특히 로빈스 선물투자대회(Robbins World Cup Championship of Futures Trading®)에서 네 번이나 우승한 유난히 재능 있는 투자자인 안드레아 웅거(Andrea Unger)의 다음과 같은 통찰이 마음에 든다.

투자자로서 성공하려면 항상 겸손해야 한다. 겸손함은 당신이 항상 시장을 존중하고 시장이 언제든 당신의 계좌에 피해를 안길 수 있다는 사실을 잊지 않게 해준다. 겸손해지면 당신의 환경을 통제하는 것이 누구인지 항상 알 수 있다. 그것이 누구인지 한번 맞혀보라. 당신은 아니다. 당신은 최종 보스가 아니다. 바로 시장이다. 겸손해지면 자신이 투자자들의 바다에 빠진 한 방울의 물에 불과하다는 사실을 알게 될 것이다. 겸손함은 당신이 개방적이고, 융통성 있고, 적응력을 유지하여 손실과 이익 모두로부터 배울 수 있게 해준다. 또한 겸손함은 당신이 계속해서 배워나가는 일에 개방적이 되도록 할 것이다. 그것은 장기간의 투자 성공을 위한 강력하고 중요한 요소다.

이 문장을 인용하는 것으로 매매 실행에 대한 나의 핵심 메시지를 끝마치겠다.

요약

너무 길게, 때로는 너무 반복적으로 혼잣말을 해서 미안하다. 하지만 나는 이 책에 내 생각을 적어야 했다. 나는 여기서 내가 말한 내용이 많다는 것과, 당신이 내가 말한 모든 것에 동의하지 않으리라는 것을 안다. 걱정하지도 않는다. 하지만 당신이 마음 내킬 때마다 언제든 다시 돌아와 이번 장의 내용을 다시 검토해보기 바란다. 시간이 흐르면 흐를수록 나의 메시지가 점점 더 많이 당신에게 울려 퍼질 것이라

고 믿는다.

(바라건대) 대부분의 핵심 메시지를 이해했다면, 이제는 추세 추종 매매가 왜 그토록 매력적인지에 대한 몇 가지 통찰을 여러분과 공유하고자 한다.

제3장

추세 추종 매매의 매력

추세 추종 매매가 도대체 무엇인가? 왜 이것이 매매에서 익숙해져야 하는 첫 번째 전략이어야 하는가? 당신이 그런 의문을 품고 있다면 정말 다행이다! 이제부터 살펴보자. 하지만 먼저, 추세 추종 매매를 둘러싼 아이러니를 하나 짚어보겠다.

펀치와 주디 인형극

추세 추종의 역설은, 투자자들이 지속적으로 엇갈린 메시지를 받는다는 점이다.

투자자들은 한편에서 과거의 실적이 미래의 성과를 보장하지 않는다는 경고를 항상 받는다. 시장에서 완벽한 타이밍을 맞추기란 불가능하다. 운용자의 실적을 추적하는 일이 무의미하다. 학계의 랜덤워크 이론에 따르면, 가격은 랜덤하게 움직인다. 절대로 예측할 수 없다. 따라서 과거의 가격 움직임을 바탕으로 한 매매 전략을 개발하는 것은 시간 낭비일 뿐이다. 침팬지가 다트를 던져도 똑같은 결과가 나올 것이다. 효율적 시장 가설은 과거의 가격에서는 활용할 만한 가치 있는 정보가 없다면서 오로지 시장의 효율성만을 외친다. 당신은 절대로 시장 수익률 이상의 초과 수익률을 얻을 수 없는 것이다. 미래의 가격을 예측하기 위해 과거의 가격을 검토하는 것이 무의미하다고 말한다.

그들은 시장이 무작위적이고, 추세가 없으며, 추세를 따르지도 않는다고 말한다.

다른 한편에서는 수 세기 전으로 거슬러 올라가는 많은 증거들이 있으며, 그중 일부는 추세 추종 매매가 시장보다 높은 수익률을 낸다는 것을 보여준다고 말한다. 그리고 그것은 한두 개의 시장뿐만 아니라 모든 시장, 모든 국가의 모든 시장 사이클에 걸쳐 있다. 그들은 전체 상품 거래 자문(CTAs, Commodity Trading Advisors) 업계가 높은 수수료를 받으며 시장 수익률을 초과하는 것을 보고 있다. 그들은 데이비드 하딩(David Harding), 빌 던(Bill Dunn), 존 헨리(John W. Henry), 에드 세이코타(Ed Seykota)와 같은 유명한 추세 추종 투자자들이 지속적으로 시장을 능가하는 것을 보고 있다. 그들의 성과에서 추세의 존재를 알 수 있다.

그들은 추세를 따르라고 하는데, 추세는 그들의 친구다.

으악, 우리는 어떻게 해야 하는가?

투자자들은 자신이 펀치와 주디 인형극(줄에 매단 인형을 이용해 아내 주디와 늘 싸우는 펀치 이야기를 들려주는 영국의 전통 아동극 – 옮긴이)의 엑스트라라고 생각하면 용서받을 수 있다. 서로 함께 묶인 기둥에서 (가격은 랜덤하므로 어제의 성과를 따르지 않고) 똑같은 힘으로 뺨과 주먹을 맞고, (추세는 당신의 친구이므로 어제의 성과를 따라서) 확신을 갖는 것이다. 그들은 (아니면 우리는) 말 그대로 상반된 메시지에 취해 있는 것을 느낀다.

자, 이제 당신이 밀과 겨를 가려내는 일을 내가 도울 수 있는지 알아보자. 하지만 그 일을 시작하기 전에 어떤 추세 추종 매매가 중요하고, 추세가 왜 중요한지 간략히 살펴보겠다.

추세 추종 매매란 무엇인가?

추세 추종 매매는 과거의 가격 데이터를 사용하여 매수나 매도 결정을 내리는 접근 방식이다. 추세 추종자들은 상승하는 시장에서 매수하고, 하락하는 시장에선 매도한다. '추세'가 매매의 방향을 결정하는 것이다.

여기서 핵심은 추세를 정확히 정의하는 것이다.

추세 추종 매매는 크게 두 가지 유형이 있다.

1. 모멘텀에 의한 추세 추종 매매
2. 상대 강도에 의한 추세 추종 매매

추세 추종 매매 전략

⊙ **모멘텀 추세 추종 매매**

상대적 모멘텀
- 변화율 시스템

  ● 상대적 가격 변동
  - 헌(Hearne)의 1% 룰(1850)
  - 가틀리(Gartley)의 3주-6주 이동평균 교차(1935)
  - 던키안(Donchian)의 5일-20일 이동평균 교차(1960)
  - 50일-200일 골든 크로스

  ● 상대적 시간 변동
  - 캘린더 룰(1933)

절대적 모멘텀
- 돌파 시스템

  ● 가격 돌파
  - 리카도 룰(1800)

  ● 스윙 포인트 돌파
  - 다우 이론(1900)

  ● 정체 돌파
  - 리버모어 반응 모델(1900)
  - 다바스 박스(1950)
  - 아널드의 패턴 확률 전략(1987)

  ● 채널 돌파
  - 던키안(Donchian)의 4주 채널(1960)
  - 드레퓌스(Dreyfus)의 52주 채널(1960)
  - 터틀 매매 전략(1983)

  ● 변동성 돌파
  - 볼린저밴드(1993)
  - ATR밴드

- 되돌림 전략
  - 엘더(Elder)의 삼중창 전략(1985)
  - 평균 회귀

⊙ **상대 강도 추세 추종 매매**

그림 3-1 추세 추종 매매의 세계에는 다양한 기법들이 있다.

그림 3-1에서 보듯이 각 유형에는 다양한 기법이 있다.

추세 추종 매매는 다음과 같은 세 가지 황금 원리에 의존한다.

- 추세를 따르라.
- 손실은 짧게 하라.
- 이익은 길게 유지하라.

이것은 모든 성공적인 추세 추종 매매 전략의 세 가지 핵심 가치 원동력이다. 이들 원리는 시장의 움직임을 예측하려 하지 않고 단지 정상을 벗어난 큰 움직임에서 이익을 얻으려는 목적으로 반응한다.

추세가 중요한 이유는 무엇인가?

추세는 시장을 움직이고, 모든 이익의 근간이 되기 때문에 중요하다. 추세란 특정 기간에 시장이 움직이는 지배적인 방향을 가리킨다. 일단 생존하고 나면, 매매의 목적은 돈을 버는 것이다. 돈을 버는 가장 쉬운 방법은 시장이 움직이는 방향, 즉 시장의 추세를 따라 매매하는 것이다.

추세는 최소의 저항으로 가장 쉽게 수익을 내는 직선으로 식별한다.

상승 추세에서 항상 매도만 해서는 이익을 축적하기 어렵다. 불가능하지는 않지만 매우 어렵다. 최소 저항(추세)의 방향으로 매매하여 쉽게 이익을 챙기는 것이 더 낫다. 여기서 핵심은 추세를 식별하는 것이다. 제6장에서는 선택 가능한 전략들이 어떻게 추세를 판별하는지 보여줄 것이다.

이제 추세 추종 매매가 무엇이고 추세가 왜 중요한지 좀 더 알게 되었으니, 추세 추종 매매가 왜 그토록 매력적인지 자세히 논의하도록 하겠다.

추세 추종 매매의 매력

내 생각에 추세 추종 매매가 매력적인 다섯 가지 좋은 이유가 있다.

1. 지속성이 있다.
2. 돈을 번다.
3. 최고의 훈련이다.
4. 매매 프로세스를 간단하게 만든다.
5. 어렵다.

지속성부터 시작하겠다. 이것은 역사를 되돌아봐야 할 것이다.

지속성

추세 추종 매매의 큰 매력은 그것이 새로운 아이디어가 아니라는 점이다. 절대로 새로운 것이 아니다. 곧 알게 되겠지만 이것은 수 세기 동안 그 뿌리를 두고 있는 아주 오래된 발상이다. 오랜 역사에도 불구하고 내가 이 책을 집필하고 있는 지금도 여전히 수익성이 있는 전략이며, 나는 앞으로의 수익성도 의심하지 않는다.

나는 오래되고, 또 오래가는 아이디어를 좋아한다. 추세 추종 매매가 미래에도 계속 수익성이 있으리라는 보장은 없지만, 전략의 특성은 그럴 가능성을 시사한다. 나와 같은 증거 기반 투자자들에게는 효과적인 접근 방식에 대한 증거가 많을수록 좋다. 나는 얼리 어답터가 되는 것에 관심이 없다. 나는 스스로 실험용 쥐가 되는 것에 관심이 없다. 나는 열광하는 대중의 마음을 사로잡았다가 끝내 체면을 구기고 끝장나는 초기 탐험가가 되고 싶지 않다.

정말 싫다. 나는 길이 잘 연결되고, 표지판이 설치된 길이 좋다. 추세 추종 매매처럼 잘 알려진 길 말이다.

추세 추종 매매가 반짝이는 첨단 기법이 아닐 수는 있다. 사람들의 화제에 오르내리는 일도 없다. 유행이 아닐 수도 있다. 하지만 적어도 매매가 어려워졌을 때 자세히 조사하고 의존할 수 있는 과거는 있다.

> 손실을 보기 시작하는 새로운 매매 아이디어만큼 빨리 버려지는 것은 없다.

오래된 아이디어를 이용한 매매는 투자자에게 자신감을 불어넣는다. 물론 오래된 아이디어도 돈을 잃지만, 적어도 당신은 그 오래된 아이디어가 잘될 때가 올 것이라는 확신을 가질 수 있다. 그러나 새로운 아이디어들은 의지할 수 있는 확립된 유산이 없다.

추세 추종 매매가 얼마나 오래되었는지 살펴보자.

추세 추종 매매의 역사

기술적 분석에 대한 최초의 기록은 일본의 쌀 상인 혼마 무네히사(本間宗久)부터라고 생각된다. 그는 1750년대 중반에 캔들 차트를 개발한 것으로 여겨진다. 추세 추종 매매에 관한 최초의 기록은 데이비드 리카도에 관한 것으로, 무려 1838년의 일이다. 추세 추종 매매가 오래되었다고 말하지 않았는가.

데이비드 리카도(David Ricardo, 1772~1823)

영국에서 태어난 그는 중개인으로 시작하여 투자자와 시장 조성자가 되었으며, 이후 존경받는 경제학자이자 정치인이 되기 위해 멋진 변신을 했다. 그는 성공적인 추세 추종 매매의 세 가지 황금 원리에 기초하여 부를 축적한 것으로 알려져 있다.

제임스 그랜트(James Grant)는 1838년 《위대한 도시(*The Great Metropolis*)》 제2권에서 데이비드 리카도에 대해 다음과 같이 기술했다.

> 나는 그가 자신의 세 가지 황금 원리라고 부르는 세 개의 법칙에 세심한 주의를 기울임으로써 막대한 재산을 모았다는 것을 알고 있다. 그는 자신의 원리를 친구들에게 자주 권했다. 그의 법칙은 다음과 같은 것들이다.
> - 선택권이 있을 때 절대 거부하지 않는다.
> - 손실은 짧게 자른다.
> - 이익은 길게 지속되도록 한다.

어떻게 보이는가. 방망이를 똑바로 잡고 휘둘러라. 바로 그것이다. 추세 추종 매매의 세 가지 황금 원리 중 두 가지가 바로 여기에 있다. 손실은 짧게 자르고, 이익은 길게 가져가라. 비록 데이비드 리카도가 황금 원리를 완성한 날짜는 기록되어 있지 않지만, 나는 그것이 대략 1800년 무렵이라는 추정을 기꺼이 받아들인다.

그 당시 널리 알려지지는 않았으나, 추세 추종 매매의 두 가지 황금 원리는 2세기 넘게 존재해왔다.

이것은 오늘날에도 여전히 그 당시만큼 효과적인 두 가지 중요한 아이디어다.

별개의 이야기이지만, 데이비드 리카도가 부자의 아이디어를 가난한 사람들과 자비롭게 공유하는 로빈 후드 같은 인물이라고 생각해서는 안 된다. 전혀 그렇지 않다. 그는 초기 주식 시장에서 시장 조성자였는데, 워털루 전투에서 프랑스군이 승리했다는 거짓 소문을 퍼뜨려 재산의 상당 부분을 벌어들였다. 이것은 자연스럽게 시장의 공황을 일으켰다. 이후 그는 영국의 승리 소식이 영국에 전해지기 전에 주식을 대폭 할인된 가격에 샀다. 하지만 의심할 여지 없이, 그는 주식을 싸게 산 이후 오랫동안 보유하면서 이익이 끝까지 지속되도록 했다!

이제 다른 주목할 만한 '추세 추종' 투자자들을 살펴보자.

팻 헌(Pat Hearne, ?~1859)

미국의 유명한 도박꾼이자 범죄자였던 그는 윌리엄 파울러(William Fowler)의 《월가의 10년(Ten Years on Wall Street)》(1870)에 기록된 바와 같이 아마도 최초의 체계적인 추세 추종 전략을 고안한 것으로 알려진 주식투자자이기도 하다. 파울러는 헌의 전략에 대해 다음과 같이 기술했다.

> 헌은 어떤 주식을 100주 매수한 다음, 주가가 1% 오르면 100주를 더 매수했고, 1% 하락하면 바로 전량을 매도했다.

기술적으로는 피라미딩(pyramiding)이지만, 그것은 여전히 추세를 따르도록 고안된 전략이었고, 이익은 지속되게 하고 손실은 줄였다.

윌리엄 파울러(William Fowler, 1833~1881)

파울러는 같은 책에 다음과 같이 추세 추종 매매의 세 가지 황금 원리 중 두 가지를 기록했다.

> 월가의 경험으로 입증되는 가장 중요한 격언은 "손실을 짧게 줄이고, 이익은 길게 가져가라"는 것이다.

이 황금 원리는 아주 오랫동안 알려져왔고, 1870년 출판물에 다시 기록된 것으로 보인다. 가장 최초의 기록은 1838년 제임스 그랜트의 책에 있었다는 것을 기억하라.

찰스 다우(Charles Dow, 1851~1902)

다우 이론은 기술적 분석의 초석으로, 《월스트리트 저널》의 공동 설립자이자 초대 편집자인 찰스 다우에서 유래되었다. 다우는 기술적 분석의 아버지로 불린다. 그가 자신의 이론을 다우 이론이라고 언급한 적은 없지만, 이것은 추세를 파악하는 데 초점이 맞춰져 있다. 그는 1900~1902년에 《월스트리트 저널》에 쓴 많은 기사에서 시장에 대한 자신의 아이디어를 발표했다. 그의 죽음 이후에 윌리엄 해밀턴(William P. Hamilton)과 로버트 레아(Robert Rhea)가 그의 생각을 확장하고 다듬었다. 그의 이론을 정의하기 위해 '다우 이론'이라는 용어가 쓰인 것은 그가 죽고 나서였다.

그의 이론에서 중요한 부분은 추세 분석에서 고점과 저점을 분석한 것인데, 강세장은 고점이 점점 상승하는 것으로, 하락장은 저점이 점점 하락하는 것으로 정의되었다. 각각의 시장은 추세의 반전이 일어날 때까지 지속된다. 이는 당신의 이익을 그대로 두라는 추세 추종 매매의 격언과 일치한다.

다우 이론의 고점 및 저점 분석은 아마도 기계적으로 '추세'를 정의하려는 첫 번째 시도였을 것이다. 게다가 그것은 또한 헌에 이어 두 번째로 고안된 체계적인 추세 추종 매매 모델이기도 하다.

바로 이런 추세 추종 매매의 세 가지 황금 원리가 1838년, 1870년 그리고 1900년의 출판물에 들어 있다. 출판물에는 명확하게 표현되어 있고 모호함이 없다.

그러나 추세 추종 매매의 참고 자료는 여기서 그치지 않는다.

아서 커튼(Arthur Cutten, 1870~1936)

1920년대에 미국에서 가장 큰 상품 투기 거래자 중 하나로 널리 알려진 그는 큰 성공을 거뒀지만, 1929년 주식 시장 붕괴 때 파산하면서 재산 대부분을 잃었다고 보도되었다. '투기 거래자 이야기'라는 제목으로 1932년 12월 3일 《새터데이 이브닝 포스트(Saturday Evening Post)》에 직접 쓴 기사에서 그는 다음과 같이 말했다.

> 내 성공의 대부분은 이익이 증가하는 동안 버텨온 덕분이다. 여기에 큰 비밀이 있다. 당신도 그렇게 하길 바란다.

커튼은 1929년의 시장 붕괴 때 손실을 짧게 하라는 리카도의 황금 원리를 고수하지 않았지만, 이익을 길게 가져가야 한다는 점은 분명히 알고 있었다. 커튼은 확실히 추세를 따르는 사람이었다.

리처드 와이코프(Richard Wyckoff, 1873~1934)

월가의 투자자, 중개인, 소식지의 작가로 활동했던 그의 중심적인 믿음은 강세장이나 약세장에서 개별 종목의 주가가 추세를 형성하는 경향이 있다는 것이었다. 결과적으로, 그는 전체 시장이 상승 추세일 때만 매수 포지션을 취했다. 또 전체 시장이 하락 추세일 때만 매도 포지션을 취했다. 게다가 그는 상대 강도 아이디어에 대한 자신의 신념에 기초하여 업종 내에서 상승 추세가 가장 강한 종목만 매수했고, 반대로 업종 내에서 하락 추세가 가장 강한 종목만 매도했다.

보다시피 그의 주요 투자 방식은 상대적 추세를 따르는 것이다. 그는 매우 성공적이어서 결국 햄프턴(Hampton, 영국 런던 서남쪽 템스강 부근 지방 - 옮긴이)에 9.5에이커의 땅을 소유했다.

제시 리버모어(Jesse Livermore, 1877~1940)

당대의 가장 유명한 주식투자자인 그는 에드윈 르페브르(Edwin Lefèvre)의 1923년 책《어느 주식투자자의 회상(*Reminiscences of a Stock Operator*)》(이레미디어, 2010)의 주인공으로 알려져 있다. 리버모어는 한 번도 아니고 두 번이나 수백만 달러의 재산을 벌었다가 잃은 것으로 유명했다. 사람들은 그가 1929년의 주식 시장 붕괴 때 1억 달러 이상을 벌었다고 믿는다. 리버모어는 1940년에 죽기 전에 재산 대부분을 잃었다고 알려져 있다. 르페브르의 책은 아마도 현존하는, 가장 많이 읽히는 투자 서적 중 하나일 것이다. 아직 읽지 않았다면 꼭 한 번 읽어보기 바란다. 많은 사람들이 이 책을 리버모어의 얄팍한 위장 전기(傳記)라고 생각한다. 그 안에는 오늘날 추세 추종 매매에 인용되는 핵심적인 문장들이 있는데, 바로 다음과 같은 것들이다.

> 손해를 보는 것은 팔고, 이익을 보는 것은 유지하라. 그것은 정말 확실히 현명한 일이었고 내가 가장 잘 아는 일이었으며, 반대의 행동을 하는 지금 이 순간에도 경탄하는 일이다.
>
> 월가에서 많은 시간을 보내며 수백만 달러를 벌었다가 잃은 후 나는 이렇게 말하고 싶다.
>
> "내가 큰돈을 벌게 만든 것은 결코 내 생각이 아니었다. 그냥 가만히 앉아 있으니 그렇게 된 것이었다. 알겠나? 아무것도 안 했기 때문이라고!"

그는 확실히 손실을 짧게 하고, 이익을 길게 가져간다는 추세 추종 매매의 황금 원리 중 두 가지의 힘을 알고 있었다.

리버모어는 주식투자에 관한 책《주식투자의 기술(*How to Trade in Stocks*)》(굿모닝북스, 2010)을 썼다. 이 책에서 그는 추세에 관해 다음과 같이 언급했다.

> 상승 추세가 진행 중일 때 주가가 신고점을 경신하자마자 내가 매수자가 된다는 사실을 알면 많은 이들이 놀랄 것이다. 내가 매도 포지션을 취할 때도 마찬가지다. 왜 그럴까? 나는 바로 그 순간의 추세를 따르기 때문이다. 내 기록들이 나에게 계속 가라고 말한다!

간단히 말해서, 리버모어는 추세를 따라가고, 손실을 짧게 줄이며, 이익을 계속 유지한다는 세 가지 황금 원리를 따랐다. 그는 또한 자신의 투자 실패가 손실을 짧게 줄이고, 이익을 계속 유지하는 자신의 규칙을 따르지 않았기 때문이라고 인정했다.

리버모어는 유명한 주식투자자였지만, 불행하게도 1940년에 스스로 목숨을 끊었다. 많은 사람들이 재산의 급격한 감소가 원인일 것이라고 믿고 있다. 하지만 그가 전 재산을 잃은 것은 아니어서, 부인 해리엇 노블(Harriet Noble)에게 500만 달러의 재산을 남겼다.

조지 시먼(George Seaman, 1933)

불행하게도 조지 시먼의 탄생과 죽음에 대한 자료를 찾을 수 없었지만, 그는 1933년에《주식시장 성공의 일곱 개의 기둥(*The Seven Pillars of Stock Market Success*)》을 펴냈다. 그는 이 책에서 투자자들에게 강세장에서 강한 종목을 매수하고, 하락장에서는 약한 종목을 매도하라고 권고했다. 시먼은 상대 강도를 활용한 추세 추종 매매의 장점을 믿었고, 이익을 길게 가져가라는 황금 원리를 따랐다.

조지 체스트넛(George Chestnutt, 1885~1956)

1930년대부터 오랫동안 아메리칸 인베스터스 펀드(American Investors Fund)를 운용한 펀드매니저였던 그는 다음과 같은 글을 쓴 것으로 알려졌다.

> 앞서가는 종목을 매수하고, 처지는 종목을 버리는 것이 좋다. 삶의 다른 상황에서와 마찬가지로, 시장에서는 강한 것이 더 강해지고 약한 것이 더 약해진다.

체스트넛은 와이코프나 시먼과 같은 또 다른 투자자로, 이익을 길게 가져가는 것이 핵심 목표인 상대 강도를 활용한 추세 추종 매매에 주력했다.

로버트 에드워즈(Robert Edwards)와 존 마지(John Magee)

로버트 에드워즈와 존 마지는 1948년에 《추세의 기술적 분석(*Technical Analysis of Stock Trends*)》을 출간했다. 이 책은 오늘날에도 여전히 나오고 있는데, 11판까지 나온 것을 보았다. 또한 이 책은 오늘날 삼각형, 페넌트, 깃발, 헤드 앤드 숄더와 같이 전통적인 추세 지속 혹은 반전 패턴으로 알려진 것들을 대중화하는 데 도움을 주었다. 이 두 사람은 스윙 포인트를 기반으로 한 추세선의 개념을 정의했고 다우 이론을 알리는 데에도 일조했다. 에드워즈와 마지는 추세 추종 매매의 챔피언이었고, 다른 사람들에게 추세를 따르는 매매의 중요성을 가장 잘 가르친 사람들이었다.

해럴드 가틀리(Harold Gartley, 1899~1972)

월가의 중개인이자 기술적 분석가였던 그는 《주식시장에서의 이익 (*Profits in the Stock Market*)》(1935)으로 잘 알려져 있다. 그는 이 책에서 다우 이론, 삼각형, 이동평균과 갭을 다루었다. 가틀리는 3주 – 6주 이동평균의 교차 전략을 설명하면서 '기계적' 매매를 맨 처음 언급한 것으로 간주된다.

> 일주일에 15분 이상 걸리지 않는 간단한 연구 한 번만 하면 되는, 주식 매매를 위한 기계적 시스템으로, 지난 6년간 엄청난 이익을 안겼다.

가틀리는 추세의 방향을 따르는 매매의 중요성을 파악했을 뿐만 아니라, 추세 추종 매매 전략의 체계화에도 눈을 돌렸다. 제6장에서는 가틀리의 전략이 출시된 지 85년이 지난 후 어떤 성과를 냈는지 검토할 것이다.

니콜라스 다바스(Nicholas Darvas, 1920~1977)

매우 뛰어난 전문 댄서로서 세계 투어에 정기적으로 초대되기도 한 그는 또한 열정적인 주식투자였다. 다바스는 1950년대에 주식투자로 200만 달러 이상을 벌었다. 그는 1960년에 《주식시장에서 200만 달러를 버는 방법(How I Made $2,000,000 in the Stock Market)》을 써서 자신이 사용한 전략을 공유했다.

다바스 박스(Darvas Box)로 알려진 그의 전략은 추세의 방향으로 매매하기 위해 고안된 단순한 돌파 전략이었다. 주가가 정체되어 있을 때, 다바스는 주가의 정체를 박스로 시각화한 뒤 주가가 그것을 돌파할 때 매수했다. 이 방법은 손실은 짧고 이익은 길게 가져가면서 추세를 포착하기 위해 고안되었다.

다바스는 추세 추종 매매의 황금 원리를 체계화된 추세 추종 매매 전략에 성공적으로 담아낸 투자자였다.

리처드 던키안(Richard Donchian, 1905~1993)

상품 및 선물 투자자인 그는 1949년에 퓨처스(Futures Inc.)라는, 대중을 상대로 한 최초의 선물 펀드를 만들었다. 또한 그는 추세 추종 매매 전략을 직접 개발했다. 그의 투자 철학은 상품 가격이 길고 광범위한 강세장과 약세장을 만들면서 움직인다는 믿음에 기초했다. 그는 1957년 상품 연감에서 다음과 같이 말했다.

> 모든 훌륭한 추세 추종 매매 전략은 매수 혹은 매도의 어떤 포지션이든 손실을 자동으로 제한해야 하고, 이익을 제한해서는 안 된다.

그는 1960년대에 직접 발간하는 《상품 매매의 타이밍(Commodity

Trend Timing)》이라는 주간지에서 구독자들과 공유한 몇 가지 추세 추종 매매 전략으로 잘 알려졌다. 하나는 5일 이동평균과 20일 이동 평균의 교차를 이용한 전략이었고, 다른 하나는 던키안 돌파 전략 또는 4주 채널로 알려진 돌파 전략이었다. 둘 다 투자자의 자유재량이 요구되지 않는 기계적인 전략이었다.

내 생각에, 그의 4주 채널(제2장의 그림 2-5 참조)은 가장 성공적으로 개발된 추세 추종 매매 전략의 하나다.

던키안은 그의 전략에서 추세를 포착하여 손실은 짧고 이익은 길게 함으로써 추세를 따르는 매매를 강조했다.

잭 드레퓌스(Jack Dreyfus, 1913~2009)

1950년대와 1960년대에 월가에서 활동한 그는 '월가의 사자'로 알려져 있다. 그가 운용한 드레퓌스 펀드는 1953년에서 1964년 사이에 604%의 수익률을 기록했는데, 이때 다우 지수는 346% 상승했다. 많은 사람들이 그가 52주 신고치를 경신하는 주식에 투자하는 추세 추종 투자자라고 믿는다.

200년 동안 젊고 여전히 강해지고 있다

1800년에 데이비드 리카도가 손실은 짧게 하고 이익은 길게 가져간 것을 우리가 받아들일 수 있다면, '추세 추종 매매'라는 아이디어가 200년 넘게 알려져왔다고 자신 있게 말할 수 있다. 이어지는 세기마다 성공적인 추세 추종 투자자들이 있었다. 이것은 여전히 타당하고 성공적인 전략이다.

200년도 더 된 추세 추종 매매 아이디어는 아마도 금융 시장에서 가장 오래 지속되는 아이디어일 것이다. 앞으로 계속 배우겠지만, 나는 지속성 있는 아이디어를 좋아하고, 추세 추종 매매는 확실히 지속성이 있다. 오랫동안 지속되는 것은 추세 추종 매매를 매력적으로 만든다.

이제 우리는 추세 추종 매매의 가장 큰 매력 중 하나가 지속성이라는 것을 이해했기 때문에, 즉시 다른 매력을 살펴볼 때가 되었고, 그것은 이 전략이 단순하게 잘 작동한다는 점이다. 그 방법을 이해하기 위해서는 우선 그 이면의 과학에 대해 논의할 필요가 있다. 이것이 중요한 이유는 추세 추종 투자자가 되는 것을 적극적으로 만류하는 수많은 주장이 있기 때문이다. 우리는 추세 추종 매매가 왜 잘 작동하는지 이해할 수 있는 증거가 필요하다. 우리는 당연히 돈을 벌고 싶지만, 한편에 '과학'을 놓아두는 것도 괜찮은 일이다. 자, 먼저 과학을 살펴보고, 실제로 돈을 버는 모습은 그다음에 살펴보자.

돈을 버는 추세 추종의 매력―이면의 과학 들여다보기

추세 추종 매매의 또 다른 매력은 돈을 번다는 것이다. 왜 그런지 이해하기 위해서는 과학을 살펴볼 필요가 있다. 적극적인 추세 추종 매매를 일축하는 강력한 학문적 위계가 존재하기 때문에, 이것은 매우 중요하다. 그들은 이것이 무의미한 추구이며 시간 낭비라고 말한다. 추세 추종 매매에 대한 학계의 반발을 우선 살펴보자.

시장을 이길 수 없다는 이론

학문적 입장을 요약해보겠다. 간단히 말해서, 학계는 당신이 시장을 이길 수 없다고 말한다. 그들은 시장의 가격이 무작위적으로 움직이며 시장은 효율적이라고 말한다. 이 이론은 가격 변화가 정규분포를 따른다고 말하는데, 이것이 바로 고고한 학계에서 말하는 '랜덤워크 이론'이다. 가격은 랜덤하게 움직이기 때문에 추세 추종 매매를 통해 미래의 가격 움직임을 예측하려는 어떤 시도도 무의미한 시간 낭비라고 말한다. 따라서 추세 추종 매매는 돈을 벌 수 없다. 미래의 가격을 예측하는 일에 과거의 가격을 사용할 수 없다.

학문적 이론을 풀어보는 데 시간을 할애해보자.

랜덤워크 이론

랜덤워크 이론은 시장 가격이 연속적으로 독립적이어서(이것이 무작위에 대한 다소 유식한 표현이다) 오늘의 가격 변화는 어제의 가격 변화와 무관하다고 말한다. 연속적으로 독립적이라는 말은, 그것이 정규분포를 따르고 가격의 변화가 시간의 경과에 따라 일정하며 평균의 양쪽에 대칭적으로 분포한다는 것을 의미한다. 미래의 가격을 예측하기 위해 과거의 가격을 보는 것은 무의미하다.

효율적 시장 가설

효율적 시장 가설은 시장이 사용 가능한 모든 정보를 즉시 반영하기 때문에, 현재의 모든 시장 가격이 적정하다고 말한다. 정보가 이미 시장에 반영되어 있으므로 투자자가 정보를 기초로 초과 이익을 얻을 수 없다고 믿는다.

또한 가격은 그때까지 알려지지 않았던 새로운 정보가 나올 때만 영향을 받고, 새로운 정보의 도착은 무작위적이어서 가격 또한 랜덤하다고 믿는다. 시장은 효율적이면서 랜덤하다. 미래 가격을 예측하기 위해 과거의 가격을 보는 것은 무의미하다.

핵심 가정은 무작위성이다

두 이론의 핵심 가정은 가격 변화가 무작위적이고 시장이 효율적이라는 것이다. 가격은 새로운 정보를 효율적으로 흡수한다. 시장은 신속하고 정확하게 가격을 조정하는 일에 효율적이다.

가장 큰 오류는 가격 변화가 무작위적이라는 강한 믿음이다. 가격이 랜덤하다면, 추세 추종 매매의 토대인 과거의 가격을 이용하여 미래의 가격을 예측할 방법이 없다. 가격이 오르면 더 높은 가격이 기대된다. 가격이 내려가면 더 낮은 가격이 기대된다. 하지만 가격이 무작위적이라면, 누구도 상승 후에 더 높은 가격이 올 것이라고 예상할 수 없고, 하락 후에 더 낮은 가격이 올 것이라고 예상할 수 없다.

가장 큰 함축적 의미는 무작위적인 가격이 정규분포를 따라야 한다는 것이다. 정규분포는 시간 경과에 따라 가격 변동이 일정하고 균일한 방식으로 일어나야 하며, 평균의 양쪽에 대칭적으로 떨어져야 하는 무작위성을 암시한다. 가격의 분포는 종 모양의 곡선을 따라야 한다.

이것은 존경받고 인정받는 많은 금융 모델들의 핵심적인 믿음이다. 이 이론들은 가격 변동이 정규분포를 따른다는 가정 아래 구축된다.

그것이 왜 추세 추종 매매가 시간 낭비이고 돈을 벌 수 없는지에 대한 그들의 확고한 주장이다. 투자자는 가격이 무작위일 때 미래의 가격을 예측하기 위해 과거의 가격을 사용할 수 없다. 매매 결정을 내리기 위해 동전 던지기에 의존하는 것은 무의미하다.

많은 모델들이 정규분포를 따르는 시장에 의존한다

가격 변동이 정규분포(랜덤)를 따른다는 핵심 가정은 그림 3-2에서 보듯이 많은 중요한 모델에 포함되어 있다.

가격 변동이 정규분포라는 가정 아래 구축된 금융 모델

RWT	랜덤워크 이론
EMH	효율적 시장 가설
MPT	현대 포트폴리오 이론
CAPM	자본 자산 가격 결정 모델
Options	블랙숄즈 옵션 가격 모델
VAR	최대 예상 손실(VaR)

그림 3-2 많은 금융 모델의 핵심 가정은 시장 가격 또는 수익의 변화가 정규분포를 따른다는 것이다.

분포는 생명의 기본적인 표현이기 때문에, 이 모형들이 정규분포 함수에 의존한다는 것이 놀랄 일은 아니라고 생각한다. 시장은 많은 투자자의 거대한 집단적 목소리를 대변한다. 우리를 둘러싸고 있는 삶의 모든 것이 일종의 분포에 속하는데, 매일같이 매수자와 매도자 사이에서 발생하는 수백만 건의 매매를 반영하고 있는 시장이라고 왜 그렇지 않겠는가.

그리고 우리를 둘러싸고 있는 삶에서 가장 일반적인 분포는 사건이 평균의 양쪽에 대칭적인 형태로 무작위로 일어나는 정규분포다. 높이, 무게, 지능지수처럼 표본 크기가 충분히 큰 변수는 정규분포를 따른다.

정규분포의 이점은 무엇인가?

시계열(時系列)이 특정 분포를 따른다는 것을 알면 사람들은 특정 변수의 가능한 결과를 추정하기 위해 해당 분포 함수를 사용할 수 있다. 학생의 성적, 자동차 사고, 보험금 청구, 주택 담보 대출 채무 불이행, 사망률 등을 추정하는 데 사용하는 것이다. 또한 주식 시장의 붕괴 가능성을 예측하는 데 사용될 수도 있다.

좋은 소식은 사건 자체가 잘 움직일 때 정규분포 함수가 잘 맞는다는 것이다.

예를 들어 시장 가격 변화가 무작위적이고 정규분포를 따른다는 이론의 믿음을 받아들인다면, 우리는 정규분포 함수를 사용하여 시장이 얼마나 자주 1% 또는 2% 또는 5% 상승하거나 하락할지 그 가능성을 추정할 수 있다.

나쁜 소식은 만약 가격 변화와 같은 문제의 그 사건이 생각대로 분포되지 않는다면, 추정치가 틀릴 것이라는 점이다. 그리고 이것은 '정규분포' 가정에 의존하는 금융 모델들에 심각한 도전이다. 하지만 더 큰 문제는 따로 있다.

먼저 정규분포가 무엇을 의미하는지 좀 더 이해해보자.

정규분포

정규분포(랜덤)는 표본 크기가 충분히 크면 변수의 결과(높이, 무게, 지능지수 또는 일간·주간·월간 가격 변화 등)가 시간에 따라 일정하게 유지되고 평균의 양쪽에 대칭적으로 떨어지는 분포다. 각 결과는 연속적으로 독립적(랜덤)이다. 결과의 절반은 음의 변화를 겪고, 나머지 절반은 양의 변화를 겪는다. 평균값은 중간값과 매우 가까워야 한다. 분포는 모든 결과의 99.7%가 평균으로부터 표준편차의 3배 이내에 있는 종 모양 곡선을 따른다.

다음의 조건을 충족하면 정규분포를 따른다고 할 수 있다.

- 모든 값의 68%가 평균으로부터 표준편차 이내에 있고,
- 모든 값의 95%가 평균으로부터 표준편차의 2배 이내에 있어야 하며,
- 모든 값의 99.7%가 평균으로부터 표준편차의 3배 이내에 있고,
- 모든 값의 99.9%가 평균으로부터 표준편차의 4배 이내에 있어야 한다.

가격 변동과 같은 변수가 정규분포를 따른다면, 평균으로부터 표준편차의 3배를 초과하는 아웃라이어는 별로 없고 표준편차의 4배를 초과하는 아웃라이어는 거의 없을 것으로 예상할 수 있다.

정규분포 곡선

정규분포의 곡선은 말 그대로 '종' 모양이다. 그림 3-3의 차트는 일

반적인 종 모양 정규분포 곡선이다.

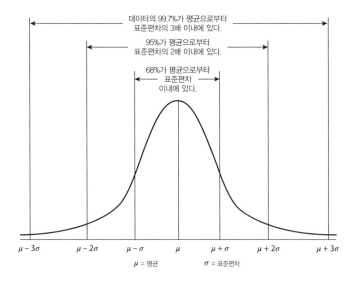

데이터의 99.7%가 평균으로부터
표준편차의 3배 이내에 있다.

95%가 평균으로부터
표준편차의 2배 이내에 있다.

68%가 평균으로부터
표준편차
이내에 있다.

$\mu - 3\sigma$ $\mu - 2\sigma$ $\mu - \sigma$ μ $\mu + \sigma$ $\mu + 2\sigma$ $\mu + 3\sigma$

μ = 평균 σ = 표준편차

그림 3-3 이론에 따르면, 가격 변동 분포는 '종 모양'의 정규분포를 따른다.

정규분포는 랜덤 값이 시간 경과에 따라 일정하고 평균의 양쪽에 대칭적으로 떨어지기 때문에 종 모양 곡선이라고 한다. 결과의 절반은 음의 변화이고, 나머지 절반은 양의 변화일 것이다.

어려운 이야기를 해서 미안하지만, 추세 추종 매매에 대한 학계의 반대를 이해하기 위해서는 정규분포(랜덤)가 무엇인지, 어떻게 생겼는지 알아야 한다. 정규분포는 많은 금융 이론이나 모델을 뒷받침하는 핵심 가정이며, 따라서 임의의 과거 가격을 이용하여 미래 가격을 예측하는 것(예를 들어 추세 추종 매매)이 무의미한 이유에 대한 핵심 논거다.

랜덤워크 이론으로부터 시작하여 이 이론들에 대해 좀 더 자세히 알아보자.

랜덤워크 이론

프랑스의 주식 중개인 쥘 르뇨(Jules Regnault)는 1863년에 시장 가격이 무작위라고 주장한 최초의 인물로 인정받고 있다. 1900년에 박사학위 논문 《투기 거래 이론(The Theory of Speculation)》을 발표한 또 다른 프랑스인 루이 바슐리에(Louis Bachelier)가 그 뒤를 잇는다. 그는 시장 가격이 무작위라고 결론지으면서, 이는 미래 가격을 예측하기 위해 과거의 가격을 연구하는 것은 시간 낭비임을 암시했다. 버턴 말킬(Burton Malkiel)은 1973년에 출간된 《랜덤워크 투자 수업(A Random Walk Down Wall Street)》(골든어페어, 2020)에서 다시 시장의 무작위성을 주장했고, 동시에 다트를 던지는 침팬지의 주식 선택 자격을 역설했다.

핵심적인 시사점은 가격 변동이 연속적으로 독립적(랜덤)이기 때문에 미래 가격을 예측하기 위해 과거의 가격을 연구하는 것은 무의미하다는 것이다.

랜덤한 결과는 정규분포를 따른다.

효율적 시장 가설

효율적 시장 가설은 1965년 유진 파마(Eugene Fama)에 의해 개발되었다. 이 가설은 시장이 모든 이용 가능한 정보를 빠르고 효율적이며 정확하게 반영하여 어떤 새로운 정보라도 나타나는 즉시 가격에 반영되므로 시장이 효율적이라고 말한다. 결과적으로, 효율적 시장 가설에서는 모든 가격이 모든 정보를 즉각 반영하기 때문에 시장 수익률을 초과하여 수익을 내는 것은 불가능하다고 믿고 있다.

효율적 시장 가설에는 세 가지 형태가 있다. 약한 것, 중간 정도로 강한 것, 강한 것이 바로 그것이다. 각각의 형태는 앞의 형태를 기반으로 한다.

약한 형태는 가격이 과거의 이용 가능한 모든 공개 정보를 반영한다고 말한다. 이 가설에 의하면, 미래 가격을 예측하기 위해 과거의 가격을 사용할 수 없다. 이것은 추세 추종 매매와 정면으로 충돌한다. 중간 형태는 가격이 현재 이용 가능한 모든 공개 정보를 반영하고 새로운 공개 정보를 이용할 수 있게 되면 즉시 가격이 조정될 것이라고 말하면서 약한 형태를 보강한다. 중간 형태는 기본적 분석의 가치를 깎아내린다. 강한 형태는 가격이 현재 이용 가능한 모든 개인 정보(즉 내부자 정보)를 반영한다고 믿으며, 나머지 두 형태를 더욱 보강한다.

효율적 시장 가설은 가격이 이용 가능한 모든 정보를 효율적으로 반영하며, 새로운 정보만이 가격에 영향을 미치거나 변화를 줄 수 있다고 말한다. 따라서 새로운 정보가 알려지지 않았고 무작위로 발생하므로 향후 가격 변동도 알려지지 않았고 무작위로 발생해야 한다.

가장 중요한 시사점은 모든 정보가 시장 가격에 즉시 반영되기 때문에 시장을 이기는 어떤 정보도 연구할 수 없다는 것이다. 새로운 정보는 무작위로 발생하기 때문에, 결과적인 가격도 무작위로 변해야 한다. 따라서 가격 변동은 연속적으로 독립적이어서, 과거의 가격을 연구하여 미래 가격을 예측하는 것은 무의미하다.

랜덤한 결과는 정규분포를 따른다.

무작위성이 왕이다

랜덤워크 이론과 효율적 시장 가설은 둘 다 '무작위성'을 방패로 삼는다. 그들은 시장이 자기 생각으로 움직일 때 미래의 가격을 예측하기 위해 과거의 가격을 연구하는 것이 무의미하다고 굳게 믿고 있다. 그런 시장을 누가 감히 능가할 생각을 할 수 있는가, 정말 어리석지 않은가?

그들의 핵심 주장은 시장의 가격 변동이 정규분포를 따르는 무작위라는 것이다. 따라서 타의 추종을 불허하는 시장을 이기려는 노력은 시간과 자원, 정신의 낭비다! 그들의 주장을 뒷받침하는 핵심 가설은 가격의 변화가 정규분포(랜덤)를 따른다는 것이다. 가격 변동이 정규분포를 따른다는 개념을 항상 염두에 두고, 계속 나아가보자.

(랜덤워크 이론과 효율적 시장 가설에서 정의한 대로) 완벽하고 효율적이며 무작위적인 시장을 구성하는 요소를 입체적으로 살펴보겠다.

완벽한 (무작위적인) 시장

정의에 따르면, 완벽한 시장은 무작위적인 시장이다. 완벽한 시장, 즉 무작위적인 시장에서 가격 변화는 완벽한 종 모양의 정규분포를 이룬다.

이론에 따르면, 시장은 효율적이면서도 무작위적이기 때문에, 나는 (무작위성으로 인해) 가격 변화가 정규분포를 따른다는 그들의 핵심 가정을 시뮬레이션하기 위해 가짜 시장을 만들려고 한다.

만약 랜덤워크 이론과 효율적 시장 가설이 무작위성을 수용하고 싶다면, 나도 그렇게 할 수 있다. 나도 무작위성을 수용할 수 있다. 나는 엑셀 난수 발생기의 도움으로 두 개의 주사위 던지기를 시뮬레이션할 것이다.

한 주사위는 가격의 하락(-1%, -2%, -3%, -4%, -5%, -6%)을 생성하는 것으로 처리되고, 다른 주사위는 가격의 상승(+1%, +2%, +3%, +4%, +5%, +6%)을 생성하는 것으로 처리된다. 각각의 무작위 실험에서 두 주사위의 값을 합할 것이다. 최종 합계는 -5%에서 +5% 사이의 값이 된다.

두 주사위의 각 무작위 던지기 결과는 다음과 같다.

-5%, -4%, -3%, -2%, -1%, 0%, +1%, +2%, +3%, +4%, +5%

내 모델은 40년 동안 매일매일의 시장 데이터의 양에 근접하기 위해 9,600번의 무작위 주사위 던지기를 한다.

각 무작위 던지기의 합계는 시계열로 누적된다.

그림 3-4는 나의 첫 번째 가짜 시장을 보여준다.

와우, 나쁘지 않다. 매매할 수 있는 많은 추세 기회가 있다. 그러나 감동하기에는 이르다. 시뮬레이션이라는 걸 기억해야 한다. 무작위적이고, 가짜다! 난수 발생기로 시뮬레이션한 것이기 때문에, 나는 또 다른 가짜 시장을 만들 수 있다. 그림 3-5의 시장을 보라.

첫 번째 시도만큼 좋지는 않지만, 40년이라는 모의실험 기간에 매매할 수 있는 좋은 추세 기회들이 많이 있는 듯하다.

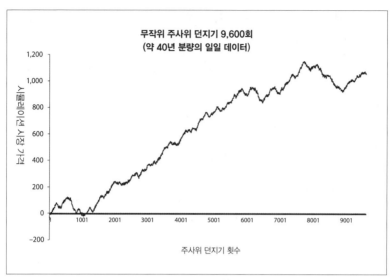

그림 3-4 이 시뮬레이션 시장은 강한 추세에도 불구하고 가격 변화(주사위 던지기)가 정규분포(랜덤)를 따르는 가짜 시장이다.

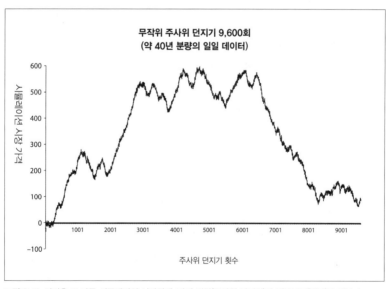

그림 3-5 이것은 또 다른 시뮬레이션 시장인데, 가격 변화(주사위 던지기)가 정규분포(랜덤)를 따른다.

그래서 어쨌다는 말인가?

두 시장은 랜덤워크 이론과 효율적 시장 가설에 따라 동일한 방식으로 만들어졌으며, 새로운 정보가 무작위로 나타날 때 규모와 방향 모두에서 가격 변동이 효율적인 방식으로 발생하는 시장의 행동을 시뮬레이션한다. 그리고 많은 실제 시장들처럼, 두 시장 모두 완전히 다르게 보인다.

나는 내 가짜 시장이 잘 시뮬레이션되었다고 믿는다.

서로 다른 모양에도 불구하고 두 개의 가짜 시장 모두 실제 시장처럼 많은 추세 기회를 보여주는 것처럼 보인다.

진짜 그럴까?

랜덤워크 이론과 효율적 시장 가설에 따르면, 이들 가짜 시장은 진짜 시장과 다르지 않기 때문에 실제로 존재했든 아니든 상관없다. 시뮬레이션이든 아니든, 랜덤워크 이론과 효율적 시장 가설에 따르면, 가격 변화는 정규분포를 따른다. 가격 변동은 연속적으로 독립적(랜덤)이며 시간이 지나면서 일정해진다. 평균의 양쪽에 대칭적으로 떨어져 절반은 음이고 절반은 양이다. 어느 쪽으로의 편향도 없을 것이고, 초과 이익을 얻기 위해 예측에 의존하는 전략을 개발하는 일은 불가능하다는 것을 의미한다.

반복한다. 랜덤워크 이론과 효율적 시장 가설의 주된 가르침은 가격 변동이 정규분포를 따른다는(즉 랜덤하다는) 관찰을 받아들이라는 것이다. 시장 이상의 초과 이익을 얻으려고 노력하는 것은 아무 의미가 없다. 다시 말해 시장의 타이밍을 맞추려고 노력할 필요가 없다는 것이다. 과거 가격을 기초로 미래 가격(추세)을 예측하려는 추세 추종 매매와 같은 매매 전략을 개발하려고 노력하지 말라는 얘기다. 그것은 무의미하다.

내가 만든 주사위 던지기는 꽤 괜찮은 시장처럼 보이지만, (아마도) 실제 시장과 마찬가지로 정규분포를 이루고 있기 때문에, 가격을 예측하거나 초과 이익을 얻는 것이 불가능할 것이다.

가격 변동의 연속적인 독립성 또는 무작위성을 보는 가장 좋은 방법은 분포의 히스토그램을 그려보는 것이다. 그림 3-6은 시뮬레이션된 주사위 던지기의 분포를 보여주는 히스토그램이다.

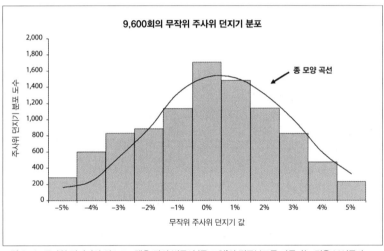

그림 3-6 주사위 던지기의 히스토그램은 값의 변동이 '종 모양'의 정규분포를 따른다는 것을 보여준다.

그림 3-6의 히스토그램에 종 모양 곡선을 함께 표시하여 주사위 던지기의 가격 변화가 정규적이고 무작위적인 '종 모양' 곡선과 얼마나 일치하는지 보여주고 있다.

하지만 이게 다 무슨 뜻일까?

나의 가짜 시장에 대한 히스토그램은 진짜 시장의 가격 변동과 마찬가지로 주사위 던지기에서 발생하는 가격 변동의 대부분이 시간이 지남에 따라 일정하고 연속적으로 독립적(랜덤)이며, 평균을 중심으로 대칭적이어서 절반은 음의 변동이고 나머지 절반은 양의 변동이라는 것을 보여준다. 가장자리의 아웃라이어가 거의 없다. 주사위를 던져 만든 가격 변동은 일정하고 무작위적이며 정규분포를 따르는 것처럼 보인다. 가격 변동 간에 연쇄적인 영향은 없다.

세 개의 차트에 담긴 이야기

동일한 방식으로 시뮬레이션한 시계열을 나타내는 세 개의 다른 차트를 보여주었다. 많은 중요한 추세를 보여주는 두 개의 고무적인 (그러나 가짜인) 선형 차트와 무작위 주사위 던지기의 분포를 요약한 히스토그램 하나였다.

비록 이 차트들은 동일한 시계열이지만, 두 가지 다른 이야기를 들려준다.

선형 차트는 좋은 수익의 기회가 있음을 시사하지만, 히스토그램은 전혀 다른 이야기를 담고 있다.

분포를 보여주는 히스토그램은 '쉬운' 이익에 관한 어떤 이야기도 하지 않는다. 그것은 가격 변동의 분포가 연속적으로 독립적임을 보여줄 뿐이다.

히스토그램을 보면 주사위를 던져 가장 많이 나온 결과는 0%의 수익이었다. 나의 가짜 시장은 대부분의 시간 동안 아무 곳에도 가지 않았다. 0% 변동의 양쪽을 보면 주사위 던지기의 다른 결괏값이 0% 변동의 양옆에 대칭적으로 분포되어 있음을 알 수 있다. 즉 모든 음의 주사위 던지기의 총 횟수가 모든 양의 주사위 던지기의 총 횟수와 거의 같음을 의미한다. 이들의 분포는 완전한 정규분포(랜덤)를 따른다. 무작위적인 것이다.

표 3-1에 있는 주사위 던지기 각 비율의 분포 도수(度數)를 살펴보자.

주사위 값 합계	주사위 던지기 횟수			
−5%	281			
−4%	601			
−3%	831	하향 이동	3,735	39%
−2%	886			
−1%	1,136			
0%	1,709	0% 이동	1,709	18%
+1%	1,481			
+2%	1,141			
+3%	828	상향 이동	4,156	43%
+4%	474			
+5%	232			
합계	9,600			

표 3-1 주사위 던지기의 분포 도수는 하향 이동이 일반적으로 상향 이동을 상쇄하는 것을 나타내며, 변화가 일정하고 대칭적인 정규분포(랜덤)를 따른다는 것을 보여준다.

어떻게 보이는가?

히스토그램의 분포 도수는 이야기를 들려준다. 하향 변동이 대부분의 상향 변동을 상쇄하는 것으로 나타난다. 다시 말해서 대부분의 변동은 실제로 어디로도 향하지 않고 오르락내리락하고 있다! 무작위 주사위 생성기와 그것으로 만든 가짜 시장은 아주 적은 이익을 얻기 위해 열심히 움직였다.

이제 랜덤워크 이론과 효율적 시장 가설에 포함된 핵심 가정으로 돌아가보겠다.

주사위 던지기 실험을 통해 시뮬레이션된 가격 변동은 연속적으로 독립적인가? (이것이 '랜덤'에 대한 재치 있는 학문적 표현이라는 점을 기억하라.) 시장은 근본적으로 랜덤하게 움직이는가? 시장의 움직임이 정규분포(랜덤)를 따르는가? 우리는 미래 가격이 시장을 이길 것인지 예측하기 위해 과거 가격 연구에 의존하는 전략을 개발하느라 시간을 낭비하고 있는가?

상승 및 하락 움직임의 히스토그램이 서로 상쇄되는 정도를 확인하는 앞의 관찰 결과를 바탕으로, 가격 변동이 평균에 근접하는 것을 볼 때 이런 의견을 지지할 수도 있다. 시뮬레이션된 시계열 선형 차트가 추세적인 가격 움직임을 보여주는데도 불구하고, 가격의 개별적인 움직임은 실제 시장과 마찬가지로 무작위적이며, 이는 평균의 양쪽에 동일한 분포로 입증된다.

이것이 랜덤워크 이론과 효율적 시장 가설이 믿는 것이다. 그리고 두 이론이 의지하는 주춧돌이다.

시장과 가격이 모두 효율적이고 랜덤하게 움직이는 경우, 일간·주간·월간 및 분기 간 가격 변동의 분포는 근본적으로 모든 상승 및 하락 움직임이 상쇄되는 일반적인 종 모양의 무작위 분포 곡선을 따라야 한다. 가격 변동은 시간 경과에 따라 일정하며 평균의 양쪽에 동일하게 분포할 것이다. 우리는 전체 가격 변동의 68%가 평균 수익률의 표준편차 범위 내에 있을 것으로 예상한다. 또한 표준편차의 2배 안에 95%가 있고, 표준편차의 3배 안에 99.7%가 있을 것으로 예상한다. 그리고 표준편차의 4배를 넘어서는 움직임을 보는 것은 (99.99%의 확률로) 거의 불가능할 것으로 예상한다.

정규분포는 우리가 시장의 수익률을 넘어서는 초과 이익을 얻을 수 없다고 말한다.

정규분포는 시장과 가격이 랜덤하게 움직이기 때문에 미래 가격을 예측하기 위해 과거 가격을 연구하는 것은 무의미하다고 말한다. 연속적으로 독립적인 가격 변동에서 추세는 존재하지 않는다. 추세를 따르지 마라. 추세 추종 매매는 무의미하고, 그와 관련된 책을 쓰는 것은 더 무의미하다! 그런 책을 쓰고 있는 나는 멍청이다!

정말 내가 멍청이일까?

시장은 정말로 정규분포인가?

이론의 핵심이 시장 수익률이나 가격 변화가 정규분포(랜덤)를 따른다는, 두 개의 시장 이론에 대해 간단히 살펴보았다. 시장 수익률은 무작위적이다. 그런 상황에서 과거 가격을 바탕으로 미래 가격을 예측하는 추세 추종 매매와 같은 전략을 개발하는 것은 무의미하다. 왜냐하면 가격은 무작위적으로 움직이기 때문이다. 당신은 미래를 예측할 수 없고, 시장을 이길 수도 없다. 시장의 타이밍을 맞추려 하지 마라. 그러려고 노력하면 바보가 된다. 당신은 시간을 낭비하는 것이다.

더 나은 통찰을 얻기 위해, 이론적으로 시뮬레이션된 가짜 시장을 뒤로하고 실제 시장을 살펴보자. 실제로 벌어지는 일이 학문적인 이

론과 일치하는지 보자. 실제 시장의 예로 금을 사용하겠다. 그림 3-7
을 참조하라.

일간 금 가격(1998~2020)

그림 3-7 지난 22년 동안 금 가격은 많은 의미 있는 추세를 나타낸 것으로 보인다.

　투자자가 1998년에 금을 매수하여 2020년까지 보유했다면 2015
년의 폭락에도 불구하고 큰 이익을 거두었을 것이다. 금을 갖고 돈을
버는 일이 참 쉽다고 말해도 괜찮을 듯싶다.

　하지만 우리는 이제 시장을 바라보는 또 다른 보다 유용한 방법을
알고 있다. 그 방법은 시장의 매일매일의 가격 변화나 수익률의 히스
토그램을 보는 것이다. 같은 데이터를 다른 각도에서 보는 것은 금으
로 돈을 버는 것이 그리 쉽지 않음을 보여줄 수 있다.

　그림 3-8의 히스토그램은 1998년에서 2020년 사이에 금의 일일
수익률 분포를 보여준다. 해당 기간 일일 수익률 전체에 대한 통계다.

중간을 보면, 일간 0%의 수익률이 가장 많이 분포해 있는 것을 알 수 있다. 오른쪽을 보면, 일간 수익률이 0.25% 증가할 때마다 나오는 수익률 분포를 알 수 있다. 음의 수익률은 히스토그램 왼쪽을 보면 된다. 각 봉의 높이는 각각의 일간 수익률이 나타난 빈도를 의미한다.

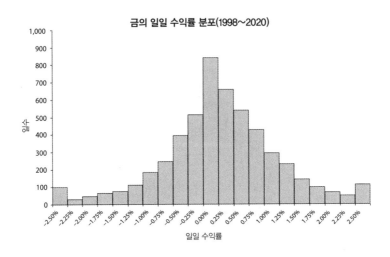

그림 3-8 지난 22년간 금의 일일 가격 변동, 즉 일간 수익률의 히스토그램

히스토그램은 선형 차트와 전혀 다른 이야기를 들려준다. 이것은 '쉬운' 이익에 관한 이야기를 하지 않는다.

중간의 가장 높은 봉은 일일 수익률 0%의 빈도를 나타낸다. 이 봉이 가장 높다는 것은 가장 자주 나타났었다는 것을 의미한다.

히스토그램은 평균 0% 변동의 양쪽에 대칭적으로 분포되어 있다. 오른쪽의 일일 상승분이 왼쪽의 일일 하락분과 거의 같음을 알 수 있다. 이 분포는 '종 모양'의 정규분포(랜덤)를 따른다.

표 3-2에서 금의 일일 수익률 변동을 실제 빈도수로 살펴보자.

금의 일일 수익률	일수			
−2.50%	100			
−2.25%	30			
−2.00%	47			
−1.75%	66			
−1.50%	75			
−1.25%	112			
−1.00%	184			
−0.75%	246			
−0.50%	395	0% 및		
−0.25%	513	하락 일수		
0.00%	840	합계	2,608	50%
+0.25%	658	상승		
+0.50%	539	일수		
+0.75%	427	합계	2,623	50%
+1.00%	293			
+1.25%	231			
+1.50%	143			
+1.75%	98			
+2.00%	70			
+2.25%	50			
+2.50%	114			
합계	5,231			

표 3-2 금의 일일 가격 변동 또는 수익률의 빈도수는 상승분이 대부분 하락분에 의해 상쇄되었음을 나타낸다.

어떻게 보이는가? 표 3-2는 이야기를 들려주고 있다. 지난 22년간의 데이터에서 금의 가격이 상승한 횟수는 하락한 횟수와 거의 일치한다. 다시 말해서 지난 22년 동안 시장 움직임의 대부분은 어느 방향으로도 향하지 않았다! 시장은 아무 이익도 없이 매우 열심히 움직이고 있다. 총 5,231개의 일일 종가 중 840일 이상, 즉 거의 16%에 가까운 시간 동안 금의 가격이 횡보하는 데에만 힘을 썼다는 것을 알수 있다.

이제 랜덤워크 이론과 효율적 시장 가설에 내재한 원래의 핵심 가정으로 돌아가보겠다.

시장은 정규분포를 따르는가? 근본적으로 랜덤한가? (실제 시장의 대표로서) 금의 일일 수익률이 종 모양의 정규분포 곡선을 따르는가? 금의 일일 수익률은 연속적으로 독립적(랜덤)이며 대부분의 값이 평균(+0.03%)으로부터 표준편차의 3배(-3.2% 및 +3.2%) 이내에 있고, 평균의 양쪽에 일정하고, 대칭적으로 분포하는가?

그림 3-8을 슬쩍 보기만 해도 쉽게 그렇다고 대답할 수 있다. 하지만 좀 더 자세히 살펴보면 금의 가격 변동이 처음 생각했던 것만큼 정규분포를 따르지 않는 것으로 보일 수도 있을까?

히스토그램을 다시 살펴보자.

우리가 답해야 할 문제는 (모든 시장의 대표자로서) 금의 일일 수익률이 정규분포를 따르는가이다. 만약 그렇다면 우리는 시장 이상의 초과 수익을 내기 위해 과거 가격을 바탕으로 미래 가격(추세)을 예측하는 매매 전략을 개발하는 일이 무의미하다는 것을 알 수 있으므로 이것을 꼭 알고 싶다.

금의 가격 변동은 정규분포를 따르는가 - 종 모양의 곡선에 부합하는가?

이 질문에 대답하는 쉬운 방법은 금의 일일 수익률 히스토그램 위에 정규분포의 종 모양 곡선을 겹쳐놓는 것이다. 금이 정규분포를 따른다면 종 모양의 곡선이 히스토그램 위에 잘 맞아야 한다.

금의 일일 평균 수익률(0.03%)과 표준편차(1.08%)를 사용하면 종 모양의 곡선을 그릴 수 있다. 나는 엑셀의 난수 발생 함수를 사용하여 모든 수익률의 68%가 표준편차 이내에 있고, 95%가 표준편차의 2배 이내에 있으며, 99.7%가 표준편차의 3배 이내에 있는 종 모양의 정규분포 곡선을 만들었다. 그런 다음 히스토그램 위에 종 모양의 곡선을 겹쳐놓았다.

그림 3-9를 보자.

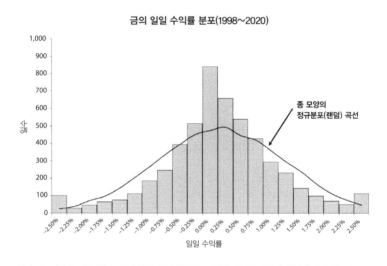

그림 3-9 이론에도 불구하고, 금의 일일 수익률은 '종 모양'의 정규분포(랜덤) 곡선에 맞지 않는다.

어떤가, 흥미로운 결과가 나왔는가? 금의 히스토그램이 처음에는 정규분포(랜덤)를 따르는 것처럼 보였지만, 종 모양 곡선을 겹쳐놓고 보니 그렇지 않음을 보여준다. 보다시피 금의 히스토그램이 종 모양 곡선에 잘 맞지 않는다. 중간의 낮은 수준의 일일 변동은 정규분포가 예상한 것보다 훨씬 더 자주 발생하는 것으로 보이며, 종 모양 곡선의 상단을 훨씬 초과한다. 게다가 금의 일일 수익률은 정규분포에서 표준편차의 3배(-3.2%, +3.2%)를 넘어설 것으로 예상한 횟수보다 훨씬 더 많이 나타난다. 가장자리에 뚱뚱한 꼬리가 나타난다.

히스토그램이 겹쳐진 종 모양 곡선의 분포에 잘 맞지 않는 것을 보면, 금의 일일 수익률 또는 가격 변동이 정규분포를 따르지 않는다는 것을 알 수 있다.

뚱뚱한 꼬리 – '뚱뚱하다'는 단어를 좋아할 유일한 시간

그림 3-10을 보면 가장자리에 '뚱뚱한 꼬리'가 있다는 것을 알 수 있다. 뚱뚱한 꼬리는 가격이 종 모양의 정규분포를 따를 때 예상되는 것보다 훨씬 더 많은 빈도의 큰 가격 변동이 발생한다는 것을 나타낸다. 뚱뚱한 꼬리, 즉 두꺼운 꼬리의 위험은 극단적인 결과의 위험이다. 정규분포 곡선의 꼬리는 종종 2020년 코로나바이러스가 촉발한 주식 시장 붕괴와 같은 블랙 스완 사건을 예로 드는데, 이는 보통 드물게 발생하는 사건으로 여겨진다. '블랙 스완'이라는 용어는 나심 탈레브(Nassim Taleb)의 《행운에 속지 마라! 불확실한 시대에 살아남는 투자 생존법(Fooled by Randomness: The Hidden Role of Chance in Life and in the Markets)》(중앙북스, 2016)을 통해 대중화되었다. 뚱뚱한 꼬리는 시장 행동의 중요한 부분을 가리킨다. 예기치 않은 큰 움직임이 주기적으로 발생한다. 이런 큰 움직임은 정규분포를 이루는 시장에서는 나타날 것으로 예상되지 않는다.

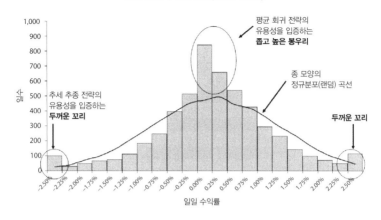

금의 일일 수익률 분포(1998~2020)

그림 3-10 좁고 높은 봉우리와 두꺼운 꼬리는 금의 일일 수익률이 '종 모양'의 정규분포(랜덤)를 따르지 않는다는 것을 보여준다.

만약 금이 모든 시장을 대표하는 것이라면, 일일 가격 변동에서 나타나는 두꺼운 꼬리는 시장 가격이 정규분포를 이루고 있다는 믿음이 틀렸음을 입증하고, 한 방향으로의 큰 움직임을 이용하려는 추세 추종 매매 전략의 가치를 입증한다.

좁고 높은 봉우리

그림 3-10에서 히스토그램이 종 모양 곡선을 초과하는 중간 영역을 볼 수 있다. 좁고 높은 봉우리는 평균 변동보다 적은 변동의 빈도가 더 많은 것을 나타낸다. 시장이 정규분포를 이룰 때 우리가 예상할 수 있는 것보다 훨씬 더 많은 수가 발생한다. 금이 모든 시장을 대표한다면, 일일 가격 변동에서 존재하는 좁고 높은 봉우리 역시 시장 가격이 정규분포를 이루고 있다는 믿음이 틀렸으며, 평균으로의 회귀를

이용하려는 평균 회귀 전략의 유용성을 입증한다. 좁고 높은 봉우리는 투자자들이 옵션 매도로부터 손쉬운 옵션 프리미엄 수익을 기대하도록 부추긴다. 하지만 그들은 예상을 넘어서는 큰 가격 변동이 빈번히 발생하는, 옵션 매도자를 쓸어버릴 수 있는 두꺼운 꼬리가 있다는 사실을 간과한 것이다.

매매 전략

내가 제안한 바와 같이 두 가지 이례적인 현상, 즉 두꺼운 꼬리와 좁고 높은 봉우리는 잘 설계된 매매 전략에 의해 활용될 수 있는 시장 행동의 중요한 부분과 관련이 있다. 두꺼운 꼬리와 좁고 높은 봉우리의 존재는 시장 가격이 정규분포(랜덤)를 따른다는 학계의 핵심 주장을 약화시킨다. 두꺼운 꼬리와 좁고 높은 봉우리가 이들 학계의 상아탑에 이중의 폭격을 가하는 셈이다. 결과적으로, 두꺼운 꼬리의 존재는 크기가 큰 움직임을 포착하도록 설계된 추세 추종 매매 전략의 개발을 정당화한다. 좁고 높은 봉우리의 존재는 평균으로 되돌아가려는 움직임을 포착하도록 설계된 역추세(스윙) 매매 전략의 개발을 정당화한다.

그렇다면 시장은 정규분포를 따르는가? 또한 시장은 완벽한가?

이론에 대한 우리의 이해와 금의 일일 가격 변동의 분포로 미루어 볼 때, 금은 정규분포를 이룬다는 가정을 만족시키지 못하는 것으로 보인다. 이는 투자자가 두꺼운 꼬리와 좁고 높은 봉우리를 활용하기 위해 추세 추종 매매 전략과 평균 회귀 전략을 모두 개발할 수 있는 문을 열어준다. 능력 있는 투자자가 초과 이익을 얻을 가능성이 큰 것으로 보인다.

그러나 여기서 유일한 걸림돌은 시장에 대한 나의 표본이 금 하나 뿐이라는 점이다.

표본의 크기가 하나라면 정규분포라는 가정을 버리기에 충분하지 않다(학계에서 안도의 한숨을 쉬는 소리가 들리는 듯하다).

이제 24개의 시장으로 구성된 나의 전체 포트폴리오를 살펴보고, 그룹별로 가격의 변동, 즉 일일 수익률이 정규분포를 따르는지, 그리고 이론이 주장하는 대로 행동하는지 알아보겠다. 24개의 시장이라는 표본 크기가 통계적으로 유의미한 결과를 도출하는 데 필요한 30개에는 미치지 못한다는 것을 안다. 하지만 내 포트폴리오는 '시장'을 대표할 수 있을 만큼 다양하면서도 보편적이라고 생각하기 때문에 내 목적을 달성할 만큼 충분히 크다고 생각한다. 24개의 시장을 살펴보며 그것들의 가격 변동이나 수익률이 정규분포를 이루는지, 아니면 금과 비슷한 특성이 있는지 알아보겠다. 내가 사용할 시장은 표 3-3에 요약되어 있다.

전체 포트폴리오의 수익률은 정규분포를 이루는가?

나는 1998년부터 2020년까지 22년간의 실제 현물 가격을 데이터로 사용했다. 24개 시장에 대한 22년의 데이터는 충분한 수의 일일 종가를 제공한다. 24개 시장으로 구성된 나의 포트폴리오를 'P24'로 부르겠다.

먼저 포트폴리오의 일일 수익률, 즉 하루 동안의 가격 변동률로 만

전체 포트폴리오 - P24

구분	시장
지수	나스닥100 S&P500 다우존스 지수
이자율	5년 만기 재무부 채권 10년 만기 재무부 채권 30년 만기 국채
통화	유로화 엔화 영국 파운드화
금속	구리 금 은
에너지	원유 천연가스 난방유(ULSD)
곡물	옥수수 대두 밀
축산물	생우 돈육 비육우
농산물	설탕 커피 면화

표 3-3 나의 전체 포트폴리오는 시카고 상품거래소(CME)에서 거래되는, 가장 유동성이 크고 다양한 24개의 시장이 포함되어 있다.

들어진 히스토그램(그림 3-11)을 살펴보자.

얼핏 보면 이 히스토그램은 내 포트폴리오의 일일 수익률이 정규분

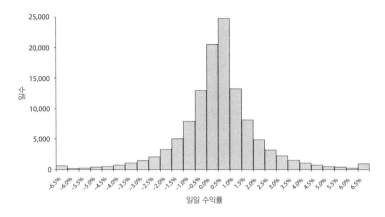

P24의 일일 수익률 분포(1998~2020)

일일 수익률

그림 3-11 24개 시장으로 구성된 전체 포트폴리오의 매일매일의 가격 변화, 즉 일일 수익률은 얼핏 보면 종 모양의 정규분포를 따르는 것처럼 보인다.

포를 따르며, 시간 경과에 따라 가격 변동이 일정하고 평균의 양쪽에 대칭적으로 분포하는 것으로 보인다. 표 3-4에서 일일 변동에 대한 실제 빈도수를 살펴보자.

일일 수익률 0%에서 마이너스 수익률의 총 빈도수가 플러스 수익률의 총 빈도수와 대략 일치하는 것으로 미루어 일일 수익률의 편향은 거의 없어 보인다. 일일 수익률은 일정하게 분포하고 평균(0.02%)의 양쪽으로 대칭적이며 연속적으로 독립적(랜덤)인 것처럼 보인다. 눈으로만 보았을 때는 포트폴리오의 일일 수익률 대부분(99.7%)이 평균(0.02%)으로부터 표준편차의 3배(3×1.85% = -5.5%~+5.5%) 이내에 속하는 것으로 보인다.

일일 수익률은 종 모양의 '정규분포'를 따르는 것처럼 보인다.

하지만 과연 그럴까?

P24의 일일 수익률	일수			
−6.50%	601			
−6.00%	186			
−5.50%	242			
−5.00%	378			
−4.50%	486			
−4.00%	704			
−3.50%	1,044			
−3.00%	1,442			
−2.50%	2,067			
−2.00%	3,267			
−1.50%	4,995			
−1.00%	7,853	0% 및		
−0.50%	12,935	하락 일수		
0.00%	20,471	합계	56,671	48%
+0.50%	24,762	상승		
+1.00%	13,200	일수		
+1.50%	8,115	합계	61,781	52%
+2.00%	4,868			
+2.50%	3,205			
+3.00%	2,206			
+3.50%	1,527			
+4.00%	1,083			
+4.50%	709			
+5.00%	527			
+5.50%	371			
+6.00%	236			
+6.50%	972			
합계	118,452			

표 3-4 24개 시장으로 구성된 전체 포트폴리오의 일일 총 상승 건수는 총 하락 건수로 상쇄되는 것으로 보인다.

시장의 일일 수익률이 종 모양 곡선에 부합하는가?

눈으로만 본 것을 검증하려면 히스토그램 위에 '종 모양'의 정규분포 곡선을 함께 그리는 것이 가장 좋다. 시장 일일 수익률이 정규분포

(랜덤)였다면 히스토그램이 종 모양 곡선 아래에 잘 맞아야 한다.

이를 위해 포트폴리오의 일일 가격 변동의 평균(0.02%)과 표준편차 (1.85%), 표본 크기(118,452)를 공유하는 정규분포 곡선을 만들었다. 나는 이 곡선 역시 엑셀의 난수 발생 함수를 이용해 만들었는데, 일일 가격 변동의 68%가 평균으로부터 표준편차의 범위 안에 있고 95% 는 표준편차의 2배 범위 안에, 99.7%는 표준편차의 3배 범위 안에 있음을 확인했다. 그런 다음 히스토그램 위에 종 모양 곡선을 겹쳐놓 았다.

그림 3-12가 그 결과물이다.

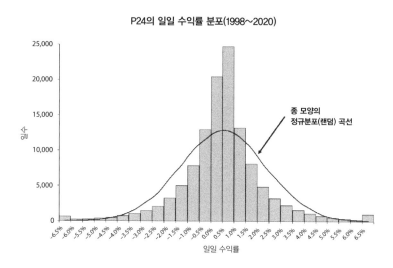

그림 3-12 24개의 시장으로 구성된 전체 포트폴리오의 일일 가격 변동. 즉 수익률 히스토그램 위에 그려진 일반적인 '종 모양' 분포 곡선이다.

자, 이제 랜덤워크 이론이나 효율적 시장 가설과 일치하는가?

나는 두 가지가 틀린 것을 금방 알 수 있다!

금에서 우리가 경험한 것과 유사하게, 언뜻 보면 내 포트폴리오의 일일 수익률 히스토그램이 랜덤한 정규분포를 따르는 것처럼 보인다. 그러나 종 모양 곡선을 겹쳐놓자 다르게 나타난다. 보다시피 히스토그램이 종 모양 곡선과 잘 맞지 않는다. 일일 변동의 중간값은 랜덤 정규분포에서 예상되는 것보다 더 자주 발생하는 것으로 나타나 종 모양 곡선의 상단을 훨씬 초과한다. 또한 내 포트폴리오는 랜덤 정규분포에서 예상하는 것보다 표준편차의 3배 범위(-5.5%~+5.5%)를 한참 능가하는 일일 수익률을 자주 보여준다.

데이터를 보면 24개의 시장으로 이루어진 내 포트폴리오의 일일 수익률은 정규분포를 이루지 않는다.

좁고 높은 봉우리와 두꺼운 꼬리

그림 3-13에서 나는 중간과 양 끝의 큰 값을 각각 '좁고 높은 봉우리'와 '두꺼운 꼬리'로 표시했다. 좁고 높은 봉우리는 시장이 정규분포를 따를 때 예상되는 것보다 적은 폭의 일일 수익률의 빈도가 훨씬 많은 것을 나타낸다. 두꺼운 꼬리는 시장이 정규분포를 따를 때 예상되는 것보다 큰 폭의 일일 변동이 훨씬 더 많다는 것을 나타낸다. 내 포트폴리오의 일일 수익률에 좁고 높은 봉우리와 두꺼운 꼬리가 존재한다는 것은 시장 수익률이 정규분포를 따르지 않는다는 것을 방증한다. 시장이 정규분포를 따를 때 예상되는 것보다 (평균 회귀 전략의 유용성을 입증하는) 적은 폭의 일일 변동이 너무 많고, (추세 추종 매매 전략의 유용성을 입증하는) 큰 폭의 일일 변동이 너무 많다.

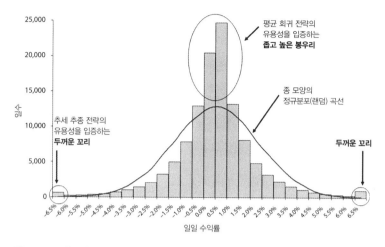

P24의 일일 수익률 분포(1998~2020)

평균 회귀 전략의
유용성을 입증하는
좁고 높은 봉우리

종 모양의
정규분포(랜덤) 곡선

추세 추종 전략의
유용성을 입증하는
두꺼운 꼬리

두꺼운 꼬리

일수

일일 수익률

그림 3-13 24개의 시장으로 구성된 나의 전체 포트폴리오 일일 수익률의 분포에 좁고 높은 봉우리와 두꺼운 꼬리가 존재하는 것은 매일의 가격 변동이 '종 모양'의 랜덤 정규분포를 따르지 않는다는 것을 보여준다.

이것은 시장 수익률 이상의 초과 수익을 추구하기 위해 평균 회귀 전략 또는 추세 추종 매매 전략의 유용성을 입증하는 시장 배후에 도사린 과학이다. 이제 랜덤워크 이론과 효율적 시장 가설에 내재된 원래의 핵심 가정으로 돌아가보자.

시장은 정규분포를 이루는가? 우리는 미래 가격을 예측하기 위해 과거 가격을 사용하는 평균 회귀 전략 또는 추세 추종 전략을 개발하느라 시간을 낭비하고 있는가?

앞의 내 자료에 따르면, 그렇지 않다!

학문의 상아탑에 있는 사람들은 잘 안 들릴지도 모르니, 큰 소리로 전혀 그렇지 않다고 말해야겠다.

일일 데이터로는 그럴 수 있겠군요~ 라고 말하는 당신의 목소리가 들리는 듯하다. 당신은 마음속으로, 다 좋지만 정말로 수익을 낼 수 있는 추세 추종 매매는 며칠보다는 더 길게 지속되어야 한다고 생각할 수도 있다. 물론 몇 개월은 아니더라도 최소한 몇 주 정도는 버텨야 하고, 우리가 정말로 큰 수익을 내려면 몇 분기 정도는 버텨야 하지 않는가?

당신이 추세 추종 투자자처럼 그렇게 생각한다면 나로서는 반가운 일이다! 좋은 질문이다. 아니, 대단히 훌륭한 질문이다. 당신이 생각하는 것은 더 긴 타임프레임에서 시장이 정규분포를 이루느냐 아니냐이다.

당신의 생각을 내가 확인해보겠다.

시장은 프랙탈인가?

시장은 프랙탈(fractal, 작은 구조가 전체 구조와 비슷한 형태로 끝없이 되풀이되는 구조 – 옮긴이)이라는 믿음이 있다. 시장은 시간별, 일별, 주별, 월별 등의 여러 타임프레임에 걸쳐 유사한 움직임 또는 패턴을 보여준다. 내 포트폴리오의 일일 가격 변동에서 좁고 높은 봉우리와 두꺼운 꼬리가 존재하는 것은 시장이 일별 수익률에서 정규분포를 이루지 않는다는 것을 방증한다. 이것은 평균 회귀 전략과 추세 추종 매매 전략을 개발함으로써 시장보다 초과 이익을 얻으려는 투자자의 노력을 정당화한다. 하지만 주별, 월별, 분기별 또는 연간 가격 변동 모두에서 이 같은 시장의 이례적인 현상(좁고 높은 봉우리와 두꺼운 꼬리)이 존재할까?

만일 그렇다면 시장 수익률이 정규분포를 이룬다는 모든 개념은 쓰레기통에 처박혀야 한다(학계의 주장들 역시 폐기되어야 한다).

그런 주장을 내놓기 전에 먼저 더 긴 기간의 가격 변동(수익률)에 대한 히스토그램을 살펴보겠다.

주간 수익률 분포

그림 3-14의 히스토그램은 내 포트폴리오의 주간 수익률 분포를 보여준다.

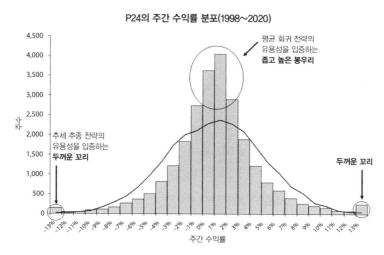

그림 3-14 P24의 주간 가격 변동, 즉 주간 수익률 분포는 랜덤한 '종 모양' 정규분포를 따르지 않는다.

월간 수익률 분포

그림 3-15의 히스토그램은 내 포트폴리오의 월간 수익률 분포를 보여준다.

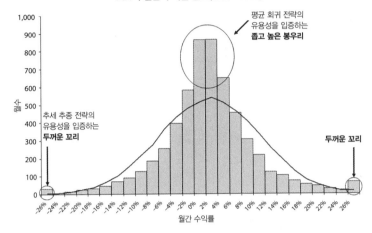

그림 3-15 P24의 월간 가격 변동, 즉 월간 수익률 분포는 랜덤한 '종 모양' 정규분포를 따르지 않는다.

분기 수익률 분포

그림 3-16의 히스토그램은 내 포트폴리오의 분기 수익률 분포를
보여준다.

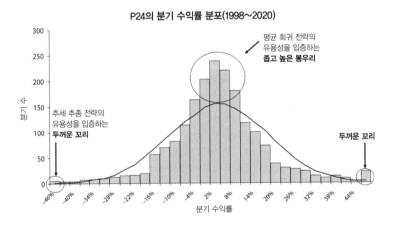

그림 3-16 P24의 분기별 가격 변동, 즉 분기 수익률 분포는 랜덤한 '종 모양' 정규분포를 따르지 않는다.

연간 수익률 분포

그림 3-17의 히스토그램은 내 포트폴리오의 연간 수익률 분포를
보여준다.

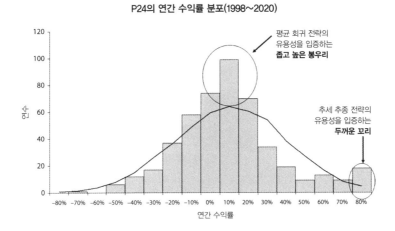

그림 3-17 P24의 연간 가격 변동. 즉 연간 수익률 분포는 랜덤한 '종 모양' 정규분포를 따르지 않는다.

시장 수익률은 정규분포를 따르는가?

여러 타임프레임으로 살펴보았을 때 시장 수익률은 학문적 이론에
의해 제시된 정규분포를 따르는가? 다들 잠시 생각해보자. 절대 아
니다!

히스토그램에서 볼 수 있듯이, 랜덤워크 이론과 효율적 시장 가설
의 집요한 주장에도 불구하고 지난 22년 동안의 시장 수익률은 종 모
양의 랜덤한 정규분포를 따르지 않는다. 아마 이 이론들이 처음 만들
어졌을 때는 그랬을지도 모르지만, 1998년에서 2020년의 22년 동
안은 그렇지 못했다.

이들 히스토그램이 보여주는 것은 다양한 타임프레임에서 랜덤한 정규분포를 따를 때 예상되는 것보다 더 큰 확률로 '높은 첨도(尖度)'라 불리는 상황이 발생한다는 것이다. 높은 첨도, 즉 두꺼운 꼬리는 추세 추종 매매의 존재와 유용성을 입증한다.

가격이 정규분포를 따르지 않는데도 모델이 그런 가정에 의존하는 이유는 무엇인가?

가격 변동이 정규분포를 따르지 않는데, 모델이 이런 핵심 가정에 의존하는 이유는 무엇인가? 좋은 질문이다. 이런 이론이 개발되었을 때는 가격이 정규분포를 이루었다고 주장할 수도 있지만, 빠르게 검토해본 결과는 그렇지 않음을 시사한다.

하지만 먼저 약간의 배경지식을 살펴보자. 앞서 언급했듯이 효율적 시장 가설은 1965~1970년에 유진 파마에 의해 개발되었다. 1965년에 그는 〈주식 시장의 가격 행동(The Behavior of Stock Market Prices)〉이라는 논문을 《비즈니스 저널》에 발표하며, 여기서 랜덤워크 이론에 대한 지지를 주장했다. 1970년에 그는 〈효율적인 자본 시장: 이론과 경험적 작업의 검토(Efficient Capital Markets: A Review of Theory and Empirical Work)〉라는 논문을 금융 학술지 《저널 오브 파이넌스(The Journal of Finance)》에 발표했다. 이 논문에서 그는 효율적 시장 가설과 그것의 세 가지 형태, 즉 약한 형태, 중간 정도로 강한 형태, 강한 형태를 공식화했다.

파마의 논문이 발표되었을 당시에 가격이 정규분포를 이루었는지 확인하기 위해, 1928~1964년의 S&P 지수의 일일 가격 변동을 검토하겠다. 이 기간은 파마가 접근할 수 있는 데이터 기간이다.

그림 3-18은 S&P500의 일일 가격 변동, 즉 수익률의 히스토그램을 보여준다. 이 히스토그램이 (랜덤워크 이론과 효율적 시장 가설이 가정한 바와 같이) 랜덤한 종 모양의 곡선 분포에 잘 맞는지 확인해보자.

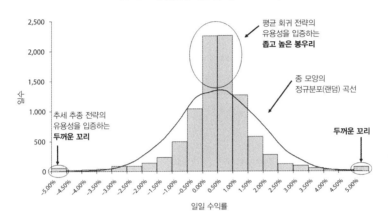

S&P500의 일일 수익률 분포(1928~1964)

그림 3-18 1928~1964년에 S&P500의 일일 가격 변동, 즉 수익률의 분포는 랜덤한 '종 모양'의 정규분포를 따르지 않는다.

흠, 흥미롭다. 스캔들? 상아탑에서 쾅 하고 문들을 닫는 소리가 들리지 않는가?

랜덤워크 이론과 효율적 시장 가설의 핵심 아이디어가 만들어지고 개발되던 시기에 증거가 발견되었다. 이것이 단지 하나의 시장일 뿐이라는 사실을 나도 알지만, 그 당시 세계 최대 경제 대국의 핵심 시장이 정규분포를 따르지 않았다는 증거다. 그러나 랜덤워크 이론은 강력하게 지지되었고 효율적 시장 가설이 그것을 전달했다. 두 가설 모두 가격이 정규분포를 따른다는 핵심 가정에 의존했다.

이상하지 않은가? 어떤 사람들은 단순히 몰랐다고 말할까? 하지만 그럴 것 같지는 않다.

물론 당시에는 컴퓨터, 엑셀 그리고 자유롭게 이용할 수 있는 데이터가 나오기 전이었다. 하지만 그들은 오늘날 우리가 가지고 있는 것보다 더 많은 시간을 가진 매우 똑똑한 사람들이었을 것이다. 그렇다면 그들은 왜 그런 취약한 핵심 가정을 모델에 포함했을까?

글쎄, 우리는 추측만 할 수 있다. 그러나 많은 사람들은 편리한 단순화와 쉬운 통계적 기법의 사용으로 정규분포의 가정이 받아들여지고 이론에 포함되었다고 믿는다. 간단히 두 단어로 말하면, 편리함과 쉬움이다.

만약 우리가 그 논리를 받아들인다면, 학자들은 최소한의 저항을 받는 노선을 택했을지도 모른다. 그렇다면 의도하지 않은 결과 때문에 오늘날에도 우리가 여전히 다루고 있는 것은 다음과 같은 것들이다.

- 과거의 실적이 미래의 성과를 나타내지 않는다.
- 시장에 타이밍을 맞추는 것은 불가능하다.
- 운용자의 능력을 믿는 것은 무의미하다.

학계에 주입되고 확립된 정규분포에 대한 믿음은 사람들에게 잘못된 안정감을 주었고, 시장의 위험을 과소평가하게 했다. 정규분포라는 주문(呪文)은 많은 사람들로 하여금 시장의 붕괴 가능성이 매우 낮다고 믿도록 만들었다. 그러나 히스토그램과 역사는 가격 변동이 실제로 정규분포를 따를 때 예상되는 것보다 더 자주 시장의 붕괴가 나타나는 것을 보여준다.

따라서 가격 변동이 정규분포를 따른다는 가정에 의존하는 모든 모델은 큰 가격 변동의 가능성을 과소평가하고 있다. 그들은 위험을 과소평가한다. 당신은 1998년의 롱텀캐피털 파산 혹은 2008년과 2020년의 금융 위기가 닥친 이후, 가격 변동이 정규분포를 따른다는 확고한 믿음이 버려졌을 것으로 생각할 수도 있다. 하지만 절대 아니다. 그것은 고착되어 있다.

데이터가 무시된다는 것은 정말 황당하다. 두꺼운 꼬리를 가진 히스토그램은 가격 변동이 정규분포를 따르지 않는다는 것을 분명히 보여준다. 가격 변동은 대칭적이지도 않고, 두꺼운 꼬리를 가지고 있으며, 크기가 큰 움직임이 정규분포에서 기대되는 것보다 더 자주 발생하기 때문에 정말로 랜덤하지도 않다.

그런데도 가격 변동이 정규분포를 따른다는 잘못된 믿음에 기초한 이 모델들은 오늘날에도 여전히 사용되고 있다. 이들은 여전히 인버스 공포 지수 ETN[VIX(Volatility Index) Exchange Traded Notes, VIX ETN은 증시가 급변동해 공포 심리가 커지면 가격이 오르는 상장 지수 채권, 인버스 VIX ETN은 지수 변동 폭이 거의 없으면 이익을 내고 급변동하면 추락하는 상품 - 옮긴이]과 같은 다양한 금융상품의 잠재 위험(혹은 제한된 잠재 위험)을 설명하는 데 사용되고 있다. 이들 금융상품은 모든 일일 가격 변동의 99.9%가 평균으로부터 표준편차의 4배 범위 안에서 발생할 것으로 믿고, 매도 포지션을 통해 손쉬운 프리미엄 수익을 올렸다. 공포 지수 ETN의 결말은 좋지 않았다.

표 3-5를 보면, 1928년 이후 S&P500의 일일 수익률 분포를 요약 해놓았다.

S&P500의 일일 수익률 분포(1928년 이후)			
표준편차		S&P500 일일 수익률	일수
−4배	−4.7%	−5.0%	75
		−4.5%	31
		−4.0%	40
−3배	−3.5%	−3.5%	58
		−3.0%	121
−2배	−2.3%	−2.5%	163
		−2.0%	296
		−1.5%	606
−1배	−1.1%	−1.0%	1,253
		−0.5%	2,665
평균	0.0%	0.0%	5,510
		0.5%	5,855
		1.0%	3,176
+1배	1.2%	1.5%	1,415
		2.0%	652
+2배	2.4%	2.5%	292
		3.0%	168
		3.5%	85
+3배	3.5%	4.0%	51
		4.5%	37
+4배	4.7%	5.0%	97

표 3-5 S&P500의 일일 수익률 빈도는 표준편차의 4배와 같거나 이를 초과하는 큰 변동의 발생이 랜덤 정규분포에서 예상되는 것보다 훨씬 많다는 것을 보여준다. 일일 수익률이 정규분포를 따른다고 가정하면 갑작스러운 주식 시장의 움직임과 폭락의 위험을 크게 과소평가한다.

랜덤 정규분포에 따르면, 표준편차의 4배를 초과하는 가격 변동은 거의 불가능해야 한다(100.00%－99.99%＝0.01%). 표 3-5의 데이터에서 표준편차의 4배를 초과하는 가격 변동은 단 2일(22,646일×0.01%＝2일)만 있어야 한다. 그러나 보다시피 S&P500은 지난 90년 넘는 동안 75회 이상 표준편차의 4배를 초과하는 하락률을 경험했다! 그것은 랜덤한 정규분포의 옹호자들이 놓친 큰 실수다. 하지만 이런 데이터에도 불구하고 핵심적인 정규분포의 가정은 여전히 사용되고 있으며 위험을 크게 과소평가하고 있다. 2018년 초에 그랬던 것처럼 말이다. S&P500은 2018년 2월 5일에 표준편차의 4배(-4.7%)와 거의 비슷한 일일 -4.5%의 하락을 경험했다. 가격 변동이 정규분포를 따른다면 43년에 한 번만 발생해야 하는 하락이다. 인버스 공포 지수 ETN(inverse VIX ETN) 보유자들은 그들의 자산 가치가 80~90% 하락하는 것을 지켜봐야 했다. 수십억 달러의 가치가 날아가버렸다.

순수 옵션 매도자는 말할 것도 없고 옵션 프리미엄을 노리는 공포 지수 ETN 및 이와 유사한 상품의 보유자들은 정규분포에 대한 강한 믿음 때문에 그런 사건이 자신들의 생에서는 일어나지 않을 거라 믿었다가 큰 충격을 받았을 것이다. 2020년 코로나바이러스 대유행이 발생했을 때, S&P500은 2월 19일부터 3월 24일까지 표준편차의 4배(-4.7% 및 +4.7%)보다 더 큰 일일 가격 변동을 여섯 번 경험했다. 다음 페이지에 그 기록이 있다.

이론에 따르면, 표준편차의 4배를 초과하는 가격 변동은 90년 이상의 기간에 두 번만 발생해야 한다!

날짜	일일 변동률
2020년 3월 16일(월요일)	−10.3%
2020년 3월 12일(목요일)	−9.9%
2020년 3월 9일(월요일)	−7.8%
2020년 2월 27일(목요일)	−4.9%
2020년 3월 13일(금요일)	+8.5%
2020년 3월 24일(화요일)	+9.5%

가격 변동이 정규분포를 따른다고 믿는 것은 미친 짓이다.

그러나 실제 분포에 관한 연구는 예상보다 큰 가격 변동이 정규분포가 예상하는 것보다 더 자주 발생한다는 것을 보여준다. 두꺼운 꼬리가 있는 것이다. 하지만 랜덤워크 이론과 효율적 시장 가설을 고수하는 것은 롱텀캐피털이나 공포 지수 ETN의 창안자, 옵션 매도자와 같은 사람들 그리고 '매수 후 보유' 전략을 옹호하는 사람들이 종 모양의 랜덤 정규분포에 부합하지 않을 때 발생할 수 있는 극단적인 위험을 무시하도록 설득한다.

두꺼운 꼬리 – 추세 추종 매매의 이면에 있는 과학

두꺼운 꼬리, 즉 여러 타임프레임에서 나타나는 시장의 극단적인 가격 변동은 추세 추종 매매의 개념을 입증할 뿐만 아니라 추세 추종 매매를 금융 시장에서 가장 중요한 이례적인 현상으로 만든다.

랜덤워크 이론과 효율적 시장 가설 이론의 주장에도 불구하고, 시장은 완전히 효율적이지도 않고 완전히 무작위적이지도 않다. 추세가 발생한다. 추세는 분명 존재한다. 추세는 분포의 가장자리에 겹겹이

앉아 매매되기를 원한다. 투자자는 과거 가격을 활용해 매수와 매도 신호를 만들어 미래 가격을 예측하는 매매 전략을 개발할 수 있다. 그것을 할 수 있는 방법을 찾는 것이 우리가 할 일이다.

두꺼운 꼬리 – 지금까지 나눈 우리 이야기의 교훈

두꺼운 꼬리의 교훈은 당연하게도 우리가 잡아야 할 추세가 있다는 것이지만, 또 그만큼 중요한 것은 우리가 시장의 극한의 역경을 존중하고 예상치 못한 상황을 기대하는 법을 배워야 한다는 점이다. 시장에는 극단적인 가격 변동이 발생하는데, 많은 사람들이 예상하는 것보다 더 자주 발생한다. 따라서 항상 놀랄 준비를 하고 또 놀랄 준비를 해야 하며, 절대로 손절매 계획이 없는 상태로 매매해서는 안 된다. 또한 옵션을 매도하여 손쉬운 프리미엄 수익을 챙기려는 유혹을 뿌리쳐야 한다. 옵션 매도가 몇 년 동안 꾸준한 수익을 제공할 수도 있지만, 단 한 번의 매매에서 모든 것을 빼앗을 수 있고, 심하면 더 많은 것을 빼앗을 수 있다. 프리미엄 수익을 노리는 옵션 매도자는 (도로 공사용) 증기 롤러 앞에서 동전을 줍는 사람이라고 상상하면 된다. 절대로 좋은 결말을 맞을 수 없다. 손쉬운 프리미엄 수익은 생각도 하지 않는 것이 가장 좋다!

하지만 여기서 우리의 목적을 위해, 과학은 추세 추종 매매의 유용성을 입증하는 두꺼운 꼬리의 존재를 보여주었다. 여러 타임프레임에 걸쳐 극단적인 가격 변동이 발생한다. 그것들은 존재한다. 그것을 포착하기 위한 합리적인 추세 추종 매매 전략을 개발하는 것이 우리가 할 일이다.

그렇다면 왜 모두 추세를 따라 매매하지 않는가?

당신이 무슨 생각을 하는지 안다. 통계학이 반박할 수 없는 두꺼운 꼬리의 존재로 인해 항상 추세 추종 매매가 승리할 것을 증명한다면, 왜 모든 투자자가 추세를 따르지 않고, 또 모든 추세 추종 투자자가 그것으로 돈을 벌지 못하는가? 좋은 질문이다. 의심할 여지 없이 많은 사람들이 다음과 같은 오래된 진실을 들어왔다.

추세를 따라 매매하라, 추세는 당신의 친구다.

그럼에도 불구하고, 나는 추세를 따라 매매하려는 많은 사람들이 그렇게 하지 못한다는 것을 알고 있다. 필자의 책《주식투자 절대지식》에서 논의하는 투자자 실패의 원인은 여러 가지가 있다. 하지만 지금까지 추세 추종 매매의 유용성을 검증하기 위해 과학을 이용했으므로, 왜 그렇게 많은 사람들이 그토록 어렵게 생각하는지 설명하기 위해 다시 한번 과학을 이용하겠다.

그것은 종 모양 곡선과 관련이 있다. 더 구체적으로 말하면, 그것의 구조와 관련이 있다. 비록 두꺼운 꼬리가 발생하는 것이 추세 추종자들에게는 멋진 일이지만, 그것들의 발생 빈도는 일반적인 작은 가격 변동보다 훨씬 적다.

대부분의 가격 변동은 평균으로부터 표준편차의 2배(95%) 내에서 발생한다는 점을 기억하라. 가장 큰 어려움은 많은 가격 변동이 일어난 뒤에야 '종 모양' 곡선이 보이기 시작한다는 것이다. 그 결과, 추세 추종 투자자들은 잦은 손실을 통해 어려움을 겪어야 하고, 그런 다음에야 두꺼운 꼬리의 극단적인 변동에서 승리를 누릴 수 있다. 시장은 산소만 있어도 존재할 수 있지만, 우리의 매매는 그럴 수 없다. 따라서 투자자의 자본이 충분하지 않거나 0%의 파산 위험으로 매매하지 않는다면, 그들은 모든 매매 손실을 보상하기에 충분한 극단적인 꼬리 사건이 발생하기 훨씬 전에 투자 자본을 고갈시킬 것이다.

따라서 두꺼운 꼬리의 과학은 추세 추종 매매가 실패할 수 없다는 것을 증명하는 반면, 거의 완벽한 종 모양 정규분포 곡선 아래 있는 수많은 손실을 감당해야 하는 어려움을 설명해준다. 대부분의 투자자들은 잦은 손실 때문에 견디기가 매우 어렵다. 불가능하지는 않지만, 정말 어렵다. 그러나 0%의 파산 위험을 가능하게 하는 합리적인 자금 관리와 결합된 잘 설계되고 지속성이 있는 긍정적 기대치를 가진 추세 추종 매매 전략으로 다양한 포트폴리오에 걸쳐 매매한다면, 몇 번의 큰 승리를 누리기 전에 수많은 손실을 보는 투자자에게 큰 도움이 될 것이다.

이제 우리가 두꺼운 꼬리의 과학이 추세 추종 매매를 지지한다는 것을 알았으니, 이제는 '돈'을 봐야 할 때다. 물론 과학을 이해하는 것도 매우 좋은 일이지만, 과학을 아는 것이 돈을 벌어주지는 않는다.

이제 추세 추종 매매가 돈을 벌 수 있다는 증거를 찾아보자.

추세 추종 매매의 매력—돈을 벌 수 있다는 증거

가격 변동의 분포, 무작위성 그리고 효율성에 관한 이야기가 나오기 전부터, 시장은 구매자와 판매자 사이에서 상품과 서비스의 교환을 쉽게 하려고 존재해왔다. 몇몇 시장은 수 세기 동안 존재해왔다.

많은 사람들이 추세 추종 매매의 유용성을 조사하기 위해 오랫동안 데이터를 수집하고 또 수집했다. 오늘날에는 시장 초과 이익을 얻는 일에서 추세 추종 매매의 유용성을 뒷받침하는 연구가 산처럼 쌓여 있다.

여기서는 그 증거들을 모두 살펴보기보다 두 개의 출처를 말하고자 한다.

첫 번째는 앨릭스 그레이저맨(Alex Greyserman)과 캐스린 카민스키(Kathryn Kaminski)가 쓴 《관리된 미래의 추세 추종 매매(Trend Following with Managed Futures: The Search for Crisis Alpha)》(Wiley Trading, 2015)다. 책 제목의 '관리된 미래'라는 말에 놀라지 마라. 이것은 추세 추종 매매에 관한 책이다. 추세 추종 매매의 역사와 성과, 투자 포트폴리오에 적용하는 방법에 관한 내용을 담고 있다. 이 책은 개인투자자들이 아니라 기관투자자들과 기금 운용자들을 겨냥한 것이다. 통계와 표로 가득 차 있어서 읽기에는 약간 건조하다. 그러나 학구적인 내용에도 불구하고, 내가 생각하는 추세 추종 매매의 성과에 대한 가장 포괄적이고 심층적인 정보를 제공한다. 이 책은 추세 추종 매매의 근거와 이점에 대한 빈틈없는 설명을 제공한다. 통찰력이 있다. (800년의 역사를) 잘 연구했고, 잘 쓰였다. 다만 추세 추종 매매 전략을 어떻게 전개할지에 대한 책은 아니다. 아이디어를 얻으려 하지 않고 추세 추종 매매의 성과를 뒷받침하는 데이터를 자세히 보고 싶어 하는 당신을 위한 책이다. 매우 설득력이 있다.

그레이저맨과 카민스키는 1200년부터 2013년까지의 기간에 그들이 활용할 수 있는 84개의 주식, 채권, 상품 및 통화 시장을 조사했다. 그들은 가격이 과거 12개월 수익률을 넘어서는지 혹은 밑도는지에 따라 장기 또는 단기 포지션의 위험 규모를 설정했다. 비교 성과는 표 3-6에 요약되어 있다.

매수 후 보유 전략과 추세 추종 전략의 성과 통계
(기간: 1223~2013)

	매수 후 보유 포트폴리오	추세 추종 포트폴리오
연평균 누적 수익률	4.8%	13.0%
연환산 표준편차	10.3%	11.2%
샤프 지수	0.47	1.16

표 3-6 추세 추종 전략은 지난 800년 동안 매수 후 보유 전략보다 훨씬 수익성이 높을 뿐만 아니라, 샤프 지수로 측정한 위험 조정 성과도 훨씬 우수했다.(앨릭스 그레이저맨, 캐스린 카민스키, 《관리된 미래의 추세 추종 매매》) ⓒ John Wiley & Sons)

그들의 추세 추종 매매 전략의 연평균 누적 수익률은 13%였고, 연간 변동성은 11.2%, 샤프 지수(한 단위의 위험 자산에 투자하여 얻는 초과 이익의 정도를 나타내는 지표 – 옮긴이)는 1.16이었다. 반면에 매수 후 보유 전략은 연평균 누적 수익률이 4.8%에 불과했고 변동성은 10.3%, 샤프 지수는 0.47이었다. 추세 추종 매매의 위험 조정 성과는 매수 후 보유 전략의 2배였다.

나는 이 책의 401페이지에 나오는 다음 구절이 그레이저맨과 카민스키의 발견을 가장 잘 요약해준다고 생각한다.

대략 800년의 시장 데이터를 사용하여 추세 추종 매매를 장기적인 관점에서 볼 수 있다. 경험적으로, 추세 추종 매매는 수 세기에 걸쳐 전통적인 자산 등급, 인플레이션, 금리 제도와의 낮은 상관관계뿐만 아니라 뚜렷한 수익과 높은 샤프 지수를 제공해왔다. 이 전략은 위기의 기간에 지속적으로 긍정적인 성과를 제공하며, 그 성과는 시장의 분산과 관련이 있는 것으로 보인다. 포트폴리오 관점에서 추세 추종 매매를 60/40 포트폴리오(주식에 60%와 채권 40%로 구성된 포트폴리오 – 옮긴이) 같은 전통적인 포트폴리오와 결합하면 위험 조정 성과가 크게 향상된다.

두 번째로, 2017년에 브라이언 허스트(Brian Hurst), 야오화우이(Yao Hua Ooi), 라세 헤제 페데르센(Lasse Heje Pedersen)이 개정 발표한 '추세 추종 투자의 100년 증거(A Century of Evidence on Trend-Following Investing)'라는 제목의 논문을 소개하고 싶다. 그들은 800년의 역사를 다루지는 않았지만, 자신들의 분석을 1880년까지 확장했다. 그들은 1880년에서 2013년 사이에 전 세계 67개 시장의 포트폴리오를 사용하여 연평균 14.5%의 수익률을 달성할 수 있었다고 판단했다! 또한 그들은 1880년 이후 10년마다 추세 추종 매매가 전통적인 자산들과 낮은 상관관계를 가지고 긍정적인 성과를 달성한다는 사실을 발견했다. 그들은 추세 추종 매매가 지난 세기 동안 가장 큰 금융 위기 열 번 중 여덟 번에서 좋은 성과를 거두었다는 사실을 발견했다. 마침내 그들은 추세 추종 매매가 호황과 불황(경기 침체), 전쟁과 평화, 저금리와 고금리 환경, 낮은 인플레이션과 높은 인플레이션 환경 등 모든 시장 사이클에서 좋은 성과를 낸다는 점을 발견했다.

지금까지는 그럭저럭 괜찮다.

수많은 논문(또는 책)이 추세 추종 매매의 성과에 대한 충분한 경험적 증거를 제공하는 반면, 두꺼운 꼬리의 과학은 추세 추종 매매를 추구하는 것의 유용성을 검증한다.

주의 사항

여기서 주의 사항 한 가지만 말해야겠다. 추세 추종 매매로 돈을 벌 수 있다는 증거를 보여주는 논문이나 잘 쓰인 책이 아무리 설득력이 있다 해도, 시뮬레이션에 의한 손익 그래프가 받는 것과 똑같은 비판을 받을 수 있다는 점이다. 만약 당신이 이미 데이터를 가지고 있다면, 이 데이터를 가지고 사후적으로 그럴듯한 전략을 만들기는 쉽다. 투자자들이 과도한 최적화와 데이터 체리피킹의 함정에 빠질 수 있는 것처럼, 학계도 마찬가지 함정에 빠질 수 있다.

오해하지 마라. 나는 추세 추종 매매를 뒷받침하는 모든 경험적 증거를 환영한다. 하지만 나는 현실주의자가 되고 싶고, 대부분의 경험적 논문이 시뮬레이션에 의한 손익 그래프처럼 사후적인 분석이라는 것을 인정한다.

곧 알게 되겠지만, 시뮬레이션에 의한 손익 그래프는 다양한 수준의 유용한 증거를 제공하는 여러 가지 형태와 크기로 나타날 수 있다. 대부분의 시뮬레이션 손익 그래프는 속성 변숫값에 의존하는 취약한 구조다. 그것이 제공할 수 있는 유일한 증거는 투자자가 매매 아이디어를 과거 데이터에 맞추는 데 성공한 최적화와 데이터 체리피킹의 결과물이다. 이는 추세 추종 매매 전략에 따라 사후에 긍정적인 결과를 도출하는 데 성공한 학술 연구 논문과 비슷하다.

이 모든 것은 표본 내 데이터와 표본 외 데이터로 귀결된다.

경험적 연구와 매매 전략 검토에 모두 사용할 수 있는 가장 좋은 데이터는 표본 외 데이터다. 그것은 전략 또는 아이디어를 개발하거나 생각한 이후에 발생한 데이터를 말한다.

손실을 짧게 하고 이익을 길게 가져가는 데이비드 리카도의 통찰은 전체적인 관점에서 1800년 이후의 추세 추종 매매 전략의 일반적인 테스트를 뒷받침하고 검증한다. 하지만 악마는 디테일에 숨어 있다. 손실을 짧게 하고 이익을 길게 하는 의도적인 전략이 모든 시간에 통용되지 않는 한, 그런 전략을 개발하려는 시도는 과도한 최적화와 데이터 체리피킹이라는 비판을 면하지 못할 것이다. 물론 손실을 짧게 하고 이익을 길게 하는 아이디어는 1800년 이래로 알려져왔다. 하지만 진입 시점과 청산 수준을 찾는 데 사용되는 바로 그 아이디어가 이전에 누군가에 의해 명확하게 설명되지 않았다면, 그것은 추세 추종 매매의 장점을 찾아내려는 연구자나 투자자에 의한 단순한 요행이었을 수도 있다. 그리고 만약 요행이 아니더라도, 가장 인상적인 결과를 도출하는 데 사용된 다양한 변수가 사후에 최적화된 결과일 수도 있다. 간단히 말해서, 과도한 최적화의 산물일 수도 있다는 의미다.

연구 논문의 통찰력과 학문적 성과에도 불구하고, 학자들의 분석은 과도한 최적화나 데이터 체리피킹이라는 비판의 표적이 될 수도 있다.

따라서 추세 추종 매매에 대한 긍정적인 메시지는 환영해야겠지만, 고개를 들어 눈을 크게 뜨고 그런 연구 결과가 표본 내 데이터에 의한 것인지 혹은 표본 외 데이터에 의한 것인지 분명히 확인해야 한다. 만약 그것이 표본 외 데이터에 의한 것이라면 엄지손가락을 치켜세워도 좋다. 만약 표본 내 데이터뿐이라면, 완벽하게 보이기만 하는 시뮬레이션에 의한 손익 그래프가 아닌지 의심해봐야 한다.

지금까지 정규분포, 종 모양 곡선, 이론 및 두꺼운 꼬리에 대한 너무나 긴 이야기에 대해 사과하고자 한다. 하지만 분명하고도 큰 매력 중 하나인, 추세 추종 매매가 왜 돈을 벌 수 있는지에 대한 훌륭한 통찰이 여러분에게 잘 전달되었기를 바란다.

다음으로, 추세 추종 매매가 매력적인 이유 중 하나로, 그것이 가장 좋은 훈련이라는 이야기를 하고자 한다.

최고의 훈련

지금까지 추세 추종 매매가 어떻게 돈을 벌 수 있는지에 대한 이면의 과학을 다루었다. 나는 또한 여러분에게 추세 추종 매매의 유용성을 입증하는 연구 결과들을 알려주었다.

추세 추종 매매의 또 다른 매력은 이것이 최고의 훈련이라는 점이다. 세계 최고의 펀드매니저 중 일부는 추세 추종 시스템 트레이더들이다. 제2장에서 언급했듯이, 바클레이헤지(BarclayHedge)에 따르면, 추세 추종 시스템 트레이더가 관리하는 자산은 1999년 220억 달러에서 2019년 2980억 달러 이상으로 증가했다. 바클레이헤지에 따르면, 이는 자유재량 트레이더에 비해 엄청난 성장인데, 같은 기간 동안 그들이 관리하는 자산은 80억 달러에서 120억 달러로 증가했을 뿐이다. 제2장의 그림 2-2를 참고하기 바란다.

만약 우리가 돈의 무게를 보증으로 받아들인다면, 추세 추종 매매는 확실히 최고의 훈련으로 여겨진다. 그리고 이것이 전문적인 추세 추종 시스템 트레이더에게 최고의 훈련이라면, 다른 사람들에게도 그럴까? 최고를 따른다는 것은 부끄러운 일이 아니다!

다른 사람에 의한 정보를 하나 더 말하고자 하는데, 바로 마이클 코벨(Michael Covel)의 《추세 추종 전략(*Trend Following*)》(Wiley Trading, 2017)이다. 코벨은 추세 추종 매매의 이점을 잘 설명할 뿐만 아니라, 추세를 따라 매매하는 세계 최고의 투자자들에게 뛰어난 통찰을 제공한다.

코벨의 책에서 몇 가지 예를 들면, 추세를 따라 매매하는 것으로 탁월한 수익을 올린 다음과 같은 펀드매니저들이 있음을 알 수 있다.

- 윈턴 캐피털(Winton Capital)의 데이비드 하딩(David Harding)
- 던 캐피털(Dunn Capital Management)의 빌 던(Bill Dunn)
- 존헨리 컴퍼니(John W. Henry & Co.)의 존 헨리(John W. Henry)
- 에드 세이코타(Ed Seykota)
- 캠벨 컴퍼니(Campbell & Co.)의 키스 캠벨(Keith Campbell)
- 체서피크 캐피털(Chesapeake Capital Management)의 제리 파커(Jerry Parker)
- 에이브러햄 트레이딩(Abraham Trading Company)의 세일럼 에이브러햄(Salem Abraham)

이들 최고의 펀드매니저들은 그들의 모든 결과가 표본 외 데이터를 기반으로 하는 것이므로, 추세 추종 매매의 이점을 확실하게 입증한다. 그들의 성과물이 실제로 그들의 계좌 잔고로 직결되었기 때문에 표본 외 데이터라고 말할 수 있는 것이다. 그들의 성과는 시뮬레이션된 손익 그래프를 근거로 하는 것이 아니다. 그들은 좋은 이익을 얻기 위해 시장에서 실제로 자신들의 추세 추종 매매 전략을 사용했다. 모든 수익은 그들의 전략이 개발된 이후에, 진짜 돈을 갖고 표본 외 데이터에서 직접 매매하여 올린 것이다.

따라서 이들 펀드매니저들은 추세 추종 매매가 최고의 훈련이라는 아이디어를 지지할 뿐만 아니라, 그들의 성과는 추세 추종 매매가 돈을 잘 벌 수 있다는 증거를 표본 외 데이터에서 보여준다.

추세 추종 매매가 매력적인 또 다른 이유는, 그것이 매매 과정을 단순화하기 때문이다.

매매 프로세스를 단순화한다

추세 추종 매매는 매매를 원하는 모든 사람에게 힘든 일이다. 경험 있는 사람에게도 마찬가지다.

앞에서 나는 해답이 나오지 않은 온갖 질문들로 세상이 얼마나 혼란스러운지 논한 바 있다. 그것은 모든 투자자가 겪는 질문들이다. 유럽, 북미, 아시아가 직면하고 있는 주요 과제에 대한 매크로 관점에서부터 시장, 상품, 타임프레임, 매매 기법에 이르는 미시적 관점까지 다양한 질문이 있다. 투자자는 진입, 손절매, 이익 실현에 대한 세부 사항에 이르기까지 무수한 선택과 결정의 순간을 겪어야 한다.

때로는 너무 많은 결정을 내려야 하는 것처럼 보일 수도 있다. 완전한 매매 계획이 없다면, 투자자에게는 대답해야 할 질문들이 너무 많다. 거기에 압도당할 수도 있다. 하지만 나는 완전한 매매 계획을 채택하는 것이 그 과정을 단순화하는 데 도움이 된다고 생각한다. 그리고 내 생각에, 추세 추종 매매 전략을 채택하는 것은 전체 프로세스를 훨씬 더 단순화할 수 있다.

너무 많은 선택 – 어떤 시장에서 매매할 것인가?

대부분의 투자자에게 첫 번째 선택은 어떤 시장에서 매매할 것인가에 관한 것이다. 선호하는 시장을 선택하기란 쉽지 않다.

일부 신규 투자자 혹은 경험이 풍부한 투자자들도 자신이 매매할 적절한 시장을 선택하기 전에 글로벌 시장의 성장에 대한 세계관을 개발할 필요가 있다고 생각할 수도 있다. 글로벌 시장의 성장은 확장될 것인가 아니면 축소될 것인가? 그것이 결과적으로 다양한 시장에 어떤 영향을 미칠 것인가? 부동산, 주식, 채권 혹은 상품 시장 중 어느 쪽이 승자가 될 것인가?

지역별로 적절한 시장을 성공적으로 선택하기 위해 개별 국가들에 대한 관점을 개발할 필요가 있다고 생각하는 사람들도 있을지 모른다. 이전에 내가 제기했던 질문은 다음과 같다.

- 유럽연합은 지속할까?
- 미국이 부채와 적자를 감당할 수 있을까?
- 중국이 추세 성장으로 돌아올까?
- 일본이 인구 문제의 해결책을 찾을까?

- 관세와 함께 전면적인 통화 및 무역 전쟁이 전개될까?
- 코로나바이러스 대유행 이후 세계가 정상으로 회복될까?

긍정적이거나 부정적인 결과가 나왔을 때 다양한 시장에 미칠 수 있는 영향은 무엇인가?

어떤 사람들은 시장에서 성공하기 위해서는 금융 위기가 일어날지 아닐지, 그리고 만약 일어난다면 언제, 어디에서 발생하고 어떤 시장이 이익을 얻거나 불이익을 당할지에 대한 견해를 개발할 필요가 있다고 생각할 수도 있다. 또 어떤 사람들은 적절한 시장을 성공적으로 선택하기 위해 자신들이 생각이 깊은 사람으로 발전하고, 훈련된 경제학자들보다 더 정확하게 예측하는 사람이 되기를 바란다.

수많은 질문들이 있다.

매매하기에 적절한 시장과 기업을 식별하고 선택하는 것은 너무나 벅차고 실망으로 가득한 일이다. 그들이 선택할 시장이나 기업이 예상대로 성과를 낼 것이라는 보장은 없다. 사실 시장의 극한의 역경은 그들이 선택한 시장과 기업이 예상과는 반대로 가도록 만들 가능성이 충분하다!

하지만 질문은 포트폴리오 구축에서 멈추지 않는다.

너무 많은 선택 – 어떤 매매 기법을 사용할 것인가?

적절한 시장을 선택하고 나서 답해야 할 질문은 거기에 진입할 타이밍을 어떻게 정하느냐다. 그들은 언제 사고, 언제 팔아야 하는가? 이것은 쉽게 답할 수 있는 질문이 아니다. 시장을 선택하는 것과 마찬가지로, 투자자가 시장 진입 시기를 결정하는 여러 가지 선택이 있다.

첫째, 기본적 분석을 사용할 것인지 기술적 분석을 사용할 것인지, 혹은 둘의 조합을 사용할 것인지 결정해야 한다. 기술적 분석을 선택한다면 어떤 부류를 선택하여 연구하고 실행할 것인지를 결정할 필요가 있지 않을까? 예를 들어 그들은 다음의 것들을 고려해야 한다.

- 주기
- 패턴 인식
    - 차트 패턴
    - 캔들 차트
- 계절 요인
- 점성술
- 달의 위상
- 조수(潮水)의 리듬
- 다우 이론
- 엘리엇 파동 이론
- 갠 이론
- 시장 프로파일
- 피보나치 분석
- 프랙탈
- 신성 기하학
- 추세선
- 측정을 위한 지표 분석

- 가격 지표

- 추세 지표

- 회귀 지표

- 모멘텀 지표

- 센티멘털 지표

- 변동성 지표

- 거래량 지표

으악!

그리고 이것은 단순히 기법을 선택하는 문제가 아니다! 왜냐하면 많은 기법들이 돈을 벌지 못하기 때문이다. 투자자의 90% 이상은 손실을 보므로, 위에서 언급한 기법의 90% 이상이 돈을 벌지 못한다고 말할 수 있다. 한마디로 지뢰밭이다. 투자자가 이 중 어떤 기법을 받아들인다면 자신에게 운이 따르기를 바라야 할 것이다.

기법을 선택한 후에는 분석, 주문 준비, 진입, 손절매, 이익 실현을 어떻게 할 것인가의 문제가 여전히 남는다. 할 일이 너무 많고 혼란스럽다. 어떤 시장에서 매매할 것인가? 어떤 전략을 사용할 것인가? 언제 매매하고, 어디에서 진입하고, 어디에서 손절매와 이익 실현을 할 것인가? 투자와 매매에 대한 불안과 혼란이 너무 많지만, 추세 추종 투자자가 되기로 결심했을 때는 그렇지 않다.

추세 추종 매매는 단순화한다

추세 추종 매매의 핵심적인 이점은 투자 또는 매매 결정을 단순화한다는 것이다.

추세 추종 투자자는 개별 시장이나 기업을 판별하기보다는 유동성이 풍부한 분산된 포트폴리오로 매매를 한다. 어떤 시장이나 기업을 다른 것들보다 더 많이 매매할지를 선택하는 것과 관련된 스트레스가 없다. 금보다는 원유를, 애플보다는 넷플릭스를 택하느라 잠 못 이루는 일이 없다. 글로벌 성장이 확대될지 위축될지, 그것이 시장에 미칠 영향이 무엇인지 결정할 때 생기는 불안감이 없다.

추세 추종 투자자가 되면 투자의 비밀을 풀어야 하는 압박이 사라진다. 그것은 경제학자처럼 생각하라는 압박을 없앤다. 글로벌 매크로 변수의 동향을 파악해야 하는 부담을 없앤다. 시장이 움직이는 이유를 이해해야 한다는 압박을 없앤다. 시장을 깊이 분석해야 한다는 부담을 없앤다. 승자를 고르고 패자를 피해야 한다는 압박을 없앤다. 불확실성과 머뭇거림을 제거한다. 어떤 특정 시장에 대한 특별한 관점을 강요하지 않는다. 당신은 매도 포지션을 취할 수도 있으므로, 항상 매수 포지션을 취해야 하는 경직성도 없다.

우리가 알고 있는 바와 같이 추세 추종 매매는 어렵지만, 상대적으로 단순하다.

글로벌 성장에 대한 관점을 키우는 것에 대한 고민이 없다. 당신은 그저 유동성이 풍부한 여러 시장에 분산하여 매매하면 된다.

유럽, 미국, 중국, 일본을 괴롭히는 큰 문제들에 대한 해답을 찾는 것에 대한 고민이 없다. 당신은 그저 유동성이 풍부한 여러 시장에 분산하여 매매하면 된다.

다음 금융 위기나 감염병 대유행을 예견하는 것에 대한 고민이 없다. 당신은 그저 유동성이 풍부한 여러 시장에 분산하여 매매하면 된다.

예측에 대한 고민이 없다. 당신은 그저 유동성이 풍부한 여러 시장에 분산하여 매매하면 된다.

시장 선택을 둘러싼 고민이 없다. 당신은 그저 유동성이 풍부한 여러 시장에 분산하여 매매하면 된다.

패자가 아니라 승자를 선택해야 한다는 고민이 없다. 당신은 그저 유동성이 풍부한 여러 시장에 분산하여 매매하면 된다.

개별 시장에 대한 걱정은 더 이상 없다.

언제 사고, 언제 팔아야 할지를 결정하기 위해 적절한 기술적 분석 기법을 선정해서 배워야 하는 고민이 없다. 당신은 그저 다음 세 가지 추세 추종 매매의 황금 원리를 적용하기만 하면 된다.

- 추세를 따른다.
    - 시장이나 기업의 가격이 올라가고 있을 때 매수한다.
    - 시장이나 기업의 가격이 내려가고 있을 때 매도한다.
- 손실은 짧게 한다.
- 이익은 길게 유지한다.

시장이 움직이는 이유를 이해하려고 노력해야 할 고민이 없다. 당신은 그저 추세를 따르기만 하면 된다.

일부 시장이 왜 실패하는지 이해하려고 노력해야 할 고민이 없다. 당신은 그저 손실을 짧게 멈추기만 하면 된다.

돈을 벌고 있는 포지션을 최적의 타이밍에 정리해야 할 고민이 없다. 당신은 그저 이익이 지속되도록 놔두기만 하면 된다.

말했다시피, 추세 추종 매매의 또 다른 강력한 매력은 투자와 매매 과정을 아주 많이 단순화시킨다는 점이다.(그림 3-19)

추세 추종 매매의 마지막 매력은, 그것이 매우 어렵다는 점이다.

추세 추종 매매는 어렵다

믿거나 말거나, 나는 개인적으로 추세 추종 매매를 성공적으로 수행하기 어렵다는 사실에 매력을 느낀다. 당신에게도 이것이 매력적이기를 바란다.

만약 추세 추종 매매가 쉽다면, 모든 사람들이 그것을 할 것이고 아마 두꺼운 꼬리가 사라질지도 모른다. 열 번의 매매에서 예닐곱 번의 손실을 보는 것은 어려운 일이다. 이것이 수많은 개인투자자들을 나가떨어지게 만든다. 추세 추종 매매는 비교적 단순하지만, 잦은 손실 매매를 감당하는 것은 심리적으로나 재정적으로나 어려운 일이다. 심리적으로 어려운 것은, 손실 후에 또 손실을 보고 또 손실을 거듭하는 기억들이 영혼을 파괴하기 때문이다. 재정적으로 이것을 감당하려면, 당신은 분산된 시장 포트폴리오에서 매매를 할 수 있어야 하고, 추세 추종 매매가 가하는 고점 대비 하락을 견딜 만큼 충분한 투자 자본을 갖고 있어야 한다. 고점 대비 하락과 추세 추종 매매는 떼려야 뗄 수 없는 관계이고, 낮이 지나면 밤이 오듯 자연스러운 것이다. 많은 개인 투자자들이 불가피하고 지속적인 고점 대비 하락을 감당하지 못한다.

나에게는 그런 이유가 추세 추종 매매를 매력적으로 만든다. 많은

추세 추종 매매

추세 추종 투자자는 분산된 시장 포트폴리오를 매매한다.
추세 추종 투자자는 자신의 매매 계획을 고수한다.
추세 추종 투자자는 돈을 벌기 위해 시장이 어디로, 왜 움직이는지 알 필요가 없다.
추세 추종 투자자는 그저 추세를 따르기만 하면 된다.

추세 추종 투자자의 첫 번째 장점

돈을 번다-세계 최고의 투자자나 펀드매니저들을 보라.

추세 추종 투자자의 두 번째 장점

투자의 비밀을 밝혀낼 필요가 없다.	자신의 매매 계획을 따른다.
경제학자처럼 생각할 필요가 없다.	자신의 매매 계획을 따른다.
글로벌 매크로 관점을 만들 필요가 없다.	자신의 매매 계획을 따른다.
시장이 움직이는 이유를 이해할 필요가 없다.	자신의 매매 계획을 따른다.
시장을 깊이 분석할 필요가 없다.	자신의 매매 계획을 따른다.
항상 맞아야 할 필요가 없다.	자신의 매매 계획을 따른다.
승자를 골라야 한다는 압박이 없다.	자신의 매매 계획을 따른다.
패자를 피해야 한다는 압박이 없다.	자신의 매매 계획을 따른다.
불확실성과 머뭇거림을 없앤다.	자신의 매매 계획을 따른다.
더 좋은 시장을 선택하라는 압박을 없앤다.	자신의 매매 계획을 따른다.
특정 시장에 대한 집중을 없앤다.	자신의 매매 계획을 따른다.
매수 포지션만 취하는 경직성이 없다.	자신의 매매 계획을 따른다.

그림 3-19 추세 추종 매매는 투자와 매매 과정을 단순화한다.

사람들이 실패하는 곳에서 성공하는 것은 명예로운 일이다. 당신도 많은 사람들이 어려움을 겪는 분야에서 성공하기 위해 노력해야 한다. 너무 어렵다거나(이것은 그들에게 진실이다) 효과가 없다면서(이것은 뻔뻔한 거짓말이다) 많은 사람들이 손쉬운 선택을 하는 곳에서 당신이 얼마나 단호할 수 있는지를 보여줄 기회다.

나는 당신이 도전을 받아들이고 많은 사람들이 실패하는 곳에서 성공하는 데 필요한 회복력과 결단력을 보여주기를 권한다.

요약

추세 추종 매매가 왜 그렇게 매력적인지 잘 이해했기 바란다. 2세기가 넘도록 알려졌다는 것은 그것이 우리가 따를 만한 지속성이 있는 전략이라는 사실을 증명한다. 두꺼운 꼬리의 과학은 그것이 돈을 벌 수 있다는 것을 증명하고, 수많은 연구 논문은 만장일치로 그것을 수익성 있는 기법으로 선언한다. 전문가들은 이를 최고의 훈련으로 받아들이고 있으며, 꾸준히 시장을 이기면서 고객의 자산을 불려주는 세계적으로 유명한 펀드매니저들이 많이 있다. 투자와 매매 프로세스를 단순화하고, 이를 철저히 준수하는 것은 전문 투자자에게 가치 있는 도전 과제다. 따라서 나는 모든 사람들이 추세 추종 매매는 확실한 방법일 뿐만 아니라 가치 있고 수익성 있는 매매라는 사실에 고개를 끄덕이기 바란다.

하지만 추세 추종 매매를 추구해야 할 모든 명백하고 좋은 바로 그 이유 때문에 대부분의 개인투자자들이 이를 수행하는 데 실패한다는 것을 분명히 말해두고자 한다!

그렇다, 이것이 바로 개인투자자에 대한 냉철한 진실이다. 스윙 트레이더 혹은 역추세 트레이더와 마찬가지로 그들 대부분은 돈을 잃는다. 내가 말한 바와 같이, 수많은 손실이 개인투자자들을 어렵게 하지만, 다른 많은 요인들 역시 그들을 어렵게 만든다. 하지만 내가 여러분에게 추가적인 관점을 제시하기 전에, 대다수 사람들이 매력적인 요소들에도 불구하고 어떻게 추세 추종 매매에 실패하는지에 대한 몇 가지 통찰을, 왜 추세가 존재하는지에 대한 이유를 말하고자 한다.

제4장

추세는 왜 존재하는가?

혼란의 시대

추세가 존재하는 이유에 대해서는 많은 의견이 있다. 한편으로는, 추세의 존재를 설명하는 데 어려움을 느끼는 이론을 가진 학자들도 있다. 반면에 추세의 존재를 뒷받침하는 많은 경험적 증거들이 있다. 결국 추세의 존재는 어떤 이론적인 금융 모델에도 잘 들어맞지 않는다. 따라서 추세의 확실한 존재에도 불구하고, 왜 그것이 발생하는지에 대한 적절한 설명은 없다.

랜덤워크 이론에 따르면, 시장은 무작위적이며 가격 변동은 이전의 가격 변동과 아무런 관련이 없다. 과거와 현재의 가격 사이에 연속적인 상관성이 없다. 추세가 없는 것이다. 우리가 알고 있는 바와 같이, 효율적 시장 가설은 모든 시장이 빠르고 효율적이며 모든 가용 정보를 정확하게 반영하여 적절한 가격이 형성된다고 믿는다. 모든 정보가 이미 시장 가격에 효율적으로 반영되어 있기 때문에, 투자자들은 미래 가격을 예측하기 위해 현재의 정보를 사용할 수 없다. 추세가 없는 것이다.

하지만 그들의 반대에도 불구하고, 두꺼운 꼬리 모양의 분포로 증명된 것처럼 추세는 분명 존재한다.

행동 금융학

이런 이례적인 분포를 기반으로, 금융 시장에 대한 수학적 관점에 도전하는 또 다른 금융 이론 분야가 있다. 랜덤워크 이론과 효율적 시장 가설이 여전히 지지를 받고 있지만, 행동 금융학이라고 부르는 새로운 모델이다.

행동 금융학은 인간의 행동에 대한 관찰에 기초한다. 그것은 경제학에 심리학을 접목해 투자자들의 비합리적인 결정을 설명하는 것으로 보인다. 이 이론은 행동적 편향과 인지적 편향 같은 심리적 요인이 투자자들에게 영향을 미치고, 투자자들이 받는 정보를 제한할 뿐만 아니라 왜곡시킨다고 믿는다. 이러한 왜곡은 때때로 그들이 잘못되거나 비이성적인 결정을 내리면서 레밍(lemming, 먹이를 찾아 집단으로 이동하며, 많은 수가 한꺼번에 죽기도 하여, 이들이 집단으로 벼랑에서 뛰어내려 자살한다는 믿음이 있음. 군중 심리로 인해 비이성적, 비합리적인 행동을 하는 경우를 비유하는 대상으로 많이 언급된다 - 옮긴이)처럼 행동하게 할 수 있다.

투자자들은 감정이 재정적 결정에 영향을 미친다는 것을 안다. 우리는 시장에서 항상 그것을 본다. 우리는 우리의 두려움과 탐욕이 어떻게 우리의 의사 결정에 큰 혼란을 일으키는지 보고 느낀다. 자신만 소외되는 것을 두려워하는 군중의 탐욕이 거품을 더 높은 곳까지 밀어올리기 때문에, 우리의 행동이 얼마나 집단적으로 가격을 정상의 한계를 훨씬 뛰어넘게 만드는지 잘 알고 있다. 우리는 우리의 두려움이 얼마나 집단적으로 가격을 더 낮추는지도 알고 있다. 의심할 여지 없이 두려움과 탐욕은 시장 가격에 영향을 미친다. 행동 금융학은 이러한 사실을 인정한다.

행동 금융학은 모든 정보가 효율적이고, 빠르고, 정확하게 흡수되기 때문에 사람들이 합리적인 결정을 내린다는 믿음을 받아들이기보다는 시장이 사람들의 감정에 의해 영향을 받는다고 믿는다. 주된 감정은 두려움과 탐욕이다. 이 이론은 감정이 항상 이성적일 수는 없다고 믿는다. 사람들은 온갖 종류의 형태와 크기의 감정이 있을 뿐만 아니라 다양한 심리적 믿음, 편견, 이상향을 지니고 있다. 행동 금융학에 따르면, 이러한 개별적인 특성들은 정보가 효율적이고, 빠르고, 정확하게 시장 가격에 반영되는 것을 지연시키고 방해한다.

행동 금융학의 핵심적인 시사점은, 사람들이 새로운 정보의 가격 반영을 늦추는 행동 편향을 가지고 있다는 것이다. 이것은 시장에 마찰을 일으킨다. 그리고 이 마찰이 추세를 영구화한다. 이러한 행동 편향은 우리 인간의 일부이며 때로는 그것이 우리와 잘 어우러질 수도 있지만, 또한 의도치 않게 우리를 레밍처럼 행동하게 할 수도 있고, 우리의 머리를 가누기보다는 당황하게 할 수도 있다.

행동 금융학에 따르면, 정보는 효율적이고, 빠르고, 정확하게 가격에 반영되지 않는다. 감정적인 존재로서의 우리, 당신과 나는 좋든 나쁘든 간에 인간의 '감정'을 떼어낼 수가 없다. 우리의 편향은 새로운 정보의 효율적이고 정확한 반영이 추세의 출현과 영구화를 받아들이도록 허용한다. 그들이 말하는 것은 우리가 조금 혼란스럽다는 것이다. 우리는 약간 느리고, 좀 더 흥분한다. 우리는 때때로 너무 활기가 넘친다. 우리는 때때로 부정한다. 우리는 인간이다. 우리는 이성적인 기계가 아니다. 그렇다, 우리는 도전을 받으면 지나치게 흥분하고 지나치게 당황하는 여섯 살짜리 아이의 내면으로 돌아가기도 한다.

따라서 이제 두 종류의 이론이 있다. (모든 정보는 효율적이고, 빠르고, 정확하게 가격에 반영되므로) 투자자가 이성적이라는 사실에 의존하는 전통적인 랜덤워크 이론 및 효율적 시장 가설, 그리고 (우리의 내재적 편향으로 인해 정보가 효율적이거나 신속하거나 정확하게 가격에 반영되지 않으므로) 투자자가 비이성적이라고 믿는 행동 금융학이 그것이다.

만약 우리가 합리적이라면, 모든 정보가 가격에 정확히 반영될 것이다. 투자자들은 미래의 가격을 예측하기 위해 기존의 정보를 사용할 수 없을 것이다. 가격이 펀더멘털과 일치하는 수준으로 빠르게 조정되기 때문에 추세는 존재하지 않을 것이다. 하지만 우리가 이성적이지 않고 그 반대라면, 우리의 개별적인 행동 편향은 가격 발견 과정을 늦춤으로써 정확한 가격 조정을 지연시킬 것이다. 새로운 정보에 대한 우리의 느리고 점진적인 반응은 추세가 나타나고 형성되도록 할 것이다.

따라서 그것은 당신이 스스로를 이성적이라고 믿느냐 혹은 비이성적이라고 믿느냐로 귀결된다. 흥미롭지 않은가?

당신의 개인적인 생각과 상관없이 행동 금융학은 적어도 랜덤워크 이론이나 효율적 시장 가설과는 달리 추세의 존재를 설명하려고 시도한다.

그러나 이러한 행동 편향을 살펴보기 전에, 행동 금융학이 (그 누구도 건드릴 수 없는 상아탑을 쌓아 올린) 학계로부터의 숱한 저항에 직면해 왔다는 사실을 말해야겠다. 누구도 그들이 저항하는 이유를 확실히 알지 못하지만, 많은 사람들은 행동 금융학이 충분히 '과학적'인 것이 아니기 때문이라고 의심한다. 많은 학자들이 그들의 전문 분야가 수학에 기반을 둔 과학으로 인정받기를 열망하고 있다. 그들은 행동 금융학을 충분히 현실적인 것으로 받아들이지 않는다. 그들은 이것이 원인과 결과를 검증하기 위한 통제된 실험이 거의 없는 철학에 가까운 것으로 본다. 그들은 이것이 너무 일반적이고, 너무 수상쩍고, 너무 모호하고, 너무 가볍다고 본다. 많은 투자 결정의 심리적 근거는 합리적으로 보이는 원칙에 의해 설명될 수 있지만, 그러한 원칙이 실제로 연구된 사건을 설명한다는 확실한 증거는 없다. 모든 것이 약간 모호하다.

어쨌든 그런 저항과 관계없이, 우리는 적어도 이러한 행동 편향을 살펴볼 수 있고, 왜 추세(두꺼운 꼬리)가 존재하는지 이해할 수 있다.

그림 4-1은 행동 금융학이 추세를 어떻게 설명하는지 보여준다.

행동 금융학은 우리의 인지적 편견이 가격 발견의 지연을 초래한다고 믿는다. 지연은 마찰을 일으키고, 이것이 다시 추세를 발전시킬 수 있게 한다. 이해가 되는가? 그들이 암시하는 것은 우리가 정보에서 느

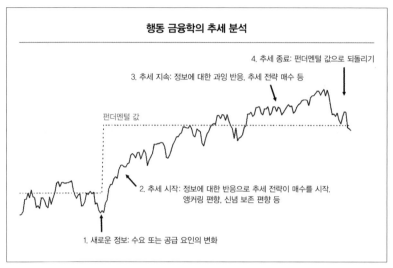

그림 4-1 여느 이론들과 달리 행동 금융학은 적어도 추세의 존재를 설명하려고 한다.

리게 진실을 본다는 것이고, 우리의 눈을 가리고 느리게 만드는 것은 우리의 인지적 편견이라는 것이다.

우리가 지니고 있는 이러한 편견들을 살펴보자. 그것은 시장에 들어오는 새로운 정보에 대한 우리의 늦은 반응에 책임이 있다. 그것은 우리가 새로운 정보에 대해 과소 반응하거나 과잉 반응하도록 만든다. 이로 인해 가격의 비효율성이 발생하여 정확한 가격의 발견을 지연시킨다. 시장 마찰은 가격 조정을 지연시키고, 이는 다시 추세가 발생한 다음 그것이 펀더멘털에 맞는 정확한 수준에 도달할 때까지 지속되도록 한다.

아직 자신을 알지 못했다면, 당신의 머리 주변에서 덜컹거리는 미묘한 변화를 소개하겠다. 이것들은 자칭 시장 전문가들의 뇌리를 휘감고 있는 것과 동일한 인지적 편견이다. 당신이 무시하기를 바랐던

말초적인 시장 참여자들 말이다. 그들이 일으키는 대혼란은 우리의 인지적 편견과 결합하여 추세를 지속시키는 데 도움이 된다. 자유재량 투자자로 성공하기 어렵게 만드는 우리의 인지적 편견은 과소 반응이나 과잉 반응으로 이어질 수 있다. 한번 살펴보자.

과소 반응

앵커링 편향

우리는 우리가 받은 첫 번째 정보에 우리의 견해를 고정하는 앵커링 편향(anchoring bias)을 갖고 있다. 우리는 마치 태어날 때 처음 본 것을 어미로 각인하는 오리와 같다. 우리는 우리가 획득한 첫 번째 정보에 집착하고, 새로운 정보에 의해 우리의 시각을 조정하는 것은 매우 느리다. 우리는 반응에 주저함으로써 가격이 새로운 정보에 반응하는 것을 느리게 만든다.

신념 보존 편향

우리 중 많은 이들이 다른 사람들보다 더 강한 종교적 믿음을 갖고 있다. 아마도 당신이 모르는 것은, 우리가 사용하는 매매 전략에 대한 강한 믿음도 만들 수 있다는 사실이다. 그 믿음은 너무 강해서 계속 나쁜 성과를 내고도 버티게 한다. 이것은 우리가 우리의 형편없는 전략과 모순될지도 모르는 새로운 정보를 무시하게 만든다. 나는 엘리엇 파동 이론에 너무 오래 집착했을 때 이것을 직접 겪었다. 돈을 잃는 전략을 고수하게 만드는 이러한 믿음을 신념 보존 편향이라고 한다. 그것은 우리가 새로운 정보에 너무 느리게 반응하게 하고, 가격이 새로운 정보에 느리게 반응하게 만든다.

확증 편향

우리는 모두 이런 편향을 갖고 있다. 우리는 사람들에 대한 편견을 갖고 있는데, 그들의 나쁜 성향에만 초점을 맞추고 그들의 좋은 성향에는 초점을 두지 않는다. 이를 확증 편향이라고 한다. 우리는 그들의 좋은 행동을 무시한 채, 그들에 대한 우리의 나쁜 감정을 확인시켜주는 그들의 나쁜 행동만 바라본다. 매매할 때도 마찬가지다. 우리는 우리의 입장을 확인하는 정보만 찾는 경향이 있다. 그에 모순되는 뉴스나 정보는 무시한다. 만약 우리가 금을 매수했다면 새로운 금광의 발견을 알리는 뉴스는 무시하고 법정화폐의 종말을 다룬 불안한 뉴스에만 관심을 기울일 것이다. 이것은 우리가 새로운 정보에 느리게 반응하게 하고, 가격이 새로운 정보에 과소 반응하게 하며, 추세가 나타나게 한다.

보수적 편향

우리는 습관의 창조물이고 나이 들수록 우리의 습관은 더욱 굳어진다. 보수적으로 변해가는 것이다. 우리는 일상의 변화에 저항한다. 아마 나는 페이스북을 하지 않는 지구상의 마지막 인간일지도 모른다. 나는 온라인 중개업자로 바꾸기 전에 오랫동안 머뭇거렸다. 투자자로서의 우리는 모두 똑같다. 우리는 새로운 정보 앞에서 망설이는 경향이 있다. 우리는 뉴스를 이해하고 반응하는 것이 빠르지 않다. 이러한 망설임도 결국엔 행동으로 바뀌겠지만, 우리는 모두 각자 다른 시기에 행동하기 때문에 더 많은 투자자들이 뉴스에 반응하기 시작하면 추세가 나타날 수 있다.

손실 회피 편향 혹은 처분 효과

투자자들은 나쁘게 잃는다. 우리는 모두 같은 경험이 있다. 우리는 손실을 보는 매매에 필요 이상으로 집착한다. 손실을 확정시키는 것을 싫어하기 때문이다. 우리는 고통을 싫어한다. 우리는 '평가 손실'에는 개의치 않지만, 실제로 손실을 확정하는 것은 싫어한다. 우리의 마음속에는 그것이 실제 고통이기 때문이다. 이러한 손실 회피 편향은 우리가 매수 포지션을 취하고 있을 때 매도에 대한 압력을 제거함으로써 하락 추세가 더 오랫동안 지속되도록 한다. 만약 우리가 집단적으로 더 일찍 포기했다면, '손절매'는 가격이 펀더멘털과 일치하는 수준까지 도달하는 시간을 단축시키는 데 도움이 되었을 것이다.

반면에 우리는 나쁘게 벌기도 한다. 우리는 모두 이익을 보는 포지션을 너무 일찍 정리하는 경험을 해본 적이 있다. 우리는 이익을 확정하고 싶어서 그런 행동을 한다. 이러한 조기 청산 압력은 상승 모멘텀을 약화시켜 가격이 새로운 펀더멘털과 일치하는 수준에 도달할 때까지 추세가 더 오랫동안 지속되도록 한다.

과잉 반응

군중 편향

우리는 군중을 사랑한다. 우리는 수용을 갈망하고 거절을 회피한다. 우리는 외톨이가 되는 것을 싫어하고 남과 다르게 보이는 것을 싫어한다. 이것이 바로 우리의 군중 편향이다. 투자자로서의 우리는 일치된 예측(컨센서스)을 사랑하고, 공감대가 주는 편안함과 조화를 좋아한다. 이 때문에 우리는 투자자로서 군중을 따르는 경향이 있다. 우리 같은 추세 추종 투자자에게는 좋은 일이다. 이것은 가격이 과잉 반응하여 펀더멘털을 넘어서는 수준까지 추세를 이어가게 한다. 이러한 군중 효과는 스스로 연료를 공급하고 버블을 만들 수 있다. 여러분도 이런 사실을 알고 있었을까? 나는 항상 중앙은행들이 버블을 일으킨다고 생각해왔다!

최신 편향

우리 중 다수는 머릿속에 있는 마지막 생각이나 마지막 경험으로 쉽게 영향을 받는다. 이를 '최신 편향'이라고 부른다. 매매를 할 때 우리는 더 오래된 것에 비해 최근의 가격 움직임을 더 중시하는 경향이 있다. 최근에 가격이 오르는 것을 보면, 우리는 가격이 계속 오를 것으로 예상한다. 이것은 가격이 과잉 반응하여 펀더멘털을 넘어서는 수준까지 추세가 이어지도록 만든다.

경로 의존성

행동 금융학과 함께 경로 의존성이라는 또 다른 아이디어가 금융에서 설득력을 얻고 있다. 이것은 추세가 존재하는 이유에 대한 또 다른 설명을 제공한다. 경로 의존성은 과거가 어떻게 결정에 영향을 미치

는지를 말하는데, 간단히 말하자면 역사의 중요성을 의미한다.

랜덤워크 이론은 가격 변동이 이전의 가격 변동과는 전혀 무관하다고 믿는다. 동전 던지기를 해보면 이것이 사실임을 알 수 있다. 하지만 시장의 가격에 대해서라면 그것을 확신할 수 없다. 경로 의존성의 관점에 의하면, 가격은 랜덤하게 움직이는 것이 아니라 경로 의존성을 갖고 있다.

경로 의존성은 과거를 기반으로 하는 관점의 지속적인 사용을 설명한다. 그것은 새로운 정보를 이용할 수 있게 되더라도 여전히 유효하다. 경로 의존성은 (우리의 보수적 편향과 유사하게) 새로운 정보를 사용하는 것보다 이전에 유지된 관점을 계속하기가 종종 더 쉬우므로 발생한다. 다시 말해서, 결정을 내릴 때 역사는 중요하다. 따라서 사람들이 그들의 역사에 근거한 기억을 갖고 있다면, 시장도 마찬가지다. 시장은 랜덤한 것이 아니라 경로 의존적이어서, 사람들이 이전의 가격 행동에 대한 기억을 갖고 있듯이 추세가 존재할 수 있고, 실제로 추세가 존재한다.

승자는 누구인가?

자, 이제 답이 나온 듯하다. 인정된 이론은 추세가 존재하지 않는다고 말하지만, 우리의 행동에 대한 경험적 증거와 새로운 통찰은 그것이 존재한다는 것을 암시한다! 아직도 골치가 아픈가? 글쎄, 나는 앞에서 추세 추종 매매를 둘러싼 소동이 '펀치와 주디 인형극'과 비슷하다고 말했었다!

나는 경제학이 딱딱한 과학이 아니라 인간적 요소를 계량화하기 어려운 복합적인 수학적 구조라는 것을 우리가 수용해야 한다고 생각한다. 불행히도, 모든 것을 하나로 묶을 수 있는 단 하나의 통일된 이론은 없다. 그러나 걱정하지 마라. 학자들 사이의 의견 불일치는 그들의 문제이고, 우리의 문제는 두꺼운 꼬리를 찾아 그것을 이용하는 것이다. 우리가 알고 있는 두꺼운 꼬리는 실제로 존재한다! 이에 대해서는 더 이상 논쟁할 필요가 없다!

요약

이제 우리는 과소 반응과 과잉 반응에 관한 우리의 행동적 특이성이 추세에 더 큰 영향을 미친다는 것을 알고 있으며, 왜 그토록 많은 사람들이 추세 추종 매매에 실패하는지에 대해 더 많은 것을 이해해야 할 때다. 추세의 존재와 이를 증명하는 과학적 데이터 사이에는 서로 맞지 않는 부분이 있다. 이제부터는 그 매력과 분명한 과학에도 불구하고, 어떻게 대다수의 사람들이 추세 추종 매매에 실패하는지에 대한 내 생각을 말하고자 한다.

제5장

왜 그렇게 많은 사람들이 실패하는가?

과학은 우리가 잃을 수 없다고 말한다

학계의 모델들이 주장하는 것과 달리, 많은 수의 과학은 극단적인 가격 움직임이 발생하고, 우리가 예상하는 것보다 더 자주 발생한다는 것을 보여준다. 가격은 랜덤이 아니며 정규분포를 따르지 않는다. 두꺼운 꼬리의 존재는 종 모양 곡선 이론에 커다란 흠집을 만들고 추세 추종 매매의 추구가 유용함을 입증한다. 추세 추종 매매는 돈을 벌 수 있다. 하지만 추세 추종 매매가 돈을 잃을 수 없다는 것을 과학이 증명했음에도 불구하고, 많은 사람들이 돈을 잃는다! 우리가 물어야 할 질문은 왜 그런가이다.

추세 추종 매매의 개요

이 질문에 답하기 전에, 나는 먼저 추세 추종 매매의 개요에 대해 말하고자 한다. 추세 추종 매매의 미묘한 의미를 진정으로 이해하는 데 도움이 될 것이다. 이것은 왜 그토록 많은 사람들이 과학이 뒷받침하는 것을 따라 하는 일에 실패하는지에 대한 아이러니를 확인하는 데 도움이 될 것이다.

추세 판단

몇 걸음 뒤로 물러나보자. 만약 내가 성공적인 거래를 위해 가장 자주 인용되는 격언이 무엇인가 물어본다면, 당신은 어떻게 대답할 것 같은가? 다음의 답이 떠오르는가?

추세와 함께 매매하라, 추세는 당신의 친구다.

이것은 성공적인 추세 추종 매매를 위한 제1의 실행 규칙이다.

(나는 더 높다고 생각하지만) 보수적으로 생각하여 모든 투자자 중 60%만 이 메시지를 이해했다고 가정해보자. 만약 그렇다면 왜 추세 추종 투자자의 90% 이상이 여전히 손실을 보는 것일까? 대부분의 투자자들이 성공적인 추세 추종 매매를 위한 제1의 실행 규칙이,

추세와 함께 매매하라……

임을 알고 있다면, 왜 그토록 많은 투자자들이 손실을 보는 것일까?

흥미롭지 않은가?

모든 투자자의 60% 이상이 추세와 함께 매매해야 한다는 것을 알고 있지만 모든 투자자의 90% 이상이 실패한다고 믿는다면, 그야말로 아이러니하게 들리지 않는가? 이것은 강한 단절이다. 대부분의 사람들이 추세와 함께 매매하는 것을 알고 있지만, 대부분의 사람들이 그렇게 하지 않음으로써 매우 이상한 일이 벌어지고 있다.

추세 추종 매매가 단순해야 하는 이유

그토록 많은 사람들이 실패를 경험하지만, 다음과 같은 세 가지 황금 원리를 실행한다면 추세를 따르는 매매는 간단할 것이다.

- 추세를 따라 매매한다.
- 손실을 짧게 자른다.
- 이익은 길게 유지한다.

데이비드 리카도와 다른 사람들 덕분에, 이 황금 원리는 2세기 넘게 알려져왔다. 그것들은 오래되고 지속성이 있을 뿐만 아니라 매우 간단하다. 모든 성공적인 추세 추종 매매 전략에는 이 세 가지 황금 원리가 전략의 규칙에 포함되어 있다. 이 원리들을 안다면 추세와 함께 매매하는 것을 아는 것이다. 쉽다! 추세 추종 매매는 이렇듯 간단하다. 그 이상도, 그 이하도 아니다. 만약 누군가 그렇지 않다고 말하면, 나는 다른 것이 무엇이 있는지 물을 것이다. 그러나 많은 사람들이 추세와 함께 매매하는 것에 실패한다.

추세 추종 매매에 관한 네 가지 중요한 관찰

이 개요를 완성하기 위해 나는 추세 추종 매매에 관한 다음의 매우 중요한 네 가지 관찰을 공유하고자 한다.

1. 추세 추종 매매는 가장 안전한 매매 방법, 즉 추세와 함께 매매하는 것이다.
2. 추세는 시장을 움직이며 모든 이익의 기초가 된다.
3. 추세 추종 투자자가 되는 것은 정말 비참하여, 당신은 매매의 67%에서 손실을 본다!
4. 추세와 함께 매매하는 두 가지 일반적인 방법은 다음과 같다.
   - 돌파 전략
   - 회귀 전략

첫째, 추세와 함께 매매하는 것이 가장 안전한 매매 방법이다. 반대로 하는 것, 즉 추세에 역행하는 매매는 시장의 본성을 거스르는 것이다. 저항이 가장 적고 이익이 가장 쉬운 방향으로 매매하는 것이 최선이다.

둘째, 시장은 추세가 있으므로 움직이는 것이다. 따라서 추세는 시장을 움직이며 모든 이익의 기초가 된다. 추세 추종 매매를 오래 고수할수록 큰 이익을 얻을 수 있는 잠재력이 커진다. 추세 추종 투자자들은 2주에서 2개월, 혹은 그보다 더 오랫동안 포지션을 유지할 수 있다.

셋째, 추세 추종 매매의 아이러니는 그것이 가장 안전한 매매 방법임에도 불구하고 가장 비참한 매매 방법이라는 것이다. 시장은 좀처럼 추세를 만들지 않기 때문에, 추세 추종 투자자는 통상 매매의 3분의 1에서만 이익을 얻을 것으로 예상된다. 결과적으로, 매매하는 시간의 67%는 손실을 보는 데 사용하게 된다! 나는 당신이 그러기를 희망하지만, 만약 당신이 추세를 따라 매매하고 싶다면, 그것이 비참한 현실이라는 사실을 받아들여야 할 것이다. 언제 당신에게 이익을 안겨줄지 알 수 없기 때문이다. 당신은 대부분의 시간을 고점 대비 하락 구간에서 보낼 것이다. 그건 정말 고통스러운 일이다. 우울하고 비참할 것이다. 요행도 바랄 수 없고, 하소연할 곳도 없다. 추세와 함께 매매하는 것은 끔찍하다. 나는 이런 사실을 끊임없이 언급해왔다.

그러나 지금까지 말한 세 가지 관찰을 받아들일 수 있다면, 당신은 추세 추종 투자자로 성공하기에 좋은 위치에 설 것이다. 만약 그렇게 할 수 없다면 매매에 관한 당신의 관심을 재고할 필요가 있다.

이제 마지막으로, 추세 추종 매매의 가장 일반적인 두 가지 접근법은 다음과 같다.

1. 추세의 방향으로 돌파할 때 매매하는 방법
   - 큰 추세를 절대 놓치지 않고
   - 손절매를 더 여유 있게 한다.
2. 추세의 방향으로 회귀할 때 매매하는 방법
   - 큰 추세를 놓칠 수 있고

- 손절매를 더 짧게 한다.

두 전략 모두 돈을 번다.

유명한 터틀 트레이더의 채널 돌파 전략처럼, 가격이 추세의 방향으로 상향 혹은 하향 돌파할 때 매매하는 방법은 추세와 함께 매매하는 성공적인 전략이다. 돌파 전략은 매수 포지션을 취하기 전에 가격의 조정을 기다리지 않는다. 또한 매도 포지션을 취하기 전에 하락 추세에서의 일시적인 반등이나 되돌림을 기다리지도 않는다. 그들은 상승 추세에서는 더 높은 가격에 매수하고, 하락 추세에서는 더 낮은 가격에 매도할 것이다. 가격이 돌파할 때 매매하는 것의 장점은 투자자가 절대로 큰 추세를 놓치지 않는다는 것이다. 가격이 추세 방향으로 돌파할 때 매매하는 것의 단점은 되돌림 전략에 비해 큰 폭의 손절매를 사용해야 한다는 것이다.

되돌림 추세 추종 매매는 시장에 진입하기 전에 시장이 잠시 추세를 멈추고, 상승 추세에서는 조정이 일어나고 하락 추세에서는 반등이 일어나기를 요구한다. 되돌림 추세 추종 매매의 단점은 시장이 아주 강한 추세에 들어설 때는 투자자가 진입 기회를 노릴 만한 조정이나 반등이 없을 수도 있다는 것이다. 되돌림 추세 추종 매매는 가끔씩 큰 추세를 놓칠 가능성이 있고 실제로도 그렇다. 하지만 되돌림 추세 추종 매매의 장점은 투자자가 훨씬 더 작은 폭의 초기 손절매를 사용할 수 있다는 것이다.

대부분의 사람들이 "추세와 함께 매매하라, 추세는 당신의 친구다"라는 격언을 들어봤을 것이고, 비록 비참한 현실일지라도 추세와 함께 매매한다는 것은 추세의 방향으로 매매하면서 손실을 짧게 하고 이익을 길게 하면 되는 간단한 것이다. 데이터에 기반한 과학은 당신이 추세를 따라 매매하면 절대 실패하지 않을 것이라고 말한다. 머리를 굴릴 필요가 없다!

왜 그토록 많은 사람들이 실패하는가?

추세 추종 매매가 그렇게 단순하고, 과학에 의해 뒷받침되고 그렇게 좋다면, 그토록 많은 사람들이 실패하는 이유는 무엇인가? 당신이 어떤 생각을 하는지 나도 잘 안다. 그것이 그렇게 쉽고 훌륭하다면 왜 그렇게 많은 사람들이 그토록 어려워할까?

많은 사람들이 추세 추종 매매에서 실패하는 두 가지 광범위한 이유가 있다. 앞에서 각각에 대해 언급한 적이 있지만, 다시 한번 검토하는 것도 나쁘지 않을 듯싶다(나는 반복을 좋아하는 사람이라고 이미 말했다).

1. 종 모양 곡선 – 이런 분포가 추세 추종 매매를 어렵게 하고
2. 투자자 – 무지가 항상 승리한다.

종 모양 곡선 – 추세 추종 매매를 어렵게 하는 구조

우리는 이제 통계가 우리에게 추세 추종 매매가 효과 있음을 보여주지만, 모든 투자자가 그 방법을 사용하는 것은 아니며, 추세를 따르려는 모든 투자자가 돈을 벌지는 못한다는 것을 안다. 수수께끼 같은 일이다. 한편으로는 추세 추종 매매가 돈을 잃을 수 없다는 명확한 과학적 자료가 있지만, 다른 한편으로는 추세 추종 매매를 저주하는 실패한 투자자의 안타까운 무리가 있다. 혼란스러운가? 먼저 명확하고 과학적인 데이터가 어떻게 추세 추종 매매에서 성공하기 힘들게 하는지 알아보겠다. "추세 추종 투자자가 되는 것은 비참한 현실"이라는 나의 명제를 기억하는가? 맞다, 그것은 종 모양의 곡선에 관한 문제, 정확히는 구조의 문제다.

우리는 정규분포의 종 모양 곡선을 보고 두꺼운 꼬리를 가리키며 학자들을 비웃고 흐뭇해한다. 비록 학자들이 볼 수 없더라도 우리는 그 두꺼운 꼬리를 볼 수 있다. 맞다, 그것은 추세 추종 투자자에게 요긴한 것이다. 하지만 우리는 수익률의 완전한 분포를 인정하지 않고는 학자들을 지적하거나 비웃고, 학자들보다 우월하다고 느낄 수 없다. 두꺼운 꼬리는 추세 추종 매매를 흥미롭게 만든다. 그러나 극단적인 '두꺼운 꼬리'를 만드는 수익률보다는 완전한 (종 모양) 분포를 구성하는 수익률이 훨씬 더 많다. 평균으로부터 표준편차의 1배, 2배, 3배 내에서 발생한 많은 수익률(가격 변동)이 있다. 작고 무작위적이며, 짜증스럽고, 지치게 하고 영혼을 파괴하는 상승과 하락의 수익률이 아주 많다. 엄청나게 많은 양과 음의 수익률이 종 모양 곡선 아래에 있다. 그것은 시장이 항상 추세를 형성하지는 않기 때문에 존재한다. 우리가 파악한 '좁고 높은 봉우리'는 시장이 평균 회귀를 향해 끊임없이 오르내림을 반복하고 있으며, 범위가 제한되고 무수한 거짓 돌파가 발생하고 있음을 보여준다. 거짓 돌파와 그로 인해 바닥난 계좌는 추세 추종 투자자의 마음을 아프게 한다.(그림 5-1)

추세 추종 투자자들에게 어려움을 주는 종 모양 구조

대부분의 매매는
작은 이익과
작은 손실을 만든다.

적은 수의 매매가
큰 손실을 만든다.

적은 수의 매매가
큰 이익을 만든다.

◄─── 손실   이익 ───►

그림 5-1 종 모양 곡선을 이루려면 시장의 작은 움직임이 아주 많아야 하는데, 이것은 추세 추종 투자자들에게 좌절감을 주고 힘들게 한다.

이것이 추세 추종 투자자를 그토록 비참하게 만드는 이유다

그리고 이것은 추세 추종 투자자가 열 번의 매매 중 예닐곱 번의 손실을 보는 이유이기도 하다. 그들은 커다란 '두꺼운 꼬리'의 승리를 맛보기 전에 엄청난 수의 손실을 겪어야 한다. 그것은 정말 힘들다. 또한 그것은 영혼만 힘들게 하는 것이 아니라, 계좌의 잔고도 힘들게 만든다. 투자자들은 그들이 감당해야 하는 수많은 손실과 중개 수수료를 지불하기 위해 자신들이 무엇을 하고 있는지 알아야 한다. 그들에게는 합리적인 자금 관리가 필요하다. 0%의 파산 위험으로 매매하고 있는지 확인해야 한다.

한편으로는 두꺼운 꼬리를 가진 종 모양 곡선이 장기적으로는 추세 추종 매매가 승리할 수 있다는 것을 확실히 증명하지만, 다른 한편으로는 단기적으로나 중기적으로 보았을 때 매우 어려운 도전이라는 사실도 함께 보여준다. 투자자들이 헤쳐나가야 할 많은 고난이 있는데, 이는 대부분의 추세 추종 투자자에게 심리적으로나 재정적으로 어려운 문제다.

종 모양 곡선은 한 손으로는 어루만지면서 다른 한 손으로는 두들겨 팬다!

그토록 많은 추세 추종 투자자들이 실패하는 또 다른 이유는 그들 자신이다.

투자자 – 무지는 항상 승리한다

투자자들이 실패하는 가장 중요한 이유는, 그들이 0%가 넘는 파산 위험으로 매매하기 때문이다. 성공하려는 최선의 의도에도 불구하고, 무지는 항상 의지를 꺾을 것이다. 파산 위험을 무시하거나 피할 방법은 없다. 그것은 무시되거나 부인될 수 없는, 움직일 수 없는 불멸의 힘이다. 파산 위험은 분명 존재하고, 현실이며 치명적이다. 파산 위험의 포장을 풀면, 파산 위험에 맞서는 두 개의 핵심 무기인 자금 관리와 기대치를 발견할 수 있다.

1. 부실한 자금 관리: 대부분의 사람들이 합리적인 자금 관리를 이

용하지 못하고 계좌 규모에 비해 과도한 매매를 한다. 그들은 투자 자금의 분할 수를 너무 적게 해서 개별 매매의 파산 위험을 0% 이상으로 올리고 결국 스스로를 재정 파탄으로 몰고 간다.

2. 부실한 매매 전략: 대부분의 투자자가 표본 외 데이터에서 우상향하는 손익 그래프를 만들 수 있는, 지속성이 있는 긍정적인 양의 기대치를 가진 전략을 갖고 있지 않다. 그들은 데이터 체리피킹과 과도한 최적화라는 쌍둥이 악마의 희생양이 되어 불안정하고 가변적이며 우하향하는 손익 그래프를 만드는 음의 기대치를 가진 전략을 갖고 있으며, 그것이 0%가 넘는 파산 위험과 재정적 파탄의 원인이 된다.

부연하자면 나쁜 마음가짐이나 빈곤한 심리도 투자자의 실패 원인이 될 수 있다. 하지만 필자의 《주식투자 절대지식》을 읽어본 사람이라면, 내가 자금 관리와 매매 전략에 이어 심리적인 문제를 세 번째 중요한 요소로 꼽는다는 사실을 알 것이다. 맞다, 나쁜 심리는 투자자의 실적에 영향을 미칠 수 있지만, 내가 생각하기에 그 영향력은 부실한 자금 관리와 부실한 매매 전략이 끼치는 피해에 비하면 상대적으로 작은 수준이다. 게다가 만약 여러분이 부실한 자금 관리와 매매 전략을 모두 고친다면, 심리적인 문제가 주는 어려움을 줄이는 데 큰 도움이 될 것이라고 나는 믿는다.

이 셰익스피어의 비극 같은 매매 실패 드라마의 주인공은 바로 그들 자신, 투자자들이다. 그리고 그들이 몰락하는 원인이 되는, 투자자의 가장 큰 단점은 그들 자신의 무지다.

파산 위험이 무엇인지에 대한 무지와, 파산 위험이 그들의 성패에 중요한 역할을 한다는 것에 대한 무지다.

무지는 항상 최선의 의도를 물리칠 것이다. 지식과 경험을 습득하면 매매는 간단한 일이 되지만, 쉽지는 않다. 지식과 경험의 혜택이 함께해도 말이다.

적절한 지식이 없는 사람들은, 추세와 함께 매매하려는 최선의 의도에도 불구하고 실패할 것이다. 그들은 승리자들의 총알받이가 된다. 그들은 무심코 투자 자금을 너무 적은 수로 분할하여 매매하거나, 그렇게 적은 투자 자금 분할 수와 결합했을 때 0%보다 큰 파산 위험을 만드는 부정적인 기대치의 전략으로 매매하는데, 이는 그들의 실패를 보장할 뿐이다. 그들은 행복에 겨워 앞에 무엇이 기다리고 있는지도 모른 채 죽음을 향해 매매한다. 그들은 일반적으로 매매의 잘못된 면을 선택하는데, 손실을 보는 매매에서 너무 늦게 빠져나오고 이익을 보는 매매에선 너무 일찍 빠져나온다.

추세 추종 매매의 수익성을 입증하는 명확하고 과학적인 데이터에도 불구하고, 대다수의 추세 추종 투자자가 손실을 본다. 우리는 그 이유가 무엇이냐는 질문을 던졌고, 그에 대한 답이 그들의 무지라는 것을 알았다. 그들은 자신이 0%보다 큰 파산 위험을 갖고 매매한다는 것을 모른다. 그 값이 아무리 작아도 0%보다 큰 파산 위험은 치명적이다. 더 낮은 파산 위험을 가진 투자자는 더 큰 파산 위험을 가진 투자자보다 좀 더 오래 살아남을 것이다. 하지만 단지 사형 집행을 늦추는 것일 뿐이다. 사형 선고가 없어지는 것은 아니다. 투자자는 0%

의 파산 위험으로 매매를 시작해야 하며, 전략의 손익 그래프가 0%의 파산 위험을 유지할 수 있을 정도로 안정적이기를 바라야 한다. 만약 그렇게 한다면 그들은 살아남을 것이고, 추세가 왔을 때 그 이익을 즐길 수 있을 것이다.

그러나 불행히도 대부분의 투자자들은 자신의 무지로 인해 파산 위험 이론도 모를 뿐만 아니라 자금 관리와 매매 전략을 고려한 자신의 파산 위험을 알지 못한다.

그들은 적절한 매매 지식이 부족하기 때문에 파산 위험에 대해 알지 못하고, 자신의 개인적인 파산 위험을 계산하는 방법도 모른다. 그들은 주관적인 변수에 의존하는 매매 전략이 어떻게 자신을 전략 개발의 두 가지 악마인 데이터 체리피킹과 과도한 최적화의 희생양으로 만드는지 알지 못한다.

데이터 체리피킹은 투자자가 자신의 전략이 가장 잘 들어맞는 시장만을 검토하고 매매할 때 발생한다. 그것은 한물간 체리피킹이다. 데이터 체리피킹은 전략이 강건하다는 잘못된 희망을 준다.

과도한 최적화는 투자자가 너무 많은 규칙과 필터 혹은 변수를 전략에 포함시켜 그림같이 완벽한 과거 손익 그래프를 만들 때 발생한다.

데이터 체리피킹과 과도한 최적화는 투자자의 파산 위험을 0% 이상으로 상승시키는 주요 원인이다. 매매 개시 시점에 전략의 기대치가 0%의 파산 위험을 제공할 수 있을 정도로 긍정적이라는 것을 알았다 하더라도, 지표와 같은 주관적인 변수에 의존하는 전략을 사용했을 때 어떻게 잠재적으로 손익 그래프의 모양을 변화시킬지 알지 못한다. 주관적인 변수에 의해 변하는 손익 그래프는 투자자의 파산 위험을 0% 이상으로 끌어올릴 수 있다.

이제 무지가 어떻게 자신을 드러내는지를 정리하고 요약해보겠다. 투자자는 다음과 같은 것을 통해 불리한 조건을 갖는다.

- 파산 위험에 대한 무지와
- 부실한 매매 전략으로 매매한다는 사실에 대한 무지

파산 위험에 대한 무지 – 단순한 수학임을 모른다

내가 또 반복해서 이야기한다는 걸 알지만, 이 아이디어는 내 성공의 핵심이므로 조금만 참아주기 바란다.

대부분의 추세 추종 투자자들은 그들이 0%를 초과하는 파산 위험을 안고 매매한다는 단순한 이유로 실패한다. 그들은 파산 위험의 개념에 무지하기 때문에 그런 매매를 한다. 그들은 성공하는 데 적절한 매매 지식이 부족하다. 그들은 매매에서 성공하고자 하는 모든 사람들이 우선은 살아남아야 한다는 것을 알지 못한다. 0%의 파산 위험으로 매매를 해야 한다.(그림 5-2)

파산 위험 = F(투자 자금 분할 수, 전략의 기대치)

그림 5-2 파산 위험은 투자자가 매매하는 투자 자금 분할 수와 전략이 가진 기대치로 만들어지는 함수다.

올바른 지식을 갖게 되면 파산 위험이 무엇인지, 그리고 자신만의 파산 위험이 어느 정도인지 계산하는 방법을 알 수 있다. 0%의 파산 위험으로 매매하는 수학을 알고 이해하게 될 것이다. 파산 위험에 대항하는 두 개의 핵심 무기가 자금 관리와 긍정적인 양의 기대치임을 알게 될 것이다. 그들은 자금 관리라는 것이 투자자가 매매에 사용할 수 있는 투자 자금의 분할 수를 의미한다는 것과, 그것이 0%의 파산 위험을 유지하기에 적절한지 아닌지를 알게 될 것이다. 그들은 긍정적인 기대치가 예비 신호, 진입 시점, 손절매 및 이익 실현을 아우르는 자신의 매매 전략에서 나온다는 것을 알게 될 것이다. 그들은 자신의 매매 전략에 따라 자신들이 부담해야 하는 위험 1달러당 몇 퍼센트의 기대치, 즉 수익률을 기대할 수 있는지 알게 될 것이다. 그들은 자신들이 매매에 사용하는 투자 자금의 분할 수와 매매 전략의 기대치, 즉 수익률을 결합할 때 자신이 파산에 이를 가능성에 대한 통계적 확률을 산출할 수 있음을 알게 될 것이다. 그들이 이것을 알게 되면 자신들이 우선 생존해야 하고, 그다음에 성공하기 위해 0%의 파산 위험으로 매매해야 한다는 사실을 알게 될 것이다.

또한 그들은 단순히 긍정적인 기대치를 갖는 전략으로 매매하기를 원할 뿐만 아니라 안정적이고 우상향하는 손익 그래프를 갖는, 지속성이 있는 긍정적인 기대치를 가진 전략으로 매매하기를 원할 것이다. 그들은 표본 외 데이터에서 우상향하는 손익 그래프를 만드는 것을 방해하는 두 개의 악마가 데이터 체리피킹과 과도한 최적화라는 사실을 알게 될 것이다. 그들은 과도한 최적화 없이도 개별적인 파산 위험이 0%를 유지하는 동시에 데이터 체리피킹을 피하는 추세 추종 매매 전략을 설계하는 방법을 알게 될 것이다.

하지만 대다수의 추세 추종 투자자들이 이런 적절한 매매 지식을 모르고 있다는 것이 불행한 진실이다. 그들은 너무 적은 수의 투자 자금 분할 수로 무심코 매매를 하고 적절한 기대치를 최선의 전략이라 믿고 매매를 하지만, 결국 자신의 매매 지식이 부족했고 철저한 검토 없이 과도한 최적화를 했으며 손익 그래프가 위아래로 변동이 심하며, 파산 위험을 0% 이상으로 만드는 정도의 기대치를 가진 매매 전략을 개발했다는 사실을 배우게 될 것이다.

너무 적은 투자 자금 분할 수와 지나치게 과도한 최적화가 된 전략은 특정 시점에 0%를 초과하는 파산 위험을 만들어낸다. 그 값이 얼마든 0%보다 큰 파산 위험은 투자자가 언젠가는 파멸에 이를 것을 보장하는 상수이며, 유일한 변수는 그것이 언제냐는 것뿐이다.

아주 간단히 말해서 매매의 수학은 0%의 파산 위험으로 매매하는 것이다.

파산 위험에 대한 자세한 정보는 필자의 《주식투자 절대지식》을 참고하기 바란다.

기대치에 대한 무지 – 자신의 전략을 모른다

파산 위험에 대항하는 두 개의 핵심 무기는 자금 관리와 기대치다. 《주식투자 절대지식》에 자금 관리에 대한 광범위한 내용이 담겨 있으므로, 여기서는 두 번째 핵심 무기인 기대치에 좀 더 집중하겠다. 기대치는 투자자의 매매 전략에서 나온다. 이번 장이 끝날 때쯤에는 왜 그토록 많은 사람들이 추세 추종 매매에 실패하는지에 대한 통찰이 여러분에게 전달되었기를 바란다. 나는 왜 그토록 많은 투자자들이 자기도 모르는 사이에 낮은 기대치 혹은 음의 기대치를 가진 전략으로 매매하여 결국에는 파산 위험이 0%를 초과하도록 만들고 스스로를 파산에 이르게 하는지 보여주고자 한다. 투자자들은 자신이 사용하는 전략의 기대치가 어떤 것인지, 긍정적인 기대치인지, 낮은 기대치나 혹은 음의 기대치인지 알지 못한다.

부실한 전략으로 매매하는 것에 대한 무지－쓰레기가 들어가면 쓰레기가 나온다

대부분의 사람들이 부실한 매매 전략을 개발하고 그것으로 매매하지만, 정작 그러한 사실을 깨닫지 못한다.

만약 당신이 나처럼 두꺼운 꼬리가 존재한다는 과학을 수용한다면, 이는 추세 추종 매매의 유용성을 수용하는 것이며, 성공적인 추세 추종 매매는 추세를 판별하고 손실은 짧게 하며 이익은 길게 유지하는 것 이상도 이하도 아니라는 사실과, 추세 추종 매매는 네 개의 핵심 단어, 즉 추세, 되돌림, 손절매, 이익 실현으로 분류된다는 사실을 수용하는 것이다. 만약 그렇다면, 그리고 대부분의 투자자가 0%를 초과하는 파산 위험을 만드는 낮은 기대치나 음의 기대치를 보여주는 부실한 매매 전략을 갖고 있다면, 대부분의 투자자가 부실한 추세 추종 전략이나 평균 회귀 전략, 부실한 손절매 혹은 이익 실현 전략을 갖고 있다는 사실을 믿어야 한다. 그렇지 않은가?

간단히 말해서 쓰레기가 들어가면 쓰레기가 나올 수밖에 없다.

다른 방식으로 설명해보자.

유감스럽게도 우리는 투자자의 90% 이상이 손실을 본다는 것을 경험으로 알고 있다. 이제 우리는 그들이 단지 0%를 초과하는 파산 위험으로 매매하기 때문에 실패한다는 것을 안다. 파산 위험에 대항하는 핵심 무기는 전략의 기대치이므로, 그들이 사용하는 매매 계획의 90%가 부실하거나 낮은 기대치 혹은 음의 기대치를 갖고 있다고 가정할 수 있다. 매매 계획의 90%가 부실하다면, 그런 매매 계획을 개발하는 데 사용되는 도구의 90%가 부실하다는 것을 의미한다. 앞에서도 말했듯이, 쓰레기가 들어가면 쓰레기만 나온다.

따라서 독자 여러분에게 가장 큰 시사점은 이용 가능한 대부분의 매매 도구를 크게 경계해야 한다는 것이다. 사용 가능한 매매 도구의 90% 이상이다! 따라서 과학이 입증함에도 불구하고 왜 그토록 많은 사람들이 추세 추종 매매에서 실패하느냐에 대한 질문은 다음과 같이 재구성되어야 한다.

사용 가능한 매매 도구의 90%가 그토록 부실한 이유는 무엇인가?

이에 대한 나의 대답은 단 한 단어로 충분하다. 가변성.

지표를 무용지물로 만드는 가변성

매매 도구의 대부분은 지표다. 지표는 단연코 가장 인기 있는 도구다. 다양한 매매 플랫폼과 차트 프로그램에서 사용할 수 있기 때문에 편리하게 선택된다. '가변성'이 지표에 (결국 추세 추종 투자자에게) 어떤 영향을 미치는지 분석하고 설명하기 위해, 나는 '반전 추세 전략(Retracement Trend Trader)'이라고 부르는 지표 기반 매매 전략을 만들었다. 반전 추세 전략은 대부분의 투자자가 사용하는 가장 인기 있는 지표들을 포함한다. 나는 나중에 나의 손익 그래프 안정성 검토법에 따라 반전 추세 전략을 분석함으로써 왜 그토록 많은 추세 추종 투자자가 실패하는지에 대한 통찰을 얻을 수 있는지 알아볼 것이다.

하지만 그전에 먼저, 어떤 지표가 가장 인기 있는지 알아보자.

인기 있는 지표들

투자자들이 전략을 개발하는 데 도움을 주는 지표는 수백 개가 있다. 그중 몇 가지를 그림 5-3에 요약했다.

참고로 그림 5-3은 전체 목록이 아니다.

일반적으로 지표 혹은 매매 도구는 시장 구조의 특정 부분을 판별하는 데 도움이 되도록 설계되었다. 이동평균, 이동평균 수렴 확산 지수(MACD)와 같은 지표는 추세를 판별하기 위해 고안되었다. 상대 강도 지수(RSI), 스토캐스틱, 피보나치 비율(Fibonacci ratio)과 같은 지표는 추세의 되돌림을 포착하도록 고안되었다. 역전 혹은 발산 패턴과 같은 지표들은 추세의 소진이나 역전을 판별하도록 고안되었다. VIX 지수와 같은 지표는 추세의 반전으로 이어질 수 있는, 시장의 불안 심리가 극에 달했다는 것을 판별하기 위한 것이다. 볼린저밴드(Bollinger Bands®)와 같은 또 다른 지표는 변동성의 변화를 판별하도록 고안되었다.

모든 도구는 투자자가 시장 구조의 특정 부분을 판별할 수 있도록

Accumulation Distribution	Negative Volume
ADX	On Balance Volume
Aroon Oscillator	Parabolic SAR
ATR	Percentage Trailing Stops
Bollinger Bands	Pivot Points
Chaikin Money Flow	Positive Volume
Chaikin Oscillator	Price Comparison
Chaikin Volatility	Price Differential
Chandelier Exits	Price Envelope
CCI	Price Ratio
Coppock Indicator	Price Volume Trend
Chande Momentum Oscillator	Percentage Bands
Choppiness Index	Rainbow 3D Moving Averages
Candlestick Patterns	Rate of Change(Price)
Detrended Price Oscillator	Relative Strength
Directional Movement	Relative Strength Index(RSI)
Displaced Moving Average	Safezone Indicator
Donchian Channels	Simple Moving Average
Ease of Movement	Slow Stochastic
Elder Ray Index	Smoothed Rate of Change(SROC)
Equivolume Charts	Standard Deviation Channels
Exponential Moving Average	Stochastic Oscillator
Fibonacci Extensions	Trend Lines
Force Index	TRIX Indicator
Heikin-Ashi Candlesticks	True Range
Ichimoku Cloud	Twiggs Momentum Oscillator
Keltner Channels	Twiggs Money Flow
KST Indicator	Twiggs Smoothed Momentum
Linear Regression	Ultimate Oscillator
Least Squares	Stochastic RSI
Hull Moving Average	Twiggs Volatility
MA Oscillator	Twiggs Trend Index
MACD	Volatility
Mass Index	Volalility Ratio
Median Price	Volatility Stops
Momentum	Volume Oscillator
Money Flow Index	Weighted Moving Average
Moving Average	Wilder Moving Average
Moving Average Filters	Williams %R
Multiple Moving Averages	Williams Accumulate Distribute

그림 5-3 지표에 관한 한, 투자자들은 선택의 부족에 시달리지 않는다.

고안되었다.

선택할 수 있는 지표가 너무 많아서 지표를 탐색하고, 검토하고, 선택하고, 시도하거나 제거하는 과정이 투자자에게는 일반적으로 매우 어려운 일이다.

어떤 지표가 더 인기 있는지를 판단하는 데 도움이 될 만한 것으로, 폴 치아나(Paul Ciana)의 《기술적 분석의 새 지평(*New Frontiers in Technical Analysis*)》(Wiley, 2011)이 있다. 치아나는 2005~2010년에 블룸버그 프로서비스를 사용하는 대부분의 글로벌 투자자들에게 가장 인기 있는 네 가지 지표를 찾아냈다. 그 지표는 그림 5-4에 요약되어 있다.

가장 인기 있는 네 가지 지표

순위	지표	사용률
1	상대 강도 지수(RSI)	44%
2	이동평균 수렴 확산 지수(MACD)	22%
3	볼린저밴드(BOLL)	12%
4	스토캐스틱(STO)	9%

그림 5-4 2005~2010년에 블룸버그 프로서비스 사용자들에게 가장 인기 있는 네 가지 지표. 출처: 폴 치아나, 《기술적 분석의 새 지평: 매매와 투자를 위한 효과적인 도구 및 전략(*New Frontiers in Technical Analysis: Effective Tools and Strategies for Trading and Investing*)》(John Wiley & Sons, 2011)

네 가지 지표에는 두 개의 되돌림 지표, 하나의 추세 지표, 하나의 변동성 지표가 있다.

대부분의 투자자가 사용하는 가장 인기 있는 지표인 상대 강도 지수(RSI)에 대해 알아보겠다.

상대 강도 지수

상대 강도 지수(RSI, Relative Strength Indicator)는 1978년 웰스 와일더(J. Welles Wilder)가 개발했는데, 일정 기간의 가격 상승분과 하락분으로부터 현재 종가의 상대적 위치를 측정하는 되돌림 지표다. 이 지표는 과매수 혹은 과매도 조건을 찾는다. 과매수 혹은 과매도 수준이 각각 80%와 20%로 설정된 경우, 현재 가격이 80% 이상이거나 20% 미만일 경우 현재의 되돌림이 완료되고 가격이 반전될 가능성이 있음을 나타낸다.

따라서 RSI에는 두 개의 변수, 즉 지수 계산 기간과 과매수 및 과매도 수준이 있다.

치아나에 따르면, RSI는 블룸버그 프로서비스 사용자들에게서 가장 인기 있는 지표다. 가장 인기가 많으므로 나의 지표 기반 반전 추세 전략의 일부가 될 완벽한 후보였다. RSI(또는 모든 지표)의 '가변성'이 도구, 전략, 투자자 및 그들의 계좌에 어떤 피해를 줄 수 있는지 알아보기 위해 앞으로 반전 추세 전략을 간략히 검토할 것이다!

하지만 그전에 먼저, 나의 손익 그래프 안정성 검토법에 따라 전략을 평가하는 방법을 공유하겠다. 나는 전략의 손익 그래프(및 투자자의 파산 위험)가 매매하기에 충분히 안정적인지 판단하기 위해 이 검토법을 사용한다. 이에 대한 설명이 완료된 후에 반전 추세 전략을 살펴보겠다.

전략 지속성 검토

투자자들은 일반적으로 매매 방법에 대한 아이디어를 내는 데 문제가 없다. 투자자들이 겪는 어려움은 표본 외 데이터에서 우상향하는 손익 그래프를 만드는 지속성이 있는 전략을 개발하는 것이다. 그들은 대개 데이터 체리피킹과 과도한 최적화라는 전략 개발의 두 악마의 희생양이 된다. 이러한 과제를 해결하기 위해 합리적인 전략을 검토하고 개발하는 데 도움이 되는 검토 프로세스를 만들었다. 전략 검토에는 성공하는 전략의 핵심적인 특성이 포함된다. 간단히 말해 다음과 같은 것이다.

- 측정 가능성
- 지속성

측정 가능성

측정 가능성은 파산 위험을 계산할 때 중요하다. 예비 신호, 손절매 및 이익 실현에 대한 정확하고 객관적인 규칙이 없다면, 투자자는 증거 기반의 전략을 구축할 수 없을뿐더러 전략의 기대치와 투자자 자신의 파산 위험을 모두 계산하기 위한 과거 손익 그래프를 완성할 수 없다.

지속성

지속성은 데이터 체리피킹과 과도한 최적화를 방지하는 데 중요하다. 지속성은 표본 외 데이터에서의 성과와 같은 실제 증거 또는 우수한 설계 원칙을 따르는지와 같은 지표로 측정할 수 있다. 데이터 체리 피킹을 방지하기 위해서는 확장성이 중요하다. 강건한 지속성이 있는 전략은 가장 잘 맞는 단일 시장에서만이 아니라 다양하게 분산된 시장 포트폴리오에서 수익성이 있어야 한다. 우수한 설계 원칙을 따르면 과도한 최적화를 방지할 수 있다.

과도하게 최적화된 전략은 일반적으로 등락이 심한 손익 그래프, 기대치 및 파산 위험을 가지며 표본 외 데이터에서 저조한 성과를 보인다.

지속성 있는 전략은 일반적으로 등락이 완만한 손익 그래프, 기대치 및 파산 위험을 가지며 안정적으로 우상향하는 손익 그래프를 즐길 수 있고 가변성으로 고생하는 일이 거의 없다. 가변성이 적은 것은 투자자의 파산 위험을 0%로 유지하는 데 도움이 된다.

지속성 측정의 핵심 요소는 손익 그래프의 안정성 검토를 수행하는 것이다. 이 검토의 포괄적인 목적은 한 전략의 손익 그래프가 투자자의 파산 위험을 0%로 유지하면서 매매할 수 있을 만큼 안정적인지를 판단하는 것이다.

그림 5-5는 내가 사용하는 검토 방법을 요약한 것이다. 나의 지표 기반 반전 추세 전략을 검토하면서 각 구성 요소를 살펴보겠다.

이제 정말로 나의 반전 추세 전략을 소개할 시간이다.

전략	전략명

예비 신호

성공하는 전략의 속성

측정 가능성	기대치
	투자 자금 분할 수
	파산 위험

지속성		
	증거	표본 외 데이터에서의 성과

	특성	
	확장성	다양한 포트폴리오에서의 수익성
	우수한 설계 원칙	손익 그래프 안정성 검토
		지표에 사용되는 변수의 개수
		변수 조정의 개수
		가능한 손익 그래프의 개수
		손익 그래프의 등락 정도
		기대치의 등락 정도
		변수 조합 중 파산 위험이 0%를 초과하는 것이 있는가?
		손익 그래프가 매매할 수 있을 만큼 안정적인가?

그림 5-5 손익 그래프의 안정성 검토는 전략의 손익 그래프가 매매할 수 있을 만큼 안정적인지를 판단한다.

반전 추세 전략

'반전 추세 전략'은 이름에서 알 수 있듯이, 추세의 방향으로 매매를 시작하기 전에 가격의 되돌림을 기다리는 추세 추종 매매 전략이다. 이 전략은 중기(34일) 및 장기(250일) 추세를 판단하기 위해 두 개의

단순 이동평균을 사용한다. 되돌림을 판별하기 위해서는 10일 상대
강도 지수(RSI)의 과매수(>80%)와 과매도(<20%) 구간을 사용한다.
RSI에 의해 정의되는 되돌림 조건이 완성된 후에만 중기와 장기의 추
세 방향으로 매매를 시작한다. 진입은 예비 신호가 만들어진 봉을 돌
파할 때 발생하고, 최초 손절매는 예비 신호 또는 진입 신호가 만들어
진 봉에서 진입과 반대 방향으로 돌파할 때 발생한다. 이익이 나는 포
지션은 가장 가까운 스윙 포인트(직전 추세 방향의 고점 혹은 저점 - 옮긴
이)를 돌파할 때 이익 실현을 한다.

그림 5-6은 반전 추세 전략 매매의 예를 보여준다.

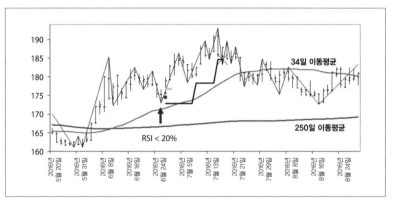

그림 5-6 반전 추세 전략은 추세의 방향으로 매매를 시작하기 전에 되돌림을 기다리는 전략이다.

반전 추세 전략은 간단한 전략이다. 이 전략은 단 세 개의 지표(그중
둘은 같은 종류)만 사용하고 네 개의 변수가 있다.

매매 규칙을 정리하면 다음과 같다.

규칙

전략명: 반전 추세 전략

개발 시점: 2015년

발표 시점: 2015년

타임프레임: 일봉

접근법: 추세 추종

매매 기법: 되돌림

매수/매도: 매수 및 매도

적용 시장: 전체 시장

사용 지표: 이동평균, 상대 강도 지수(RSI)

변수의 수: 4개

> 이동평균(34)
>
> 이동평균(250)
>
> RSI(10일, 80%)

변수 – 대칭성: 매수와 매도에 동일한 변숫값 사용

변수 – 적용: 모든 시장에 동일한 변수

규칙 수: 7개

매수 규칙

추세-중기: 상승-직전 종가가 34일 이동평균 위

추세-장기: 상승-직전 종가가 250일 이동평균 위

되돌림: RSI가 20% 아래

진입 신호: 직전 봉의 고점을 상향 돌파할 때(갭 시작 제외)

최초 손절매: 예비 신호 또는 진입 신호를 만든 봉의 저점 하향 돌파

추적 손절매: 스윙 포인트의 저점 돌파

매도 규칙

추세-중기: 하락-직전 종가가 34일 이동평균 아래

추세-장기: 하락-직전 종가가 250일 이동평균 아래

되돌림: RSI가 80% 위

진입 신호: 직전 봉의 저점을 하향 돌파할 때(갭 시작 제외)

최초 손절매: 예비 신호 또는 진입 신호를 만든 봉의 고점 상향 돌파

추적 손절매: 스윙 포인트의 고점 돌파

반전 추세 전략은 매매에 적합한가?

이제 당면 과제는 많은 투자자들이 왜 추세를 따라 매매하지 못하는지 이해하기 위해 이 일반적인 지표 기반의 추세 추종 매매 전략을 검토하는 것임을 기억하자. 우리의 이해를 돕기 위해 대부분의 투자자들이 사용하는 가장 인기 있는 지표인 상대 강도 지수를 포함시켰다. 이 예제를 이해하는 데 도움이 되도록 손익 그래프의 안정성 검토를 완료하겠다.(그림 5-5 참조)

측정 가능성

나의 검토 방식에 따르면, 나는 먼저 이 전략이 측정 가능한지 아닌지를 결정해야 한다. 과거 손익 그래프를 작성하고, 기대치와 파산 위험을 모두 계산할 수 있을 만큼 규칙이 명확한가?

그림 5-7에서 보듯 반전 추세 전략은 측정 가능성이 있다. 20개의 투자 자금 분할 수와 17.5%의 기대치를 가진 반전 추세 전략은 0%

전략: 반전 추세 전략

매매 시작: 1980년 12월 2일
매매 기간: 38.4년

생존 가능성

투자 자금 분할 수: 20
기대치: 17.5%
파산 위험: 0%

위험 보상(1계약)

순이익: $222,744
연평균 누적 수익률: 5%
MDD: −$69,905
위험 보상 비율(순이익/MDD): 3
최대 연속 손실: 19회
총 매매 횟수: 1,553
평균 이익: $143
평균 슬리피지: −$51
이익 손실 비율: 1.2
승률: 27%
평균 이익/평균 손실: 3.3

자금 관리의 효율성

자금 관리(투자 비율): 5%
초기 투자금: $50,000
순이익: −$51,131
연평균 누적 수익률: 0%

시장: EC, JY, BP, TY, FV, ZB, SP, ND, DJ, CL, NG, HO, GC, HG, SI, CO, SO, ZW, SB, KC, CT, LC, LH, GF

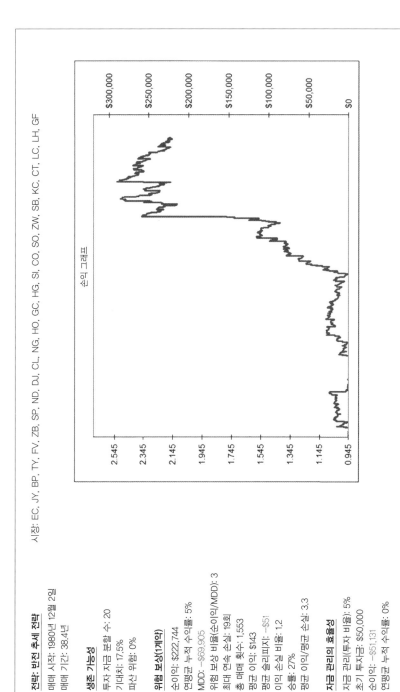

순익 그래프

그림 5-7 반전 추세 전략은 측정할 수 있고 가상 매매에서 0%의 파산 위험을 가질 정도로 수익성이 있다.

의 파산 위험을 제공한다. 중요한 사항을 통과했다.

지속성

다음으로, 반전 추세 전략이 매매할 수 있을 만큼 지속성이 있는지 판단해야 한다. 불행하게도, 내가 2015년에 시연 목적으로 이 전략을 만들었기 때문에 표본 외 데이터에 대한 실제 증거는 충분하지 않다. 지속성의 증거가 많지 않으므로, 지속성이 존재하는지 여부에 대한 가능성을 검토할 필요가 있다. 지속성을 보여주기에 좋은 지표는 확장성이다. 확장성은 개발자가 최적의 시장에만 집중하는 데이터 체리 피킹의 함정에 빠지지 않도록 해준다. 따라서 데이터 체리피킹의 문제를 피하고자 나는 24개 시장의 전체 포트폴리오에 대해 전략을 실행했다. 그림 5-7에서 보듯이, 시장 포트폴리오에서의 가상 매매가 수익성이 높으므로 이 전략은 확장성이 있다고 볼 수 있다.

지금까지는 괜찮다. 또 하나의 주요 포인트를 통과했다.

지속성에 대한 또 다른 지표는 전략이 우수한 설계 원칙을 준수했는지 여부다. 단순성을 수용하는 원칙을 따랐는가? 설계의 단순성은 전략 개발의 또 다른 함정인 과도한 최적화를 방지하는 데 도움이 된다. 모든 전략은 최적화라는 요소를 가지며, 경험이 적은 투자자는 과도한 최적화를 하는 반면, 경험이 많을수록 이를 최소화하려고 노력한다. 최적화를 최소화하는 가장 좋은 방법은 변수가 적은 지표를 사용하고 지표의 수를 줄이는 것이다. 변수가 적을수록 재량권이 줄어들고 과거 데이터에 대해 전략을 최적화할 가능성이 작아진다. 또한 지속성이 있는 전략은 매수와 매도 모두에, 그리고 모든 시장에 걸쳐 동일한 변숫값을 사용한다.

반전 추세 전략을 보면 일곱 개의 규칙이 있고 네 개의 변수가 있는 세 개의 지표가 포함된 것을 알 수 있다.

불행히도, 과도한 최적화가 존재할 수 있는지를 딱 잘라서 결정하는 명확한 기준은 없다. 이상적으로는 반전 추세 전략의 지속성 여부를 입증할 표본 외 데이터가 있는 것이 가장 좋다. 표본 외 데이터가 없는 경우 최적화 정도를 측정하는 가장 좋은 방법으로 내가 알고 있는 것은 손익 그래프의 안정성 검토를 수행하는 것이다.

그 외에 내가 따를 수 있었던 또 다른 방법은 데이터를 반으로 나누어 표본 데이터와 표본 외 데이터로 활용하는 것이다. 이것은 확실히 전략의 손익 그래프 안정성을 측정하는 하나의 방법이 될 수 있다. 하지만 나는 모든 데이터를 사용하여 손익 그래프의 안정성 검토를 수행하는 쪽을 선호한다. 전략의 가능한 모든 손익 그래프와 기대치, 그리고 그 결과로서의 파산 위험을 알고 싶다.

그리고 또 하나 부연하자면, 나는 이것이 매매하기에 좋은 전략이라고 말하려는 것이 아니다. 왜냐하면 사실은 그렇지 않기 때문이다. 하지만 인기 있는 주관적인 변숫값 설정에 의존하는 지표를 기반으로 한 전략을 수립하는 추세 추종 투자자들이 직면할 과제를 보여주는 것이 가장 좋은 연습이어서 지금 이것을 하는 것이다.

손익 그래프 안정성 검토

결국 우리는 투자자로서 우리의 전략이 변숫값의 변화에 얼마나 민감한지를 궁금하게 여겨야 한다. 반전 추세 전략의 RSI와 이동평균 지표에서 사용된 변수들 말이다. 내가 여러분에게 보여주고 싶은 것은 변숫값에 따른 다양한 손익 그래프와, 그 결과로서의 기대치 및 파산 위험이다. 나는 여러분이 단일한 배열의 변숫값에 기반한 단일한 손익 그래프를 가진 전략으로 매매하고 있다고 믿는 것은 너무나 순진한 생각임을 강조하고자 한다. 가까운 미래에 당신이 변숫값을 검토하고 그 배열을 비틀거나 수정할 수 있다는 것은 거의 확실한 사실이다. 내 경험으로 볼 때, 투자자들은 무언가를 충분히 오랫동안 내버려두는 데 능숙하지 않다. 특히 남자들이 그렇다. 그들은 손질하기를 좋아한다. 나는 투자자들이 다양한 변숫값의 배열로 가능한 모든 전략의 손익 그래프와 기대치 및 파산 위험을 탐구해보도록, 그래서 미래의 모든 가능성을 알 수 있도록 이 사실을 그들에게 미리 경고하고자 한다. 투자자들은 눈을 크게 뜨고 매매해야 한다. 눈을 크게 뜨고 보면, 그들은 자기 앞에 놓인 덫들을 보게 될 것이고, 왜 그들이 추세와 함께 성공적으로 매매하지 못하고 실패하는지 이해할 것이다.

손익 그래프의 변화는 도대체 어디까지 가능한가?

우선 투자자들은 선택 가능한 손익 그래프가 몇 개가 되는지 인식할 필요가 있다. 그것이 얼마나 되는지는 전략이 가진 변수의 수(數)와 변수당 허용되는 조정 수에 따라 달라진다. (맞을 수도 있고 틀릴 수도 있지만) 나는 조정의 횟수를 4회로 제한하겠다.

일반적으로 변수가 많거나 다른 변수들의 값을 고정한 상태에서 변수마다 허용되는 조정이 많을수록 선택 가능한 손익 그래프의 수는 많아진다. 즉 변수가 많을수록 더 많은 재량권이 존재할 것이다. 너무 많은 재량권은 너무 많은 유연성을 허용하거나, 투자자가 과거 데이터에 맞게 전략을 조정할 수 있는 여지를 많이 준다. 이것은 과도한 최적화와 불가피한 실패로 이어지는 문을 활짝 여는 것이다.

나는 수학자도 아니고 다음 공식을 사용하는 것이 옳다고도 말할 수 없다. 사실은 옳지 않다고 말할 것이다. 하지만 이것이 일반적인 요점을 짚을 수는 있다고 말할 수 있다. 전략에 네 개의 변수가 있고, 나머지 세 개의 변숫값을 고정한 상태에서 각각의 변수마다 네 개의 조정이 허용된다면, 다음과 같이 계산될 수 있다.

$$4 \times 4 \times 4 \times 4 = 256$$

따라서 (내 생각에) 256개의 선택 가능한 손익 그래프가 있다. 내가 잘못된 숫자를 말한 것이라고 믿고 싶지만, 그럼에도 불구하고 선택 가능한 조합이 너무 많다는 사실은 부인할 수 없다!

(참고로, 만약 당신이 수학자라면 필자의 웹사이트 www.indextrader.com.au를 통해 정확한 공식을 알려주면 감사하겠다!)

반전 추세 전략의 선택 가능한 손익 그래프의 범위

여기서 우리가 연습하려는 것은 변수가 있는 도구의 취약성을 검토하는 것이라는 점을 기억하라. 왜냐하면 그토록 많은 투자자들이 추세와 함께 매매하지 못하는 큰 이유가 바로 도구의 '가변성'이라고 나는 믿기 때문이다. 그들은 자신의 전략에 선택 가능한 손익 그래프, 기대치와 파산 위험의 수가 몇 개인지도 모른다. '가변성'은 그들이 자신도 알지 못하는 사이에 0%를 초과하는 파산 위험으로 매매하고, 결국은 실패에 이르게 하는 이유다.

반전 추세 전략의 네 가지 변숫값을 다시 살펴보겠다.

1. 34일 이동평균
2. 250일 이동평균
3. 10일 RSI
4. 80%의 과매수 혹은 과매도 수준

20개의 투자 자금 분할 수와 현재의 변숫값 조합(34일, 250일, 10일, 80%)을 가진 반전 추세 전략은 0%의 파산 위험을 만드는 긍정적인 기대치를 가진 전략으로 보인다.(그림 5-8)

나는 네 개의 변수마다 각각 네 번의 조정을 허용하면 반전 추세 전략의 선택 가능한 손익 그래프가 256개가 된다고 믿는다. 그중 몇 가지를 살펴보고 무엇을 배울 수 있는지 알아보자.

손익 그래프 안정성 검토를 시작하기 위해 반전 추세 전략의 상대 강도 지수 값을 계산하는 봉의 개수를 10일에서 6일로 조정하는 것으로 시작하겠다. 상대 강도 지수는 대부분의 투자자들이 사용하는 가장 인기 있는 지표 중 하나라는 점을 기억하라.

와! 그림 5-9에서 보다시피 손익 그래프가 50% 이상 변화한다! 상대 강도 지수 값을 계산하는 봉의 개수를 6일에서 5일로 다시 변경해 보자.

그림 5-10에서 또 다른 변화를 볼 수 있다. 손익 그래프뿐만 아니

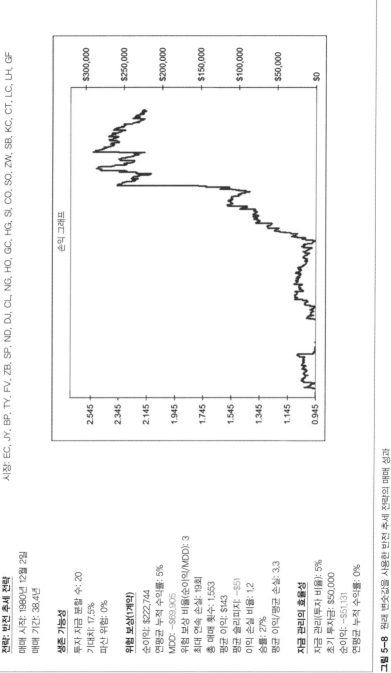

손익 그래프 안정성 검토: 34일 이동평균, 250일 이동평균, RSI(10일, 80%)

시장: EC, JY, BP, TY, FV, ZB, SP, ND, DJ, CL, NG, HO, GC, HG, SI, CO, SO, ZW, SB, KC, CT, LC, LH, GF

전략: 반전 추세 전략

매매 시작: 1980년 12월 2일
매매 기간: 38.4년

생존 가능성

투자 자금 분할 수: 20
기대치: 17.5%
파산 위험: 0%

위험 보상(1계약)

순이익: $222,744
연평균 누적 수익률: 5%
MDD: -$69,905
위험 보상 비율(순이익/MDD): 3
최대 연속 손실: 19회
총 매매 횟수: 1,553
평균 이익: $143
평균 슬리피지: -$51
이익 손실 비율: 1.2
승률: 27%
평균 이익/평균 손실: 3.3

자금 관리의 효율성

자금 관리(투자 비율): 5%
초기 투자금: $50,000
순이익: -$51,131
연평균 누적 수익률: 0%

손익 그래프

그림 5-8 원래 변숫값을 사용한 반전 추세 전략의 매매 성과

손익 그래프 안정성 검토: 34일 이동평균, 250일 이동평균, RSI(6일, 80%)

시장: EC, JY, BP, TY, FV, ZB, SP, ND, DJ, CL, NG, HO, GC, HG, SI, CO, SO, ZW, SB, KC, CT, LC, LH, GF

전략: 반전 추세 전략

매매 시작: 1980년 10월 16일
매매 기간: 38.5년

생존 가능성

투자 자금 분할 수: 20
기대치: 15.7%
파산 위험: 0%

위험 보상(1계약)

순이익: $327,673
연평균 누적 수익률: 5%
MDD: -$103,881
위험 보상 비율(순이익/MDD): 3
최대 연속 손실: 28회
총 매매 횟수: 2,596
평균 이익: $126
평균 슬리피지: -$51
이익/손실 비율: 1.2
승률: 28%
평균 이익/평균 손실: 3.1

자금 관리의 효율성

자금 관리(투자 비율): 5%
초기 투자금: $50,000
순이익: $451,000,000
연평균 누적 수익률: 27%

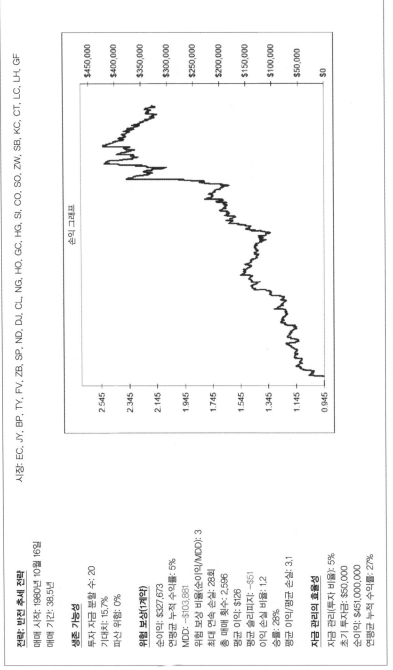

손익 그래프

그림 5-9 상대 강도 지수 값을 개선하는 봉의 개수를 6일로 변경한 후의 반전 추세 전략의 매매 성과

순익 그래프 안정성 검토: 34일 이동평균, 250일 이동평균, RSI(5일, 80%)

시장: EC, JY, BP, TY, FV, ZB, SP, ND, DJ, CL, NG, HO, GC, HG, SI, CO, SO, ZW, SB, KC, CT, LC, LH, GF

전략: 반전 추세 전략

매매 시작: 1980년 9월 24일
매매 기간: 38.6년

생존 가능성

투자 자금 분할 수: 20
기대치: 9.2%
파산 위험: **21%**

위험 보상(1계약)

순이익(USD): $215,132
연평균 누적 수익률: 4%
MDD: –$87,756
위험 보상 비율(순이익/MDD): 2
최대 연속 손실: 23회
총 매매 횟수: 2,891
평균 이익: $74
평균 슬리피지: –$51
이익 손실 비율: 1.1
승률: 28%
평균 이익/평균 손실: 2.9

자금 관리의 효율성

자금 관리(투자 비율): 5%
초기 투자금: $50,000
순이익: $225,500,000
연평균 누적 수익률: 24%

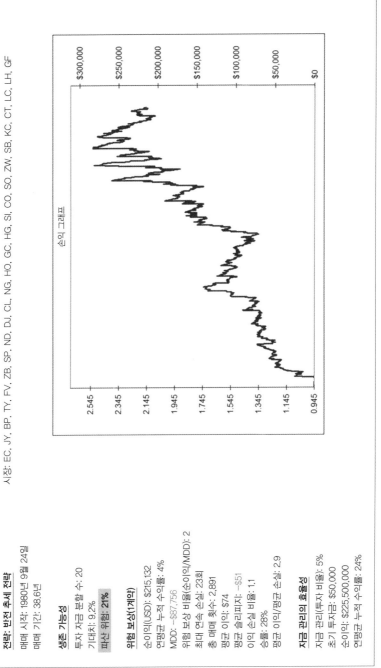

순익 그래프

그림 5–10 상대 강도 지수 값을 개선하는 봉의 개수를 5일로 변경한 후의 반전 추세 전략의 매매 성과

라 투자자의 파산 위험 계산 값에도 변화가 있다. 기대치의 감소로 파산 위험이 0%에서 21%로 크게 상승했다.

상대 강도 지수 값을 계산하는 봉의 개수를 5일에서 4일로 변경해서 마지막 변화를 살펴보자. 그림 5-11은 손익 그래프와 기대치 및 파산 위험의 또 다른 변화를 보여준다.

이제 중기 이동평균으로 초점을 옮겨 이동평균 계산 기간을 34일에서 50일로 변경해보자.

와우! 그림 5-12를 보면 그렇게 좋지는 않은 것으로 보인다.

이제 장기 이동평균 계산 기간을 250일에서 200일로 변경해보자.

그림 5-13은 지금까지와는 또 다른 손익 그래프와 기대치 및 파산 위험을 보여준다.

이들 몇 가지 선택 가능한 손익 그래프들을 그림 5-14에서 한꺼번에 살펴보자.

다음으로 그림 5-15에서는 선택 가능한 손익 그래프들의 가변성을 측정했다. 놀랍게도, 원래의 손익 그래프와 다섯 개의 선택 가능한 변수 조합으로 나는 여섯 개의 매우 다르게 보이는 손익 그래프를 만들어냈다. 최고의 손익 그래프와 최악의 손익 그래프에서 가장 큰 차이는 18만 달러까지 벌어졌다. 원래의 전략이 가진 과거 데이터 성과와 비교했을 때 81%의 변화를 나타낸다. 또한 반전 추세 전략의 기대치는 17.5%에서 5.6%로 무려 68% 감소했고, 파산 위험은 0%에서 32%로 상승했다!

이것은 엄청난 양의 변화이고, 나는 256개의 선택 가능한 손익 그래프를 만들어본 적이 없다! 단지 여섯 개의 손익 그래프만으로도 이

순익 그래프 안정성 검토: 34일 이동평균, 250일 이동평균, RSI(4일, 80%)

전략: 반전 추세 전략

매매 시작: 1980년 9월 24일
매매 기간: 38.6년

시장: EC, JY, BP, TY, FV, ZB, SP, ND, DJ, CL, NG, HO, GC, HG, SI, CO, SO, ZW, SB, KC, CT, LC, LH, GF

생존 가능성

투자 자금 분할 수: 20
기대치: 8.8%
파산 위험: 24%

위험 보상(1개약)

순이익: $219,361
연평균 누적 수익률: 5%
MDD: -$78,160
위험 보상 비율(순이익/MDD): 3
최대 연속 손실: 24회
총 매매 횟수: 3,163
평균 이익: $69
평균 슬리피지: -$51
이익 손실 비율: 1.1
승률: 29%
평균 이익/평균 손실: 2.8

자금 관리의 효율성

자금 관리(투자 비율): 5%
초기 투자금: $50,000
순이익: -$67,121
연평균 누적 수익률: 0%

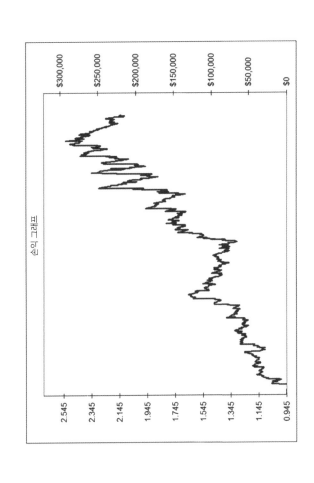

순익 그래프

그림 5-11 상대 강도 지수 값을 개선하는 봉의 개수를 4일로 변경한 후의 반전 추세 전략의 매매 성과

손익 그래프 안정성 검토: 50일 이동평균, 250일 이동평균, RSI(4일, 80%)

시장: EC, JY, BP, TY, FV, ZB, SP, ND, DJ, CL, NG, HO, GC, HG, SI, CO, SO, ZW, SB, KC, CT, LC, LH, GF

전략: 반전 추세 전략

매매 시작: 1980년 9월 24일
매매 기간: 38.6년

생존 가능성

투자 자금 분할 수: 20
기대치: 6.4%
파산 위험: 29%

위험 보상(1계약)

순이익: $204,088
연평균 누적 수익률: 4%
MDD: -$123,182
위험 보상 비율(순이익/MDD): 2
최대 연속 손실: 29회
총 매매 횟수: 3,934
평균 이익: $52
평균 슬리피지: -$51
이익 손실 비율: 1.1
승률: 29%
평균 이익/평균 손실: 2.7

자금 관리의 효율성

자금 관리(투자 비율): 5%
초기 투자금: $50,000
순이익: -$68,634
연평균 누적 수익률: 0%

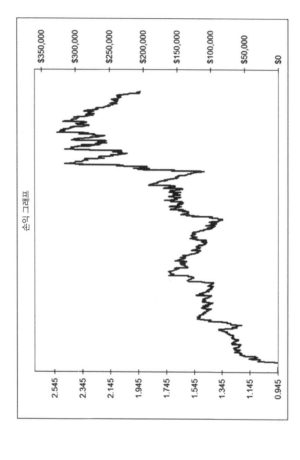

손익 그래프

그림 5-12 이동평균 계산 기간을 50일로 변경한 후의 반전 추세 전략의 매매 성과

손익 그래프 안정성 검토: 50일 이동평균, 200일 이동평균, RSI(4일, 80%)

전략: 반전 추세 전략

시장: EC, JY, BP, TY, FV, ZB, SP, ND, DJ, CL, NG, HO, GC, HG, SI, CO, SO, ZW, SB, KC, CT, LC, LH, GF

전략: 반전 추세 전략

매매 시작: 1980년 9월 24일
매매 종료: 2019년 4월 10일
매매 기간: 38.6년

생존 가능성

투자 자금 분할 수: 20
기대치: 5.6%
파산 위험: **32%**

위험 보상(1계약)

순이익: $182,345
연평균 누적 수익률: 4%
MDD: −$133,131
위험 보상 비율(순이익/MDD): 1
최대 연속 손실: 27회
총 매매 횟수: 4,088
평균 이익: $45
평균 슬리피지: −$51
이익 손실 비율: 1.1
승률: 28%
평균 이익/평균 손실: 2.7

자금 관리의 효율성

자금 관리(투자 비율): 5%
초기 투자금: $50,000
순이익: −$64,511
연평균 누적 수익률: 0%

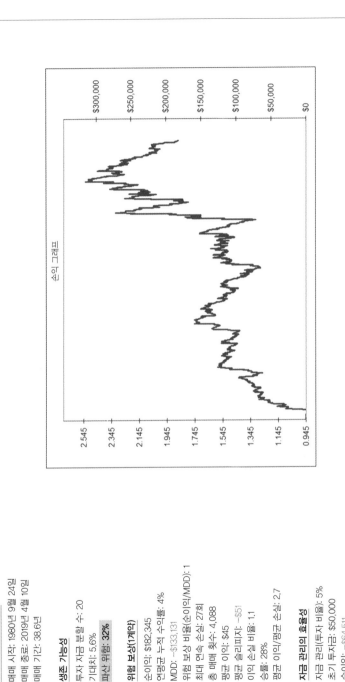

손익 그래프

그림 5−13 이동평균 계산 기간을 200일로 변경한 후의 반전 추세 전략의 매매 성과

손익 그래프 안정성 검토: 34일 이동평균, 250일 이동평균, RSI(10일, 80%)

시장: EC, JY, BP, TY, FV, ZB, SP, ND, DJ, CL, NG, HO, GC, HG, SI, CO, SO, ZW, SB, KC, CT, LC, LH, GF

전략: 반전 추세 전략

매매 시작: 1980년 12월 2일
매매 기간: 38.4년

성과 가능성

투자 자금 분할 수: 20
기대치: 17.5%
파산 위험: 0%

위험 보상(1계약)

순이익: $222,744
연평균 누적 수익률: 5%
MDD: –$69,905
위험 보상 비율(순이익/MDD): 3
최대 연속 손실: 19회
총 매매 횟수: 1,553
평균 이익: $143
평균 슬리피지: –$51
이익 손실 비율: 1.2
승률: 27%
평균 이익/평균 손실: 3.3

자금 관리의 효율성

자금 관리(투자 비율): 5%
초기 투자금: $50,000
순이익: –$51,131
연평균 누적 수익률: 0%

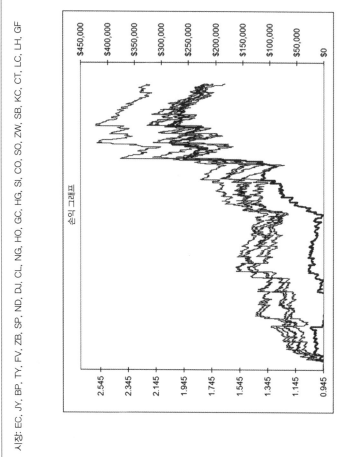

손익 그래프

그림 5-14 반전 추세 전략의 선택 가능한 여섯 개의 손익 그래프

순익 그래프 안정성 검토: 34일 이동평균, 250일 이동평균, RSI(10일, 80%)

전략: 반전 추세 전략

매매 시작: 1980년 12월 2일
매매 기간: 38.4년

생존 가능성
투자 자금 분할 수: 20
기대치: 17.5%
파산 위험: 0%

위험 보상(1계약)
순이익: $222,744
연평균 누적 수익률: 5%
MDD: -$69,905
위험 보상 비율(순이익/MDD): 3
최대 연속 손실: 19회
총 매매 횟수: 1,553
평균 이익: $143
평균 슬리피지: -$51
이익 손실 비율: 1.2
승률: 27%
평균 이익/평균 손실: 3.3

자금 관리의 효율성
자금 관리(투자 비율): 5%
초기 투자금: $50,000
순이익: -$51,131
연평균 누적 수익률: 0%

시장: EC, JY, BP, TY, FV, ZB, SP, ND, DJ, CL, NG, HO, GC, HG, SI, CO, SO, ZW, SB, KC, CT, LC, LH, GF

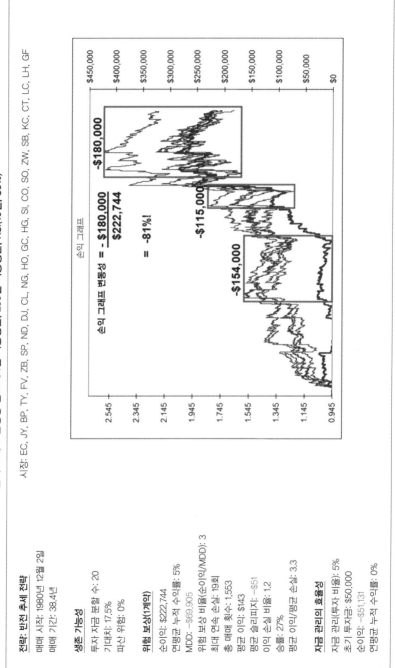

순익 그래프

순익 그래프 변동성 = - $180,000 / $222,744 = -81%!

-$180,000
-$115,000
-$154,000

그림 5-15 반전 추세 전략의 순익 그래프는 다섯 번의 변수 조정에 따라 큰 가변성을 보여준다.

것이 안정성을 보여주는 그림이 아니라는 것을 알 수 있다.

투자자들은 항상 변숫값을 변경한다

투자자로서 전략이 다양한 변숫값에서 여전히 수익성이 있다는 사실을 아는 것은 좋은 일이다. 하지만 손익 그래프의 상단과 하단 사이의 변화량은 아무 쓸모가 없는 것이다. 개발자나 투자자로서, 표본 외데이터에서의 수익이 없다면 당신이 만족하는 변숫값이 최상의 성과를 낼지는 알 수 없을 것이다. 몇 년 후에 뒤돌아보면서 "그래, 내 선택이 맞았어"라고 말할 때까지는 절대로 그것을 알 수 없다. 그리고 몇 년 뒤에 뒤돌아보아야 알게 된다는 것은 '지금'의 투자자, 바로 당신에게 아무 위안이 되지 않는다. 지금까지 변숫값의 다섯 가지 제한적인 변화만으로 그 결과는 과거 데이터의 성과에서 81%가 변했고, 기대치는 68%가 하락했으며, 32%의 파산 위험을 발생시켰다. 그리고 무서운 부분은 내가 네 개의 변수가 아니라 단지 세 개의 변수에 다섯 가지의 변화를 주었을 뿐인데, 그것이 여섯 개의 다르게 보이는 손익 그래프를 만들어냈다는 점이다.

선택 가능한 다양한 손익 그래프, 기대치, 파산 위험

그림 5-16은 변숫값의 각 변화가 반전 추세 전략의 기대치와 파산

위험에 미치는 영향을 요약한 것이다.

투자 자금 분할 수를 20개로 한 상태에서 처음 두 개의 변숫값 조합만 0%의 파산 위험을 만들었다. 하지만 나머지 네 개의 변숫값 조합은 0%가 넘는 파산 위험을 만들었으므로, 그런 조합의 변숫값을 사용하는 투자자가 실패할 것은 불을 보듯 뻔하다.

이제 어떤 사람들은 자신이 합리적이고 건강한 변숫값의 좋은 조합을 거의 찾았다고 믿기 때문에, 전략의 선택 가능한 다른 변숫값 조합을 아는 것이 적절하지 않다고 생각할지도 모른다. 사실 그들의 마음속 가장 깊은 곳에서는 자신이 최고의 변숫값 조합을 찾았다고 확신하기 때문에, 이 정도 표현은 너무 점잖은 것일지도 모른다! 하지만 불행히도, 시장의 극한의 역경은 그것이 그렇게 만만치 않음을 보장할 것이다.

나는 그림 5-17과 같이 반전 추세 전략의 손익 그래프에 대한 안정

손익 그래프 안정성 검토

지표	이동평균	이동평균	RSI	기준		기대치		자금 분할 수		파산 위험
변숫값	34	250	10	80%		17.50%	+	20	=	0%

변숫값의 변화

	이동평균	이동평균	RSI	기준		기대치		자금 분할 수		파산 위험
	34	250	6	80%		15.70%	+	20	=	0%
	34	250	5	80%		9.20%	+	20	=	21%
	34	250	4	80%		8.80%	+	20	=	24%
	50	250	4	80%		6.40%	+	20	=	29%
	50	200	4	80%		5.60%	+	20	=	32%

그림 5-16 반전 추세 전략의 변숫값 변화는 파산 위험에 부정적인 영향을 미쳤다.

손익 그래프 안정성 검토

전략		반전 추세 전략
예비 신호		이동평균(34일)
		이동평균(250일)
		RSI(4일, 80%)
성공하는 전략의 속성		
측정 가능성	기대치	9%
	투자 자금 분할 수	20
	파산 위험	0%
지속성		
증거	표본 외 데이터에서의 성과	없다
특성		
확장성	다양한 포트폴리오에서의 수익성	있다
우수한	손익 그래프 안정성 검토	
설계	지표에 사용되는 변수의 개수	4
원칙	변수 조정의 개수	4
	가능한 손익 그래프의 개수	256
	손익 그래프의 등락 정도	크다
	기대치의 등락 정도	크다
	변수 조합 중 파산 위험이 0%를 초과하는 것이 있는가?	있다
	손익 그래프가 매매할 수 있을 만큼 안정적인가?	**아니다**

그림 5-17 손익 그래프의 안정성 검토는 전략의 손익 그래프가 매매할 수 있을 만큼 안정적인지 아닌지를 판별한다.

성 검토를 완료했다.

나는 반전 추세 전략에 대한 검토가 모든 것을 설명한다고 생각한다. 보다시피 변화가 너무 심해서 선택 가능한 손익 그래프 중 어떤 것은 0%가 넘는 파산 위험을 만들어낸다. 나의 작은 실험 결과에 의하면, 반전 추세 전략은 안정적인 손익 그래프를 갖고 있지 않아서 매매하기에 적합하지 않다는 것을 알 수 있다.

이제 투자자는 이런 식의 검토를 거친 이후에라야 전략이 스스로 성과를 드러낼 것인지 알 수 있을 것이다.

최적의 변숫값 조합은 항상 바뀐다

투자자들은 선택 가능한 손익 그래프의 다양함을 무시해서는 안 된다. 또한 자신의 전략에서 가장 좋고 정확한 변숫값을 결정했다고 우쭐거려서도 안 된다. 과거 데이터에서의 성과를 극대화하기 위해 전략의 변숫값을 조정하면서 여러 선택 가능한 손익 그래프들 사이에서 미끄러지고 허우적거릴 가능성이 크기 때문이다. 그들이 전략의 변숫값을 조정할 계획이 없을 수도 있지만, 경험에 의하면 그들은 바로 어제까지의 최고의 성과를 추구할 것이기 때문에 반드시 변숫값을 조정할 것이다.

이것이 바로 지표와 같이 주관적으로 조정하는 값에 의존적인 도구에 대한 큰 아이러니일 뿐만 아니라, 절대로 잃을 수 없다는 과학적인 주장에도 불구하고 왜 그토록 많은 추세 추종 투자자들이 실패하는지에 대한 큰 아이러니다.

지표는 과거 데이터에서 과도한 최적화를 할 수 있는 너무 많은 유연성을 허용한다. 지표는 투자자들에게 시장의 극한의 역경으로부터 안전할 것이라는 그릇된 위안을 제공하고, 그들이 가장 최고의 변숫값 혹은 가장 정확한 변숫값을 발견했다는 거짓된 정보를 제공한다.

지표가 한 역할은 투자자가 그들의 전략을 과거 데이터에 끼워 맞추도록 허용한 것이다. 그들이 안전하다고 느끼게 하는 것이다. 투자자들은 이런 안일한 함정에 빠져서는 안 된다. 변숫값은 절대로 고정되지 않는다. 절대로 그럴 수 없다. 투자자는 항상 변숫값을 바꾼다. 따라서 투자자는 자신이 가지고 있는 전략의 가능한 모든 손익 그래프, 기대치 및 파산 위험의 변화를 확인하기 위해 손익 그래프 안정성 검토를 수행할 필요가 있다. 비록 그들이 최초에 결정된 변숫값으로만 매매할 것이라고 스스로 믿을지 모르지만, 나는 투자자들이 불가피하게 변숫값을 조정하게 될 것이라고 장담할 수 있다. 그 이유는 다음 두 가지 때문이다.

1. 탐욕
2. 인간의 본성

탐욕

시장은 변하고, 더 많은 수익과 기대치를 창출하는 변수를 찾으려는 유혹을 뿌리치기 어려울 것이다. 투자자는 변숫값을 변경하여 자신의 전략이 과거 데이터에 가장 잘 들어맞게 하려고 할 것이다. 그러나 불행히도, 과거를 돌아보는 것은 투자자가 미래의 이익을 얻는 데 도움이 되지 않는다. 시장은 상승과 하락을 반복하면서 자신의 페이스대로 끊임없이 변화한다. 추세가 형성되는 기간에는 지속적으로 가격의 범위를 늘려갈 것이고, 구간에 갇혀 있는 동안에는 반대로 가격의 범위를 줄여갈 것이다. 어제까지 최고의 결과를 만들어낸 최고의 변숫값을 잡으려 하는 것은 바보짓이다. 하지만 슬프게도, 많은 투자자들이 자기 안의 탐욕스러운 괴물을 무시할 수 없다.

이 때문에 우리는 탐욕이나 호기심이 투자자들로 하여금 변숫값을 끊임없이 변경하도록 만든다는 사실을 알고 있다. 그리고 그 과정에서 그들은 여러 변숫값들을 모두 확인하고 당일에 (역사적으로) 가장 수익성이 높을 듯싶은 변숫값 조합에 안주할 것이다.

투자자들이 앞의 선택 가능한 다섯 가지 손익 그래프에서 발견할 수 있는 것은, 어느 시점에서든 이들 변수 조합은 각각 최고의 성과를 보이는 기간이 있을 것이라는 점이다. 각 변숫값의 집합은 그 특정 기간에 가장 많은 역사적 이익과 기대치를 산출하는 최선의 조합이었을 것이다. 따라서 투자자가 매일 다양한 조합을 운영하면서 수익성에 순위를 매긴다면, 백테스팅을 하는 전 기간을 통틀어 항상 최고의 순위를 기록하는 전략이 단 하나도 없다는 사실을 알 수 있다. 최초의 변숫값 조합인 34일, 250일, 10일, 80%의 배열은 확실히 아니다. 절대 아니다. 시장은 끊임없이 변하고, 다양한 변숫값 조합의 성과도 항상 변한다. 그리고 이것이 바로 탐욕이 투자자를 상대로 하게 될 일이다. 앞으로 그들은 정기적으로 전략의 과거 성과를 확인할 것이고, 만약 다른 변숫값 조합으로 더 많은 수익을 낼 수 있다는 사실을 알게 된다면 아마도 그들은 변수를 조정할 것이다.

하지만 그들이 한 일은 자신의 전략을 과거 데이터에 과도하게 최적화한 것뿐이다. 그들은 과거 데이터에서의 최대치를 추구하기 위해 광범위하게 변숫값을 조정했을 뿐이라는 사실을 알아차릴 때까지 바꾸고 또 바꾸는 짓을 거듭할 것이다. 이것이 바로 가능한 모든 손익 그래프와 기대치 및 파산 위험을 판별할 수 있도록 매매를 시작하기 전에 손익 그래프의 안정성 검토를 완료해야 하는 중요한 이유다. 또한 파산 위험이 0%를 초과하는 낮은 기대치 혹은 음의 기대치를 가진 전략일 경우에는 매매를 시작하기 전에 미리 확인할 수 있다. 그런 경우 투자자는 해당 전략을 사용할지 말지를 의식적으로 결정할 수 있다.

인간의 본성

여기에 더하여 인간의 본성, 특히 남자들의 본성은 무언가를 오랫동안 내버려두지 못하고 만지작거리는 것을 좋아한다. 따라서 나는 지표 기반의 전략으로 매매하는 모든 사람들이 전략의 변숫값을 불가피하게 조정하게 될 것이라고 장담할 수 있다. 왜 그럴까? 그들이 그것을 할 수 있기 때문이다.

선택 가능한 손익 그래프의 상위 및 하위 대역 파악하기

이 두 가지 요인 때문에 투자자들이 변숫값의 한 가지 조합으로만 매매한다고 믿을 수 없다.

따라서 투자자가 눈을 크게 뜨고 있으려면 잠재적으로 선택 가능한 손익 그래프와 기대치 및 파산 위험 전체를 검토해야 한다.(그림 5-18) 이 검토를 통해 모든 투자자가 알아야 할 다음 두 가지 중요한 문제가 드러난다.

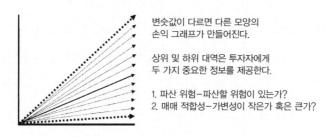

선택 가능한 손익 그래프의 범위

변숫값이 다르면 다른 모양의
손익 그래프가 만들어진다.

상위 및 하위 대역은 투자자에게
두 가지 중요한 정보를 제공한다.

1. 파산 위험—파산할 위험이 있는가?
2. 매매 적합성—가변성이 작은가 혹은 큰가?

그림 5-18 파산 가능성과 매매 가능성을 결정하기 위해서는 선택 가능한 손익 그래프 전체를 확인하는 것이 필수적이다.

1. 파산 가능성
2. 매매 적합성

파산 가능성

투자자들은 잠재적으로 선택 가능한 손익 그래프가 0%를 초과하는 파산 위험을 포함하는지 알아야 한다. 만약 0%를 초과하는 파산 위험이 있다면 해당 전략으로 매매해서는 안 된다. 이것은 아무리 반복해서 말해도 부족하다. 투자자들은 선택 가능한 손익 그래프, 기대치 및 파산 위험 계산이라는 전략의 모든 세계를 알아야 한다. 그들이 선택했거나 편안함을 느끼는 단일 변숫값의 조합에 대해서만 아는 것으로는 부족하다. 그리고 선택 가능한 손익 그래프의 풀(pool)이 0%를 초과하는 파산 위험이 계산되는 손익 그래프를 포함한다면, 그런 전략으로 매매해서는 절대 안 된다.

매매 적합성

추가로, 투자자들은 선택 가능한 손익 그래프들이 매매에 적합한지도 검토해야 한다. 만약 선택 가능한 손익 그래프의 상위 및 하위 대역 범위가 가변성이 적으면서 수용할 수 있다면 선택 가능한 손익 그래프로 매매를 시작할 수 있다. 그러나 그림 5-15의 예처럼 가변성이 크다면 투자자는 이런 전략으로 매매할 수 없다고 판단할 수 있다. 그들은 그것을 로데오 타기에 비유하면서 손익 그래프가 무너지기 시작할 때 거기에 계속 매달려 있는 것을 좋아하지 않을 수도 있다. 너무 많은 가변성은 투자자가 전략을 고수하고, 해당 전략으로 계속 매매를 수행할 수 없게 만들 것이다.

전략의 지속성 검토

이것이 바로 추세 추종 투자자들이 당연히 이겨야 할 때 오히려 실패하는 이유다. 그들은 선택 가능한 손익 그래프, 기대치 및 파산 위험 계산이라는 전략의 세계를 알지 못한다. 그들은 변수 의존적인 전략이 0%를 초과하는 파산 위험을 만들 수 있는 선택 가능한 다양한 손익 그래프를 갖고 있다는 것을 알지 못한다. 그리고 그들은 장기적으로 긍정적인 결과를 보여줄 가능성에도 불구하고 많은 사람들이 자신의 전략을 망가뜨리면서 얼마나 변화무쌍하고 험난한 매매를 하게 되는지 알지 못한다. 그들은 자신의 전략이 하락에서 벗어나 손익 그래프의 새로운 고점에 도달하고 있는 것을 전략이 내팽개쳐져 멀리 벗어나 있을 때만 알게 된다.

　이것은 대부분의 추세 추종 투자자들을 당황하게 만든다. 그들은 손익 그래프의 안정성 검토를 수행하는 방법을 알지 못하고, 일반적으로 주관적인 변숫값에 의존하는 지표를 사용한다. 그들은 최적의 조합이라고 생각하는 변숫값에 만족하고 자신의 모델을 지나간 과거 데이터에 최적화시키는 실수를 저지른다. 그들은 항상 과거의 성과를 추구하느라 변숫값 조합을 조정하기 때문에 미래의 가능한 성과 변동의 크기를 알지 못한다. 성과의 변동 폭은 너무 넓고 커서 전략의 기대치는 남쪽으로 보내고 파산 위험은 북쪽으로 보내 그들을 안장에서 밀어 떨어뜨리기도 한다!

변수가 많을수록 선택할 것이 많고 위험도 커진다

　따라서 이 간단한 지표 기반 추세 추종 매매 전략의 예에서 다양한 변숫값 조합이 전략의 성과에 큰 변화를 일으킬 수 있다는 점을 여러분이 알기 바란다. 반전 추세 전략은 그 폭이 너무 넓어서 쓰레기통에 처박아야 할 정도다.

　이제 몇 가지 다른 추세 추종 전략을 살펴보고 어디에 위험이 도사리고 있는지 알아보자.

　두 가지 인기 있는 지표를 사용하는 그림 5-19에 요약된 전략은 어떤가?

　이것은 매우 인기 있는 추세 도구인 MACD와 매우 인기 있는 되돌

선택 가능한 다른 전략 1

	지표	변수의 수
추세 도구	MACD	3
되돌림 도구	스토캐스틱	4
	합계	7

그림 5-19 지표의 개수가 적은 간단한 전략조차도 복잡성과 과도한 최적화를 일으킬 수 있다.

림 도구인 스토캐스틱을 이용하는 비교적 간단한 전략이다. 이 전략의 유일한 문제는 변수의 총수가 일곱 개라는 점이다.

그림 5-20에 요약된 좀 더 복잡한 전략은 어떤가?

어떤 면에서 이 전략은 이중 추세 도구와 되돌림 도구를 사용하여 서로를 확인하는 매우 보수적인 접근법으로 간주될 수 있다. 이 전략의 유일한 문제는 변수가 11개라는 점이다. 선택 가능한 손익 그래프의 수를 계산하기조차 두렵다!

나는 두 가지 전략 모두 변수가 많아서 개발자는 전략을 과거 데이

선택 가능한 다른 전략 2

	지표	변수의 수
추세 도구	이동평균	1
	ADX	3
되돌림 도구	피보나치 비율	4
	상대 강도 지수(RSI)	3
	합계	11

그림 5-20 지표의 비중이 높은 전략은 일반적으로 손익 그래프에서 더 큰 가변성을 경험한다.

터에 맞추기 위해 변숫값을 너무 쉽게 조작할 수 있다고 생각한다. 하지만 손익 그래프 안정성 검토를 수행한다면 선택 가능한 손익 그래프, 기대치 및 파산 위험 계산에서 취약성이 노출될 것이다. 많은 아이디어를 검토하는 것은 좋지만, 그것이 투자자로 하여금 파멸에 이르는 길을 막을 수 있을 때만 가치가 있다.

가변적이고 주관적인 도구들

추세가 우리의 친구라는 것을 알기 때문에 추세와 함께 매매하려는 불쌍한 추세 추종 투자자가 추세를 따라 성공적으로 매매하는 데 실패한다 해도 이상할 것은 전혀 없다. 지표 기반의 부실한 도구는 그들의 성공을 거의 불가능하게 만든다. 그들의 실패가 이상한 일인가? 추세 도구와 되돌림 도구의 가변성에 대한 고민 없이 아주 긴 연속적인 손실 매매를 다루는 것은 너무 어려운 일이다. 투자자에게 상처를 주는 것은 길고 긴 연속적인 손실이다. 투자자를 죽이는 것은, 가변적이고 주관적인 도구들이 만들어내는 수많은 선택 가능한 손익 그래프에 대한 무지다.

이 도구들은 유연한 매력으로 순진한 추세 추종 투자자를 유혹한다. 그것들은 투자자에게 의견을 강요함으로써 투자자의 연약한 자아를 위협하지 않는다. 그것들은 편안하고 협력적인 공존을 제공한다. 그것들은 따뜻하고 안전한 결합을 제공한다. 그것들은 결합을 통해 밝은 미래를 약속한다. 간편한 유연성으로 투자자와 함께하는 주관적인 도구들 말이다. 그것들은 천생연분의 결합을 제안하고, 투자자는 거기에 속아 넘어가고, 그 결과 완전한 재앙을 잉태한다.

우리는 투자의 스크린에 비치는 밝은 불빛에 쉽게 유혹당하는 인간일 뿐이다. 이 얼마나 바보 같은가. 그처럼 쉽게 믿다니, 무지하고 행복한 바보들이다.

내가 생각하기에, 변수가 있는 도구는 제대로 검토되지 않는 한 순진한 투자자에게 큰 위험이 된다. 그 도구들은 너무 가변적이고 불안정하며 믿을 만하지 못하다. 그것들은 당신이 손댈 수 있는 것들이 너무 많아서 과거 데이터에 전략을 맞출 여지가 너무 크다. 상세한 검토 없이 믿을 수 있을 만큼 객관적이거나 독립적이지 않다. 변수 의존적인 도구는 투자자가 자신의 매매 전략을 과거 데이터에 과도하게 최적화할 때 지나치게 적극적인 동조자가 된다.

독립적이고 객관적인 도구들

이제 문제의 핵심 쟁점에 도달했다.

내가 생각하기에, 그리고 앞에서 말했던 것처럼, 내가 쓴 모든 글은 내 의견일 뿐이고 여러분은 거기에 반대해도 좋다. 전혀 걱정할 필요가 없다. 단, 당신의 입장을 뒷받침할 객관적인 증거를 찾아야 한다는 점만 기억하라. 이제 내가 말하던 것으로 돌아가자. 내가 생각하기에 효과적인 매매 도구는 투자자로부터 독립적이어야 한다. 좋은 도구는 100% 객관적이며, 투자자의 주관적인 해석이나 입력에 의존하지 않는다. 좋은 도구는 자립할 수 있고, 그것을 작동시키기 위해 투자자의 주관적인 조정을 필요로 하지 않는다. 좋은 도구는 투자자에게서 독립적이다. 좋은 도구는 투자자가 그 해석에 영향력을 행사할 수 없는 자유로운 영역에 존재한다. 좋은 도구는 투자자에 의해 변경되거나 조정될 수 없다. 좋은 도구에는 조작할 수 있는 변수가 없다. 매매 도구가 단 한 번만이라도 이런 특성을 가진다면, 그때 비로소 매매에 사용할 것인지 고려될 수 있다고 믿는다. 일단 그 도구가 홀로 설 수 있고 투자자로부터 독립적일 수 있다면, 도구는 그 자체의 유용성에 대해 평가되어야 한다. 독립적인 좋은 도구는 효과가 있을 수도 있고 그렇지 못할 수도 있다. 효과가 있는 것처럼 보이기 위해 변수를 조정할 필요가 없다. 간단하다.

투자자의 입력을 요구하는 매매 도구는 주관적이다. 그것은 객관적이지도 않고 독립적이지도 않다. 나는 그런 것들이 너무 가변적이고, 매매에 사용하기에는 너무 유연하다고 생각한다. 나는 '가변성'과 '주관성'이 위험하다고 믿는다. 나는 또한 '가변성'과 '주관성'이 투자자를 죽일 수 있다고 믿는다.

객관적이고 독립적인 도구만 고려해야 한다.

투자자로서, 당신은 스스로 도움이 필요하다는 것을 알고, 자신을 도울 수 있는 도구를 찾는다. 투자자로서의 경력을 시작할 때, 당신은 차트 작성 프로그램이나 매매 시스템에 포함된 도구가 도움이 될 것으로 믿는다. 하지만 투자자들은 매매 도구의 가변적인 유연성이 실제론 이득이 아니라 사실상 불리한 조건이라는 것을 깨닫지 못한다. 투자자들은 이 사실을 시간이 오래 지나 곤혹스럽고 좌절감을 느끼고, 재정적인 손실을 겪은 후에야 비로소 깨닫는다.

그것은 무지의 대가다.

이동평균 지표는 이용 가능한 (그리고 나도 사용하는) 최고의 기술적 지표 중 하나이지만, 그것이 얼마나 주관적인지, 추세 해석이 얼마나 다양하고 주관적인지 쉽게 이해할 수 있다. 그렇다면 투자자들이 이용 가능한 일반적인 추세 도구로 갖은 고생을 하는 것이 이상한 일이겠는가?

이동평균, MACD, ADX 지표와 같은 인기 있는 추세 도구는 모두 변수와 주관성 때문에 비난을 받는다. 이들은 같은 시장에서 매매하는 두 사람에게 그들이 사용하는 변숫값에 따라 서로 다른 추세 해석을 줄 수 있다. 전통적인 추세선도 같은 차트를 바라보는 두 명의 투자자가 선택한 스윙 포인트에 따라 서로 다른 추세선을 그릴 수 있는 상황으로 인해 똑같은 비난에 시달린다. 각자의 추세 해석이 일치하지 않는 다수의 도구가 있다면 어떤 도구를 사용할 것인가? 추세 해석이 투자자들 간에 그토록 많이 다를 수 있는데, 어떻게 그 효과를 객관적으로 평가할 수 있는가? 이런 도구들은 마치 경제학자와 같다. 과거에 무슨 일이 일어났는지 설명하는 데에는 유용해 보이지만 미래에 대한 객관적이고 유용한 분석을 제공하는 데에는 덜 효과적이다.

불행히도 추세 추종 투자자들은 너무 늦을 때까지 이런 취약성에 대해 알지 못한다. 그들의 무지가 그런 도구들의 효과성에 의문을 품거나 그것들의 문제점을 확인하고 파산 가능성을 발견하기 위해 선택 가능한 모든 손익 그래프를 검토하는 것을 막는다. 무지는 세 가지 황금 원리를 따르려는 추세 추종 투자자의 좋은 의도를 언제나 꺾는다.

그렇다면 어떻게 해야 하는가?

변수가 없는 독립적이고 객관적인 도구를 사용하는 것이 가장 좋다. 하지만 예비 신호를 찾는 일에 변수 의존적인 도구가 당신의 흥미를 끈다면 그것의 사용을 고려할 수 있다. 이때 선택 가능한 손익 그래프, 기대치 및 파산 위험을 확인하기 위해 손익 그래프 안정성 검토를 해야 한다는 점을 잊어서는 안 된다. 또한 성공하는 전략의 속성을 포함한 매매 전략을 개발하는 것이 가장 좋다. 측정 가능성 및 지속성과 같은 속성을 확인하라. 이에 대해서는 책 뒷부분에서 더 자세히 이야기할 것이다.

요약

추세 추종 매매는 간단한 과정이지만 많은 문제로 골머리를 앓게 한다. 추세 추종 투자자가 부닥치는 가장 큰 문제는 파산 위험에 대한 무지와 변수 의존적이고 주관적인 도구의 사용이다. 그리고 불행하게도, 단지 무지하다는 이유로 그들은 데이터 체리피킹과 과도한 최적화라는 전략 개발의 두 가지 악마의 희생양이 된다. 이 두 악마는 그들을 죽음과 파멸로 이끈다. 따라서 세 가지 황금 원리를 알고 있고 그것을 구현했음에도 불구하고, 또 추세 추종에 대한 명확하고 과학적인 데이터의 뒷받침에도 불구하고 그들은 실패한다.

나는 이 책을 통해 그들이 지속 가능한 매매를 향한 여정을 안전하게 계속할 수 있도록, 포트홀이 어디에 있는지 성공적으로 알고자 결심한 사람들을 돕기를 바란다. 이제 우리는 추세 추종 매매가 지속성과 수익성을 모두 갖추고 있지만 해결해야 할 과제도 함께 갖고 있다는 점을 알았으니, 선택 가능한 몇 가지 추세 추종 매매 전략에 대해 검토하기 위한 시간을 갖겠다.

제6장

매매 전략

이제 몇 가지 추세 추종 전략들을 살펴볼 시간이다.

이 전략들은 과거의 가격을 사용하여 매수 및 매도 결정을 내릴 것이다. 이들은 시장이 상승할 때 매수하고 하락할 때 매도할 것이다. 이들은 추세 추종 매매의 세 가지 황금 원리를 고수한다.

- 추세를 따라 매매한다.
- 손실은 짧게 한다.
- 이익은 길게 유지한다.

이 황금 원리는 1800년부터 사용됐다. 오래되었다는 것은 견고하다는 것을 의미하며, 이는 대단한 매력이다. 앞으로 만나게 될 전략들은 모두 황금 원리에 대한 각자의 해석에 따르는 핵심 원칙을 고수한다. 각각의 전략을 검토할 때, 실행 방법의 변화를 잘 살펴보기 바란다. 그리고 그렇게 하면서 당신과 공명하는 것들을 머릿속에 새겨두어야 한다. 아마 당신은 그런 것들을 자신의 매매 전략에 통합하기를 바랄지도 모른다. 이제부터 살펴볼 대부분의 전략은 수익성이 높으며, 세 가지 황금 원리가 얼마나 탄력적이고 효과적인지를 보여준다.

하지만 이 전략들의 성공에도 불구하고, 미래의 성공을 보장하는 것은 아무것도 없다는 점을 알아야 한다. 비록 그 전략들이 과거에는 좋은 성과를 거두었지만, 미래에도 똑같이 좋은 성과를 내리라는 확신은 없다. 그러나 확률과 두꺼운 꼬리의 존재는 그들이 그럴 것임을 암시한다. 따라서 투자와 관련된 다른 모든 것과 마찬가지로 당신은 머리를 들고 눈을 크게 뜨고 있어야 한다. 예기치 않은 상황에 대비해야 한다. 시장의 극한의 역경을 존중하고, 항상 0%의 파산 위험으로 매매해야 한다는 점을 명심하라.

시장

다양한 추세 추종 전략이 얼마나 효과적인지 알아보기 위해, 나는 앞에서 'P24'라고 불렀던 24개의 전체 시장 포트폴리오에 이들을 적용할 것이다. 24개의 시장은 데이터 체리피킹을 피하기 위해 여덟 종류의 시장에서 다양성과 유동성에 기초하여 독립적이고 객관적으로 선택되었다. 선택된 시장은 표 6-1에 요약되어 있다.

시장

종류	선물 시장	거래소	일평균 거래량*	P24 유동성 기준	상품 코드
금융상품 통화	유로화	CME	188,888	EC	EC
	엔화	CME	138,000	JY	JY
	파운드화	CME	89,000	BP	BP
이자율	10년물	CME	1,249,000	10년물	TY
	5년물	CME	708,000	5년물	FV
	30년물	CME	339,000	30년물	ZB
지수	E-Mini S&P	CME	1,490,000	E-Mini S&P	SP
	E-미니 나스닥	CME	255,000	E-미니 나스닥	ND
	E-미니 다우	CME	148,000	E-미니 다우	DJ
에너지 에너지	원유(WTI)	CME	253,000	원유(WTI)	CL
	천연가스	CME	115,000	천연가스	NG
	난방유	CME	51,000	난방유	HO
금속 금속	금	CME	137,000	금	GC
	구리	CME	45,000	구리	HG
	은	CME	44,000	은	SI
식료품 곡물	옥수수	CME	129,000	옥수수	CO
	대두	CME	104,000	대두	SO
	밀	CME	55,000	밀	ZW
농산물	설탕	ICE	58,000	설탕	SB
	커피	ICE	15,000	커피	KC
	면화	ICE	14,000	면화	CT
육류	생우	CME	23,000	생우	LC
	돈육	CME	18,000	돈육	LH
	비육우	CME	3,000	비육우	GF

* 거래량 출처: Premium Data from Norgate Investor Services
http://www.premiumdata.net/

표 6-1 내가 선택한 추세 추종 매매 전략은 분산과 유동성에 기초하여 독립적이고 객관적으로 선택된 24개의 시장에 적용될 것이다. 출처: Norgate Investor Services, www.norgatedata.com.

많은 상품 코드가 친숙해 보이겠지만, 여기에 사용된 기호들은 시카고 상품거래소(CME) 코드나 내가 거래하는 중개 회사 코드가 아니라 내가 엑셀의 매매 모델에 구축한 나만의 코드임을 밝혀둔다. 데이터의 경우 데이터 제공업자[Norgate Data(www.norgatedata.com)]로부터 구한 연속 선물 데이터를 사용할 것이다. 그들의 데이터는 40년이 넘는 기간의 시장을 다루고 있으며, 성과 분석을 위한 풍부한 정보를 제공할 것이다.

내가 사용하는 소규모 시장 포트폴리오는 모두 P24 안에 있는 것들로 만들었다.

전략들을 검토하기 전에, 먼저 가장 단순한 전략을 보여주겠다. 이 전략은 기술적 분석에 대한 의존이 전혀 없다. 이 전략을 통해 황금 원리 중 두 가지가 얼마나 강력한지 볼 수 있기를 바란다.

기술적 분석이 전혀 없는 전략

우리는 이제 명확한 과학적 데이터를 통해 추세 추종 매매가 실패할 수 없다는 것을 안다. 두꺼운 꼬리의 존재와 정규분포와 유사한 모양은 추세를 따르는 것이 큰 이익을 얻기 위한 검증된 전략임을 증명한다.

나는 랜덤 추세 전략(Random Trend Trader)이라고 부르는 간단한 전략으로 이를 증명할 수 있다. 이 전략은 엑셀의 난수 발생기, 즉 동전 던지기를 사용하여 일일 시가에 매수 혹은 매도 신호를 만들 것이다. 이 모델은 손절매 없이 하루 동안 포지션을 유지하고 다음 날 시가에 포지션을 정리한다. 매매의 규칙은 다음과 같다.

규칙

전략명: 랜덤 추세 전략(RTT)

예비 신호: 없음

진입 신호: 무작위 진입, 시가에 매수 혹은 매도

손절매: 없음

포지션 정리: 다음 날 시가

수수료: 없음

시장 포트폴리오(P8): 일본 엔화, 5년물 국채, E-미니 나스닥, 천연 가스, 구리, 대두, 커피, 돈육

그림 6-1은 전략의 손익 그래프를 보여준다.

그림 6-1 랜덤 추세 전략은 동전 던지기를 사용하여 매수 및 매도 신호를 생성한다.

여덟 개의 시장 포트폴리오에 대한 이 전략의 가상 매매 결과는 다음과 같다.

결과
시장 포트폴리오(P8): SB, LC, GC, CO, TY, SP, CL, EC
매매 시작: 1980년
이익: $264,429
매매 횟수: 64,686
평균 이익: $4
매매당 슬리피지 및 수수료: $0

이것은 수익성이 높은 전략이지만, 슬리피지 및 수수료가 더해지면 수익성이 빠르게 나빠질 수 있다. 하지만 이 연습의 목적을 위해 그것이 없는 것으로 하겠다. 무작위 진입으로 전략을 만드는 것도 나쁘지 않다. 이제 그림 6-2에서 결과의 히스토그램을 살펴보겠다.

정규분포와 거의 유사한 분포를 이루고 개별 매매의 결과들이 평균을 중심으로 대칭적으로 떨어지면서 절반은 이익이고 절반은 손실임을 볼 수 있다. '정규분포'와 다른 곳은 두꺼운 꼬리가 있는 부분이다. 이것은 랜덤 추세 전략이 과학과 세 가지 황금 원리를 활용해 성과를 높일 수 있는 대목이다. 먼저 손실을 짧게 만드는 것이 우리의 전략에 도움이 될 수 있는지 알아보자.

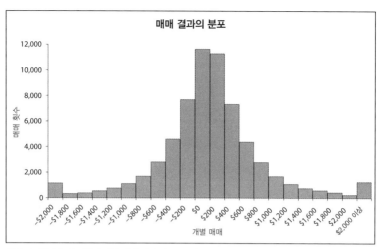

그림 6-2 랜덤 추세 전략의 개별 매매 결과 히스토그램

황금 원리: 손실을 짧게 하라

그림 6-2의 히스토그램에서 상당한 수의 큰 손실이 생겼음을 알 수 있다. 만약 우리가 '손실을 짧게 하라'는 황금 원리를 수용하기 위해 1%의 손절매를 추가할 수 있다면, 큰 손실을 보는 두꺼운 꼬리 부분을 잘라내고 추세 추종 투자자의 수익성을 즉시 개선할 수 있을 것이다.

그림 6-3은 1%의 손절매가 추가된 후 랜덤 추세 전략의 새로운 손익 그래프를 보여준다.

여덟 개의 시장 포트폴리오에서 수정된 전략의 결과를 보면 다음과 같다.

그림 6-3 1%의 손절매를 추가한 랜덤 추세 전략의 매매 성과

결과

시장 포트폴리오(P8): SB, LC, GC, CO, TY, SP, CL, EC

매매 시작: 1980년

이익: $243,121

매매 횟수: 64,686

평균 이익: $3.76

매매당 슬리피지 및 수수료: $0

안타깝게도 1%의 손절매로 손실을 짧게 만든 것이 평균 이익을 3.76달러로 떨어뜨리면서 성과가 개선되지는 않은 것처럼 보인다. 그렇지 않은가? 그림 6-4의 개별 매매 히스토그램이 더 많은 것을 보여줄 수 있는지 알아보겠다.

어떻게 보이는가? 평균 이익은 줄었지만, 손익 그래프가 보여주지

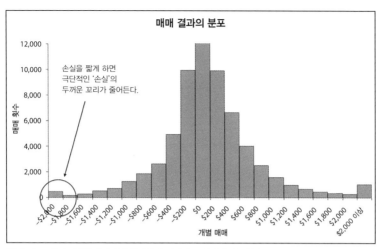

그림 6-4 1%의 손절매를 추가하면 랜덤 추세 전략의 큰 손실이 감소한다.

못한 것은 손실 쪽 두꺼운 꼬리의 감소다. 그렇다, 순이익은 더 낮아졌지만, 큰 손실이 훨씬 줄어들면서 이익이 감소했기 때문에 랜덤 추세 전략은 매매하기에 더 편하다. 따라서 손실을 짧게 하는 것의 한 가지 이점은 매매하기 쉬운 전략을 만든다는 것이다. 이제 이익을 더 길게 가져가면 랜덤 추세 전략에 도움이 되는지 알아보겠다.

황금 원리: 이익을 길게 가져가라

랜덤 추세 전략을 기반으로, 우리는 이제 추적 손절매를 추가할 것이다. 랜덤 추세 전략은 1%의 최초 손절매는 유지한 채 다음 날 시가에 무조건 보유 포지션을 정리하지 않고 (매수의 경우) 전주 최저치 또는 (매도의 경우) 전주 최고치가 깨질 때까지 이익을 보는 포지션을 유지한다.

그림 6-5는 1%의 최초 손절매에 추적 손절매를 추가한 랜덤 추세

전략의 가상 매매 결과의 손익 그래프를 보여준다.

그림 6-5 일주일 추적 손절매를 추가한 후 랜덤 추세 전략의 성과

와우! 이익을 길게 가져가는 것이 놀라울 정도로 성과를 개선시켰다. 아마도 이것은 '황금의 황금' 원리로 불려야 할지 모르겠다. 여덟 개의 시장 포트폴리오에서 새롭게 개선된 전략은 (가상 매매에서) 다음과 같은 결과를 얻었다.

결과

시장 포트폴리오(P8): SB, LC, GC, CO, TY, SP, CL, EC

매매 시작: 1980년

이익: $618,000

매매 횟수: 10,958

평균 이익: $56.40

매매당 슬리피지 및 수수료: $0

그림 6-6의 개별 매매 히스토그램이 추가적인 통찰을 줄 수 있는지 확인해보자.

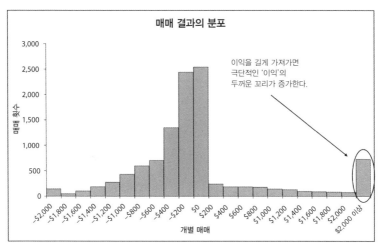

그림 6-6 일주일 추적 손절매를 추가하면서 랜덤 추세 전략의 큰 이익도 증가했다.

이 히스토그램은 극단적인 '이익'의 두꺼운 꼬리가 크게 증가하는 '황금의 황금' 원리에서 얻어지는 이점을 분명하게 보여준다. 이익을 길게 가져가는 것은 적당한 이익을 보는 많은 매매를 매우 큰 이익을 보는 극단으로 이동시켰다.

랜덤 추세 전략

여기까지가 전부다. 손실의 두꺼운 꼬리를 피하고 이익의 두꺼운 꼬리를 이용하도록 설계된 '순수한' 전략이다. 기술적 분석을 하나도 활용하지 않고 개발한 수익성 높은 매매 전략이다. 진입 신호를 위해 무작위 동전 던지기를 사용하는 수익성 높은 매매 전략인 것이다.

　최종 수정된 전략의 규칙을 요약해보겠다.

규칙

전략명: 랜덤 추세 전략

예비 신호: 없음

진입 신호: 무작위(동전 던지기) 진입, 시가에 매수 혹은 매도

최초 손절매: 1%

추적 손절매: (매도의 경우) 직전 일주일 고점, (매수의 경우) 직전 일
　　　　　주일 저점 돌파할 때

수수료: 없음

결과

시장 포트폴리오(P8): SB, LC, GC, CO, TY, SP, CL, EC

매매 시작: 1980년

이익: $618,000

매매 횟수: 10,958

평균 이익: $56.40

매매당 슬리피지 및 수수료: $0

　수익성이 그리 높지 않으므로 크게 흥분할 필요는 없다. 만약 슬리피지와 중개 수수료로 50달러를 공제한다면 평균 이익은 6.40달러

로 낮아진다.

다만 여기서 핵심은, 랜덤 추세 전략이 매매하기에 좋은 전략이라고 제시하는 것이 아니라 추세를 따라 매매하는 것이 실패할 수 없는 검증된 전략이라는 것을 수학과 과학이 증명한다는 점이다. 랜덤 추세 전략은 비록 무작위적이고 비상식적인 진입 기법을 사용하지만, 손실을 짧게 하고 이익을 길게 가져가는 것만으로 바람직하고 수익성 있는 매매 접근법임을 증명한다. 당신은 이 수학에 반대할 수 없다. 이것은 중력의 법칙만큼이나 침범할 수 없는 법칙이다!

하지만 기다려라. 내가 단지 여덟 개 시장만을 선택했기 때문에, 데이터 체리피킹이라는 약간의 편법을 사용한 것이 아닌가 하는 의심스러운 속삭임이 들리지 않는가? 내가 방금 핵심을 입증할 수 있는 최고의 여덟 개 시장만 보여준 것일까? 내가 손쉽게 엄청난 부를 약속하는 속담 속 돈나무로 매매를 부추기는 어중이떠중이들과 다를 바 없어 보이는가? 아니, 나는 절대로 그렇게 생각하지 않는다. 따라서 나는 랜덤 추세 전략을 각각의 상품군에서 유동성이 가장 높은 세 개의 시장을 포함하는 24개의 전체 시장 포트폴리오에 적용했다. 그림 6-7은 그 결과를 보여준다.

P24 포트폴리오에 적용한 결과는 다음과 같다.

결과

시장 포트폴리오(P24): SB, ZW, CO, SO, HO, LC, GF, BP, SV, KC, CT, ZB, GC, HG, JY, LH, SP, TY, CL, FV, NG, ND, EC, YM

매매 시작: 1980년

그림 6-7 P24 전체 포트폴리오에 적용한 랜덤 추세 전략의 성과

이익: $1,567,646

매매 횟수: 31,953

평균 이익: $49

매매당 슬리피지 및 수수료: $0

어떻게 보이는가? 중개 수수료와 슬리피지가 포함된다면 한계가 있겠지만, 무작위 동전 던지기와 두 가지 황금 원리에 기반하여 각 상품군에서 가장 유동성이 좋은 시장들을 포함하는 훨씬 크고 잘 분산된 포트폴리오에 적용된 모델의 성과는 탁월하다. 내가 중력의 법칙만큼이나 침범할 수 없는 법칙이라고 말하지 않았던가? 수학은 거짓말을 하지 않는다. 두꺼운 꼬리는 실제로 존재한다.

손실을 짧게 하고 이익을 길게 가져가는 것은 200년 동안 입증된 전략이다. 기술적 분석의 기미조차 없이 말도 안 되는 무작위 동전 던지기 진입 신호를 사용한 전략인데도 말이다. 이것은 전적으로 수학의 힘이다.

우리의 작은 과학 실험이 완료되었으니, 이제는 다양한 추세 추종 매매 전략들을 살펴봐야 할 시간이다. 각각의 전략은 선호하는 기술적 분석 요소를 사용하여 추세를 따르고 손실은 짧게 하며 이익은 길게 가져가는 매매의 세 가지 황금 원리를 포용한다.

추세 추종 매매 전략

추세 추종 매매 전략에는 기본적으로 다음 두 가지 유형이 있다.

1. 모멘텀 추세 추종 전략
2. 상대 강도 추세 추종 전략

모멘텀 전략은 가격이 특정 수준을 상향 또는 하향 돌파하면 새로운 추세가 시작된다고 믿는다.

상대 강도 전략은 시장 내에서 유사한 종목과 비교하여 가격이 더 강하거나 더 약해지면 새로운 추세가 시작된다고 믿는다.

모멘텀 추세 추종 매매

모멘텀 추세 추종 매매에는 다음의 두 가지 범주가 있다.

1. 상대적 모멘텀 추세 추종
2. 절대적 모멘텀 추세 추종

상대적 모멘텀 전략

상대적 모멘텀 전략은 가격이 이전 가격보다 높거나 낮으면 새로운 추세가 시작된다고 믿는다. 이러한 전략은 시장이 기존의 가격대를 돌파하는지 여부와 이전 가격보다 강한지 약한지에 대한 관심이 덜하다.

이 범주에 속하는 전략의 예는 다음과 같다.

* 변화율 전략
  - 상대적 가격 변동 전략
        이동평균 교차 전략
  - 상대적 시간 변동 전략
        가격 변동 기간 전략

절대적 모멘텀 전략

절대적 모멘텀 전략은 가격이 절대적인 수준 혹은 범위를 상향 혹은 하향 돌파할 때 새로운 추세가 시작된다고 믿는다.

이 범주에 속하는 전략의 예는 다음과 같다.

- 돌파 전략
  - 가격 돌파
  - 스윙 포인트 돌파
  - 채널 돌파
  - 변동성 돌파
- 되돌림 전략
  - 평균 회귀 전략

상대 강도 추세 추종 전략

상대 강도 전략은 시장 내에서 유사한 종목과 비교하여 가격이 더 강하거나 더 약해지면 새로운 추세가 시작된다고 믿는다.

각각의 접근 방식은 그림 6-8에 요약된 자체적인 다양한 기법을 가지고 있다.

이 책에서는 내가 가장 잘 알고 있는 것, 즉 모멘텀 추세 추종 전략에만 집중하고, 상대 강도 추세 추종 전략에 대해서는 논의하지 않을 것이다.

이제 우리가 알고 있듯이, 추세 추종 매매 전략은 다음 세 가지 황금 원리에 의존한다.

추세 추종 매매 전략

⊙ **모멘텀 추세 추종 매매**

상대적 모멘텀
- 변화율 시스템

  ● 상대적 가격 이동
  - 헌(Hearne)의 1% 룰(1850)
  - 가틀리(Gartley)의 3주－6주 이동평균 교차(1935)
  - 던키안(Donchian)의 5일－20일 이동평균 교차(1960)
  - 50일－200일 이동평균 교차

  ● 상대적 시간 이동
  - 캘린더 룰(1933)

절대적 모멘텀
- 돌파 시스템

  ● 가격 돌파
  - 리카도 룰(1800)

  ● 스윙 포인트 돌파
  - 다우 이론(1900)

  ● 정체 돌파
  - 리버모어 반응 모델(1900)
  - 다바스 박스(1950)
  - 아널드의 패턴 확률 전략(1987)

  ● 채널 돌파
  - 던키안(Donchian)의 4주 채널(1960)
  - 드레퓌스(Dreyfus)의 52주 채널(1960)
  - 터틀 매매 전략(1983)

  ● 변동성 돌파
  - 볼린저밴드(1993)
  - ATR밴드

- 되돌림 전략
  - 엘더(Elder)의 삼중창 전략(1985)
  - 평균 회귀

⊙ **상대 강도 추세 추종 매매**

그림 6-8 추세를 따라 매매하는 여러 가지 접근 방식이 있다.

- 추세를 따라 매매한다.
- 손실은 짧게 한다.
- 이익은 길게 유지한다.

이것이 성공적인 추세 추종 매매 전략 이면의 세 가지 핵심 가치 동인이다. 이들 원리는 시장의 움직임을 예측하려 하지 않고, 거대하고 큰 규모의 움직임으로부터 이익을 포착하기 위한 목적으로만 이에 대응한다. 이제 이 세 가지 황금 원리를 통합하고 수용하며 실행하는 방법을 이해하기 위해 여러 가지 추세 추종 매매 전략을 살펴보도록 하겠다.

가상 매매 결과

각 전략의 결과는 모두 동일한 P24 포트폴리오에서 실행되었으며, 가상 매매라는 점에 유의하기 바란다. 이들은 모두 엑셀 VBA로 만든 나의 매매 모델로 수행되었다.

아울러 가상 매매 결과는 미래의 성공을 의미하는 것이 아니며, 유동성의 부족이나 부실한 수행의 영향으로 실적이 과대평가될 수 있음을 유의해야 한다.

상대적 모멘텀 추세 추종 매매 전략

상대적 모멘텀 전략은 가격이 이전 가격보다 높은지 낮은지에 초점을 맞춘다. 이러한 전략은 가격 혹은 시간에 기초한 '변화율' 범주를 이용한다. 우선 몇 가지 상대적인 '가격' 변동률을 이용하는 전략들을 살펴보겠다.

상대적 가격 변동률 모멘텀 추세 추종 전략

먼저 팻 헌(Pat Hearne)의 전략으로 시작해보자.

헌(Hearne)의 1% 룰(1850)

윌리엄 파울러(William Fowler)는 1870년《월가의 10년(*Ten Years on Wall Street*)》에서 팻 헌의 매매 전략을 기록했다. 헌은 미국의 유명한 도박꾼이자 갱 단원이었다. 그는 특정 주식을 100주 매수한 다음에 1% 상승할 때마다 비슷한 양을 계속 매수했다. 반대로 1% 하락하면 보유한 주식 전체를 매도했다. 기술적으로는 피라미딩 전략이지만, 이 전략의 핵심 아이디어는 추세를 따르고 손실을 짧게 하며 이익은 지속되도록 하는 것이었다. 파울러의 관찰에 따르면, 헌의 전략은 매수 포지션만 있는 전략으로 보인다.

규칙

전략명: 헌(Hearne)의 1% 룰

개발 시점: 1850년

발표 시점: 1870년

타임프레임: 일봉

접근법: 추세 추종

매매 기법: 가격 변동률

매수/매도: 매수만 가능

적용 시장: 전체 시장

사용 지표: 없음

변수의 수: 1개

변동률: (1%)

변수 – 대칭성: 매수만 가능

변수 – 적용: 모든 시장에 동일한 변수

예비 신호: 없음

규칙 수: 2개

매수 규칙

진입 신호: 전일 종가 대비 1% 이상 상승하면 매수

손절매: 전일 종가 대비 1% 이상 하락하면 매도

그림 6-9는 헌의 전략에 의한 매매의 예를 보여준다.

P24 포트폴리오에 이 초기 추세 추종 매매 전략을 적용하고, 헌의 아이디어에 장점이 있는지 확인해보겠다.

결과

시장 포트폴리오(P24): SB, ZW, CO, SO, HO, LC, GF, BP, SV,

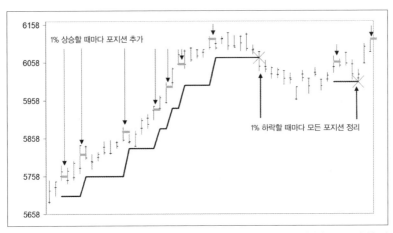

그림 6-9 헌의 1% 룰 전략은 1% 상승할 때마다 포지션을 추가하지만 한 번의 1% 하락에 모든 포지션을 정리한다.

KC, CT, ZB, GC, HG, JY, LH, SP, TY, CL, FV, NG, ND, EC, YM

매매 시작: 1980년

순손익: -$2,056,953

매매 횟수: 59,294

평균 이익: -$35

매매당 슬리피지 및 수수료: -$51

불행히도, 이것은 돈을 잃는 전략이다. 그림 6-9의 '그림처럼 완벽한' 차트에도 불구하고, 이 아이디어를 잘 분산된 24개의 시장 포트폴리오에 매매 전략으로 적용하고 수수료 및 슬리피지로 51달러를 차감하고 나니 헌의 1% 룰은 완벽하게 돈을 잃는다.

이 결과는 헌을 비판하려는 것이 아니다. 나는 최근 40년 동안 우리의 시장이, 헌이 매매했던 19세기 중반, 즉 추세가 더 잘 나타나고 굴

곡이 적었던 당시에 비해 훨씬 더 변동성이 크고 불안정한 시장이었다고 믿는다. 하지만 중개 수수료 및 슬리피지를 차감하지 않으면 헌의 1% 룰 전략이 매매당 평균 16달러의 수익을 올렸다는 점에 유의해야 한다. 따라서 이 아이디어는 전략으로서 장점이 있기는 하지만, 중개 수수료 및 슬리피지를 감당하기에는 충분하지 않다.

이제 다른 전략을 살펴보자.

가틀리의 3주 – 6주 이동평균 교차 전략(1935)

가틀리는 1-2-3 되돌림 차트 패턴으로 더 잘 알려져 있다. 이것은 황금률을 적용한 래리 페사벤토(Larry Pesavento)에 의해 유명해진 패턴이다. 가틀리의 1935년 저서《주식 시장에서의 이익(*Profits in the Stock Market*)》이 없었다면, 두 개의 이동평균을 이용한 그의 전략은 알려지지 않았을 것이다. 그의 책 266페이지에서 그림 6-10에 표시된 차트를 볼 수 있다.

이 전략의 규칙을 요약하면 다음과 같다.

규칙

전략명: 가틀리의 3주 – 6주 이동평균 교차 전략

개발 시점: 미상

발표 시점: 1935년

타임프레임: 일봉

접근법: 추세 추종

매매 기법: 항상 시장에 참여 – 상대적 가격 변동률이 바뀔 때 손절매

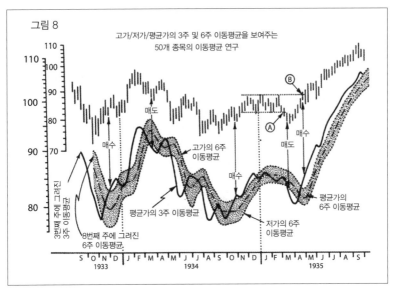

그림 6-10 가틀리는 1935년 《주식 시장에서의 이익》에서 3주-6주 이동 평균 교차를 명확하게 설명했다.

및 반대 포지션 진입

매수/매도: 매수 및 매도

적용 시장: 전체 시장

사용 지표: 이동평균(3개)

변수의 수: 3개

      단기 이동평균: 고가/저가 주간 평균값의 3주 이동평균

      (주간 평균값: 주간 고가/저가의 평균)

      장기 이동평균 1: 주간 고가의 6주 이동평균을 2주 앞으

      로 보냄

      장기 이동평균 2: 주간 저가의 6주 이동평균을 2주 앞으

      로 보냄

변수 – 대칭성: 매수와 매도에 동일한 변숫값 사용

변수 – 적용: 모든 시장에 동일한 변수

매수 규칙

예비 신호: 평균값의 3주 이동평균 > 주간 고가의 6주 이동평균

진입 신호: 월요일 장 시작 시 시장가 매수

손절매: 평균값의 3주 이동평균 < 주간 저가의 6주 이동평균

　　　　월요일 장 시작 시 시장가 매도

매도 규칙

예비 신호: 평균값의 3주 이동평균 < 주간 고가의 6주 이동평균

진입 신호: 월요일 장 시작 시 시장가 매도

손절매: 평균값의 3주 이동평균 > 주간 저가의 6주 이동평균

　　　　월요일 장 시작 시 시장가 매도

헌의 모델과 마찬가지로, 엑셀 VBA로 만든 나의 매매 모델에 그림 6-11에 표현된 그의 규칙을 입력하여 가틀리의 매매 전략을 프로그래밍했다.

상대적 모멘텀 전략으로서 가틀리의 모델은 가격이 이전 가격보다 높거나 낮을 때를 포착한다. 가틀리의 경우, 그는 세 가지 가격 변동을 사용한다. 금요일 종가에 계산한 주간 평균값의 3주 이동평균이 (2주 앞으로 당겨진) 6주 이동평균보다 높으면, 이 모델은 월요일 시가에 매수 포지션을 취한다. 주간 평균값의 3주 이동평균이 (2주 앞으로 당겨진) 6주 이동평균보다 낮으면, 이 모델은 월요일 시가에 매도 포지션을 취한다.

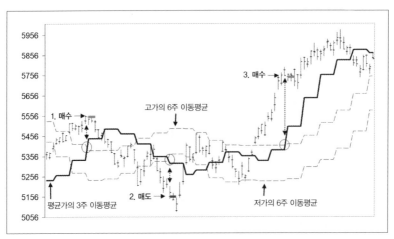

그림 6-11 가틀리는 1970년대에 개인용 컴퓨터가 등장하기 전에 이동평균 계산법을 확립했다.

1935년에 처음 사용된 그의 모델이 1980년 이후 나의 P24 포트 폴리오에서 어떤 성과를 거두었는지 살펴보자.

결과

시장 포트폴리오(P24): SB, ZW, CO, SO, HO, LC, GF, BP, SV, KC, CT, ZB, GC, HG, JY, LH, SP, TY, CL, FV, NG, ND, EC, YM

매매 시작: 1980년

순손익: $1,079,398

매매 횟수: 3,387

평균 이익: $319

매매당 슬리피지 및 수수료: -$51

어떻게 보이는가? 80년이 지난 매매 전략이 최근 40여 년의 표본 외 데이터에서도 매우 잘 견딘다는 것을 확인할 수 있다. 해럴드 가틀리, 존경합니다! 이것은 1935년에 쓴 책의 한 페이지에서 지금까지 살아 있다. 여기에 추세 추종의 황금 원리를 증명할 뿐만 아니라, 40년이 넘는 표본 외 데이터에서 그 지속성에 대한 확실한 증거를 제공하는 추세 추종 매매 전략이 있다. 여러분, 모두 일어나 해럴드 가틀리에게 존경의 박수를 보내자.

던키안의 5일-20일 이동평균 교차 전략(1960)

또 다른 상대 모멘텀 이동평균 전략은 리처드 던키안(Richard Donchian)이 발표한 것이다. 던키안은 인기 있는 터틀 매매 전략을 뒷받침하는 4주 규칙으로 더 잘 알려져 있다. 이 전략은 가틀리의 전략과 매우 유사하지만, 더 짧은 기간을 사용하며, 1960년에 발표되었다.

그의 규칙을 요약하면 다음과 같다.

규칙

전략명: 던키안의 5일-20일 이동평균 교차 전략

개발 시점: 미상

발표 시점: 1960년

타임프레임: 일봉

접근법: 추세 추종

매매 기법: 항상 시장에 참여 - 상대적 가격 변동률이 바뀔 때 손절매 및 반대 포지션 진입

매수/매도: 매수 및 매도

적용 시장: 전체 시장

사용 지표: 이동평균(2개)

변수의 수: 2개

      단기 추세: 5일 이동평균

      장기 추세: 20일 이동평균

변수-대칭성: 매수와 매도에 동일한 변숫값 사용

변수-적용: 모든 시장에 동일한 변수

규칙 수: 2개

매수 규칙

예비 신호: 5일 이동평균 > 20일 이동평균

진입 신호: 다음 날 장 시작 시 시장가 매수

손절매: 5일 이동평균 < 20일 이동평균

      다음 날 장 시작 시 시장가 매도

매도 규칙

예비 신호: 5일 이동평균 < 20일 이동평균

진입 신호: 다음 날 장 시작 시 시장가 매도

손절매: 5일 이동평균 > 20일 이동평균

      다음 날 장 시작 시 시장가 매수

나는 이 전략 역시 엑셀 VBA로 만든 나의 매매 모델로 프로그래밍했다. 그림 6-12는 던키안의 규칙에 따라 발생하는 네 개의 매매 사례를 보여준다.

1960년부터 알려진 그의 모델이 1980년 이후의 내 P24 포트폴리

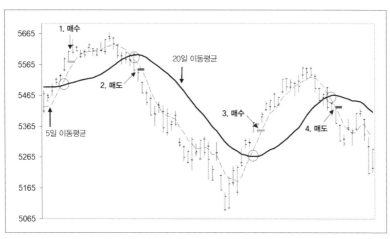

5665
5565
5465
5365
5265
5165
5065

1. 매수

20일 이동평균

2. 매도

5일 이동평균

3. 매수

4. 매도

그림 6-12 리처드 던키안의 5일-20일 이동평균 교차 전략은 5일 이동평균과 20일 이동평균이 교차할 때 손절매 및 반대 포지션 진입이 동시에 일어난다.

오에서 어떤 성과를 거두었는지 살펴보자.

결과

시장 포트폴리오(P24): SB, ZW, CO, SO, HO, LC, GF, BP, SV, KC, CT, ZB, GC, HG, JY, LH, SP, TY, CL, FV, NG, ND, EC, YM

매매 시작: 1980년

순손익: $520,675

매매 횟수: 13,306

평균 이익: $39

매매당 슬리피지 및 수수료: -$51

좋은 소식은 이 전략이 수익성이 있다는 것이고, 나쁜 소식은 그 수익이 미미하다는 것이다. 수익성이 있다는 점에 대해선 엄지손가락을 치켜세울 만하지만, 평균 이익이 39달러에 불과한 세계 최고는 없다. 하지만 어쨌거나 수익성은 있으므로 추세 추종 매매의 황금 원리의 가치에 고개를 끄덕이게 할 만큼은 된다. 또한 우리는 거의 60년이 지난 던키안의 모델이 최근 40여 년의 표본 외 데이터에서 수익을 낸 점에 대해 경의를 표해야 할 것이다. 다양한 시장 포트폴리오에서 객관적이고 체계적으로 적용될 때 다른 많은 매매 아이디어들이 질투할 만한 수익성이다. 간단히 말해서, 비록 세계 최고는 아닐지라도 던키안의 5일-20일 이동평균 모델은 추세 추종이 검증된 매매 전략임을 증명한다.

50일-200일 이동평균 교차 전략

나는 이 전략이 특정 투자자의 고유한 매매 전략인지 확실히 알지 못한다. 그러나 이 전략이 미디어에 자주 등장하는 데다, '말하기' 좋아하는 사람들이 자주 언급하기 때문에 여기서 검토하는 것이 좋겠다고 생각했다.

여러분은 특정 시장에서 '골든 크로스' 혹은 '데드 크로스'가 발생하고 있다고 언급하면서 대단한 사건이 일어난다고 말하는 것을 들어본 적이 분명 있을 것이다. 시장에서 큰 목소리를 내는 사람들은 이런 사건이 일어나는 것이 추세에 큰 변화가 나타나는 것을 의미한다고 믿는다.

'골든 크로스'는 50일 이동평균이 200일 이동평균을 상향 돌파할 때 발생하며, 강세장의 존재를 확인하는 의미가 있다.

'데드 크로스'는 50일 이동평균이 200일 이동평균을 하향 돌파할 때 발생하며, 약세장의 존재를 확인하는 의미가 있다.

이 아이디어의 규칙은 다음과 같이 요약된다.

규칙

전략명: 50일-200일 이동평균 교차 전략

개발 시점: 미상

발표 시점: 미상

타임프레임: 일봉

접근법: 추세 추종

매매 기법: 항상 시장에 참여-상대적 가격 변동률이 바뀔 때 손절매

및 반대 포지션 진입

매수/매도: 매수 및 매도

적용 시장: 전체 시장

사용 지표: 이동평균(2개)

변수의 수: 2개

중기 추세: 50일 이동평균

장기 추세: 200일 이동평균

변수-대칭성: 매수와 매도에 동일한 변숫값 사용

변수-적용: 모든 시장에 동일한 변수

규칙 수: 2개

매수 규칙

예비 신호: 50일 이동평균 > 200일 이동평균

진입 신호: 다음 날 장 시작 시 시장가 매수

손절매: 50일 이동평균＜200일 이동평균

다음 날 장 시작 시 시장가 매도

매도 규칙

예비 신호: 50일 이동평균＜200일 이동평균

진입 신호: 다음 날 장 시작 시 시장가 매도

손절매: 50일 이동평균＞200일 이동평균

다음 날 장 시작 시 시장가 매수

이 전략은 리처드 던키안의 5일-20일 이동평균 교차 전략과 매우 유사하다. 유일한 차이는 각 이동평균의 기간이다. 나는 엑셀 VBA 매매 모델로 이 전략을 프로그래밍했으며, 그림 6-13은 두 개의 매매 사례를 보여준다.

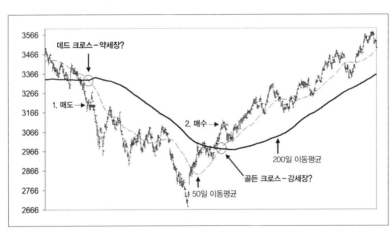

그림 6-13 50일-200일 이동평균 교차 전략은 50일 이동평균과 200일 이동평균이 교차할 때 손절매 및 반대 포지션 진입이 동시에 발생한다.

골든 크로스 및 데드 크로스를 이용한 추세 추종 매매 전략이 P24 포트폴리오에서 어떤 성과를 거두었는지 살펴보자.

와우, 정말 멋지다. 평균 이익이 1,389달러인 이 전략은 확실히 일관성이 있으며, (현재까지) 추세 추종 전략 중 최고의 성과를 보여준다. 추세를 따르고, 손실을 짧게 하면서 이익은 길게 유지하는 것은 확실히 이익이 된다. 이 전략을 처음 개발한 사람에게 그 영광을 돌릴 수 없는 것이 유감일 뿐이다.

이제 또 다른 유형의 추세 추종 매매 전략을 살펴볼 시간이다. 상대적 '시간' 변동률 전략이 어떤 모습이고, 어떻게 작동하는지 살펴보자.

상대적 시간 변동률 모멘텀 추세 추종 전략

이 모델들은 특정 시간에 따른 상대적 가격 변화를 찾는다.

1933년 콜스(Alfred Cowles)와 존스(Herbert Jones)는 다양한 기간

에 걸쳐 주가의 모멘텀을 조사한 연구 논문인《주식시장 가격의 귀납적 확률(*Some A Posteriori Probabilities in Stock Market Action*)》을 발표했다. 그들은 20분에서 3년까지 다양한 시계열을 만들고 조사했다. 그들은 가격에서 양의 수익률 혹은 음의 수익률이 (학계에서 가격은 무작위적이라고 말하는 것과 달리) 다음 시간대에도 반복될 가능성이 62.5%에 이르는 모멘텀이 존재한다고 결론지었다.

인기 있는 두 타임프레임의 상대적 가격 변화율을 살펴보고, '시간'이 추세 매매 기회를 판별하는 데 얼마나 효과적인지 알아보겠다. 먼저 월간 가격 변화로 시작하고, 다음으로 분기별 가격 변화를 검토해보자.

월별 종가 모델(1933)

이 모델은 현재 월의 종가가 전월 종가 이상으로 끝날 경우, 매수 포지션을 취하는 단순한 방법이다. 현재 월의 종가가 전월 종가보다 낮게 끝나는 경우에는 반대 포지션인 매도 포지션을 취한다. 이 전략은 항상 시장에 참여하며, 반전형 전략(stop and reverse strategy)이라고 부른다.

규칙

전략명: 월별 종가 모델

개발 시점: 1933년

발표 시점: 1933년

타임프레임: 일봉

접근법: 추세 추종

매매 기법: 항상 시장에 참여 – 상대적 시간 변동률이 바뀔 때 손절매 및 반대 포지션 진입

매수/매도: 매수 및 매도

적용 시장: 전체 시장

사용 지표: 없음

변수의 수: 0개

변수 – 대칭성: 해당 없음

변수 – 적용: 해당 없음

규칙 수: 2개

매수 규칙

예비 신호: 현재 월 종가 > 전월 종가

진입 신호: 다음 달 첫날 장 시작 시 시장가 매수

손절매: 현재 월 종가 < 전월 종가

　　　다음 달 첫날 장 시작 시 시장가 매도

매도 규칙

예비 신호: 현재 월 종가 < 전월 종가

진입 신호: 다음 달 첫날 장 시작 시 시장가 매도

손절매: 현재 월 종가 > 전월 종가

　　　다음 달 첫날 장 시작 시 시장가 매수

포지션을 취한 방향으로 월별 종가가 이어지면 이익이 지속되도록 놔두지만, 월별 종가가 반대 방향으로 끝나면 포지션을 정리하고 반

대 포지션을 취한다.

다른 모델들과 마찬가지로, 위의 규칙에 따른 상대적 시간 모델을 그림 6-14와 같이 프로그래밍했다.

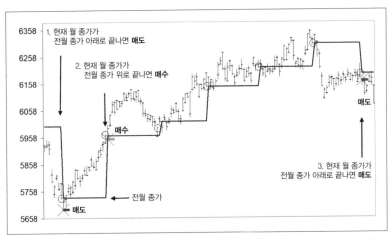

그림 6-14 월별 종가 모델 전략은 월별 종가가 반대 방향으로 끝날 경우, 기존 포지션을 정리하고 반대 포지션을 취한다.

이 모델은 상대적 시간 모멘텀 전략으로서, 전월 종가와 비교하여 현재 월 종가가 끝나는 위치가 어디인지를 주시한다. 모델의 현재 포지션이 매도이고 현재 월 종가가 상승으로 끝나면, 이 모델은 다음 달의 첫날에 매도 포지션을 정리하고 매수 포지션을 취한다. 반대로 모델의 현재 포지션이 매수이고 현재 월 종가가 하락으로 끝나면, 다음 달의 첫날에 매수 포지션을 정리하고 매도 포지션을 취한다.

이 모델이 1980년 이후 P24 포트폴리오에서 어떤 성과를 거두었는지 살펴보자.

결과

시장 포트폴리오(P24): SB, ZW, CO, SO, HO, LC, GF, BP, SV, KC, CT, ZB, GC, HG, JY, LH, SP, TY, CL, FV, NG, ND, EC, YM

매매 시작: 1980년

순손익: $1,003,526

매매 횟수: 4,993

평균 이익: $201

매매당 슬리피지 및 수수료: -$51

어떻게 보이는가? 시간이 될 때까지 기다리고 손실을 볼 때는 손절매 후 반대 포지션을 취하지만 이익을 볼 때는 이익이 계속되도록 놔두는 단순한 모델도 나쁘지 않다. 다시 한번, 이것은 추세 추종 매매의 세 가지 황금 원리의 힘을 보여준다. 콜스와 존스에게 두 손을 모아 정중히 경의를 표하자.

분기별 종가 모델(1933)

월별 종가 모델과 마찬가지로, 이 변형 모델은 현 분기의 종가가 전 분기 종가보다 높게 끝나면 매수 포지션을 취하는 단순한 방법이다. 만약 현 분기의 종가가 전 분기 종가보다 낮게 끝나면 기존 포지션을 정리하고 매도 포지션을 취한다.

다음 규칙은 분기 기간을 사용한다는 점 외에 월별 종가 모델과 동일하다.

규칙

전략명: 분기별 종가 모델

개발 시점: 1933년

발표 시점: 1933년

타임프레임: 일봉

접근법: 추세 추종

매매 기법: 항상 시장에 참여 – 상대적 시간 변동률이 바뀔 때 손절매

및 반대 포지션 진입

매수/매도: 매수 및 매도

적용 시장: 전체 시장

사용 지표: 없음

변수의 수: 0개

변수 – 대칭성: 해당 없음

변수 – 적용: 해당 없음

규칙 수: 2개

매수 규칙

예비 신호: 현재 분기 종가 > 전 분기 종가

진입 신호: 다음 분기 첫날 장 시작 시 시장가 매수

손절매: 현재 분기 종가 < 전 분기 종가

다음 분기 첫날 장 시작 시 시장가 매도

매도 규칙

예비 신호: 현재 분기 종가 < 전 분기 종가

진입 신호: 다음 분기 첫날 장 시작 시 시장가 매도

손절매: 현재 분기 종가 > 전 분기 종가

다음 분기 첫날 장 시작 시 시장가 매수

그림 6-15와 같이 포지션을 취한 방향으로 분기별 종가가 이어지면 이익이 지속되도록 놔두지만, 분기별 종가가 반대 방향으로 끝나면 포지션을 정리하고 반대 포지션을 취한다.

그림 6-15 분기별 종가 모델 전략은 분기별 종가가 반대 방향으로 끝날 경우, 기존 포지션을 정리하고 반대 포지션을 취한다.

이 모델이 1980년 이후 P24 포트폴리오에서 어떤 성과를 거두었는지 살펴보자.

결과

시장 포트폴리오(P24): SB, ZW, CO, SO, HO, LC, GF, BP, SV, KC, CT, ZB, GC, HG, JY, LH, SP, TY, CL, FV, NG, ND, EC, YM

매매 시작: 1980년

순손익: $611,092

매매 횟수: 1,670

평균 이익: $366

매매당 슬리피지 및 수수료: -$51

훌륭하다. 분기별 신호 발생 빈도가 낮아 월별 종가 모델보다는 못하지만, 뛰어난 평균 이익과 함께 여전히 양호한 편이다. 그러나 낮은 전체 순이익과 관계없이, 이 매매 전략은 추세 추종 매매의 세 가지 황금 원리와 일치하고 그 유효성을 확인해준다.

지금까지의 모멘텀 추세 추종 전략들은 가격이 높든 낮든 이전 가격에 대한 상대적 위치에 초점을 맞추고 있다. 다른 유형의 모멘텀 전략은 절대적인 수준을 돌파하는 가격을 찾는다. 이제 그런 전략들을 살펴보자.

절대적 모멘텀 추세 추종 매매 전략

이러한 모멘텀 전략은 가격이 특정 수준 이상 혹은 이하를 돌파하면 새로운 추세가 시작된다고 믿는다. 이러한 전략들을 일반적으로 돌파 전략 혹은 되돌림 전략이라고 한다. 돌파 전략은 다음과 같은 것들이다.

- 가격 돌파
- 스윙 포인트 돌파
- 정체 돌파
- 채널 돌파
- 변동성 돌파

되돌림 전략은 평균 회귀라고 불리는 유명한 모델을 포함한다. 이러한 절대 모멘텀 추세 추종 매매 전략 중 몇 가지를 살펴보자.

가격 돌파

데이비드 리카도(David Ricardo)의 전략부터 시작하겠다.

리카도 룰(1800)

제임스 그랜트(James Grant)는 1838년《위대한 도시(*The Great Metropolis*)》제2권에서 데이비드 리카도에 대해 다음과 같이 기술했다.

> 나는 그가 자신의 세 가지 황금 원리라고 부르는 세 개의 법칙에 세심한 주의를 기울임으로써 막대한 재산을 모았다는 것을 알고 있다. 그는 자신의 원리를 친구들에게 자주 권하곤 했다. 그의 법칙은 다음과 같은 것들이다.
> - 선택권이 있을 때 절대 거부하지 않는다.
> - 손실은 짧게 자른다.

- 이익은 길게 지속되도록 한다.

이 세 가지 황금 규칙을 요약하기 위한 전략을 만들어보겠다.

선택권이 있을 때 절대 거부하지 않는다 '선택권을 절대 거부하지 않겠다'는 리카도의 믿음을 견지하기 위해, 나는 시장의 가격 움직임을 '절대' 거절해서는 안 되는 '선물'로 사용할 것이다. 간단히 말해, 현재 포지션이 없는 상태에서 시장이 이전 봉의 고점을 돌파한다면, 리카도의 규칙은 '매수'라고 말할 것이다. 투자자는 시장에 귀를 기울여야 한다. 만약 시장이 이전 봉의 저점을 돌파한다면, 리카도의 규칙은 '매도'라고 말할 것이다. 다시 한번 투자자는 시장에 귀를 기울여야 한다. 시장의 방향은 투자자가 '절대' 거절해서는 안 되는 '선물'이다.

손실은 짧게 자른다 단순하게 접근하자. 나는 예비 신호 혹은 진입하는 봉의 가격을 반대 방향으로 돌파하는 것을 최초 손절매로 사용할 것이다. 가격이 (예비 신호를 만든 봉의 고점을) 돌파할 경우, 리카도의 규칙은 최초 손절매를 예비 신호 혹은 진입 신호를 만든 봉의 최저점보다 한 호가(呼價) 낮은 값에 설정할 것이다. 가격이 (예비 신호를 만든 봉의 저점을) 돌파할 경우, 리카도의 규칙은 최초 손절매를 예비 신호 혹은 진입 신호를 만든 봉의 최고점보다 한 호가 높은 값에 설정할 것이다.

이익은 길게 지속되도록 한다   만약 시장이 상승한다면, 나는 가장 최근의 스윙 포인트 저점을 추적 손절매로 사용할 것이다. 가격이 상 승과 함께 리카도의 규칙이 매수 포지션이라면, 추적 손절매는 최근 스윙 포인트 저점보다 한 호가 낮은 값으로 설정될 것이다. 만약 가격 이 하락하면서 리카도의 규칙이 매도 포지션이라면, 추적 손절매는 최근 스윙 포인트보다 한 호가 높은 값으로 설정될 것이다. 단순한 규 칙이다.

이제 리카도 룰에 대한 나의 해석을 요약하겠다.

규칙

전략명: 리카도 룰

개발 시점: 1800년

발표 시점: 1838년

타임프레임: 일봉

접근법: 추세 추종

매매 기법: 가격 돌파

매수/매도: 매수 및 매도

적용 시장: 전체 시장

사용 지표: 없음

변수의 수: 0개

변수 – 대칭성: 해당 없음

변수 – 적용: 해당 없음

규칙 수: 3개

매수 규칙

예비 신호: 일봉의 중간값

진입 신호: 직전 봉의 고점을 돌파할 때 매수

최초 손절매: 예비 신호 혹은 진입 신호를 만든 봉의 최저점을 돌파하
면 매도

추적 손절매: 직전 스윙 포인트의 저점을 돌파하면 매도

매도 규칙

예비 신호: 일봉의 중간값

진입 신호: 직전 봉의 저점을 돌파할 때 매도

최초 손절매: 예비 신호 혹은 진입 신호를 만든 봉의 최고점을 돌파하
면 매수

추적 손절매: 직전 스윙 포인트의 고점을 돌파하면 매수

나는 엑셀 VBA 매매 모델로 이 전략을 프로그래밍했으며, 그림 6-16은 이 규칙에 따른 매수 거래를 보여준다.

1800년대에 데이비드 리카도가 사용한 매매에 대한 접근법의 간단한 해석은 시장의 방향성에서 나오는 모든 선물들을 받아들이고, 손실은 짧게 하며, 이익은 길게 유지하려는 그의 핵심 철학을 반영한다. 리카도 룰이 1980년 이후 나의 P24 포트폴리오에서 어떤 성과를 만드는지 살펴보자.

결과

시장 포트폴리오(P24): SB, ZW, CO, SO, HO, LC, GF, BP, SV,

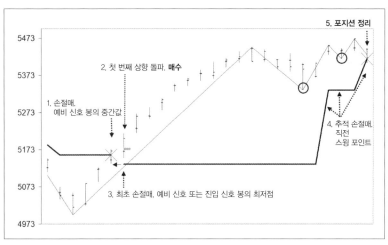

그림 6-16 리카도 룰에 의한 전략은 첫 번째 일봉 돌파의 방향을 따르고 최초 손절매 혹은 추적 손절매가 나올 때까지 포지션을 유지할 것이다.

KC, CT, ZB, GC, HG, JY, LH, SP, TY, CL, FV, NG, ND, EC, YM

매매 시작: 1980년

순손익: $622,552

매매 횟수: 20,392

평균 이익: $31

매매당 슬리피지 및 수수료: -$51

좋다. 큰 성공은 아니지만, 그렇다고 실패도 아니다. 분명 평균 이익은 낮지만, 이처럼 단순한 모델의 수익성으로는 인상적이다. 그리고 이 전략의 단순성은 추세 추종 매매의 세 가지 황금 원리의 견고함을 보여주는 명백하고 확실한 증거다.

스윙 포인트 돌파

다우 이론(1900)

찰스 다우(Charles Dow)는 기술적 분석의 아버지로 불린다. 그의 이론에서 중요한 부분은 추세 분석에서 고점과 저점을 분석한 것인데, 강세장은 고점이 점점 상승하는 것으로 정의되었고 하락장은 저점이 점점 하락하는 것으로 정의되었다. 각각의 시장은 추세의 변화가 일어날 때까지 지속된다.

다우 이론의 추세 분석은 '추세'를 기계적으로 정의하기 위한 첫 번째 객관적 시도일 수 있으며, 헌(Hearne)의 1% 룰 전략 이후 잠재적으로 두 번째 체계적인 추세 추종 매매 모델이 고안된 것으로 볼 수 있다.

간단히 말하자면, 다우 이론에서는 고점이 높아지거나 저점이 높아지는 것이 상승 추세를 나타내고, 저점이 낮아지거나 고점이 낮아지는 것이 하락 추세를 나타낸다고 믿는다. 편리를 위해 그의 고점 – 저점 추세 분석 이론을 간단히 '다우 이론'이라고 칭하겠다.

기계적 다우 이론(고점-저점 추세 분석)의 규칙을 요약하면 다음과 같다.

규칙

전략명: 다우 이론

개발 시점: 미상

발표 시점: 1900년

타임프레임: 일봉

접근법: 추세 추종

매매 기법: 항상 시장에 참여 – 스윙 포인트를 돌파할 때 손절매 및
　　　　　반대 포지션 진입

매수/매도: 매수 및 매도

적용 시장: 전체 시장

사용 지표: 없음

변수의 수: 0개

변수 – 대칭성: 해당 없음

변수 – 적용: 해당 없음

규칙 수: 1개

매수 규칙

예비 신호/진입 신호: 다우 추세가 하락에서 상승으로 반전

손절매: 다우 추세가 상승에서 하락으로 반전

매도 규칙

예비 신호/진입 신호: 다우 추세가 상승에서 하락으로 반전

손절매: 다우 추세가 하락에서 상승으로 반전

　나는 그림 6-17에 표시된 것처럼 엑셀 VBA 매매 모델로 다우 이론의 고점 – 저점 추세 전략을 프로그래밍했다.

　다우의 고점 – 저점 추세 분석이 기계적 시스템 트레이딩 모델에 어떻게 적용되었는지, 1980년 이후 P24 포트폴리오에서 어떤 성과를 거뒀는지 살펴보자.

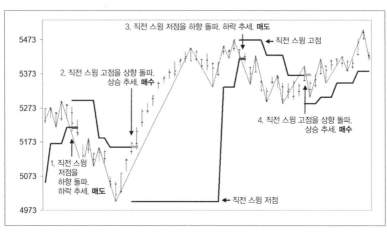

그림 6-17 다우 이론의 고점-저점 추세 분석은 항상 시장에 참여하며 일별 다우 추세가 반전된 이후에 기존 포지션을 정리하고 반대 포지션을 취한다.

결과

시장 포트폴리오(P24): SB, ZW, CO, SO, HO, LC, GF, BP, SV, KC, CT, ZB, GC, HG, JY, LH, SP, TY, CL, FV, NG, ND, EC, YM

매매 시작: 1980년

순손익: $1,090,346

매매 횟수: 17,927

평균 이익: $61

매매당 슬리피지 및 수수료: -$51

나쁘지 않다. 평균 이익은 적지만, 단 하나의 규칙으로 만들어진 간단한 기계적 전략의 결과로는 인상적이다. 다우 이론은 만들어진 지 120년 이상 되었고, 40년이 넘는 표본 외 데이터에서 여전히 좋은 성과를 내고 있다는 점을 기억하라. 이것은 추세 추종 매매와 다우 이론

둘 다에 대한 놀라운 증거다. 오랫동안 지속성을 유지한 점에서, 찰스 다우에게는 확실히 21발의 예포로 경의를 표할 만하다.

정체 돌파

리버모어 반응 모델(1900)

리버모어 반응 모델은 내가 검토할 첫 번째 정체 돌파 유형의 모델 이다. 제시 리버모어(Jesse Livermore)는 내가 아는 가장 유명한 투자 자일 것이다.

나는 에드윈 르페브르(Edwin Lefèvre)의 1923년 책《어느 주식투 자자의 회상(*Reminiscences of a Stock Operator*)》(이레미디어, 2010)이 나 자신에게 깊은 영향을 끼쳤다는 것을 안다. 내가 시드니에 있는 뱅 크오브아메리카(Bank of America)의 증권 데스크에서 젊은 트레이더 로 있으면서 그의 책을 읽었을 때, 그리고 그가 자신의 모든 실수를 분류할 때 나 자신을 언급하고 있다고 믿었던 때의 기억이 아직도 생 생하다. 나는 '그게 나야', '그래, 그게 바로 나야'라고 생각했다. 아직 이 책을 갖고 있지 않다면, 지금이라도 늦지 않았다.

제시 리버모어는 추세 추종 투자자였으며, 그의《주식 투자의 기술 (*How to Trade in Stocks*)》(굿모닝북스, 2010)에서 자신이 어떻게 매매 했는지를 설명했다. 이 책에서 그는 추세를 따르는 것을 다음과 같이 직접적으로 언급한다.

상승 추세가 진행 중일 때 주가가 신고점을 경신하자마자 내가 매 수자가 된다는 사실을 알면 많은 이들이 놀랄 것이다. 내가 매도 포지선을 취할 때도 마찬가지다. 왜 그럴까? 나는 바로 그 순간의 추세를 따르기 때문이다. 내 기록들이 나에게 계속 가라고 말한다!

리버모어는 자신의 '정상적인 반응'을 새로운 추세에 대한 두 번의 되돌림 혹은 조정으로 정의했다. 그는 스윙 포인트를 설명하기 위해 '중심축'이라는 용어를 사용했고, '중심축'이나 스윙 포인트의 위치에 따라 추세를 정의했다. 그는 고점의 중심축(스윙 포인트)이 높고 저점의 중심축(스윙 포인트)이 높은 것을 상승 추세의 특징으로 정의했다. 반대로 고점의 중심축(스윙 포인트)이 낮고 저점의 중심축(스윙 포인트)이 낮은 것은 하락 추세의 특징으로 정의했다. 이것은 다우 이론의 고점 - 저점 추세 분석과 동일하기 때문에 나는 '다우 이론'이라는 용어를 사용할 것이다.

리버모어는 (다우 이론에서 정의된 대로) 추세의 전환이 발생하는 때를 찾고, 직전의 스윙 포인트를 돌파하는 순간 새로운 포지션을 취하기에 앞서 인내심을 가지고 새로운 추세에 반발하는 두 번의 정상적인 반응(되돌림)이 발생하기를 기다렸는데, 이것은 새로운 추세를 재확인하는 것이기도 했다. 그는 다우 추세의 전환이 그것을 멈출 때까지 보유 중인 포지션의 방향을 바꾸지 않았다. 다우 추세의 전환은 단순히 이전의 중심축, 즉 스윙 포인트를 반대 방향으로 돌파하는 것이었다.

그가 이 같은 접근 방식을 정확히 언제쯤 개발했는지 알아내기란 불가능하다. 나는 그가 20대 초반에서 중반까지 이런 접근 방식을 개발하여 매매에 사용했을 것으로 추측하는데, 대략 1900년쯤 될 것이다.

리버모어가 매매할 때는 다른 요소들도 고려했지만, 단순성을 유지하고 여기서 논의된 다른 전략들과의 비교를 위해, 나는 그의 매매 전략에 대한 나의 논의를 가격에만 한정하겠다.

요약된 규칙은 다음과 같다.

규칙

전략명: 리버모어 반응 모델

개발 시점: 1900년

발표 시점: 1940년

타임프레임: 일봉

접근법: 추세 추종

매매 기법: 정체 돌파

매수/매도: 매수 및 매도

적용 시장: 전체 시장

사용 지표: 없음

변수의 수: 0개

변수 – 대칭성: 해당 없음

변수 – 적용: 해당 없음

규칙 수: 4개

매수 규칙

예비 신호: 다우 추세가 하락에서 상승으로 전환

　　　　새로운 상승 추세에 반발하는 두 번의 되돌림 반응

진입 신호: 직전 스윙 포인트의 고점을 돌파할 때 매수

손절매: 직전 스윙 포인트의 저점을 돌파할 때 매도

매도 규칙

예비 신호: 다우 추세가 상승에서 하락으로 전환

　　　　새로운 하락 추세에 반발하는 두 번의 되돌림 반응

진입 신호: 직전 스윙 포인트의 저점을 돌파할 때 매도

손절매: 직전 스윙 포인트의 고점을 돌파할 때 매수

그림 6-18과 같이 엑셀 VBA 매매 모델로 리버모어의 반응 전략을 프로그래밍했다.

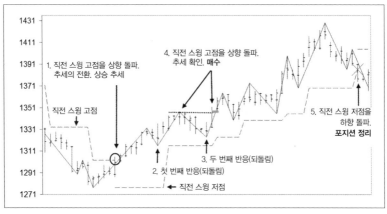

그림 6-18 리버모어 반응 전략은 새로운 추세에 대한 반발로 나타나는 두 번의 되돌림으로 정의되는 '정상적인 반응'이 일어난 후에만 매매를 시작한다.

제시 리버모어의 반응 전략이 기계적 시스템 트레이딩 모델에 어떻게 적용되었는지, 1980년 이후 P24 포트폴리오에서 어떤 성과를 거뒀는지 살펴보자.

결과

시장 포트폴리오(P24): SB, ZW, CO, SO, HO, LC, GF, BP, SV, KC, CT, ZB, GC, HG, JY, LH, SP, TY, CL, FV, NG, ND, EC, YM

매매 시작: 1980년

순손익: $35,136

매매 횟수: 1,279

평균 이익: $27

매매당 슬리피지 및 수수료: -$51

결과는 조금 실망스럽다. 그 유명한 제시 리버모어이기 때문에 나는 더 많은 것을 기대하고 있었다. 하지만 그렇지 않았다. 긍정적인 점은 적어도 표본 외 데이터에서도 수익성이 있다는 것이며, 이는 핵심 아이디어가 지속성이 있음을 보여준다. 현재 상태로 매매할 수 있을 정도로 강건하지는 않지만, 활기차고 열성적인 투자자에 의해 발전될 수 있을 만큼은 지속성이 있다. 만약 그 투자자가 당신이라면, 조심해서 매매해야 하고 과도한 최적화의 함정에 빠지지 않도록 주의해야 한다. 시장의 잡음이 아닌 정확한 신호에 초점을 맞추는 것을 잊어서는 안 된다.

한편, 리버모어의 반응 방법이 랠프 엘리엇(Ralph Elliott)의 파동 이론과 직접 상충한다는 것은 흥미로운 사실이다. 엘리엇은 1930년대에 자신의 접근 방식을 발전시켰고, 이를 엘리엇 파동 이론이라 불렀다. 가장 단순한 형태로서 엘리엇은 다섯 개의 파동 움직임 이후에 하나의 추세가 완성된다고 믿었다. 그러나 엘리엇 이론이 시장이 반전

될 것으로 예상할 때, 리버모어 반응 모델은 다섯 번째 파동에서 시장에 진입하는 방안을 모색한다. 파동 관계를 좌우하는 많은 규칙과 패턴이 있음에도 내가 엘리엇 파동을 지나치게 단순화했다는 비난을 받을 수 있다는 것을 안다.

하지만 나의 관찰은 여전히 유효하다. 한 가지 접근 방식은 추세가 지속될 것인지를 찾는 것이고, 또 다른 접근 방식은 추세의 전환을 찾는 것이다. 이 두 가지는 완전히 정반대의 접근 방식이다. 흥미롭지 않은가? 그리고 이것은 기술적 분석에서 무엇이 효과가 있고 무엇이 효과가 없는지를 분류하는 데 투자자들이 겪는 어려움에 대한 좋은 통찰을 제공한다. 경쟁하고 반대하는 주장들이 너무 많다. 기술적 분석이 때때로 정신 병원과 비슷하다고 생각하는 것도 전혀 무리는 아니다!

다바스 박스(1950)

다바스 박스는 또 다른 정체 돌파 전략이다. 니콜라스 다바스(Nicolas Darvas)는 정체 구간에서 가격 움직임의 등락 폭을 감싸는 (가상의) 박스를 그린다. 그는 가격이 이 박스를 돌파할 때 시장에 진입했다.

자신의 전략에 대한 저서가 있음에도 불구하고, 다바스는 자신의 매매 기법에 대한 정확한 규칙을 구체적으로 설명하지 않았다. 그는 가격이 박스의 반대쪽 경계선을 돌파하면 포지션을 정리할 것이라는 추론 외에 박스를 그릴 때 사용하는 변수의 크기나 손절매 규모 등을 구체적으로 정의하지 않았다. 그는 자신을 정신적 차티스트라고 칭하면서도 자신의 차트에 어떤 박스도 그리지 않았다. 간단히 말해서, 다바스는 가격의 정체, 즉 매수세와 매도세가 균형을 이루는 시점을 찾고 있었다. 가격이 이런 박스권을 상향 돌파하면, 그는 매수 포지션을 취했다. 게다가 다바스는 자신이 매매하기를 선호하는 전반적인 시장 상황에 대해 모호했다. 그는 사상 최고가에서 거래되는 주식만 언급했고, (52주 신고가를 말하면서) 지난 2~3년 동안 주가의 고가와 저가를 아는 것에 대해서만 언급했다.

따라서 그의 전략을 검토하고 프로그래밍하려면 몇 가지 명확한 규칙을 정의해야 한다. 비록 그가 이전 사람들이나 동시대 사람들처럼 전략을 만들 때 (예를 들어 거래량 등) 가격 이외의 것들을 사용했지만, 내가 논의하는 전략들에 대해 단순성과 통일성을 유지하는 것을 원하므로, 나는 가격에만 초점을 맞출 것이다.

나는 다바스 박스 전략에 대한 나의 해석에 따라 다음과 같이 규칙을 요약했다.

규칙

전략명: 다바스 박스

개발 시점: 1950년

발표 시점: 1960년

타임프레임: 일봉

접근법: 추세 추종

매매 기법: 정체 돌파

매수/매도: 매수 및 매도

적용 시장: 전체 시장

사용 지표: ATR(Average True Range)

변수의 수: 5개

      다바스 박스(4개): 박스의 최소 구간: (20)개의 일봉

            박스의 최대 구간: (100)개의 일봉

            박스의 최대 높이: (20)일 ATR의 (5)배

추적 손절매: (2)주 고가/저가

변수 - 대칭성: 매수와 매도에 동일한 변숫값 사용

변수 - 적용: 모든 시장에 동일한 변수

규칙 수: 4개

매수 규칙

예비 신호: 다바스 박스

추세: 상승 - 전일 종가가 직전 1년의 고가보다 높아야 한다.

진입 신호: 다바스 박스의 상단을 상향 돌파할 때 매수

손절매: 직전 2주 저가를 하향 돌파할 때 매도

매도 규칙

예비 신호: 다바스 박스

추세: 하락 - 전일 종가가 직전 1년의 저가보다 낮아야 한다.

진입 신호: 다바스 박스의 하단을 하향 돌파할 때 매도

손절매: 직전 2주 고가를 상향 돌파할 때 매수

그림 6-19에 표시된 것처럼 다바스 박스 전략에 대한 나의 해석을 프로그래밍했다.

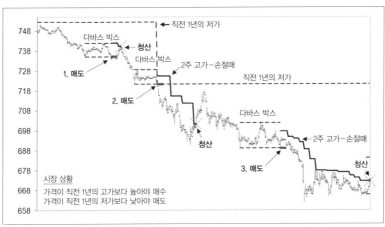

그림 6-19 니콜라스 다바스는 가격 정체를 정의하기 위해 가상의 박스를 사용했다. 다바스 전략은 가격이
정체 구간을 돌파할 때 매매를 시작한다.

다바스 박스 전략이 1980년 이후 나의 P24 포트폴리오에서 어떤
성과를 거뒀는지 살펴보자.

결과

시장 포트폴리오(P24): SB, ZW, CO, SO, HO, LC, GF, BP, SV,
KC, CT, ZB, GC, HG, JY, LH, SP, TY, CL, FV, NG, ND, EC, YM

매매 시작: 1980년

순손익: $136,731

매매 횟수: 636

평균 이익: $215

매매당 슬리피지 및 수수료: -$51

리버모어 반응 모델에 비해 나쁘지 않다. 하지만 그 외 다른 전략들

에 비하면 대단하지도 않다. 긍정적인 것은 70년 이상 된 전략인데도 수익성이 있다는 점이다. 나의 유일한 관심사는 전략에 사용되는 변수의 수(數)다. 나는 박스의 최소 및 최대 길이와 최대 높이를 규정하는 것 이상은 하지 않았다. 만약 내가 그 변숫값들을 바꾼다면 선택 가능한 또 다른 손익 그래프와 그에 따른 기대치, 파산 위험을 보게 될 것이고 평균 이익도 바뀔 것이라는 점을 믿어 의심치 않는다. 얼마나 달라질까? 나도 모른다. 하지만 이것은 여러분이 알아야 할 고려 사항이다. 게다가 다바스가 아니라 내가 변숫값을 설정했기 때문에 표본 외 데이터의 결과라고 말할 수도 없다. 나는 확실히 그의 '박스' 철학을 이용했지만, 코드화된 변숫값은 내 것이다. 그러나 이런 의구심에도 불구하고, 다바스의 철학은 앞에서 논한 다른 많은 전략들과 마찬가지로 특별한 장점을 갖고 있으며, 추세 추종 매매의 세 가지 황금 원리를 따르는 것의 유효성을 입증하고 있다.

이제 정체 돌파 전략의 마지막으로, 커티스 아널드의 패턴 확률 전략에 대해 살펴보겠다.

아널드의 패턴 확률 전략(1987)

커티스 아널드(Curtis Arnold)는 1987년에 패턴 확률 전략(PPS, Pattern Probability System)을 개발하였고, 나중에 그의 저서 《패턴 확률 전략 매매 시스템(*PPS Trading System*)》(Arnold, 1995)에 이를 발표했다. 불행하게도 아널드는 미국 상품선물거래위원회와의 분쟁에 부딪혔다. 위원회가 반대하는 몇 가지 주장을 했기 때문이었다. 하지만 그의 실수에도 불구하고, 나는 그의 패턴 확률 전략이 검토할 가치가 있다고 생각한다.

패턴 확률 전략은 18일 이동평균과 40일 이동평균으로 정의되는 중기 및 장기 추세의 방향으로 가격 정체가 돌파될 때를 찾는 매우 간단한 전략이다.

가격 정체는 삼각형, 직사각형, 쐐기형, 헤드 앤드 숄더, 이중 천장/바닥 혹은 삼중 천장/바닥과 같은 전통적인 차트 패턴으로 정의된다. 단순성을 위해 삼각형, 직사각형, 쐐기형 패턴에 초점을 맞추겠다.

아널드는 원래 최소한 10일 이상을 포함하고 50일은 넘지 않는 패턴을 찾았다. 그는 책에서 10일이 채 안 되는 패턴도 고려해볼 가치가 있다고 말한다. 따라서 그는 패턴의 크기에 유연해 보인다. 나는 패턴 자체에만 초점을 맞추고, 최소 일수나 최대 일수에 대해서는 무시하겠다.

패턴 확률 전략은 최초 손절매, 손익분기점 손절매, 추적 손절매의 조합을 사용한다. 최초 손절매로는 서로 수렴하는 두 개의 추세선이 만나는 정점을 사용한다. 단순함을 유지하기 위해 나는 예비 신호 혹은 진입 신호가 나온 봉의 반대쪽 고점 혹은 저점 중 멀리 있는 것을 돌파하는 시점으로 손절매를 잡겠다. 패턴 확률 전략은 보유 포지션의 이익이 최초 손절매 폭의 2배가 되거나, 4일째 되는 날 이익을 보고 있다면 손익분기점으로 손절매 시점을 옮긴다. 패턴 확률 전략은 두 가지 추적 손절매를 사용한다. 가장 최근의 스윙 포인트를 돌파하거나, 45도 각도의 추세선을 돌파할 때 추적 손절매를 하는 것이다. 나는 단순함을 유지하기 위해 가장 최근의 스윙 포인트를 돌파할 때만 추적 손절매를 실행하겠다.

나의 해석에 따른 규칙을 정리하면 다음과 같다.

규칙

전략명: 패턴 확률 전략(PPS)

개발 시점: 1987년

발표 시점: 1995년

타임프레임: 일봉

접근법: 추세 추종

매매 기법: 정체 돌파

매수/매도: 매수 및 매도

적용 시장: 전체 시장

사용 지표: 이동평균(2개)

변수의 수: 5개

　　　　중기 추세: (18일) 이동평균

　　　　장기 추세: (40일) 이동평균

　　　　손익분기점 손절매: 최초 손절매 폭의 (2배)

　　　　손익분기점 손절매: 포지션 보유 후 (4일)이 되는 날 평가
　　　　이익 상태

　　　　예비 신호 패턴을 위해 최소 (4개)의 스윙 포인트 필요

　　　　참고: 각 쌍의 스윙 포인트가 추세선으로 연결됨

손익분기점 손절매: 최초 손절매 폭의 (2배)

손익분기점 손절매: 포지션 보유 후 (4일)이 되는 날 최소한 평가이
　　　　　　　　익 상태

추적 손절매: 가장 최근의 스윙 포인트

변수 – 대칭성: 매수와 매도에 동일한 변숫값 사용

변수 – 적용: 모든 시장에 동일한 변수

규칙 수: 6개

매수 규칙

예비 신호: 차트 패턴(삼각형, 직사각형, 쐐기형)

추세: 상승 – 18일(중기) 이동평균선이 상승 중이고 40일(장기) 이
　　　동평균선이 횡보 혹은 상승 중일 때

진입 신호: 차트 패턴의 상단 추세선을 상향 돌파할 때 매수

최초 손절매: 예비 신호 또는 진입 신호를 만든 봉의 최저점을 하향
　　　　　　돌파할 때 매도

손익분기점 손절매: 다음 조건 중 하나일 때 손절매 시점을 손익분기
　　　　　　　　　점으로 변경
　　　　　　　　　　　1. 포지션 평가이익이 최초 손절매 폭의 2배 초과
　　　　　　　　　　　2. 진입 후 4일째 되는 날 평가이익 상태

추적 손절매: 가장 최근의 스윙 포인트 저점을 하향 돌파할 때 매도

매도 규칙

예비 신호: 차트 패턴(삼각형, 직사각형, 쐐기형)

추세: 하락 – 18일(중기) 이동평균선이 하락 중이고 40일(장기) 이
　　　동평균선이 횡보 혹은 하락 중일 때

진입 신호: 차트 패턴의 하단 추세선을 하향 돌파할 때 매도

최초 손절매: 예비 신호 또는 진입 신호를 만든 봉의 최고점을 상향
　　　　　　돌파할 때 매수

손익분기점 손절매: 다음 조건 중 하나일 때 손절매 시점을 손익분기

점으로 변경

1. 포지션 평가이익이 최초 손절매 폭의 2배 초과

2. 진입 후 4일째 되는 날 평가이익 상태

추적 손절매: 가장 최근의 스윙 포인트 고점을 상향 돌파할 때 매수

그림 6-20과 같이 추세를 형성하는 정체 패턴을 돌파하는 시점을 기계적이고 체계적으로 찾아내기 위해 엑셀 VBA 매매 모델로 패턴 확률 전략(PPS)을 프로그래밍했다.

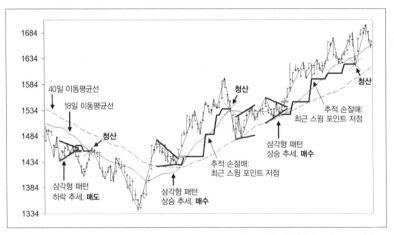

그림 6-20 패턴 확률 전략은 추세와 함께하는 전통적인 정체 패턴을 돌파할 때 매매하는 것으로 보인다.

아널드의 패턴 확률 전략에 대한 나의 해석이 1980년 이후 나의 P24 포트폴리오에서 어떤 성과를 거뒀는지 살펴보자.

결과

시장 포트폴리오(P24): SB, ZW, CO, SO, HO, LC, GF, BP, SV, KC, CT, ZB, GC, HG, JY, LH, SP, TY, CL, FV, NG, ND, EC, YM

매매 시작: 1980년

순손익: $450,780

매매 횟수: 2,586

평균 이익: $174

매매당 슬리피지 및 수수료: -$51

상당히 괜찮아 보인다. 우리는 또한《추세의 기술적 분석(*Technical Analysis of Stock Trends*)》(Martino Publishing, 1948)을 통해 정체 패턴을 대중화하는 데 도움을 준 로버트 에드워즈(Robert Edwards)와 존 마지(John Magee)에게 정중히 경의를 표해야 한다. 아널드는 미국 상품선물거래위원회와의 분쟁에도 불구하고 간단하고 논리적인 매매 계획안에 정체 패턴을 포함시켰다. 그의 매매 계획은 대부분의 표본 외 데이터에서 패턴 확률 전략의 지속성을 입증했을 뿐 아니라 추세 추종 매매의 장점을 검증하는 데 도움이 되었다.

채널 돌파

절대적 모멘텀 추세 추종 매매 전략의 또 다른 유형은 유명한 채널 돌파 전략이다. 이들 전략은 시장 가격의 상단 및 하단에 경계선, 즉 채널을 만든다. 그들은 가격이 이렇게 만들어진 채널을 상향 돌파하거나 하향 돌파할 때 추세를 형성하고, 이때 반드시 매매해야 한다고 믿는다.

던키안의 4주 채널을 시작으로 몇 가지 전략을 살펴보자.

던키안의 4주 채널(1960)

던키안(Donchian)의 4주 채널 매매 전략은 내가 아는 가장 간단한 전략이다. 이것은 매수든 매도든 늘 포지션을 보유하여 항상 시장에 참여한다. 이 전략은 4주 채널 돌파라는 단 하나의 규칙을 갖고 있다. 현재 보유한 포지션이 매도이고 시장이 주봉 기준 직전 4주 고가 채널을 상향 돌파하면, 매도 포지션을 정리하고 매수 포지션을 취한다. 반대로 현재 포지션이 매수이고 시장이 주봉 기준 직전 4주 저가 채널을 하향 돌파하면, 매수 포지션을 정리하고 매도 포지션을 취한다.

이 전략의 규칙은 다음과 같다.

규칙

전략명: 던키안의 4주 채널

개발 시점: 미상

발표 시점: 1960년

타임프레임: 일봉

접근법: 추세 추종

매매 기법: 항상 시장에 참여 – 채널을 돌파할 때 손절매 및 반대 포
　　　　　지션 진입

매수/매도: 매수 및 매도

적용 시장: 전체 시장

사용 지표: 없음

변수의 수: 1개

      (4주) 채널

변수 - 대칭성: 매수와 매도에 동일한 번숫값 사용

변수 - 적용: 모든 시장에 동일한 변수

규칙 수: 1개

매수 규칙

예비 신호 및 진입 신호: 4주 고가 채널을 상향 돌파할 때 매수

최초 손절매: 4주 저가 채널을 하향 돌파할 때 매도

매도 규칙

예비 신호 및 진입 신호: 4주 저가 채널을 하향 돌파할 때 매도

최초 손절매: 4주 고가 채널을 상향 돌파할 때 매수

그림 6-21에서 볼 수 있듯이, 나는 4주 채널을 돌파할 때 기존 포지션을 정리하고 반대 포지션을 취하도록 던키안의 4주 채널 전략을 프로그래밍했다.

1960년에 처음 발표된 던키안의 4주 채널이 1980년 이후 나의 P24 전체 시장 포트폴리오에서 어떤 성과를 거뒀는지 살펴보자.

결과

시장 포트폴리오(P24): SB, ZW, CO, SO, HO, LC, GF, BP, SV, KC, CT, ZB, GC, HG, JY, LH, SP, TY, CL, FV, NG, ND, EC, YM

매매 시작: 1980년

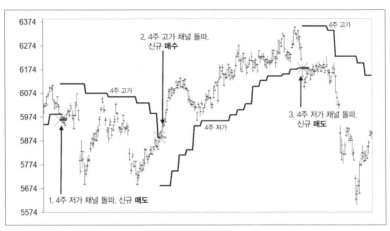

그림 6-21 리처드 던키안의 4주 채널 전략은 4주 채널을 돌파할 때 기존 포지션을 정리하고 반대 포지션을 취한다.

순손익: $1,601,223

매매 횟수: 6,120

평균 이익: $262

매매당 슬리피지 및 수수료: -$51

훌륭하다. 찬사를 받을 만한 성과다. 나는 단 하나의 규칙과 단 하나의 변수만을 가진, 60년 이상 되었고 이와 같은 표본 외 데이터에서의 성과를 가진 아이디어에 전략이라는 단어를 쓰고 있다. 놀라울 따름이다. 그리고 추세 추종 매매의 세 가지 황금 원리를 반영하기 위해 단 하나의 규칙만 사용하는 것은 모범적이다. 리처드 던키안에게 경의를, 두 배의 경의를 표하자!

나는 개인적으로 이 전략이 역대 최고의 전략 중 하나라고 생각한다. 이 전략이 단순히 최고의 성과 지표를 보여주기 때문이 아니라, 지속성과 (단 하나의 규칙이라는) 단순성이 성과와 결합했기 때문이다. 가장 굵고 선명한 글자로 독보적이라고 할 만하다!

드레퓌스의 52주 채널(1960)

잭 드레퓌스(Jack Dreyfus)가 어떻게 52주 채널을 수행했는지는 누구도 확실히 알지 못한다. 따라서 최대한 보수적으로, 던키안의 4주 채널과 비슷하게 단순성을 유지하고자 한다. 나는 다음에 요약된 규칙에 따라 그의 모델을 프로그래밍했으며, 보다시피 채널을 구하는 기간 외에는 거의 유사하다.

규칙

전략명: 드레퓌스 52주 채널

개발 시점: 미상

발표 시점: 1960년

타임프레임: 일봉

접근법: 추세 추종

매매 기법: 항상 시장에 참여 - 채널을 돌파할 때 손절매 및 반대 포
　　　　　지션 진입

매수/매도: 매수 및 매도

적용 시장: 전체 시장

사용 지표: 없음

변수의 수: 1개

(52주) 채널

변수-대칭성: 매수와 매도에 동일한 변숫값 사용

변수-적용: 모든 시장에 동일한 변수

규칙 수: 1개

매수 규칙

예비 신호 및 진입 신호: 52주 고가 채널을 상향 돌파할 때 매수

손절매: 52주 저가 채널을 하향 돌파할 때 매도

매도 규칙

예비 신호 및 진입 신호: 52주 저가 채널을 하향 돌파할 때 매도

손절매: 52주 고가 채널을 상향 돌파할 때 매수

다른 전략과 마찬가지로, 그림 6-22와 같이 그의 규칙에 따라 체계적으로 매매 시점을 찾아 매매할 수 있도록 드레퓌스의 52주 채널 규칙을 프로그래밍했다.

다음은 1980년 이후 드레퓌스의 52주 채널 전략이 나의 P24 전체 시장 포트폴리오에서 나타낸 성과다.

결과

시장 포트폴리오(P24): SB, ZW, CO, SO, HO, LC, GF, BP, SV, KC, CT, ZB, GC, HG, JY, LH, SP, TY, CL, FV, NG, ND, EC, YM

매매 시작: 1980년

순손익: $1,442,906

매매 횟수: 475

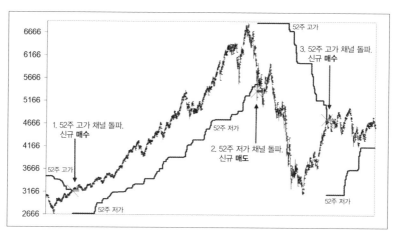

그림 6-22 드레퓌스의 52주 채널 전략은 52주 채널을 돌파할 때 기존 포지션을 정리하고 반대 포지션을 취한다.

평균 이익: $3,038

매매당 슬리피지 및 수수료: -$51

어떻게 보이는가? 60년이 넘은 또 다른 전략의 또 다른 모범적인 성과다. 이것은 표본 외 데이터에서의 지속성뿐만 아니라 추세 추종 매매의 세 가지 황금 원리의 힘을 다시 한번 보여준다. 잭 드레퓌스가 '월가의 사자'로 불리는 것은 너무나 당연하다!

터틀 매매 전략(1983)

마지막으로 살펴볼 채널 돌파 전략은 잭 슈웨거(Jack Schwager)의 《시장의 마법사들(*Market Wizards*)》(Simon & Schuster, 1989; 이레미디어, 2008)을 통해 인기를 얻은 터틀 매매 전략이다. 터틀 매매 전략은 리처드 데니스(Richard Dennis)와 빌 에크하르트(Bill Eckhardt)에 의해 개발되었다. 그들은 이 전략을 1983년에 '터틀'로 알려지게 된 새로운 투자자 그룹에 가르쳤다. 데니스와 에크하르트는 던키안의 아이디어에 정교함을 더하면서 그의 4주 채널 전략을 개선했다. 두 사람은 2주 채널을 돌파할 때 손절매를 도입했고, 매매를 개시하기 직전에 손실 신호가 있어야 한다는 필터를 추가했다. 전략에 대한 자세한 사항은 마이클 코벨(Michael Covel)의 《터틀 트레이딩(*The Complete Turtle Trader*)》(Harper Business, 2009; 이레미디어, 2019)을 참조할 수 있다. 이 모델에는 여러 가지 변형이 있지만, 여기서는 단순함을 견지하기 위해 아래 요약된 규칙으로 검토를 제한했다.

규칙

전략명: 터틀 매매 전략

개발 시점: 미상

발표 시점: 1983년

타임프레임: 일봉

접근법: 추세 추종

매매 기법: 채널 돌파

매수/매도: 매수 및 매도

적용 시장: 전체 시장

사용 지표: 없음

변수의 수: 2개

      (4주) 진입 채널

      (2주) 손절매 채널

변수 – 대칭성: 매수와 매도에 동일한 변숫값 사용

변수 – 적용: 모든 시장에 동일한 변수

규칙 수: 3개

매수 규칙

예비 신호: 주간 채널이 직전 4주 고가 채널 중 최고점

필터: 직전 매매에서 손실을 보았을 때만 매매

진입 신호: 직전 4주 고가 채널을 상향 돌파할 때 매수

손절매: 직전 2주 저가 채널을 하향 돌파할 때 매도

매도 규칙

예비 신호: 주간 채널이 직전 4주 저가 채널 중 최저점

필터: 직전 매매에서 손실을 보았을 때만 매매

진입 신호: 직전 4주 저가 채널을 하향 돌파할 때 매도

손절매: 직전 2주 고가 채널을 하향 돌파할 때 매수

그림 6-23에서 볼 수 있는 것처럼, 위의 규칙에 따라 터틀 매매 전략을 프로그래밍했다.

1980년 이후 나의 P24 전체 시장 포트폴리오에서 터틀 매매 전략의 성과는 다음과 같이 요약된다.

결과

시장 포트폴리오(P24): SB, ZW, CO, SO, HO, LC, GF, BP, SV, KC, CT, ZB, GC, HG, JY, LH, SP, TY, CL, FV, NG, ND, EC, YM

매매 시작: 1980년

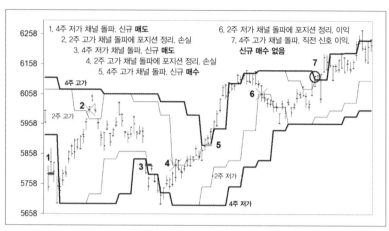

그림 6-23 터틀 매매 전략은 4주 채널을 돌파할 때 포지션을 취하고, 반대 방향 2주 채널을 돌파할 때 포지션을 정리한다.

순손익: $1,418,786

매매 횟수: 5,212

평균 이익: $272

매매당 슬리피지 및 수수료: -$51

또 하나의 뛰어난 결과다. 박수 소리가 들리는가? 충분히 그럴 만하다. 터틀 매매 전략은 그 자체가 견고할 뿐만 아니라 지속성이 있는 전략이라는 것을 보여주었다. 비록 데니스와 에크하르트가 던키안의 아이디어를 차용했지만, 그들의 단순하고 논리적이며 효과적인 개선 또한 인정받아야 한다. 과도한 최적화의 함정에 빠지지 않고 4주 채널 전략을 개선한 정교함이 보인다. 리처드 데니스와 빌 에크하르트 모두에게 축하를 전한다.

여러분과 공유할 다음의 절대적 모멘텀 추세 추종 매매 전략은 변동성 돌파 전략이다. 볼린저밴드 전략부터 시작하겠다.

변동성 돌파 전략

볼린저밴드(1993)

존 볼린저(John Bollinger)가 1980년대에 만든 볼린저밴드는 세 개의 밴드로 구성되어 있다. 중심선과 상한선, 하한선이 있다. 밴드에는 두 개의 변수, 즉 이동평균을 계산하는 일수인 기간과, 상한선과 하한선의 폭을 결정할 표준편차의 배수(倍數)가 있다. 중심선은 해당 기간의 이동평균을 의미하고, 상한선과 하한선은 중심의 이동평균선으로부터 표준편차만큼 떨어져 있는 가격대를 의미한다. 가격이 상한선과 하한선 안에서 오르내리며 갇혀 있을 때는 상한선과 하한선이 압축되면서 낮은 변동성을 반영한다. 가격이 방향성을 갖고 움직일 때는 상한선과 하한선이 확장되면서 높은 변동성을 반영한다.

밴드의 폭은 상한선과 하한선을 그릴 때 중심선으로부터 표준편차의 몇 배로 설정하느냐에 따라 결정된다. 상한선과 하한선이 중심선의 위아래에 표준편차의 1배로 그려지면, 68%의 기간 동안 가격이 상한선과 하한선 안에서 움직일 것으로 예상할 수 있다. 따라서 가격이 대역을 벗어나는 일일 종가를 만들 경우, 32%의 예외적인 사건이 발생한 것이며 새로운 추세가 시작되었음을 나타내는 것일 수 있다.

상한선과 하한선이 중심선으로부터 표준편차의 2배만큼 떨어지도록 그릴 경우, 가격은 95%의 기간 동안 대역폭 안에서 움직일 것으로 예상할 수 있다. 따라서 가격이 대역을 벗어나 마감될 경우, 이는 5%의 매우 드문 사건이 발생한 것이며 새로운 추세가 시작되었음을 나타내는 강력한 지표가 될 수 있다.

따라서 대역폭을 설정하는 데 사용되는 표준편차의 배수는 중요한 변수가 된다. 확실히, 더 큰 배수가 사용될수록 대역폭을 넘어서는 일일 종가가 드물게 나타나며, 이것은 잠재적인 추세의 더 강력한 징후일 수 있다. 하지만 대역폭을 벗어나는 사건이 적을수록 매매 기회 역시 줄어든다는 단점이 있다.

어쨌든 상한선 혹은 하한선 바깥에서 종가가 만들어질 때 새로운 추세가 시작되고 있음을 나타낸다는 것이 이 전략의 아이디어다. 따라서 밴드를 벗어난 일일 종가가 만들어질 때 포지션을 취하고, 일일 종가가 중심선의 반대쪽을 넘어서 만들어질 때 손절매를 실행한다.

현재 볼린저밴드를 활용한 다양한 매매 전략이 쏟아져나오고 있으며, 추세 추종 전략과 역추세 전략이 공존한다. 불행히도 내가 프로그래밍하고 검토할 수 있는, 이 전략의 "표본 외 데이터에서의 결과는 이것"이라고 말할 수 있는, 단 하나의 대중화되고 표준적인 추세 추종 매매 전략은 없다. 볼린저밴드는 1980년대부터 존재해왔지만, 변숫값이 명확하게 정의된 대중화된 모델로는 그만큼 오래된 것이 없다.

그렇기는 하지만, 볼린저밴드에 기반을 둔 매우 유명하고 성공적인 상업적 전략으로서 1983년에 개발되어 1993년에 처음 판매된 전략이 있다. 이 전략은《퓨처스 트루스(Futures Truth)》지가 선정한 '역대 최고의 10대 매매 시스템' 중 하나로 꼽혔다. 나는 이 전략을 구매한 적이 없으므로 변숫값이 무엇인지 알 수 없고, 또 내가 그 변숫값을 안다 해도 배임 혐의를 무릅써가며 그것을 공개하지는 않을 것이다. 하지만 여기서 중요한 것은, 볼린저밴드를 이용한 대중화된 전략이 없더라도 내가 전략을 검토하고 표본 외 데이터에서의 결과를 보여줄 수 있다는 사실과 볼린저밴드를 기반으로 1993년에 처음 판매된 매우 유명하고 성공적인 매매 전략이 있었다는 사실을 여러분과 공유할 수 있음을 밝히는 것이다.

결론적으로, 나는 '1986년'을 전략 개발 시점으로, '1993년'을 전략 적용 시점으로 사용했다. 이것은 내가 검토한 볼린저밴드 전략이 1993년에 발표되었다는 사실을 말하고자 하기보다는, 1990년대에 가장 인기 있고 성공적인 추세 추종 전략의 바탕을 이루었다는 사실을 알리기 위함이다.

이에 따라 80일이라는 기간과 1배의 표준편차를 사용하여 추세 추종 볼린저밴드 전략을 프로그래밍했다. 내가 사용한 규칙은 다음과 같다.

규칙

전략명: 볼린저밴드

개발 시점: 1986년

발표 시점: 1993년

타임프레임: 일봉

접근법: 추세 추종

매매 기법: 변동성 돌파

매수/매도: 매수 및 매도

적용 시장: 전체 시장

사용 지표: 볼린저밴드

변수의 수: 2개

(80일) – 이동평균(중심선) 및 표준편차 계산 기간

표준편차의 (1배) – 상한선 및 하한선 대역폭

변수-대칭성: 매수와 매도에 동일한 변숫값 사용

변수-적용: 모든 시장에 동일한 변수

규칙 수: 2개

매수 규칙

추세: 상승 – 전일 종가가 상한선 위에 위치

진입 신호: 다음 날 장 시작 시 시장가 매수

손절매: 전일 종가가 중심선 아래로 끝나면 다음 날 장 시작 시 시장가 매도

매도 규칙

추세: 하락 – 전일 종가가 하한선 아래에 위치

진입 신호: 다음 날 장 시작 시 시장가 매도

손절매: 전일 종가가 중심선 위로 끝나면 다음 날 장 시작 시 시장가 매수

그림 6-24에서 볼 수 있듯이, 위의 규칙에 따라 기계적이고 체계적으로 매매 기회를 식별하기 위해 나의 볼린저밴드 전략을 프로그래밍했다.

볼린저밴드 전략이 나의 P24 시장 포트폴리오에서 어떤 성과를 거뒀는지 살펴보자.

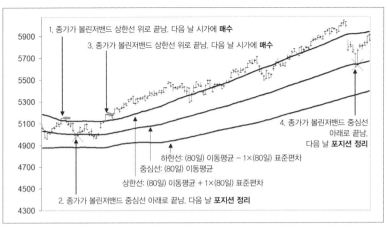

그림 안의 텍스트:

1. 종가가 볼린저밴드 상한선 위로 끝남. 다음 날 시가에 **매수**

3. 종가가 볼린저밴드 상한선 위로 끝남. 다음 날 시가에 **매수**

4. 종가가 볼린저밴드 중심선 아래로 끝남. 다음 날 **포지션 정리**

하한선: (80일) 이동평균 − 1×(80일) 표준편차

중심선: (80일) 이동평균

상한선: (80일) 이동평균 + 1×(80일) 표준편차

2. 종가가 볼린저밴드 중심선 아래로 끝남. 다음 날 **포지션 정리**

그림 6-24 볼린저밴드 전략은 가격 변동이 표준편차의 1배로 정의되는 대역폭의 바깥으로 확장되었을 때, 즉 일일 종가가 상한선 혹은 하한선을 넘어섰을 때 포지션을 취한다.

결과

시장 포트폴리오(P24): SB, ZW, CO, SO, HO, LC, GF, BP, SV, KC, CT, ZB, GC, HG, JY, LH, SP, TY, CL, FV, NG, ND, EC, YM

매매 시작: 1980년

순손익: $1,558,476

매매 횟수: 2,954

평균 이익: $528

매매당 슬리피지 및 수수료: −$51

아주 좋다! 그러나 불행하게도 내가 변숫값을 설정했기 때문에 이 결과가 표본 외 데이터의 결과라고 말할 수는 없다. 따라서 이 결과가 전략의 지속성을 보여준다고 말할 수도 없다. 하지만 추세 추종 매매의 기회를 관찰하고 식별하는 과학의 힘을 사용하는 도구를 개발한

존 볼린저에 대해서는 잘했다고 말하는 것이 타당하다고 생각한다. 이것은 1993년에 상업적으로 처음 판매된 매우 대중적이고 성공적인 전략에서 사용된 도구다. 또한 이 전략은 추세 추종 매매의 세 가지 황금 원리를 수용하는 매매 기회를 찾는 훌륭한 전략이다.

ATR밴드(2020)

내가 논의하고자 하는 또 다른 변동성 돌파 전략은 ATR밴드를 기반으로 한 전략이다. 변동성을 측정하고 상한선 및 하한선을 만들기 위해, 표준편차가 아닌 ATR(Average True Range, 전일 종가와 당일의 고가 혹은 저가와의 사이에 발생하는 모든 갭을 계산에 반영한 변동성 지표 – 옮긴이)를 사용한다는 점을 제외하면 볼린저밴드 전략과 동일하다. 불행히도 나는 이 전략이 어느 한 명의 투자자에 의해 만들어진 것이라고 자신 있게 말할 수가 없다.

내가 프로그래밍한 규칙은 아래와 같다.

규칙

전략명: ATR밴드

개발 시점: 2020년

발표 시점: 2020년

타임프레임: 일봉

접근법: 추세 추종

매매 기법: 변동성 돌파

매수/매도: 매수 및 매도

적용 시장: 전체 시장

사용 지표: (80일) 이동평균

ATR지표

변수의 수: 3개

(80일) 이동평균(중심선)

(80일) ATR

ATR의 (2배) – 상한선 및 하한선 대역폭

변수 – 대칭성: 매수와 매도에 동일한 변숫값 사용

변수 – 적용: 모든 시장에 동일한 변수

규칙 수: 2개

매수 규칙

추세: 상승 – 전일 종가가 ATR밴드 상한선 위에 위치

진입 신호: 다음 날 장 시작 시 시장가 매수

손절매: 전일 종가가 이동평균선 아래로 끝나면 다음 날 장 시작 시
시장가 매도

매도 규칙

추세: 하락 – 전일 종가가 ATR밴드 하한선 아래에 위치

진입 신호: 다음 날 장 시작 시 시장가 매도

손절매: 전일 종가가 이동평균선 위로 끝나면 다음 날 장 시작 시 시
장가 매수

볼린저밴드 전략과 마찬가지로, 그림 6-25에 표시된 것처럼, 위의
규칙에 따라 ATR밴드 돌파 전략을 프로그래밍했다.

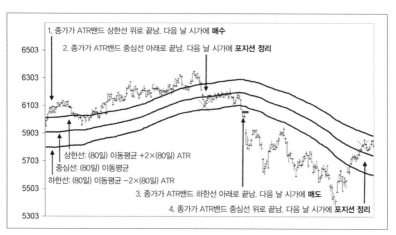

그림 6-25 ATR밴드 전략은 가격 변동이 ATR의 2배로 정의되는 대역폭의 바깥으로 확장되었을 때 포지션을 취한다.

이제 이 전략이 P24 시장 포트폴리오에서 어떤 성과를 거뒀는지 살펴보자.

결과

시장 포트폴리오(P24): SB, ZW, CO, SO, HO, LC, GF, BP, SV, KC, CT, ZB, GC, HG, JY, LH, SP, TY, CL, FV, NG, ND, EC, YM

매매 시작: 1980년

순손익: $1,193,319

매매 횟수: 3,544

평균 이익: $337

매매당 슬리피지 및 수수료: -$51

이 역시 돈을 버는 전략이다. 하지만 볼린저밴드 전략과 마찬가지로, 내가 변숫값을 설정했기 때문에 표본 외 데이터의 결과가 아니며, 이러한 결과가 전략의 지속성을 보여주지는 않는다. 그러나 변동성을 측정하는 볼린저밴드의 대안으로 이 전략을 논의에 포함했다.

이로써 절대적 모멘텀 '돌파' 타입의 추세 추종 매매 전략에 대한 검토를 마친다. 내가 살펴보고 싶은 다른 절대적 모멘텀 매매 전략은 '되돌림' 타입의 전략이다.

되돌림 추세 추종 매매 전략

돌파 전략은 가격 돌파 이후에 즉시 포지션을 취하지만, 되돌림 전략은 추세 방향으로 매매를 시작하기 전에 인내심을 가지고 가격이 잠시 멈추었다가 되돌림을 진행할 때까지 기다린다. 이미 논의된 다른 전략들처럼 이 전략들 또한 세 가지 황금 원리를 수용하지만, 이들 전략의 독특한 점은 포지션을 취하기 전에 더 나은 가격을 기다리는 것이다.

되돌림 전략

이와 같은 접근법을 이해하는 데 도움이 될 두 개의 전략을 검토할 것이다. 첫 번째는 알렉산더 엘더 박사의 삼중창 매매 전략이다.

엘더의 삼중창 전략(1985)

알렉산더 엘더 박사(Alexander Elder)는 1985년에 이 전략을 개발하여 1986년《퓨처스(*Futures*)》지에 처음 발표했다. 그는 나중에 자신의 베스트셀러인《심리 투자 법칙(*Trading for a Living*)》(Wiley, 1993; 국일경제연구소, 2004)에서 이 전략을 공유했다. 이 전략은 추세 추종 매매 기회를 찾기 위해 여러 개의 타임프레임을 사용한다. 특히 매매를 시작하기 전에 추세의 방향과 일치하는 더 긴 타임프레임에서의 되돌림을 기다린다. 가장 핵심적인 것은 세 개의 타임프레임을 사용하여 매매를 수행한다는 점이다. 대부분의 개인투자자가 사용하는 주봉, 일봉 그리고 분봉이 그것이다. 주봉은 추세를 정의하고, 일봉은 되돌림 수준을 정의하며, 분봉은 진입 시점을 정의한다.

추세　엘더는 주간 이동평균 수렴 확산 지수(MACD) 히스토그램의 기울기를 사용하여 추세를 정의한다. 이것은 현재 주봉의 MACD와 직전 주봉의 MACD 사이의 관계를 나타낸다. 기울기가 상승이면 상승장을 나타내므로 매수 기회만 고려될 것이다. 기울기가 하락이면 하락장을 나타내므로 매도 기회만 고려될 수 있다. 엘더에 의하면, 주간 MACD의 기울기가 중심선 아래(음의 MACD)에서 상승할 때가 최적의 매수 신호이고, 반대로 주간 MACD의 기울기가 중심선 위(양의 MACD)에서 하락할 때가 최적의 매도 신호다. 내가 수행한 테스트에서는 이 사실을 검증할 수 없었으므로 나는 주간 MACD 히스토그램의 기울기 외에 주간 추세를 정의하는 데 아무런 제한을 두지 않았다.

되돌림　주간 추세에 대한 적절한 되돌림을 식별하기 위해 엘더는 자신이 개발한 강도 지표, 즉 엘더-레이 오실레이터(Elder-Ray oscillator) 지표를 사용했다. 그는 또한 투자자들이 적절한 되돌림 수준을 식별하기 위해 스토캐스틱이나 윌리엄스(Williams) %R 지표 중 하나를 사용하는 것을 고려할 수 있다고 언급했다. 나는 이 책에서의 검토를 위해 엘더가 개발한 엘더-레이 오실레이터 지표를 사용했다.

매매 계획　엘더는 추세와 되돌림 조건을 모두 만족하는 이전 봉을 돌파할 때 포지션을 취한다. 매수의 경우 최초 손절매는 예비 신호 혹은 진입 신호가 나온 봉의 최저점으로 설정한다. 반대로 매도의 경우 최초 손절매는 예비 신호 혹은 진입 신호가 나온 봉의 최고점으로 설정한다. 보유 포지션이 이익을 내면 최초 손절매의 위치는 손익분기점으로 옮겨진다. 이후 보유 포지션의 최고 이익 대비 50%를 되돌려주는 지점을 추적 손절매로 설정한다. 불행하게도 나는 이 전략의 추적 손절매에 약간의 문제가 있는 것을 발견했다. 최초 손절매와 손익분기점 손절매는 확실히 문제가 없고, 보유 포지션의 최고 이익에서 50%를 되돌려주는 추적 손절매 역시 합리적으로 보인다. 하지만 문제는 실현 가능성인데, 전략이 몇 년씩이나 포지션을 유지하는 경우가 발생하기 때문이다. 어떤 사람들은 그것이 믿을 수 없을 정도의 매매를 할 수 있게 만드는 전략의 강점이 될 수 있다고 믿는다. 이론적으로는 맞지만, 실제로 매매하는 입장에서는 터무니없는 일이다. 나의 경험으로 볼 때, 투자자들은 이익을 보는 매매를 3주나 3년은 고사하고 3일 동안 유지하는 것도 매우 어렵게 여긴다. 따라서 나는 가장 가까운 스윙 포인트를 추적 손절매로 사용했다.

엘더의 삼중창 전략을 내 나름대로 해석한 규칙은 다음과 같다.

규칙

전략명: 삼중창 전략

개발 시점: 1985년

발표 시점: 1986년

타임프레임: 일봉

접근법: 추세 추종

매매 기법: 되돌림

매수/매도: 매수 및 매도

적용 시장: 전체 시장

사용 지표: MACD(12일, 26일, 9일)

엘더 – 레이(13일)

변수의 수: 5개

MACD (3개)

엘더 – 레이 (1개)

추적 손절매: 보유 포지션 이익의 (50%) 되돌림

변수 – 대칭성: 매수와 매도에 동일한 변숫값 사용

변수 – 적용: 모든 시장에 동일한 변수

규칙 수: 6개

매수 규칙

추세: 상승 – 주간 MACD 히스토그램 상승

가장 최근 주간 히스토그램 봉의 크기가 직전 주간 히스토그램

봉보다 위에 있어야 한다.

되돌림: 하락 – 엘더 – 레이 지표가 0 아래로 내려갔다가 중심선을 향

해 올라와야 한다.

진입 신호: 직전 봉의 고점을 돌파할 때 매수

최초 손절매: 예비 신호 혹은 진입 신호가 나온 봉의 최저점을 하향
　　　　　돌파할 때 매도

추적 손절매: 가장 최근의 스윙 포인트 저점을 하향 돌파할 때 매도

매도 규칙

추세: 하락 - 주간 MACD 히스토그램 하락

　　　가장 최근 주간 히스토그램 봉의 크기가 직전 주간 히스토그램
　　　봉의 아래에 있어야 한다.

되돌림: 상승 - 엘더 - 레이 지표가 0 위로 올라갔다가 중심선을 향해
　　　　내려와야 한다.

진입 신호: 직전 봉의 저점을 돌파할 때 매도

최초 손절매: 예비 신호 혹은 진입 신호가 나온 봉의 최고점을 상향
　　　　　돌파할 때 매수

추적 손절매: 가장 최근의 스윙 포인트 고점을 상향 돌파할 때 매수

　그림 6-26에 표시된 것처럼 위의 규칙을 충족하는 매매 기회를 기계적이고 체계적으로 식별하여 매매할 수 있도록 삼중창 전략을 프로그래밍했다.

　그림 6-26의 차트에 대해 간략히 언급할 것이 있다. MACD에 익숙한 사람들은 이 차트가 일반적으로 MACD를 보여주는 방식이 아니라는 것을 알아볼 것이다. 앞서 말한 바와 같이, 나는 엑셀의 VBA를 이용하여 모든 것을 직접 프로그래밍한다. 따라서 나는 주간

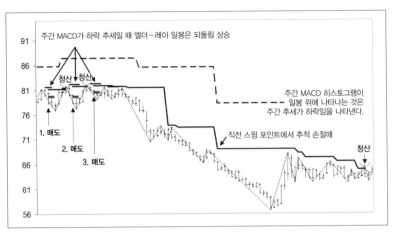

그림 6-26 엘더의 삼중창 전략은 매매를 시작하기 전에 더 긴 타임프레임에서 추세의 되돌림이 나오기를 기다린다.

MACD 히스토그램을 일별로 바꾸었고, 차트에서 수평 점선으로 표시된다. 이것이 일봉 위에 나타날 때, 직전 주간 히스토그램 봉이 이전 주의 히스토그램 봉보다 아래에 있다는 것을, 다시 말해 하락 추세임을 의미한다. 삼중창 전략에 따르면, 이것은 주간 추세가 하락이고 삼중창 전략은 엘더-레이 지표에 의해 정의되는 되돌림 상승 후의 매도 기회가 발생하기를 기다린다는 것을 의미한다.

다음은 1980년 이후 나의 p24 전체 시장 포트폴리오에서 삼중창 전략의 성과를 보여준다.

결과

시장 포트폴리오(P24): SB, ZW, CO, SO, HO, LC, GF, BP, SV, KC, CT, ZB, GC, HG, JY, LH, SP, TY, CL, FV, NG, ND, EC, YM

매매 시작: 1980년

순손익: $336,473

매매 횟수: 11,633

평균 이익: $29

매매당 슬리피지 및 수수료: -$51

좋은 소식은 이러한 결과의 대부분이 표본 외 데이터에서 나왔고, 이익을 냈다는 점이다. 나쁜 소식은 평균 순이익이 매우 낮다는 점이다. 하지만 엘더의 삼중창 전략에서 도출되는 가장 큰 가치는 더 긴 타임프레임에서의 추세와 조화를 이뤄야 한다는 중요한 메시지라고 생각한다. 더 긴 타임프레임에서의 추세가 어느 방향인지 알아야 하고, 당신이 그것에 조화를 이루고 있는지 알아야 한다.

평균 회귀 전략(2020)

삼중창 전략과 비슷하게, 이 전략은 추세의 방향으로 매매를 시작하기 전에 기본적인 추세의 방향에 역행하는 되돌림을 기다릴 것이다. 이 전략은 시장이 평균으로 회귀하려는 경향을 이용하는 것으로 보인다. 시장은 한 방향으로 움직이면서, 더 많이 움직였다가 필연적으로 다시 돌아오곤 한다. 이는 고무줄을 잡아당기는 것과 흡사한데, 당겨진 고무줄은 항상 원래 위치로 되돌아간다. '좁고 높은 봉우리'의 존재는 실제로 이러한 경향이 있음을 입증한다. 나는 '평균 회귀'라는 것 말고는 이 전략에 대한 이름을 가지고 있지 않다. 나는 단위 표준 편차를 사용하는 두 개의 볼린저밴드 대역을 사용할 것이다. 긴 기간 (30일)의 볼린저밴드로는 추세를 정의하고, 짧은 기간(15일)의 볼린저밴드로는 되돌림을 정의한다.

이 전략은 추세를 판단하기 위해 일별 종가가 더 긴 기간(30일)의 볼린저밴드 바깥에서 끝나기를 기다린다. 그런 다음 더 짧은 기간(15일)의 볼린저밴드 반대쪽 바깥으로 일별 종가가 끝나는 것으로 되돌림이 발생했음을 판별한다. 되돌림의 발생이 확인되면, 추세의 방향으로 가격이 첫 번째 일봉을 돌파할 때 매매가 시작된다. 최초 손절매는 예비 신호 혹은 진입 신호가 나온 봉의 반대 방향으로 가격 돌파가 일어나는 곳에 설정하고, 추적 손절매는 가장 최근의 스윙 포인트에 설정한다. ATR밴드 전략과 유사하게, 나는 이 매매 전략을 특정한 개인의 전략으로 규정할 수 없기 때문에, 보수적으로 판단하여 이 전략이 현재로부터 시작되었다고 가정할 것이다.

규칙을 요약하면 아래와 같다.

규칙

전략명: 평균 회귀 전략

개발 시점: 2020년

발표 시점: 2020년

타임프레임: 일봉

접근법: 추세 추종

매매 기법: 되돌림

매수/매도: 매수 및 매도

적용 시장: 전체 시장

사용 지표: 볼린저밴드

변수의 수: 3개

    (30일) 볼린저밴드 – 추세 정의

    (15일) 볼린저밴드 – 되돌림 정의

    표준편차의 (1배) – 볼린저밴드의 상한선 및 하한선 정의

변수–대칭성: 매수와 매도에 동일한 변숫값 사용

변수–적용: 모든 시장에 동일한 변수

규칙 수: 5개

매수 규칙

추세: 상승 – 최근 종가가 추세를 정의하는 볼린저밴드 상한선 돌파

되돌림: 하락 – 직전 종가가 되돌림을 정의하는 볼린저밴드 하한선
    돌파

진입 신호: 직전 봉의 고점을 최초로 상향 돌파할 때 매수

최초 손절매: 예비 신호 혹은 진입 신호가 나온 봉의 최저점을 하향
    돌파할 때 매도

추적 손절매: 가장 최근의 스윙 포인트 저점을 하향 돌파할 때 매도

매도 규칙

추세: 하락 – 최근 종가가 추세를 정의하는 볼린저밴드 하한선 돌파

되돌림: 상승 – 직전 종가가 되돌림을 정의하는 볼린저밴드 상한선
    돌파

진입 신호: 직전 봉의 저점을 최초로 하향 돌파할 때 매도

최초 손절매: 예비 신호 혹은 진입 신호가 나온 봉의 최고점을 상향
    돌파할 때 매수

추적 손절매: 가장 최근의 스윙 포인트 고점을 상향 돌파할 때 매수

그림 6-27에서 볼 수 있는 것처럼, 위의 규칙에 따라 기계적이고 체계적으로 매매 기회를 판별하기 위해 이 평균 회귀 전략을 프로그래밍했다.

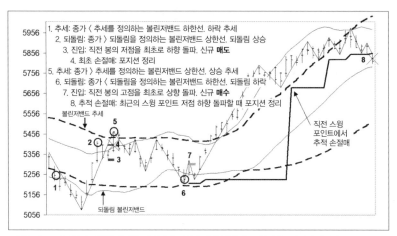

그림 6-27 평균 회귀 전략은 매매를 시작하기 전에 추세에 역행하는 되돌림을 기다릴 것이다.

아래는 1980년 이후 나의 P24 전체 시장 포트폴리오에서 전략의 가상 매매 성과다.

결과

시장 포트폴리오(P24): SB, ZW, CO, SO, HO, LC, GF, BP, SV, KC, CT, ZB, GC, HG, JY, LH, SP, TY, CL, FV, NG, ND, EC, YM

매매 시작: 1980년

순손익: $535,005

매매 횟수: 5,163

평균 이익: $104

매매당 슬리피지 및 수수료: -$51

훌륭한 성과에도 불구하고, 이 결과가 표본 외 데이터에서의 성과가 아니므로 전략의 지속성을 보여준다고 말할 수는 없다. 나는 변숫값을 설정하여 이 전략을 만들어냈을 뿐이다. 하지만 나는 이 전략이 평균 회귀에 기반한 되돌림 추세 추종 매매 전략이 어떻게 작동하는지를 잘 보여주는 예라고 생각한다. 이것은 추세 추종 매매의 세 가지 황금 원리를 수용하면서 매매 기회를 찾는 전략이다.

랜덤 추세 전략으로의 귀환(2020)

전략에 대한 검토를 마치기 전에 나의 초기 과학 실험인 랜덤 추세 전략(Random Trend Trader)으로 돌아가보겠다. 이 전략은 '손실을 짧게' 하고, '이익을 길게' 유지하는 두 가지 황금 원리의 힘을 보여주었다. 세 번째 황금 원리인 '추세와 함께 매매하라'가 이 전략에 도움이 되었는지 살펴보자. 그렇게 하면서 중개 수수료와 슬리피지도 추가해보겠다. 나의 실험적인 전략은 현재로부터 시작되었다고 가정할 것이다.

다음에 새로운 추세의 요구 조건과 함께 전략의 규칙이 요약되어 있다.

규칙

전략명: 랜덤 추세 전략(RTT)

개발 시점: 2020년

발표 시점: 2020년

타임프레임: 일봉

접근법: 추세 추종

매매 기법: 동전 던지기

매수/매도: 매수 및 매도

적용 시장: 전체 시장

사용 지표: 이동평균

변수의 수: 3개

  (200일) 이동평균

  최초 손절매 (1%)

  추적 손절매 (일주일)

변수 – 대칭성: 매수와 매도에 동일한 변숫값 사용

변수 – 적용: 모든 시장에 동일한 변수

규칙 수: 4개

매수 규칙

예비 신호: 포지션 중립

추세: 상승 – 직전 종가가 200일 이동평균보다 위에 있을 때

진입 신호: 동전 던지기 결과가 매수일 때, 다음 날 장 시작 시 시장가
  매수

최초 손절매: 진입 가격으로부터 1% 하락하면 포지션 정리

추적 손절매: 직전 일주일 저점을 하향 돌파하면 포지션 정리

매도 규칙

예비 신호: 포지션 중립

추세: 하락 – 직전 종가가 200일 이동평균보다 아래에 있을 때

진입 신호: 동전 던지기 결과가 매도일 때, 다음 날 장 시작 시 시장가
　　　　　 매도

최초 손절매: 진입 가격으로부터 1% 상승하면 포지션 정리

추적 손절매: 직전 일주일 고점을 상향 돌파하면 포지션 정리

　랜덤 추세 전략(RTT)에 추세를 판단하는 필터가 추가되었을 때 나의 P24 시장 포트폴리오에서 어떤 성과를 보이는지 살펴보자.

결과

시장 포트폴리오(P24): SB, ZW, CO, SO, HO, LC, GF, BP, SV, KC, CT, ZB, GC, HG, JY, LH, SP, TY, CL, FV, NG, ND, EC, YM

매매 시작: 1980년

	추세 필터 없을 때	200일 이동평균 추가
순손익:	-$61,957	$568,075
매매 횟수:	31,953	15,871
평균 이익:	-$2	$36
매매당 슬리피지 및 수수료:	-$51	-$51

언뜻 보기에도 괜찮다. 추세를 따라 매매하는 것이 큰 차이를 만들었다. 2달러의 평균 손실이 36달러의 평균 이익으로 껑충 뛰어오르는 것에서 볼 수 있듯이, 추세와 함께 매매하는 것이 효과가 있다고 말해도 틀리지 않을 것이다. 그러나 또한 더 많이 고려할 만큼 아주 좋지도 않다.

요약

비록 완전한 검토는 아니었지만, 내가 여기서 공유한 것들은 추세 추종 매매라는 세계에 존재하는 전략들을 꽤 잘 나타낸 것이다. 우리가 검토한 전략들을 표 6-2에 요약했다.

각 전략에 알려진 발표 날짜가 있는 경우 그 날짜를 표시했지만, 그렇지 않은 경우에는 이 책이 출판된 때로 표시했다.

나의 짧은 검토를 통해 각 전략이 어떻게 추세를 정의하고, 포지션 진입 시점, 손절매 그리고 이익 실현을 하는지, 그리고 각 전략이 세 가지 황금 원리에 대한 각자의 해석에 따라 얼마나 이것을 잘 수행하는지에 대한 통찰이 여러분에게 전달되었기를 바란다. 여러분도 나와 함께 각각의 전략들을 검토했으므로, 이들 전략에 녹아 있는 아이디어를 각자의 머릿속에 기억해두었기를 바란다. 그렇게 하면 자신만의 전략을 개발할 때 그것이 유용하게 쓰일 것이다.

이제 추세 추종 매매가 어떤 것인지 더 잘 파악하고 몇 가지 전략들을 어느 정도 이해했으므로, 당신이 따르고 싶은 접근 방식을 고려해

전략	유형	발표 시점	시장	순손익 ($)	매매 횟수	평균 이익($)	매매 비용($)
랜덤 추세 전략	동전 던지기	2020	P24	–61,957	31,953	–2	–51
헌의 1% 룰	상대적 가격 변동	1870	P24	–2,056,953	59,294	–35	–51
가틀리의 3주–6주 교차	상대적 가격 변동	1935	P24	1,079,398	3,387	319	–51
던키언의 5일–20일 교차	상대적 가격 변동	1960	P24	520,675	13,306	39	–51
50일–200일 이동평균 교차	상대적 가격 변동	2020	P24	1,715,940	1,235	1,389	–51
월별 증가 모델	상대적 가격 변동	1933	P24	1,003,526	4,993	201	–51
분기별 증가 모델	상대적 가격 변동	1933	P24	611,092	1,670	366	–51
리카도 룰	가격 돌파	1838	P24	622,552	20,392	31	–51
다우 이론	스윙 포인트 돌파	1900	P24	1,090,346	17,927	61	–51
리버모어 반응 모델	정체 돌파	1940	P24	35,136	1,279	27	–51
다바스 박스	정체 돌파	1960	P24	136,731	636	215	–51
아널드의 패턴 확률 전략	정체 돌파	1995	P24	450,780	2,586	174	–51
던키언의 4주 채널	채널 돌파	1960	P24	1,601,223	6,120	262	–51
드레퓌스의 52주 채널	채널 돌파	1960	P24	1,442,906	475	3,038	–51
터틀 매매 전략	채널 돌파	1983	P24	1,418,786	5,212	272	–51
볼린저밴드	변동성 돌파	1993	P24	1,558,476	2,954	528	–51
ATR밴드	변동성 돌파	2020	P24	1,193,319	3,544	337	–51
엘더의 삼중창 전략	되돌림	1986	P24	336,473	11,633	29	–51
평균 회귀	되돌림	2020	P24	535,005	5,163	104	–51
랜덤 추세 전략(추세 편곡)	동전 던지기	2020	P24	583,946	15,871	37	–51

표 6-2 이 전략들은 투자자가 추세를 따라 매매할 때 사용할 수 있는 다양한 접근 방식을 잘 나타낸다.

야 할 시간이다.

하지만 합리적이고 지속 가능한 매매 전략을 사용하여 매매하는 길로 나아가기 전에, 나는 먼저 위험 조정 측면에서 전략의 성과를 측정하는 일의 중요성에 대해 말하고자 한다.

제7장

위험 측정

당신은 지속 가능한 매매를 달성하기 전에 우선 시장에서 살아남아야 한다.

나는 시장에서 살아남은 덕분에 매매할 수 있는 행운의 위치에 있고 매매를 계속할 수 있다. 그리고 나는 나의 위험을 제한하는 일에 효과적이었기 때문에 살아남았다. 나는 위험을 잘 관리하는 일에 초점을 맞춘다. 나는 훌륭한 위험 관리자다. 그렇다고 완벽하지는 않다. 하지만 시장에서 살아남아 매일 적극적으로 참여하여 좋은 기회가 왔을 때 그것을 활용할 수 있을 만큼은 된다. 나는 살아남았기 때문에 내 주문을 입력하거나 조정할 수 있고, 보유한 포지션을 관리할 수 있다. 내 말을 믿어야 한다. 이익보다는 생존이 우선이다. 그러므로 매매에서 나의 첫 번째 목표는 살아남는 것이고, 나는 0%의 파산 위험으로 매매하는 것을 확실히 함으로써 이 일을 한다.

나의 두 번째 목표는 이익의 극대화다. 이를 위해서는 긍정적인 양의 기대치를 가진 지속성이 있는 매매 전략이 필요하다. 나중에 공유하겠지만, 매매할 수 있는 가치 있는 전략을 검토하고 개발하고 선택하는 데 도움이 되는 여러 가지 도구가 있다. 좋은 전략의 바람직한 특성 중 하나는 건강한 이익이다. 우리는 모두 수익성 있는 전략을 원한다. 하지만 가장 수익성이 높은 전략을 선택하는 일은 간단한 문제가 아니다. 생각처럼 쉬운 일이 아니란 얘기다. 투자자로서 우리는 달성될 이익을 얻기 위해 감당해야 할 위험의 정도를 알아야 한다.

이번 장에서는 맹목적으로 최대의 수익에만 초점을 맞추기보다는 위험 대비 수익의 맥락에서 전략의 성과를 측정하는 일의 중요성에 대해 논의하고자 한다.

전략의 성과를 측정하는 방법

전략의 성과를 측정하는 간단한 방법은 중개 수수료와 슬리피지를 제거한 순이익, 또는 전략의 연평균 누적 수익률(CAGR)을 구하는 것이다. 여러분도 알다시피 나는 연평균으로 환산된 누적 수익률, 즉 연평균 누적 수익률을 주요 성과 지표로 높이 평가한다. 그러나 이 수익률과 순이익은 오직 일차원적인 성과를 보여줄 뿐이다. 이것들은 수익이 어떻게 만들어졌는지에 대한 과정이 아니라 도착지만 알려준다. 우리를 뜬눈으로 지새우게 만드는 것, 즉 위험에 대해 언급하거나 다루지 않는다.

롤러코스터처럼 일, 주, 월 단위 수익성이 높은 전략에 빠져드는 것도 좋지 않다. 높은 곳에서 바라본 풍경은 화려하기는 하지만 순간적으로 매력적일 뿐이다. 순간의 행복은 고통스러운 추락 속에서 사라지고 당신은 구역질하며 양동이를 찾게 될 것이다. 큰 손실이 동반되는 큰 이익은 매력적이지 않다. 수익률이 요동치는 것은 그다지 매력적이지 않다.

더욱 합리적인 성과 측정은 위험을 고려해야 한다. 당신은 좋은 성과가 높은 위험을 감당한 결과인지 낮은 위험을 감당한 결과인지 알아야 한다. 당연하게도 우리 모두는 위험이 적고 성과가 좋은 것, 전략 성과의 성배를 원한다. 45도 각도로 완벽하게 직선을 이루는 손익 그래프를 원하지 않는 이가 누가 있겠는가. 그런 것이 있다면 내 크리스마스 양말에 두 개만 넣어주면 감사하겠다.

순이익률 또는 최고의 연평균 누적 수익률이 좋은 전략만을 추구하는 실수를 피하려면, 우리의 분석에 변동성을 포함할 필요가 있다. 단위 위험당 어느 정도의 수익이 발생하는지 알아야 한다. 우리가 거둔 이익이 어떻게 만들어졌는지 알아야 한다. 과도한 위험을 떠안은 결과인가, 아니면 좋은 전략 설계의 결과인가? 이를 알기 위해서는 위험 조정 성과 평가를 우리의 분석 항목에 추가해야 한다.

그러면 어떻게 할 것인가?

위험 조정 성과 평가의 세계에는 많은 선택지가 있다. 어떤 투자자는 변동성, 매매 시스템의 품질이나 고점 대비 하락(drawdown)에 초점을 맞추기도 하고, 또 어떤 투자자는 전략의 샤프 지수 또는 소르티노 지수(Sortino ratio, 한 단위의 위험 자산에 투자하여 얻은 초과 이익을 나타낸다는 점에서 샤프 지수와 유사하지만, 수익률이 마이너스일 때의 변동성만을 활용하는 점이 다름 - 옮긴이) 같은 것에 초점을 맞춘다. 더 깊이 들어가보면 칼마 비율(Calmar ratio), 트레이너 지수(Treynor Ratio), 젠센의 알파(Jensen's alpha), 모딜리아니(Modigliani)의 위험 조정 성과와 같은 것들에 관한 이야기도 듣게 될 것이다.

나는 이 토끼굴에 너무 깊이 들어감으로써 여러분에게 겁을 주거나, 나 자신을 혼란스럽게 만들고 싶지 않다. 따라서 위험 조정 성과를 논의할 때 기본적인 요구 사항에 중점을 두고 설명하고자 한다.

위험 조정 성과 측정

앞서 언급했듯이, 위험 조정 성과를 측정하는 방법은 여러 가지가 있다. 사람들에게 자주 사용되는 성과 측정법들은 전략의 연간 수익을 그들이 선호하는 위험 측정값으로 나누는 것이다. 그들의 목표는 단위 위험당 전략의 수익률을 측정하는 것이다.

수익률을 단위 위험으로 표준화하면 단위 위험당 수익률이 된다.(그림 7-1) 단위 위험당 수익률이 높은 전략은 단위 위험당 수익률이 낮은 전략보다 위험 조정 기준으로 더 우수한 전략이다.

$$\text{위험 조정 수익률} = \frac{\text{연간 수익률}}{\text{연간 위험}}$$

그림 7-1 투자자는 이익이 만들어지는 방법에 대한 통찰을 얻기 위해 전략의 단위 위험당 수익을 알아야 한다.

그림 7-2에 요약된 두 개의 매매 전략을 살펴보자.

위험 조정 성과 측정

	연간 수익률	연간 위험	단위 위험당 수익률
매매 전략 A	20%	40%	0.5%
매매 전략 B	10%	5%	2.0%

그림 7-2 매매 전략 B는 위험 조정 수익률 기준으로 볼 때 매매 전략 A보다 우수하다.

매매 전략 A는 연간 20%의 높은 수익률과 40%의 높은 위험(변동성)이 존재한다. 단위 위험당 0.5%의 이익을 얻는다. 매매 전략 B는 5%의 낮은 위험(변동성)으로 연간 10%의 낮은 수익률을 갖는다. 이 전략은 단위 위험당 2%의 이익을 얻을 수 있다. 위험 조정 기준으로 볼 때, 매매 전략 B는 매매 전략 A보다 우수하다. 매매 전략 A는 더 위험하고 단위 위험 기준으로 볼 때 덜 효율적으로 이익을 만들어낸다.

앞서 언급했듯이, 위험 조정 수익을 측정하는 도구의 수는 상당히 많다. 이들 중 인기가 더 많은 두 가지는 샤프 지수와 소르티노 지수이고, 이들보다는 덜 선호되는 세 번째는 궤양 성과 지수(UPI, Ulcer Performance Index)라 불리는 도구가 있다.

이들 측정 도구는 거의 동일하다. 이들은 모두 무위험 수익률 대비 전략에 의해 얻어진 연간 초과 수익률을 분자로 사용한다. 그리고 이들 모두는 기준선 대비 연간 초과 수익의 분포를 평가한다. 서로 다른 점은 분모인 위험을 계산하는 방법이다. 이들 지표는 수익률을 각각의 방식으로 측정한 위험으로 나누어 지수를 만들어낸다. 이러한 방식으로 만들어진 값은 각 전략의 단위 위험(변동성)당 성과를 나타낸다. 단위 위험당 수익률이 더 높은 전략은 위험 조정 기준으로 볼 때 더 우수하다.

따라서 중요한 차이점은 위험을 평가하는 방법이다.

샤프 지수(그림 7-3)는 (손실과 이익을 모두 반영한) 모든 수익률의 표준편차를 사용한다.

$$샤프\ 지수 = \frac{연간\ 초과\ 수익률}{연간\ 초과\ 수익률의\ 표준편차}$$

그림 7-3 샤프 지수는 위험 조정 수익률을 구하는 업계 표준이다.

소르티노 지수(그림 7-4)는 손실 쪽 수익률, 즉 손실률의 표준편차만을 사용한다.

$$소르티노\ 지수 = \frac{연간\ 초과\ 수익률}{연간\ 초과\ 손실률의\ 표준편차}$$

그림 7-4 소르티노 지수는 하방 위험에만 초점을 맞춤으로써 샤프 지수를 개선한다.

궤양 성과 지수(그림 7-5)는 궤양 지수(Ulcer Index)를 사용하는데, 이 지수는 매매 전략의 고점 대비 하락 구간에서의 평균 손실률을 사용한다.

$$궤양\ 성과\ 지수 = \frac{연간\ 초과\ 수익률}{궤양\ 지수}$$

그림 7-5 궤양 성과 지수는 궤양 지수에서 정의한 하방 위험(평균 손실)의 깊이와 폭에 초점을 맞춰 소르티노 지수 등을 개선한다.

표준편차

위험 평가 방식

세 개의 위험 조정 성과 측정 도구 중 가장 많이 인용되는 것은 샤프 지수와 소르티노 지수다. 그중에서도 샤프 지수의 인기가 가장 높고, 업계 표준이다. 샤프 지수의 인기는 지수의 분모, 즉 수익률의 표준편차를 가장 많이 사용하는 위험 평가 방식으로 만들었다.

이 때문에 금융권 대부분에서 표준편차는 위험 또는 변동성을 측정하는 방식으로 받아들여진다. 하지만 다수가 동의하는 방식이 전략의 위험을 측정하는 최고의 방법일까?

좀 더 자세히 살펴보자.

계산 및 해석

표준편차는 수익률이 평균으로부터 떨어진 정도를 측정한다.(그림 7-6) 엑셀과 같은 스프레드시트로도 간단히 계산할 수 있다. 궁금한 사람은 아래의 방법으로 계산해볼 수 있다.

1. 수익률의 평균을 계산한다.
2. 평균에서 각 데이터의 값을 뺀다.
3. 데이터 값과 평균의 차이를 제곱한다.
4. 차이의 제곱의 평균을 계산한다.
5. 차이 제곱 평균의 제곱근을 계산한다.

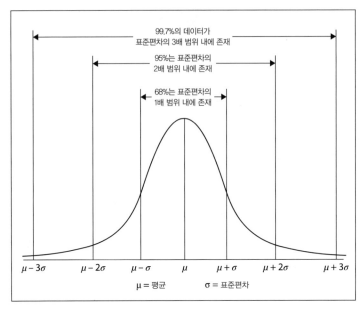

그림 7-6 표준편차는 평균으로부터 수익률의 분산을 측정하며 위험 측정을 위한 업계 표준이다.

만약 전략의 수익률이 정규분포를 따른다면 (그리고 우리는 이 '만약'
이 의심스럽다는 점을 알지만) 수익률의 68%가 평균 수익률에서 ±1배
의 표준편차 이내로 떨어질 것으로 예상할 수 있다. 예를 들어 전략
의 평균 연수익률이 10%이고 수익률의 편차가 평균으로부터 30%
인 경우, 전략의 연간 수익률이 68%의 확률로 -20%(10%-30%)에서
40%(10%+30%)의 범위 안에 떨어질 것으로 예상할 수 있다.

장점

표준편차를 위험 측정법으로 사용하는 데에는 두 가지 이점이 있
다. 첫째, 계산과 이해가 쉽다. 과거 수익률 데이터와 스프레드시트를

사용하여 직관적인 계산이 가능하다. 둘째, 투자자에게 미래의 연간 수익을 추정하는 데 사용할 수 있는 예측 모델을 제공한다. 1배의 표준편차(68%), 2배의 표준편차(95%), 3배의 표준편차(99.7%) 중 어느 것을 사용하든, 투자자는 자신의 연간 수익률이 될 가능성이 있는 범위를 추정할 수 있다. 이것은 그들에게 미래를 내다보는 거울이 될 수 있다.

최고의 위험 측정인가?

표준편차는 업계에서 변동성을 측정하는 표준으로 받아들여지고 있지만, 우리는 이것이 투자자에게 최선의 위험 측정법인지 의문을 제기할 필요가 있다. 샤프 지수의 인기에도 불구하고, 위험을 측정하기 위해 수익률의 표준편차를 사용하는 것은 당연하고도 무거운 비판에 직면했다.

단점

표준편차는 위험을 측정하는 업계의 표준이지만, 한 가지 치명적인 단점을 갖고 있다. 그것은 실질을 반영하지 못한다. 시장 수익률의 현실을 반영하지 못하고 투자자의 현실을 반영하지 못한다. 이는 시장과 그 참여자가 개별적이거나 연속적인 상승(이익) 및 하락(손실)의 위험에 어떻게 행동하고 느끼는지를 반영하지 못하는, 결함 있는 시장위험 척도다. 이것은 위험의 현실을 단순하게 무시한다.

시장의 현실 무시 – 가격은 정규분포가 아님

위험의 척도로서 표준편차의 유효성은 시장 가격의 통계적 특성에 대한 가정에 따라 달라진다. 표준편차는 시장 가격 또는 수익률이 종 모양의 곡선, 즉 정규분포를 따른다고 가정한다. 따라서 표준편차가 위험을 정확히 측정하기 위해서는 시장 가격이 정규(랜덤)분포를 따른다고 가정해야 한다.

그러나 불행히도 우리가 이미 제3장에서 알게 되었듯이, 시장 가격은 정규분포를 따르지 않는다(좁고 높은 봉우리와 두꺼운 꼬리를 기억하라). 여기서 그치는 것이 아니라, 전략의 수익률도 정규분포를 따르지 않는다. 특히 추세 추종 매매 전략은 작은 손실의 비율이 높고 이익의 비율은 낮아지는 분포의 불균형까지 감당해야 한다. 게다가 그들은 비정상적으로 높은 첨도(尖度), 즉 엄청난 이익을 기록하는 두꺼운 꼬리까지 포함하고 있다.

이런 불균형과 두꺼운 꼬리는 '종 모양' 곡선을 따라야 할 정규분포를 왜곡시킨다. 결과적으로 전략 성과의 분포는 시간에 따라 일정하지 않으며, 평균의 양쪽에 대칭적으로 떨어지지 않고, 결과의 절반은 이익이고 나머지 절반은 손실을 보는 분포를 이루지 않는다. 전략의 성과는 정규(랜덤)분포를 따르지 않는다.

이러한 현실에서는 표준편차가 위험을 정확히 측정할 수 없다는 것이 명백해진다. 실제로 정규분포를 따르지 않는데도 정규분포를 따른다는 가정에 기반한 위험 척도를 사용하는 것은 비현실적이고, 많은 사람들이 여전히 정규분포를 고수하는 이유는 당혹스럽다.

그리고 표준편차는 전략 성과 분포의 현실을 인식하지 못할 뿐만 아니라, 투자자들이 위험에 대해 어떻게 생각하는지를 반영하지 못한다.

투자자의 현실 무시 – 모든 위험이 동일한 것은 아님

표준편차는 모든 개별 결과를 양의 결과(이익) 또는 음의 결과(손실)와 관계없이 동일하게 처리하고, 그들의 연속적인 발생(고점 대비 하락)을 무시한다. 그것은 여러분과 내가 결과를 다루는 방식과 완전히 상충한다. 투자자들은 이익을 보는 결과에는 관심이 없다. 이익은 우리가 밤에 잠을 이루지 못하게 만드는 것이 아니다. 우리를 괴롭히고 때때로 불면증을 일으키는 것은 손실이다. 이익을 보는 매매는 스스로 알아서 잘 움직이고 우리를 고통스럽게 하지 않는다. 우리는 이익을 보는 매매에 대해서는 걱정하지 않는다. 우리가 걱정하는 것은 손실을 보는 매매다. 그리고 연속적인 손실은 기나긴 고점 대비 하락 구간과 정신적인 고통을 유발하기 때문에, 투자자들은 이런 연속적인 매매 결과에 신경을 쓴다. 표준편차는 이런 걱정을 우리와 공유하지 않는다.

간단히 말해서 우리 눈에는 모든 위험이 똑같은 것이 아니지만, 표준편차는 모든 위험을 똑같이 여긴다. 위험에 대한 표준편차의 획일적인 처리는 다음과 같은 현실을 무시한다.

1. 많은 투자자들이 하락 위험(손실)을 혐오하지만, 상승 위험(이익)은 원한다.
2. 많은 투자자들이 고점 대비 하락을 크게 만드는 연속적인 손실

에 깊은 관심을 갖는다.

좀 더 자세히 살펴보자.

이익에 벌칙 주기

위험은 플러스와 마이너스 수익률의 변동성으로 정의된다. 표준편차는 수익률의 모든 분포를 포착하는 일에서 완벽한 역할을 한다. 하지만 투자자는 플러스 수익률, 즉 이익의 변동성에 대해서는 걱정하지 않는다. 그들은 마이너스 수익률, 즉 손실의 변동성에 대해 더 많은 걱정을 한다. 투자자들은 하방 위험(또는 손실 가능성)을 피하는 일에만 신경을 쓴다. 상승 쪽의 변동성, 이른바 이익의 변동성은 사실 우리 투자자들이 원하는 것이다!

표준편차는 상승(좋은 이익) 변동성과 하락(나쁜 손실) 변동성을 구분하지 않는다. 그것은 변동성 자체에 초점을 맞출 뿐, 그것의 방향에는 초점을 맞추지 않는다.

이에 따른 결과는 위험 평가 수단으로 표준편차를 사용하는 것이, 비록 고점 대비 손실이 작더라도 상승 쪽의 큰 변동성(매우 큰 이익)을 가진 전략에는 불이익을 줄 수 있다는 점이다.

예를 들어 손실이 작은 매매가 많고 불규칙한 큰 이익을 보는 매매들이 있어서 성과의 분산이 큰 추세 추종 매매 전략은 표준편차가 더 크게 나올 것이고, 따라서 위험 조정 성과는 더 작게 나올 것이다. 이 전략은 성공했기 때문에 불이익을 받는다. 이건 미친 짓이다.

반대로 작은 이익을 보는 매매가 많고 불규칙한 큰 손실을 수반하여 성과의 분포가 작은 평균 회귀 전략은 표준편차가 더 작게 나오므로 위험 조정 성과는 더 높게 나올 것이다. 그런 전략은 불규칙적으로 큰 손실을 초래할 수 있는 잠재적 위험에도 불구하고 좋은 평가를 받는다. 이건 정말, 정말로 미친 짓이다.

따라서 표준편차를 위험 평가의 수단으로 사용하여 '위험 조정' 성과를 계산하고 있다고 말할 때, 실제로는 그렇지 않은 것이다. 그들은 투자자들에게 정말로 중요한 '실제' 위험에 대해 정확하게 수익을 '조정'하지 않고 있다.

매매 전략의 성과 분포가 대부분 양의 편향 및 두꺼운 꼬리를 가진다는 점을 고려할 때, 일반적으로 사용되는 샤프 지수나 소르티노 지수와 같이 표준편차를 사용하는 위험 조정 성과 측정은 믿을 만한 결과가 아닐 수 있다. 따라서 불행하게도, 이런 유형의 측정법은 성과를 정확히 평가할 수가 없다.

다시 한번 말하겠다. 표준편차는 투자자의 현실을 무시한다. 투자자는 수익성을 높이면서 하방 손실을 피하는 일에 깊은 관심을 갖고 있다.

고점 대비 하락 무시

표준편차가 무시하는 또 다른 주요 실제 고려 사항은 연속적인 손실과 그로 인한 고점 대비 하락이다. 표준편차는 이를 무시하지만, 투자자들은 그렇지 않다. 우리는 특히 고점 대비 하락에 민감하다. 비록 그것들이 매일 해가 뜨는 것만큼이나 불가피하다는 사실을 우리는 알고 있지만, 과거 데이터에서 감당할 수 있는 만큼의 고점 대비 하락이 있었던 전략으로 매매하는 것은 우리가 선호하는 전략이다. 막대한 누적 손실을 감당하면서 매매하는 것은 우리가 직면하는 주요 위험이기 때문에, 고점 대비 하락을 고려한 위험 평가를 사용하는 것은 우리의 주된 관심사다.

안타깝게도 표준편차 계산은 손실과 이익이 발생하는 순서의 영향을 받지 않는다. 따라서 연속된 손실과 그로 인한 고점 대비 하락을 인식하지 못한다. 결과적으로 이것은 전략들 사이에 존재하는 고점 대비 하락의 위험을 구분할 수 없다. 그림 7-7에 요약된 세 가지 전략을 예로 들어보자. 세 가지 전략은 서로 완전히 다른 고점 대비 하락을 겪지만, 순이익은 모두 동일하다. 서로 다른 고점 대비 하락에도 불구하고, 표준편차는 이들 세 가지 전략에 모두 동일한 위험이 존재하는 것으로 평가한다.

전략 간의 위험 정도를 구분하지 못하는 표준편차			
	전략 A	전략 B	전략 C
순이익	$124,400	$124,400	$124,400
고점 대비 최대 하락	−$32,500	−$56,700	−$432,225
표준편차	7.8%	7.8%	7.8%

그림 7-7 표준편차는 전략 간의 위험 정도를 구분할 수 없다.

그림 7-8은 세 가지 전략의 매우 다른 세 가지 손익 그래프를 보여준다.

놀라운 점은 세 가지 매우 다른 모양의 손익 그래프 및 고점 대비 하락에도 불구하고, 세 가지 전략 모두 7.8%의 동일한 표준편차가 계

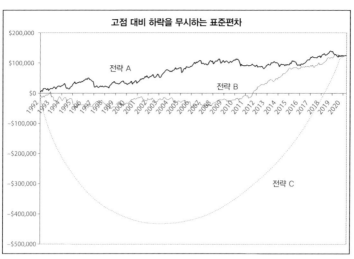

그림 7-8 매우 다르게 보이는 세 가지 손익 그래프에도 불구하고, 세 가지 전략 모두 동일한 표준편차를 가지고 있다.

산되었다는 것이다.

황당한 일은 여기서 끝이 아니다. 수학은 이들의 위험이 같다고 말하지만, 나와 여러분은 물론이고 어떤 투자자도 이 전략들에서 동일한 위험이 존재한다고 생각하지는 않을 것이다.

전략 C는 무시무시한 고점 대비 하락을 겪는다.

전략 B는 거의 20년 가까운 고점 대비 하락을 겪어야 했다.

전략 A는 꾸준히 손익 그래프를 키웠고, 회복 가능한 작은 고점 대비 하락을 만들어가면서 좋은 모습을 보였다.

동일한 순이익을 창출함에도 불구하고, 이들 세 가지 전략은 확연히 차이가 나고 서로 다른 고점 대비 최대 하락과 위험 성향을 갖고 있다. 투자자에게 선택권이 주어진다면, B와 C의 전략보다는 변동성이 가장 낮은 전략 A를 선호할 것이다. 그러나 표준편차에 의하면, 이들은 모두 동일한 위험을 갖고 있다. 미쳤다.

이것이 위험 평가 수단으로서 표준편차의 핵심적인 결함이다.

손실과 이익의 순서 및 그에 따른 고점 대비 하락은 투자자인 여러분과 나에게는 큰 영향을 미치지만, 표준편차에는 영향을 미치지 않는다. 이것은 투자자의 '진짜' 위험에 기초하여 전략을 구분하는 일에 아무 도움이 되지 않는다. 개별적인 것과 연속적인 것을 모두 포함하는 하방 변동성(손실)의 위험, 그로 인한 고점 대비 하락의 위험 말이다. 표준편차가 위험을 평가하는 업계의 표준으로 존속한다는 것은 정말로 이상하고 말도 안 되는 일이다.

다시 한번 말하겠다. 표준편차는 투자자의 현실을 무시한다. 투자자는 하방 손실, 그들의 순서, 그리고 결과적인 고점 대비 하락을 매우 중요하게 생각한다.

고점 대비 하락이 작은 전략을 식별하지 못함

고점 대비 하락을 무시할 경우의 또 다른 문제점은 깊은 고점 대비 하락을 피할 수 있는 전략을 식별할 때, 그리고 투자자가 중시하는 매우 바람직한 속성을 식별할 때 표준편차가 여러분과 나에게 도움을 주지 못한다는 점이다. 손익의 순서와 고점 대비 하락에 대한 맹목적인 특성으로 인해, 전략의 실제 위험 조정 성과를 정확하게 측정하지 못하고 투자자가 고점 대비 하락이 작은 전략을 식별하는 데 도움을 주지 못한다.

모두의 실패 – 시장과 투자자

표준편차는 이제 투 스트라이크 아웃이라고 생각해도 될 것 같다. 그러나 아직 삼진 아웃은 아니어서, 표준편차는 여전히 위험을 측정하는 업계의 표준으로 남아 있다. 하지만 투자자로서 우리는 이번만큼은 무리를 따라갈 필요가 없다. 매매의 현실을 반영하고 하방 변동성의 상대적 고통, 손익의 순서 및 그 결과로 인한 고점 대비 하락에 초점을 맞추는 또 다른 적절한 위험 평가 척도가 있다. 이 척도는 명칭도 적절하게 궤양 지수(UI)라고 불린다.

이제 곧 보게 되겠지만, 궤양 지수는 위험을 측정하는 탁월한 수단이다.

궤양 지수

탁월한 위험 평가

궤양 지수(UI)는 1987년에 피터 마틴(Peter Martin)에 의해 개발되었고, 바이런 매캔(Byron McCann)과 공동 집필한 《피델리티 펀드 투자 가이드(The Investor's Guide to Fidelity Funds)》(Wiley, 1989)에 처음 발표되었다. 이름에서 알 수 있듯이, 궤양 지수는 특정 전략으로 매매할 경우 투자자가 최대한 견딜 수 있을 것으로 예상되는 평균적인 고점 대비 하락(drawdown)의 크기를 측정하고 식별한다. 앞으로 보게 되겠지만, 궤양 지수는 매매의 현실을 반영하며, 하방 변동성의 깊이와 폭을 측정하여 '실제' 위험을 측정하는 탁월한 평가 지표가 된다. 궤양 지수는 개별 종목, 지수, 펀드 혹은 매매 전략을 막론하고 가치가 변동하는 모든 투자에 대해 계산할 수 있다.

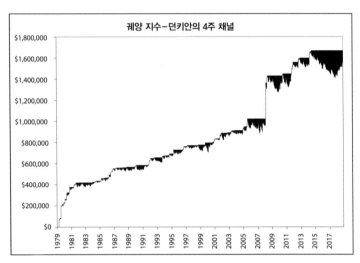

그림 7-9 어두운 영역으로 표시된 것처럼, 궤양 지수는 과거 데이터에서 고점 대비 하락의 깊이와 폭을 측정한다.

궤양 성과 지수 – 탁월한 위험 조정 성과 측정

위험 측정 수단으로서의 표준편차의 결함과 샤프 지수나 소르티노 지수처럼 표준편차를 사용하는 위험 조정 성과 측정의 문제점 때문에, 피터 마틴은 독자적으로 위험 조정 성과 측정법을 개발했다. 그는 여기에 궤양 성과 지수(UPI)라는 이름을 붙였다. 연간 초과 수익을 표준편차로 나누는 샤프 지수나 소르티노 지수와 달리, 마틴은 연간 초과 수익을 그의 궤양 지수로 나눠 표준화했다. 어떤 사람들은 마틴 지수(Martin Ratio)라고 부르기를 좋아하는데, 궤양 성과 지수는 개별 손익 및 연속적인 하방 위험(고점 대비 하락)을 인식하고 집중하기 때문에 훨씬 더 정확한 위험 조정 성과 측정이 된다. 목표는 평균적인 단위 위험당 최고의 위험 조정 성과를 의미하는 궤양 성과 지수가 가장 높은 전략을 찾거나 개발 또는 매매하는 것이다.

먼저 궤양 지수(UI)가 어떻게 계산되는지 살펴보자.

궤양 지수 – 계산법

궤양 지수는 손익 그래프가 직전 고점으로부터 하락한 비율의 깊이와 폭을 측정한다. 새로운 손익 그래프의 고점을 회복할 때까지의 매매 건수가 많고 기간이 길수록 궤양 지수의 값이 큰데, 이것은 평균 고점 대비 하락이 크다는 것을 의미한다. 이상적인 경우, 우리는 고점 대비 하락이 작은 매매 전략, 즉 궤양 지수가 낮은 (따라서 궤양 성과 지수가 높은) 전략으로 매매하기를 원하는데, 이는 미래에도 고점 대비 하락이 낮을 것이라는 점을 시사하기 때문이다. 고점 대비 하락이 적은 것은 우리를 덜 걱정시키고 위궤양의 고통을 경감시킨다는 것을 의미한다.

궤양 지수는 그림 7-10의 공식에 따라 계산된다.

$$\text{구간 고점 대비 하락률(DPP)} = \frac{\text{현재 구간 누적 손익} - \text{직전 고점의 누적 수익}}{\text{직전 고점의 누적 수익}} \times 100$$

$$\text{궤양 지수(UI)} = \sqrt{\frac{DPP_1^2 + DPP_2^2 + \cdots\cdots + DPP_N^2}{N}}$$

그림 7-10 궤양 지수는 전략의 평균 고점 대비 하락률을 구한다.

$$\text{궤양 성과 지수(UPI)} = \frac{\text{연환산 초과 수익}}{\text{궤양 지수(UI)}}$$

그림 7-11 궤양 성과 지수는 평균 고점 대비 하락 위험당(UI) 초과 수익의 양을 측정한다.

궤양 지수는 백분율로 나타낸 고점 대비 하락률의 제곱을 평균한 것의 제곱근을 나타낸다.

궤양 지수는 모든 타임프레임(일, 주, 월, 분기 또는 연간)은 물론이고 분기나 연간과 같이 긴 기간도 계산할 수 있지만, 그렇게 긴 기간에서 고점 대비 하락이 발생하지 않으면 궤양 지수를 계산하지 못할 수도 있다.

궤양 지수의 계산은 다음과 같은 순서로 한다.

1. 선호하는 타임프레임(일, 주, 월, 분기, 연)을 선택한다.
2. 해당 기간의 손익 고점으로부터의 구간 고점 대비 하락을 계산한다.
3. 구간 고점 대비 하락의 백분율을 구하고 100을 곱한다.
4. 구간 고점 대비 하락률(DPP)을 제곱한다.

   (참고: 제곱은 상대적으로 작은 고점 대비 하락보다 큰 고점 대비 하락에 더 큰 불이익을 준다.)

5. 제곱한 모든 구간 고점 대비 하락률을 더한다.
6. 제곱한 구간 고점 대비 하락률의 평균을 구한다.
7. 제곱한 구간 고점 대비 하락률을 평균한 값의 제곱근을 구한다.
8. 이렇게 구한 제곱근이 궤양 지수가 된다.

표 7-1은 S&P500의 궤양 지수를 계산하는 방법을 보여준다. 1992년에서 2019년 사이에 S&P500의 연평균 고점 대비 하락률은 14.5%로 계산되었다.

매매 전략에 대한 궤양 지수를 계산할 때는 과거 데이터의 고점 대비 하락을 계산할 때 매년 연초의 누적 손익을 0으로 초기화해야 한다. 다시 말해, 매년 손익분기점을 맞춘 상태에서 시작한다. 그렇게 하지 않고 누적 손익을 사용하면, 누적된 이익이 작은 경우에는 초반의 고점 대비 하락이 커지는 영향을 받고 반대로 누적된 이익이 큰 경우에는 고점 대비 하락이 작아지는 영향을 받는다. 이런 영향을 없애려면 매년 초에 누적 손익을 초기화하는 것이 가장 좋다.

궤양 지수 – 해석

궤양 지수는 손익 그래프의 직전 고점 대비 하락률의 깊이와 폭을 측정한다.(표 7-2) 이것은 전략의 과거 데이터에서 평균적인 고점 대비 하락률을 보여준다. 궤양 지수가 더 높은 전략은 이전에 더 큰 고점 대비 하락이 있었음을 시사한다. 궤양 지수가 더 낮은 전략은 이전에 더 작은 고점 대비 하락이 있었음을 나타낸다. 여기서 핵심 아이디어는 궤양 지수가 낮은 전략을 선호한다는 것이다.

따라서 돈을 잃지 않는 성배와 같은 완벽한 이론적인 전략이라면 0%의 궤양 지수 값을 가질 것이다. 반대로 언제나 손실만 보는 최악의 이론적인 전략이라면 100%의 궤양 지수 값을 갖는다.

기본적으로 궤양 지수가 높을수록 역사적 평균 고점 대비 하락이 더 고통스럽다.

S&P500의 재앙 지수 계산(1992~2019)

	연도	종가	고점	고점 대비 하락률(DD)	DD의 제곱	DD제곱의 합	DD제곱의 합의 평균	DD제곱의 합의 제곱근	재앙 지수
1	1992	435.70	435.7	0.00%	0.00%				
2	1993	466.40	466.4	0.00%	0.00%				
3	1994	459.30	466.4	−1.52%	0.02%				
4	1995	615.90	615.9	0.00%	0.00%				
5	1996	740.70	740.7	0.00%	0.00%				
6	1997	970.40	970.4	0.00%	0.00%				
7	1998	1229.20	1,229.2	0.00%	0.00%				
8	1999	1469.20	1,469.2	0.00%	0.00%				
9	2000	1320.30	1,469.2	−10.13%	1.03%				
10	2001	1148.10	1,469.2	−21.86%	4.78%				
11	2002	879.80	1,469.2	−40.12%	16.09%				
12	2003	1111.90	1,469.2	−24.32%	5.91%				
13	2004	1211.90	1,469.2	−17.51%	3.07%				
14	2005	1248.30	1,469.2	−15.04%	2.26%				
15	2006	1418.30	1,469.2	−3.46%	0.12%				

S&P500의 제왕 지수 계산(1992~2019)

	연도	종가	고점	고점 대비 하락률 (DD)	DD의 제곱	DD제곱의 합	DD제곱의 합의 제곱근	제왕 지수
								DD제곱의 합의 제곱근
16	2007	1468.40	1,469.2	−0.05%	0.00%			
17	2008	903.20	1,469.2	−38.52%	14.84%			
18	2009	1115.10	1,469.2	−24.10%	5.81%			
19	2010	1257.60	1,469.2	−14.40%	2.07%			
20	2011	1257.60	1,469.2	−14.40%	2.07%			
21	2012	1426.20	1,469.2	−2.93%	0.09%			
22	2013	1848.40	1,848.4	0.00%	0.00%			
23	2014	2058.90	2,058.9	0.00%	0.00%			
24	2015	2043.90	2,058.9	−0.73%	0.01%			
25	2016	2238.80	2,238.8	0.00%	0.00%			
26	2017	2673.60	2,673.6	0.00%	0.00%			
27	2018	2506.80	2,673.6	−6.24%	0.39%			
28	2019	2986.20	2,986.2	0.00%	0.00%	58.6%	2.09%	14.5%

표 7-1 엑셀과 같은 스프레드시트를 사용하면 제왕 지수를 직접 계산할 수 있다.

궤양 지수	
평균 고점 대비 하락률	
연간 수익률(1992~2019)	
성배의 전략	0%
미국 10년물 국채	6%
S&P500 지수	15%
SPI 200 지수	15%
금	18%
FTSE 100 지수	21%
항생 지수	22%
DAX 지수	23%
구리	27%
원유	29%
닛케이225	31%
상하이 증권거래소	36%
영구적 손실 전략	100%

표 7-2 궤양 지수는 평균 고점 대비 하락률을 측정한다.

궤양 지수는 경쟁 관계인 주식, 펀드, 시장 및 매매 전략의 고통을 비교하는 데 이상적이다. 예를 들어 궤양 지수에 따르면, S&P500은 1992년에서 2019년 사이에 투자하기에 덜 고통스러운 주식 시장 중 하나였고 상하이 증권거래소는 가장 고통스러운 시장 중 하나였지만, 미국 10년물 국채는 보유하기에 가장 덜 고통스러운 시장이라는 무위험 투자처의 지위에 부응해왔다.

궤양 지수 - 장점

궤양 지수에는 다음과 같은 많은 장점이 있다.

투자자에게 중요한 실제 위험에 집중   궤양 지수는 좋은 위험(상방

이익)과 나쁜 위험(하방 손실)을 구분하기 때문에 표준편차에 대한 주요 비판을 극복한다. 궤양 지수는 하방 손실과 연속성 및 그로 인한 고점 대비 하락에만 초점을 맞춤으로써 과거의 실제 위험을 가장 잘 나타낸다. 이것은 특정 전략으로 매매할 때 어떤 느낌일지, 현실 세계를 가장 잘 보여준다.

마이너스 수익률 100% 측정　궤양 지수는 표준편차처럼 평균값으로부터 측정하는 것이 아니라, 손익 그래프의 고점으로부터 떨어진 정도를 측정함으로써 해당 기간에 발생한 모든 고점 대비 하락을 포함할 수 있다. 궤양 지수는 완전한 하방 위험을 측정한다.

고점 대비 최대 하락 이상을 포착함　궤양 지수는 모든 고점 대비 하락의 깊이와 폭을 측정함으로써 고점 대비 최대 하락(MDD)보다 훨씬 많은 정보를 포함한다. 궤양 지수는 모든 고점 대비 하락의 전체 깊이와 폭에 집중함으로써 전략의 비선형성을 상당 부분 포착할 수 있다.

고점 대비 하락이 적은 전략을 식별할 수 있음　표준편차와 달리 궤양 지수는 과도한 고점 대비 하락을 피하는 데 유리한, 낮은 하방 변동성을 가진 전략을 식별할 수 있다. 이것은 손실과 고점 대비 하락의 비대칭성 때문에 매우 중요하다. 《주식투자 절대지식》에서 논의한 바와 같이, 50%의 손실을 복구하려면 100%의 이익이 필요하다는 점을 기억해야 한다. 깊은 고점 대비 하락을 피하는 것은 손익 그래프의 상승만큼이나 중요하다.

　모든 타임프레임에서 일관성이 있음　궤양 지수는 모든 타임프레임에서 일관된 결과를 보여주는 지속성이 있는 측정법이다. 1992년에서 2019년 사이에 S&P500에 대한 표 7-3의 궤양 지수 계산 결과는 이를 잘 보여준다.

궤양 지수	
S&P500	
1992~2019	
주간 궤양 지수	17.3%
월간 궤양 지수	16.9%
분기간 궤양 지수	16.4%
연간 궤양 지수	14.5%

표 7-3 궤양 지수는 모든 타임프레임에서 일관성이 있다.

궤양 지수 - 단점

　궤양 지수를 겨냥한 주요 비판이자 표준편차를 지지하는 주요 논거는 궤양 지수가 지나온 과거를 돌아보는 것이고, 예측력이 없다는 것이다. 평균적인 역사적 고점 대비 하락을 측정하는 것은 과거에 무슨 일이 일어났는지를 말해줄 뿐이다. 그 이상은 없다. 반면에 표준편차 지지자들은 자신들의 예측 통계 모델을 가리키고 전략의 표준편차에 대한 지식을 통해 투자자에게 전략의 미래 연간 수익이 어느 정도에 도달할지 알 수 있다고 말한다. 표준편차의 모든 결함으로 되돌아가지 않더라도, 우리는 표준편차 '예측' 논거의 가장 중요한 결함 하나만 지적하면 된다. 시장 가격과 전략의 결과는 편향성과 첨도(두꺼운 꼬리)로 인해 정규분포를 따르지 않는다. 그리고 시장 수익률이 정규분포를 따른다 해도, 정규분포 자체가 미래의 부정적인 결과의 발생 순서와 그로 인한 고점 대비 하락을 나타내지는 않을 것이다. 따라서 투자자는 정규분포의 통계적 특성에 의존하여 투자자에게 중요한 실제 위험(미래의 가능한 고점 대비 하락)에 대한 통찰을 얻을 수 없다.

그러므로 위험을 측정하는 어떤 방법도 투자자가 신뢰할 만한 예측 능력이 조금도 없다. 하지만 적어도 궤양 지수는 투자자에게 가장 중요한 실질적인 부정적인 위험, 즉 과거의 고점 대비 하락에 대한 통찰을 제공한다.

궤양 성과 지수

탁월한 위험 조정 성과 측정

표준편차가 위험을 측정하는 방법으로는 부실하기 때문에, 업계의 표준인 샤프 지수나 인기 있는 소르티노 지수처럼 그것을 사용하는 위험 조정 성과 측정도 마찬가지로 부실하다. 표준편차를 위험 측정법으로 사용함으로써, 이들 지수 역시 표준편차를 향한 동일한 비판의 희생양이 된다.

이미 논의했듯이, 마틴은 표준편차의 문제를 극복하기 위해 독자적인 위험 조정 성과 측정법을 만들었는데, 이를 궤양 성과 지수(UPI)라고 불렀다.

궤양 성과 지수 - 계산법

무위험 수익 대비 초과 수익을 궤양 지수(UI)로 나눔으로써, 마틴은 훨씬 더 정확한 '실제' 위험 조정 성과 측정을 만들었다. 이것은 전략의 단위 고점 대비 하락당 수익률을 측정함으로써 투자자에게 중요한 것에 초점을 맞춘다. 고점 대비 하락 한 단위의 고통마다 주어지는 보상의 단위는 얼마였을까 하는 것 말이다.

궤양 성과 지수 - 예시

표준편차를 논할 때 사용한 세 가지 전략으로 돌아가보자. 매우 다른 모양의 세 가지 손익 그래프와 고점 대비 하락에도 불구하고, 이 전략들은 순이익과 표준편차의 측면에서는 똑같이 보였다. 마틴의 궤양 성과 지수는 샤프 지수나 소르티노 지수와 같은 일반적인 위험 조정 성과 측정법과 달리 어떻게 이를 측정하는지 알아보자.

요약하자면, 샤프 지수는 무위험 수익률 대비 연간 초과 수익률을 연간 초과 수익의 표준편차로 나눈다. 샤프 지수는 모든 변동성을 동일하게 취급하면서 하락 위험과 상승 위험을 구분하지 않는다. 소르티노 지수는 연간 하향 변동성의 표준편차를 위험 평가 지표로 사용하는 것을 제외하면 샤프 지수와 동일하다. 소르티노 지수는 상방 변동성에 불이익을 주지 않는다.

표 7-4는 다섯 가지 전략에 대한 궤양 성과 지수를 계산한 결과다. 무위험 수익률로는 10년 만기 미국 국채 수익률을 사용했다.

	전략 A	전략 B	전략 C	반전 추세 전략	던키안의 4주 채널
			탁월한 위험 조정 성과 측정		
순이익	$124,400	$124,400	$124,400	$222,744	$1,554,739
고점 대비 최대 하락	−$32,500	−$56,700	−$432,225	−$69,905	−$261,907
표준편차	7.8%	7.8%	7.8%	43.8%	159.6%
인기 있는 위험 지표					
샤프 지수	0.2	0.2	0.1	0.2	0.4
소르티노 지수	0.3	0.4	0.1	0.4	1.2
대안적 위험 지표					
궤양 지수(평균 %DD)	19.5%	19.7%	49.3%	22.7%	50.0%
궤양 성과 지수	**0.2**	**0.2**	**0.1**	**0.3**	**1.4**

표 7-4 궤양 성과 지수는 단위 고점 대비 하락당 초과 수익의 양을 측정한다.

기존의 세 가지 전략 외에 두 가지 매매 전략, 즉 반전 추세 전략 (Retracement Trend Trader, 제5장 참조)과 리처드 던키안의 4주 채널 (제6장 참조)을 추가했다. 이들 매매 전략은 다양한 수익성을 가진 다섯 가지 매우 다른 전략을 대표하며, 다섯 가지의 다양한 손익 그래프와 과거 위험 특성이 있다. 이보다 더 다양하기는 어려울 것이다.

표 7-4를 살펴보면 세 가지 위험 조정 성과 측정 모두에서 반전 추세 전략과 던키안의 4주 채널이 전략 A, B, C보다 우월함이 곧바로 인정되고, 그중에서도 던키안의 4주 채널이 가장 우수하다는 것을 알 수 있다.

각각의 지표를 개별적으로 살펴보자.

샤프 지수에 따르면, 전략들 사이에 차이는 거의 없고, 다섯 가지 전략 모두 0.1과 0.4 사이의 낮은 값을 기록한다. 샤프 지수에 따르면,

이 전략들은 모두 부실하지만, 위험 조정 성과 측면에서 보았을 때 던키안의 4주 채널은 깊은 고점 대비 하락으로 파산의 위협을 느끼는 전략 C보다 조금 더 우수할 뿐이다. 투자자의 관점에서 볼 때, 그것은 말도 안 되는 소리다. 던키안의 4주 채널은 놀라운 수익성, 즉 상방 변동성 때문에 샤프 지수가 낮을 뿐이지만, 그로 인해 불이익을 받고 있다. 이는 정말로 엄청나게 말도 안 되는 소리다. 만약 우리가 샤프 지수만 사용한다면, 던키안의 4주 채널을 포함한 다섯 가지 전략 중 어느 것도 더는 우리의 관심을 끌지 못할 것이다.

소르티노 지수는 더 많은 차이를 보이며, 하방 위험에만 초점을 맞추기 때문에 샤프 지수보다 개선되어 0.1에서 1.2 사이의 값을 기록한다. 소르티노 지수는 더 세분된 값을 보이면서 던키안의 4주 채널과 다른 전략들 사이에 더 큰 차이를 기록한다. 이러한 결과는 우리가 던키안의 4주 채널을 더 많이 검토하도록 부추긴다.

위험 조정된 고점 대비 하락을 기초로 하는 궤양 성과 지수는 전략 간에 가장 큰 차이를 기록한다. 이것은 던키안의 4주 채널 전략을 다섯 가지 전략 중 탁월한 매매 전략으로 보고 있으며, 평균 고점 대비 하락률 단위당 1.4 단위의 초과 수익을 창출하는 것으로 보인다. 과거 데이터에서 평균적인 고점 대비 하락이 크지만, 던키안의 4주 채널 전략은 투자자에게 손실 위험의 단위당 상대적으로 더 많은 수익을 보상한다. 또한 궤양 성과 지수는 나머지 네 가지 전략이 위험 조정 기준으로 부실하다고 올바르게 판단한다. 내 생각에, 궤양 성과 지수는 탁월한 위험 조정 성과 측정법이다. 피터 마틴에게 경의를 표하자.

제6장에서 논의한 추세 추종 매매 전략들을 검토해보자. 순손실을

대안적 성과 측정

순위	전략	순이익($)	순위	전략	UPI
1	50일–200일 이동평균 교차	1,715,940	1	터틀 매매 전략	2.2
2	단기간의 4주 채널	1,601,223	2	볼린저밴드	1.7
3	볼린저밴드	1,558,476	3	50일–200일 이동평균 교차	1.5
4	드레퓌스의 52주 채널	1,442,906	4	단기간의 4주 채널	1.4
5	터틀 매매 전략	1,418,786	5	다우 이론	1.4
6	ATR밴드	1,193,319	6	드레퓌스의 52주 채널	1.3
7	다우 이론	1,090,346	7	ATR밴드	1.1
8	가틀리의 3주–6주 교차	1,079,398	8	가틀리의 3주–6주 교차	1.1
9	월별 증가 모델	1,003,526	9	월별 증가 모델	0.8
10	리카도룰	622,552	10	아널드의 패턴 활용 전략	0.7
11	보기별 증가 모델	611,092	11	평균 회귀	0.6
12	랜덤 추세 전략(추세 판단)	583,946	12	리카도룰	0.5
13	평균 회귀	535,005	13	보기별 증가 모델	0.4
14	단기간의 5일–20일 교차	520,675	14	랜덤 추세 전략(추세 판단)	0.4
15	아널드의 패턴 활용 전략	450,780	15	단기간의 5일–20일 교차	0.4
16	엘더의 삼중창 전략	336,473	16	엘더의 삼중창 전략	0.3
17	다바스 박스	136,731	17	다바스 박스	0.1
18	리버모어 반응 모델	35,136	18	리버모어 반응 모델	0.1

표 7–5 궤양 성과 지수는 탁월한 위험 조정 성과 측정을 제공한다.

보는 헌의 1% 룰 전략을 제외한 나머지 전략들을 표 7-5에 요약하고 순위를 매겼다. 나는 먼저 전략의 위험에 대한 고려 없이 순이익에 따라 순위를 매긴 다음, 궤양 성과 지수에 따른 위험 조정 성과에 따라 다시 순위를 매겼다.

보다시피 궤양 성과 지수는 수익성 순위와는 다른 순위를 제공한다. 50일-200일 이동평균 교차 전략은 수익성이 가장 높았지만, 위험 조정 기준으로 측정했을 때는 3위에 그쳤다. 터틀 매매 전략은 수익성 기준 5위에서 위험 조정 기준 1위로 올라서며 평균 고점 대비 하락 단위당 2.2 단위의 초과 수익률을 얻었다. 터틀 매매 전략, 볼린저밴드, 50일-200일 이동평균 교차 전략, 던키안의 4주 채널 전략, 다우 이론 전략 등이 평균 고점 대비 하락 위험당 초과 이익을 얻는 데 가장 효율적이었다. 궤양 성과 지수에 따르면, 이 전략들은 탁월한 위험 조정 성과를 보이는 추세 추종 매매 전략이다. 궤양 성과 지수 기준으로만 보면, 투자자들은 다른 전략보다 터틀 매매 전략을 선호할 것이다.

모든 전략이 동일하게 만들어지는 것은 아니다

당연히, 궤양 성과 지수가 높을수록 위험 조정 기준으로 더 우수한 전략이다. 궤양 성과 지수가 높은 쪽이 낮은 쪽보다는 좋지만, 궤양 성과 지수가 높다고 해서 항상 좋은 전략을 개발하거나 선택할 수 있는 것은 아니다. 종합적인 평가는 상대적인 측정으로 보아야 한다.

모든 전략이 동일하게 만들어지는 것은 아니기 때문이다.

이 책에서 논의한 전략들은 추세 추종 매매 전략이지만, 역추세를 이용하는 다른 전략들도 있다. 추세 추종 매매 전략의 범주 안에는 상대적 모멘텀 추세 추종 매매 전략과 절대적 모멘텀 추세 추종 매매 전략이 있다. 절대적 모멘텀 전략의 범주 안에는 돌파 전략과 되돌림 전략이 있다. 돌파 전략의 범주 안에는 가격 돌파, 스윙 포인트 돌파, 정체 돌파, 채널 돌파, 변동성 돌파 전략이 있다.

각 전략 '유형'은 시장 구조의 특정 부분을 포착하려고 시도한다.

추세 추종 매매 전략은 지속 가능한 긴 움직임을 포착하려고 한다. 일부 추세 추종 매매 기법은 가격이든 변동성이든 간에 절대적인 수준을 돌파한 후 시장에 진입할 것이다. 어떤 전략은 시장에 진입하기 전에 되돌림을 기다린다. 역추세 매매 전략은 일시적이거나 영구적인 추세의 종료를 포착하려고 한다. 추세는 모멘텀의 소진이나 극단적인 시장 분위기에 의해 종료될 수 있다.

이처럼 모든 전략이 동일한 것은 아니므로, 각 전략의 궤양 성과 지수를 서로 비교해서는 안 된다. 사과는 사과와 비교하는 것이 중요하다.(그림 7-12)

나는 개인적으로 궤양 성과 지수 값이 2.8에서 1 미만의 범위에 있는 전략으로 매매한다. 1 미만은 중요하지 않게 보일 수도 있지만, 이런 값을 갖는 전략들은 시장 구조의 특정 부분을 포착할 때 내가 가진 전략 중 제일 나은 선택이다. 사과는 사과와 비교하는 것이 나의 최선의 방법이다.

일반적인 경험상 2를 초과하는 궤양 성과 지수가 나오면 매우 좋

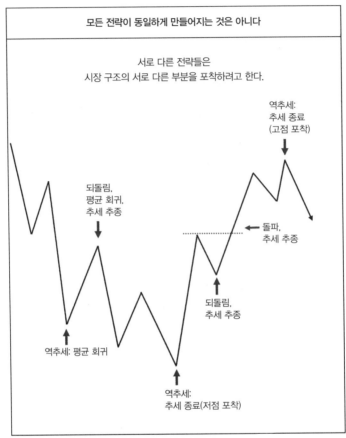

그림 7-12 궤양 성과 지수 값을 비교할 때는 유사한 유형의 전략을 서로 비교하는 것이 중요하다.

다. 0.5 미만의 궤양 성과 지수는 너무 낮다. 하지만 중요한 점은 서로 비슷한 유형끼리 비교해야 한다는 것이다.

또한 상관관계가 낮지만 서로 보완적인 전략을 결합할 때 진정한 마법이 일어난다. 전략의 조합으로 인해 손익 그래프 곡선이 부드러워지고 평균 고점 대비 하락 위험이 감소함에 따라 3을 초과하는 위험 조정 궤양 성과 지수의 기쁨을 누릴 수 있다.

요약

궤양 성과 지수는 탁월한 위험 조정 성과 측정법이지만, 최상의 매매 전략을 확인하거나 선택할 수 있는 묘책은 아니다. 나중에 설명하겠지만, 최상의 전략을 선택할 수 있는 신뢰할 만한 마법의 도구는 없다. 뒤에 더 자세히 보여주겠지만, 내가 생각하기에 전략의 검토와 선택에는 지속성 분석과 성과 분석이 혼합되어야 한다. 나는 지속성에 더 많은 무게중심을 두는 경향이 있고, 얼마나 많은 무게중심을 부여하는지는 경험, 기술 그리고 과학에 달린 문제다. 하지만 마틴의 궤양 성과 지수는 위험 조정 성과를 측정하는 데 인기 있는 샤프 지수나 소르티노 지수보다 개선된 방법이다.

'실제' 고점 대비 하락 위험의 맥락에서 전략의 성과를 측정하는 것이 중요하다는 점을 잘 알았으니, 이제 합리적인 매매 전략을 개발하는 방향으로 나아갈 때가 되었다. 하지만 그전에 전략의 검토, 개발 및 선정의 핵심을 찌를 수 있는 적절한 매매 전략 개발 도구로 당신을 무장시키고자 한다.

제8장

앞으로 나아가기

이제 추세 추종 매매의 매력과 추세가 존재하는 이유를 잘 이해했을 것이다. 또한 추세 추종 매매가 어떻게 작동하는지, 왜 그토록 많은 사람들이 실패하는지도 잘 알았을 것이다. 그리고 투자자의 실제 고점 대비 하락 위험의 맥락에서 성과를 측정하는 것이 중요하다는 사실도 명심해야 한다. 바라건대 당신이 선호하는 접근법으로서 추세 추종 매매를 진지하게 고려하도록 내가 충분한 설명을 해주었기를 바란다.

지금까지 내가 검토했던 전략들을 바탕으로, 여러분은 자신이 선호하는 다양한 추세, 진입, 손절매 및 이익 실현의 기법들을 정립했을 것이다. 다음 단계는 이러한 선호 사항을 구체적이고 합리적인 전략으로 발전시키는 것이다. 아직 선호하는 기법들을 생각해두지 않았어도 괜찮다. 내가 몇 가지 제안을 하고 싶기 때문이다. 그에 앞서 합리적인 매매 전략을 검토하고 개발하고 선택하는 일에 도움이 되는 적절한 매매 전략 개발 도구들을 알려주고자 한다.

매매 전략 개발 도구

적절한 매매 전략 개발 도구를 사용하면 합리적이고 지속 가능한 투자의 목적지로 안전하게 이동할 수 있으며, 여기에는 다음과 같은 것들이 포함된다.

- 포트폴리오 구성
- 데이터
- 소프트웨어
- 성공하는 전략의 속성
- 전략 검토
- 벤치마크 전략
- 전략 개발

포트폴리오 구성

전략을 개발할 때 모든 투자자를 유혹하는 두 개의 악마는 과도한 최적화와 데이터 체리피킹이다. (내가 입이 닳도록 말하지 않았는가?) 최

적화는 항상 존재하겠지만, 데이터 체리피킹은 제거할 수 있다. 데이터 체리피킹은 다양성이 우수하고 상관관계가 최소인 보편적인 시장 포트폴리오를 객관적으로 선택함으로써 피할 수 있다. 제6장에서 알게 되었듯이, 나는 다음과 같은 8개 영역에 걸쳐 24개의 다양한 시장으로 구성된 보편적인 포트폴리오를 사용한다.

- 통화
- 이자율
- 지수
- 에너지
- 금속
- 곡물
- 농산물
- 축산물

각 시장 부문 안에서 나는 일일 거래량을 기준으로 가장 유동성이 큰 세 개의 선물을 선택한다. 표 8-1을 참조하기 바란다.

다양성과 거래량을 선정 기준으로 삼을 때 객관적이고 독립적으로 선택한 다양한 시장 포트폴리오를 제공한다. 이것은 데이터 체리피킹이 없는 시장 포트폴리오다. 당신도 그렇게 하기를 권하고 싶다.

전략 연구를 위해서는 여러분도 나와 같은 포괄적인 포트폴리오를 만들어야 하고, 그렇게 하면 전략의 결과에 데이터 체리피킹이 끼어들지 않을 것이다. 실제 매매를 위해 미니 포트폴리오 P2, P4, P8,

포트폴리오 구성

'데이터 체리피킹'을 방지하기 위해 다양성과 유동성을 기초로 시장 포트폴리오를 선택

시장 영역별 가장 유동성이 큰 선물 시장(다양성과 유동성에 따른 선택)

종류	선물 시장	거래소	일평균 거래량*	P2	P4	P8	P16	P24
금융상품 통화	유로화	CME	188,888			EC	EC	EC
	엔화	CME	138,000				JY	JY
	파운드화	CME	89,000					BP
이자율	10년물	CME	1,249,000			10년물	10년물	10년물
	5년물	CME	708,000				5년물	5년물
	30년물	CME	339,000					30년물
지수	E-Mini S&P	CME	1,490,000	E-Mini S&P	E-Mini S&P	E-Mini S&P	E-Mini S&P	E-Mini S&P
	E-미니 나스닥	CME	255,000				E-미니 나스닥	E-미니 나스닥
	E-미니 다우	CME	148,000					E-미니 다우
에너지 에너지	원유(WTI)	CME	253,000	원유(WTI)	원유(WTI)	원유(WTI)	원유(WTI)	원유(WTI)
	천연가스	CME	115,000				천연가스	천연가스
	난방유	CME	51,000					난방유
금속 금속	금	CME	137,000		금	금	금	금
	구리	CME	45,000				구리	구리
	은	CME	44,000					은
식료품 곡물	옥수수	CME	129,000		옥수수	옥수수	옥수수	옥수수
	대두	CME	104,000				대두	대두
	밀	CME	55,000					밀
농산물	설탕	ICE	58,000			설탕	설탕	설탕
	커피	ICE	15,000				커피	커피
	면화	ICE	14,000					면화
육류	생우	CME	23,000			생우	생우	생우
	돈육	CME	18,000				돈육	돈육
	비육우	CME	3,000					비육우

표 8-1 다양성 및 유동성과 같은 독립적이고 객관적인 기준에 따라 포트폴리오를 만들면 데이터 체리피킹이 방지된다.

출처: Premium Data from Norgate Investor Services. http://www.norgatedata.com

P16과 같이 다양성과 유동성의 기준에 따라 시장을 추가하는 점진적인 포트폴리오를 선택할 수 있다. 당신이 만들어내는 포트폴리오는 자신의 투자 자본 및 위험(고점 대비 하락) 수용도에 적절한 수준이어야 한다.

주식에 투자할 때도 같은 절차를 밟아 다양성과 거래량을 중심으로 주식 포트폴리오를 만들어야 한다. 다음과 같이 서로 다른 시장 섹터에서 일일 평균 거래량이 가장 많은 상위 1, 2, 3개 이상의 주식을 선택하라.

- 임의 소비재(consumer discretionary)
- 필수 소비재(consumer staples)
- 에너지(energy)
- 금융(financials)
- 헬스케어(health care)
- 산업재(industrials)
- 정보 기술(information technology)
- 소재(materials)
- 원자재(metals/mining)
- 커뮤니케이션 서비스(telecommunications services)
- 유틸리티(utilities)
- 부동산(real estate)

그런 다음 실제 매매를 위해 자신의 투자 자본 및 위험 수용도를 고려하여 적절한 다양성과 유동성에 기초한 연구용 포트폴리오에서 시장 섹터를 선택해야 한다.

데이터

증거를 수집하려면 신뢰할 수 있는 데이터가 필요하다. 나는 분산되고 유동성이 풍부한 시장 포트폴리오에 걸쳐 다양하고 상호 보완적이면서 여러 타임프레임을 사용하는 전략들로 매매하지만, 시작은 매일의 데이터로부터다. 나는 매일의 데이터로부터 주간, 월간, 분기 및 연간의 더 긴 타임프레임을 가진 데이터를 생성한다.

데이터를 구할 수 있는 출처는 매우 많다. 나는 호주의 금융 데이터 공급자(Norgate Data)의 데이터를 15년 이상 사용해왔는데, 그들이 제공하는 (미국 및 호주의) 선물 및 주가 데이터에는 전혀 문제가 없었다. 그들이 제공하는 선물 데이터 대부분은 해당 선물의 최초 상장일부터 시작되며, 나는 다음과 같은 형식의 데이터를 사용한다.

데이터: 선물 데이터

기간: 1980년 이후

출처: https://norgatedata.com/

형태: 수정된 연속 선물 데이터

유형: 전체 타임프레임 포함

소프트웨어

제3장에서 말한 나의 주요 메시지 중 하나는 검증 능력을 향상시키라는 것이었다. 불행하게도, 매매 아이디어를 독립적으로 검토하고 검증할 수 있는 유일한 방법은 프로그래밍 능력을 개발하는 것이다. 그 외의 지름길은 없다. 다른 사람에게 의존할 수도 있지만, 그러면 당신이 의존하는 사람의 지식과 기술, 숙련도 및 가용성에 의해 제한을 받게 된다.

현재 내가 상업적인 매매 소프트웨어 혹은 차트 프로그램 경험이 없어, 소프트웨어에 대해 너무 많은 언급을 하는 것이 약간은 꺼려진다. 나는 엑셀의 VBA(Visual Basic Application)를 20년 넘게 사용하고 있다. 이 책에 나와 있는 모든 차트와 성과 지표는 엑셀 VBA로 만든 매매 모델에서 나온 것이다. 나는 엑셀 VBA를 정말 좋아하고 아무런 불편함이 없다. 하지만 상업적으로 판매되는 소프트웨어 패키지에 대해서는 언급할 것이 없다.

제3장에서 언급했듯이, 내 학생들은 다음과 같은 소프트웨어를 사용한다.

- 아미브로커(AmiBroker)
- 채널라이즈(Channalyze)
- 멀티차트(MultiCharts)
- 트레이드내비게이터(Trade Navigator)
- 트레이드가이더(Tradeguider)

- 트레이드스테이션(TradeStation)
- 트레이딩블록스(Trading Blox)

내 학생들 사이에서 더 인기 있는 소프트웨어는 다음과 같다.

- 트레이드스테이션
- 멀티차트
- 아미브로커
- 트레이딩블록스

프로그래밍 언어로 나의 전략을 직접 코딩하기 위해 선발된 학생들은 다음과 같은 프로그래밍 언어를 사용한다.

- 비주얼베이직(Visual Basic)
- 파이썬(Python)
- 자바(Java)
- 루비(Ruby)

이것은 확실히 완전한 목록은 아니다. 아마 인터넷 검색이 더 많은 도움이 될 것이다. 나의 유일한 조언은 당신이 독자적으로 증거를 수집하고 매매 아이디어를 검증할 수 있는 기술을 익히라는 것이다.

성공하는 전략의 속성

다음으로, 성공하는 전략의 속성을 알 필요가 있다. 앞에서도 이미 말한 것이다. 기존의 매매 전략을 검토하거나 자신만의 기법을 개발하려면 무엇을 유념해야 하는지 알아야 한다. 그림 8-1에 그런 것들을 요약했다.

성공하는 전략의 속성				
속성	방법	장점	결과	파산 위험
측정 가능성	명확한 규칙과 자금 관리	손익 그래프를 만들 수 있음	증거 기반	0%
지속성 　증거	표본 외 데이터에서의 성과	지속성	안정적인 손익 그래프	0%
특성 　　확장성	분산된 포트폴리오에서의 수익성	데이터 체리피킹 피하기	안정적인 손익 그래프	0%
우수한 설계 원칙	단순함 적은 규칙 적은 지표 적은 변수 　– 매수/매도에 동일한 값 　– 모든 시장에 동일한 값	과도한 최적화 피하기	안정적인 손익 그래프	0%

그림 8-1 성공하는 전략에는 모든 투자자가 각자의 매매 전략에서 찾아야 하는 공통된 속성이 있다.

성공하는 전략에는 다음 두 가지 핵심적인 속성이 있다.

- 측정 가능성
- 지속성

측정 가능성

(오래된 아이디어든 새로운 아이디어든) 매매 전략을 측정하기 위해서는 명확하고 객관적인 규칙이 필요하다. 어떤 주관적인 옵션도 용납되지 않는다. 언제 매매하고 어디에서 진입할지, 손절매와 이익 실현은 어떻게 하는지에 대한 명확한 규칙이 있어야 한다. 헤드 앤드 숄더와 같은 전통적인 차트 패턴으로 매매하려면 헤드 앤드 숄더가 어떻게 정의되는지 정확히 설명해야 한다. 말하자면,

> 나는 헤드 앤드 숄더 패턴이 나타날 때까지 기다렸다가 목선을 돌파할 때 진입할 것이다.

와 같은 것으로는 충분하지 않다.

내가 커티스 아널드의 패턴 확률 전략을 삼각형, 직사각형, 쐐기형 패턴에서 매매하도록 프로그래밍했을 때, 나는 그것들을 각각의 스윙 포인트 쌍이 추세선으로 연결되어야 하는, 최소한 네 개의 스윙 포인트를 가진 것으로 정의했다. 또한 시장에 진입하는 것은 패턴의 추세선을 돌파할 때로 정의했다. 프로그래밍 언어에는 모호한 부분이 없도록 명확한 지침이 필요하다는 점을 이해해야 한다. 특정한 규칙 없이는 전략의 기대치와 그에 따른 파산 위험을 계산할 수 없다.

지속성

매매 가능한 지속성은 모든 전략이 목표로 추구하는 성배가 되어야 한다.

매매 가능성은 현실성과 실현 가능성을 의미한다. 불가피한 고점 대비 하락 속에 투자자가 전략을 잘 지키면서 매매를 지속할 수 있을까? 고점 대비 하락은 피할 수 없다. 과거 성과를 근거로 볼 때 엄청난 고점 대비 하락에 시달릴 가능성이 있다면, 표본 외 데이터에서 가장 수익성이 높은 전략을 선택하는 것은 현실적이지 않다. 기관투자자나 헤지펀드의 경우 대규모 고점 대비 하락이 괜찮을 수 있지만, 여러분과 나는 그렇지 않다. 따라서 '매매 가능'하다는 것은 합리적이고 실현 가능한 것에 관한 문제다.

지속성은 전략이 과거에 잘 작동했던 것처럼 현재에도 잘 작동하는 것을 말한다. 지속성은 표본 외 데이터에서의 손익 그래프가 우상향하는 것을 의미한다.

앞서 언급했듯이, 지속성을 측정하는 방법은 다음 두 가지가 있다.

1. 증거
2. 특성

증거

지속성의 증거는 표본 외 데이터에서 안정되게 우상향하는 손익 그래프로 나타난다. 백문이 불여일견이라는 말처럼, 전략의 지속성은 직접 겪어봐야 알 수 있다. 그리고 확실한 것은, 전략이 개발되거나 발표된 이후의 시간이 길면 길수록 좋다는 점이다.

특성

표본 외 데이터에 의한 증거가 없는 경우, 전략에 지속성이 존재할 가능성에 대한 표시를 찾을 수 있다. 지속성을 나타내는 두 가지 표시는 다음과 같다.

1. 확장성
2. 우수한 설계 원칙

확장성

전략이 다양한 시장 포트폴리오에서 수익성이 있다면, 이런 확장성은 지속성의 표시가 된다. 확장성은 잘 선택된 몇몇 시장에 적합하도록 전략에 맞는 데이터를 체리피킹하지 않았다는 긍정적 신호다.

우수한 설계 원칙

또 다른 지속성의 표시는 전략이 우수한 설계 원칙에 따라 개발되었는지 여부다. 앞서 말한 것처럼, 우수한 설계 원칙은 단순성을 수용한다. 단순성 덕분에 과도한 최적화의 희생자가 될 가능성이 줄어든다. 모든 전략에는 최적화가 존재한다. 시장의 움직임을 포착하기 위한 아이디어가 없다면 어떤 전략도 존재하지 않을 것이다. 경험이 풍부한 트레이더는 최적화를 최소화하려 하지만, 경험이 없는 트레이더는 완벽하고 실수가 없는 45도 기울기의 과거 데이터 손익 그래프를 만들기 위해 과도한 최적화를 한다.

우수한 설계 원칙은 단순성을 포함한다. 단순성은 과도한 최적화의 위험을 최소화하며, 적은 규칙과 적은 지표 그리고 적은 변수를 사용한다. 또한 모든 시장에 걸쳐 매수와 매도에 동일한 변숫값을 사용한다. 복잡함 속에서는 지속성을 찾을 수 없다. (단순한 몇 개의 전략만이 오랫동안 잘 들어맞았다는) 톰 디마크의 말을 기억하라.

벤치마크 전략

이제 좋은 전략에서 무엇을 찾아야 하는지 알게 되었다. 투자자의 매매 도구에서 요구하는, 다음으로 중요한 핵심 도구는 벤치마크 전략이다.

관련성 함정에 빠지지 않도록 도와줄 벤치마크 전략이 필요하다.

자신의 손으로 개발한 전략에만 초점을 맞추고 매매하는 관련성 함정에 대해 모두 알고 있을 것이다. 당신은 중요한 사람이 되고 싶고, 관계자가 되기를 원한다. 당신은 자신의 노력이 인정받고 보상받기를 원한다. 당신의 마음속에, 그렇게 하는 가장 좋은 방법은 자신만의 전략으로 매매하는 것이다. 하지만 대부분의 투자자에게 그들의 최선의 노력은 현실의 시장에서 진짜 돈을 투자하여 성공하기에는 턱없이 부족하다. 그러므로 자신의 개발 노력을 이미 확립되고 지속성이 있는 매매 전략과 비교하는 것이 언제나 중요하다. 과거에 잘 작동했고 우수한 특성을 가진 전략은 미래에서도 잘 작동하기 때문이다. 벤치마크 전략은 실제로 매매를 고려하기 전에 자신의 전략이 도달해야 하는 최소한의 기준이 되어야 한다.

만약 당신의 노력이 벤치마크를 넘어설 수 없다면, 그것으로 매매하는 것을 고려해서는 안 된다. 당신이 독자적으로 설계한 전략으로 매매해서는 안 된다. 당신의 자존감, 당신의 관련성이 전략 개발 노력에 달린 것이 아니다. 당신의 자존감과 관련성은 계좌의 잔고와 결부되어야 한다. 매매의 목적은 파산 위험을 피하고, 생존하여, 돈을 벌고, 계좌를 키워나가는 것이다.

비결은 적절한 벤치마크 전략을 선택하는 것이다. 그것이 성공하는 전략의 많은 속성을 가졌는지 확인해야 하며, 그중에서도 가장 중요한 것은 지속성이 있는지의 여부다.

적절한 벤치마크 전략 또는 당신이 선호하여 매매에 사용할 전략을 선택하는 데 도움이 되려면 지금부터 보여줄 것과 같은 객관적이고 체계적인 검토 과정을 따라야 한다.

전략 검토

불행하게도 어떤 전략을 다른 전략보다 더 높은 순위를 매기는 데 사용할 수 있는 특별한 지표는 없다.

나는 파산 위험을 계산할 때는 수학을 사용하지만, 전략을 검토할 때는 정성적(定性的) 측정과 정량적(定量的) 측정의 조합을 사용한다. 옳고 그른 조합은 없다. 이것은 정말로 개인의 선택에 달렸다. 나는 전략을 검토할 때, 전략에 대한 나의 견해를 형성하는 데 도움이 되는 지속성 분석과 성과 분석을 수행한다. 나는 전략의 지속성에 더 많은 비중을 두는 편인데, 앞서 언급했듯이 전략의 지속성을 만드는 특성이 그 어떤 강력한 성과 지표보다 나를 훨씬 더 오래 생존할 수 있게 해주기 때문이다.

지속성 검토

먼저 그림 8-2와 같이 '유력한 용의자'들을 조사하여 전략의 지속성을 검토한다.

나는 전략의 지속성에 대한 어떤 증거가 있는지 즉시 보고 싶으므로, 긍정적인 표본 외 데이터에서의 성과가 있는지 살펴본다. 표본 외 데이터의 기간이 더 길고 성과가 우수할수록 전략에 대한 신뢰도는 높아진다.

만약 지속성의 증거가 없다면, 지속성이 존재할 만한 특성이 있는지 찾아본다. 증거가 충분히 있는 경우에도, 전략을 더 잘 이해하기 위해 그런 특성이 있음을 보여주는 '표시'를 찾는다.

지속성의 가능성을 보여주는 한 가지 긍정적인 특성은 확장성이

지속성 검토		
증거		표본 외 데이터에서의 성과
특성		
	확장성	분산된 포트폴리오에서의 수익성 데이터 체리피킹 피하기
	우수한 설계 원칙	단순함 적은 규칙 적은 지표 적은 변수 　– 매수/매도에 동일한 값 　– 모든 시장에 동일한 값 과도한 최적화 피하기

그림 8-2 좋은 매매 전략에는 지속성의 증거 또는 특징이 모두 있을 것이다.

다. 확장성이 있는 전략은 데이터 체리피킹 가능성이 낮다. 따라서 나는 전략이 다양하게 분산된 시장 포트폴리오에서 수익성이 있는지 알고자 한다. 전략이 표본 외 데이터에서도 수익성이 있는지, 설계할 때 염두에 두지 않은 시장에서도 수익성이 있는지를 말이다.

지속성의 또 다른 좋은 징후는 전략이 과도한 최적화를 피할 수 있는 우수한 설계 원칙을 채택했는지 여부다. 전략이 복잡한가, 단순한가? 규칙이 많은가, 적은가? 지표가 많은가, 적은가? 변수가 많은가, 적은가? 변수들은 매수와 매도, 모든 시장에서 동일한 변숫값을 가지고 있는가? 허용되는 변수와 조정의 수를 고려할 때 전체 손익 그래프의 폭은 얼마나 큰가? 0% 이상의 파산 위험이 나오는 손익 그래프가 있는가? 이 전략의 손익 그래프는 다양한 변숫값으로 매매할 때 모두 안정적인가?

지속성에 대한 검토를 완료했으니, 이제 다양한 성과 분석을 수행하겠다.

성과 분석

무수히 많은 성과 지표들 사이에서 길을 잃을 수도 있다. 그것은 당신이 빠지고 싶어 하지 않는 또 하나의 토끼굴이다. 나는 오랫동안 그림 8-3에 있는 것과 같은 몇 가지 주요 지표에 의존하는 법을 배웠다.

성과 분석을 위해 다음과 같은 전략 성과의 다섯 가지 중요한 영역에 대해 자세히 알아보고자 한다.

- 생존 가능성

성과 분석

생존 가능성
   파산 위험

위험 보상 비율
   순이익(자금 관리에 의한 포지션 사이즈 조정 배제)
   고점 대비 최대 하락(MDD)
   위험 보상 비율(순이익/MDD)
   궤양 성과 지수(UPI)

위험
   매매당 평균 위험(손절매)

자금 관리의 효율성
   순이익(자금 관리에 의한 포지션 사이즈 조정 포함)
   연평균 누적 수익률(CAGR)

매매의 난이도
   고점 대비 최대 하락(일 기준)
   최대 연속 손실
   손익 그래프의 평탄도(R-squared, 결정 계수)

그림 8-3 나는 오랫동안 몇 가지 주요 성과 지표에 의존하는 법을 배웠다.

- 위험 보상 비율
- 위험
- 자금 관리의 효율성
- 매매의 난이도

각각을 자세히 살펴보자.

생존 가능성

매매에서 나의 최우선 목표는 살아남는 것이다. 그 어떤 것도 여기에 근접조차 할 수 없다. 따라서 나는 내가 선호하는 자금 관리 전략과 전략의 기대치가 결합했을 때, 전략의 파산 위험이 어느 정도인지를 제일 먼저 알고 싶어 한다. 만약 그것이 0%가 아니라면, 나는 그런 전략을 검토할 생각이 없다.

위험 보상 비율

나의 다음 관심사는 위험에 대한 보상이 어느 정도인지를 아는 것이다. 이 전략은 최악의 역사적 고점 대비 하락에 대해 어느 정도의 수익을 돌려주는가? 이것은 경제학에서 오랫동안 사용된 지표다. 과거에 발생한 위험의 양에 비해 충분한 수익을 내지 못했다면, 이 전략을 고려할 이유가 있을까?

위험 보상 비율도 좋기는 하지만, 이것은 과거에 최악의 하락이 발생한 시점 하나에만 초점을 맞춘다. 궤양 성과 지수(UPI)는 계산하기가 더 복잡하지만, 위험 보상 비율의 단점을 보완해준다. 매일의 고점 대비 하락을 계산함으로써 평균 고점 대비 하락 위험당 어느 정도의 초과 수익을 만들어내는지 보여주는, 더 정확한 위험 조정 성과의 양상을 제공한다. 이 값은 클수록 좋다.

위험

다음으로 나는 한 매매당 평균적인 위험, 즉 평균적인 손절매 폭이 어느 정도인지 알고 싶어 한다. 큰 손실의 위험을 피하고 싶기 때문이다. 당연히 내가 선호하는 것은 낮은 위험(작은 손절매 폭)이고, 이것은 매우 중요한 두 가지 이유 때문이다. 첫째, 나는 당연히 더 적은 투자 자본의 위험을 감수하는 것을 선호하고, 둘째, 너무 큰 위험은 돈을 버는 데 전략의 효율성을 떨어뜨린다.

당신은 틀림없이 다음과 같은 격언을 듣거나 읽은 적이 있을 것이다.

매매를 시작하는 타이밍은 중요치 않다. 중요한 것은 어디에서 빠져 나오느냐다. 매매의 핵심은 진입이 아니라 포지션을 정리하는 것이다.

나에게 이것은 편 가르기로 보인다.

진입과 정리(따라서 매매의 위험)가 모두 엄청나게 중요하기 때문에, 나는 이 격언을 만들어낸 사람이 거의 모든 가능성을 따져보았을 때 매매를 하지 않는 사람이라고 생각한다. 어느 누구도 둘 중 하나를 더 높게 평가할 수 없다. 진입과 정리는 매매당 위험을 나타낸다. 그것은 포지션 크기를 결정하는 핵심축(lynch pin)이며, 당신이 벌 수 있는 잠재적인 수익이다.

자금 관리는 생존과 번영의 숨겨진 비결이라는 점을 명심하라. 자금 관리는 당신의 계좌 잔고가 증가함에 따라 매매당 포지션 크기를 키워준다. 포지션 크기가 커지는 것은 더 많은 수익을 의미한다. 또한 자금 관리는 평균 위험이 커질수록 평균 위험이 낮을 때에 비해 포지션 크기를 작게 만들어준다. 나는 매매당 평균 위험이 낮은 전략을 선호한다. 그것은 내가 더 큰 포지션으로 매매할 수 있도록 해주고, 궁극적으로 더 큰 수익의 잠재력을 누릴 수 있게 해준다. 그것은 내가 다음으로 검토하는 지표인 전략의 효율성으로 곧장 안내한다.

자금 관리의 효율성

매매에서 살아남는다면, 우리의 두 번째 목표는 돈을 버는 것이다.

그리고 큰돈을 버는 숨겨진 비결이 자금 관리임을 알고 있기 때문에, 투자자로서 우리는 자금 관리가 적용되었을 때 전략이 얼마나 효율적인지 알고 싶어 한다.

단일 계약(최소한의 포지션 크기)으로 만들어진 전략의 성과는 큰 손실의 존재를 감출 수 있으므로 이것은 엄청나게 중요한 문제다. 많은 전략이 단지 자금 관리 덕분에 좋아 보이기도 한다. 개발자들은 너무 빠른 이익 실현을 하거나, 또는 포지션을 취하고 며칠, 몇 주 혹은 몇 달이 지났는지에 상관없이 일일 종가가 이익을 보는 가격으로 끝나면서 너무 빨리 포지션이 정리되는 것을 피하려고 큰 폭의 손절매를 사용할 수 있다!

자금 관리가 적용된 상태에서 전략의 효율성과 수익성을 검토하면, 큰 폭의 손절매가 존재하는 것을 더는 숨길 수 없고 전략의 진정한 힘(또는 힘의 부족)을 드러낸다. 투자에 사용되는 위험 자본의 크기가 같을 경우, 큰 폭의 손절매를 가진 전략의 포지션 크기는 작은 폭의 손절매를 가진 전략에 비해 더 작을 것이다.

전략의 효율성을 측정하기 위해 내가 사용하는 주요 지표는 연수익률로 환산된 누적 수익률, 즉 연평균 누적 수익률(CAGR)이다. 큰 폭의 손절매 혹은 매매 횟수의 부족은 숨을 곳이 없다. 0%의 파산 위험이 왕이라면, 연평균 누적 수익률은 여왕이라는 것을 기억하라.

매매의 난이도

마지막으로, 나는 전략이 매매하기에 얼마나 어려운지 빠르게 파악하려고 한다. 사상 최악의 고점 대비 하락은 얼마나 길었는가? 과거에 연속된 손실은 몇 번이나 있었는가? 손익 그래프는 얼마나 매끄러운가? 평화로워 보이는가, 아니면 어지러울 정도로 오르내리는가? 결정 계수(R-squared)의 측정은 전략이 얼마나 매매하기 어려운가에 대한 타당한 아이디어를 준다. 결정 계수가 100%라면 직선의 손익 그래프를 나타내고, 50%의 측정값은 거친 손익 그래프를 나타낸다. 90% 이상의 결정 계수를 가진 전략으로 매매하는 것이 바람직하다.

하나로 묶기—과학 혹은 예술?

지속성 검토와 성과 분석을 모두 수행한 후에는 이 두 가지를 하나로 묶어야 한다. 어느 쪽에 더 큰 비중을 둘지는 당신의 몫이다. 나의 경우, 대개 성과보다는 전략의 지속성에 더 무게를 둔다.(그림 8-4) 전략의 지속성이 더 강할수록 성과 측정의 신뢰성이 더 높아진다. 그리고 고점 대비 하락의 구간에서 더 큰 확신을 갖게 될 것이다.

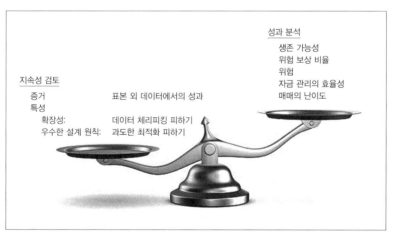

그림 8-4 최종 분석 단계에서 나는 일반적으로 성과 지표보다는 지속성의 속성에 더 많은 비중을 둔다.

지속성 검토 중에서도, 나는 전략의 특성보다는 증거에 더 높은 순위를 매긴다. 성과 분석의 다섯 가지 영역에서는 생존 가능성(파산 위험), 위험 보상 비율, 그리고 자금 관리의 효율성 세 가지를 가장 높이 평가한다.

표본 외 데이터에서의 성과가 거의 또는 전혀 없지만, 확장성과 우수한 설계 원칙 등에서 좋은 모습을 보이는 전략을 검토할 때는 몇 가지 성과 지표가 바람직한 수준에 약간 못 미치는 것을 허용한다.

전략의 복잡함을 통해 과도하게 최적화되었다고 느낀다면, 전략의 성과가 아무리 좋아 보여도 나는 절대로 그런 전략을 고려 대상에 넣지 않는다. 아무리 강력한 성과 지표를 보여준다 해도 나는 흔들리지 않는다.

어떤 식으로 전략을 검토하든 지속성과 성과 측정 간에 균형이 유지될 것이다. 그것은 한편으로 과학이면서 한편으로는 예술이다. 앞서 말했듯이, 모든 전략의 순위를 매길 수 있는 특별한 지표는 없다. 표본 외 데이터에서의 성과는 분명히 지속성에 대한 확실한 증거를 제공한다. 분산된 시장 포트폴리오에 걸친 수익성은 확실히 데이터 체리피킹의 부재를 보여준다. 지표와 변수가 거의 없는 소수의 규칙이라는 단순성은 우수한 설계 원칙과 과도한 최적화의 부재를 분명히 보여준다. 하지만 과도한 최적화를 탐지하는 데 사용할 수 있는 단일한 통찰이나 기술 혹은 지표는 없다. 최적화의 양과 영향을 모두 결정하는 것은 주관적이다. 과도한 최적화일까, 아니면 합리적인 최적화일까? 바로 이 지점이 투자자가 자신의 경험에 의존해야 하는 지점이고, 과학보다는 '예술'의 영역으로 더 많이 이동해야 하는 지점이다.

투자자가 한번 자신의 연금술을 시행하고 나면, 마지막 단계는 전략의 가능한 손익 그래프의 범위를 확인하는 일이다. 손익 그래프의 분산 수준은 말할 것도 없고, 그로 인한 기대치 및 파산 위험 계산과 함께 손익 그래프의 상단과 하단을 알아야 한다. 매매로 가는 길이 순탄할까, 아니면 험난할까?

손익 그래프 안정성 검토

이것은 퍼즐의 마지막 조각이자 마지막 장애물이다. 지속성에 대한 표본 외 데이터 증거가 없는 전략의 경우, 우리는 매매 전략의 손익 그래프가 변숫값의 변화에 얼마나 민감한지를 알아야 한다. 이를 위해 우리는 손익 그래프의 안정성 검토를 완료할 필요가 있다.

한 예로, 제6장에서 여러분과 공유한 볼린저밴드 변동성 돌파 전략에 대한 검토를 마무리해보겠다.

1990년대 이후에 볼린저밴드에 기반을 둔 매우 대중적이고 성공한 상업적인 전략이 있었지만, 내가 사용한 변수들은 내가 지어낸 것이다. 그래서 《퓨처스 트루스(Futures Truth)》지가 선정한 '역대 최고의 10대 매매 시스템' 중 하나로 선정된 전략임에도 불구하고, 내가 검토할 만한 성과는 없다. 표본 외 데이터에서의 결과가 아니다.

증거가 없으므로, 지속성의 특성에 의존할 필요가 있다. 그런 면에서는 괜찮아 보인다. 볼린저밴드 전략은 다양한 시장 포트폴리오에 걸쳐 확장성이 있고 그 단순성을 통해 우수한 설계 원칙을 준수함으로써 지속성을 나타낸다. 하지만 손익 그래프가 취약하거나 불안정할 수 있음을 시사하는 두 가지 변수가 포함되어 있다. 그 영향이 어느 정도인지 밝혀내기 위해 검토를 완료할 필요가 있다.

　이런 점에서 볼린저밴드 전략은 손익 그래프 안정성 검토를 하기에 이상적이다.

　전략의 규칙을 다시 살펴보자.

규칙

전략명: 볼린저밴드

개발 시점: 1986년

발표 시점: 1993년

타임프레임: 일봉

접근법: 추세 추종

매매 기법: 변동성 돌파

매수/매도: 매수 및 매도

적용 시장: 전체 시장

사용 지표: 볼린저밴드

변수의 수: 2개

　　　　　(80일) – 이동평균(중심선) 및 표준편차 계산 기간

　　　　　표준편차의 (1배) – 상한선 및 하한선 대역폭

변수–대칭성: 매수와 매도에 동일한 변숫값 사용

변수–적용: 모든 시장에 동일한 변수

규칙 수: 2개

매수 규칙

추세: 상승 – 전일 종가가 상한선 위에 위치

진입 신호: 다음 날 장 시작 시 시장가 매수

손절매: 전일 종가가 중심선 아래에서 끝나면, 다음 날 장 시작 시 시장가 매도

매도 규칙

추세: 하락 – 전일 종가가 하한선 아래에 위치

진입 신호: 다음 날 장 시작 시 시장가 매도

손절매: 전일 종가가 중심선 위에서 끝나면, 다음 날 장 시작 시 시장가 매수

이 전략은 두 개의 변수가 있는 하나의 지표가 포함되어 있다. 첫 번째 변수는 이동평균을 계산하는 80일이고, 두 번째는 상한선 및 하한선의 대역폭을 결정하는 데 사용되는 표준편차의 배수(1배)다. 각 변수의 조정 횟수를 4회로 제한하겠다. 두 개의 변수에 각각 4회의 조정을 통해 전략의 원래 손익 그래프 외에 추가로 가능한 손익 그래프의 개수는 24개가 된다. 즉 원래의 변숫값으로 만들어진 손익 그래프를 포함하여 총 25개의 손익 그래프가 가능하다.

각각의 변수마다 10%씩 조정하는데, 원래의 값보다 위로 두 번, 아래로 두 번 조정하겠다. 볼린저밴드 중심선인 이동평균의 조정값은 80일의 10%인 8일이다. 표준편차 배수의 조정값은 1배의 10%인 0.1배가 될 것이다. 따라서 내가 사용할 볼린저밴드 중심선 이동평균의 길이는 64일, 72일, 80일, 88일, 96일이고, 상한선 및 하한선의 대역폭을 위한 표준편차의 배수는 0.8배, 0.9배, 1.0배, 1.1배, 1.2배를 사용한다.

순익 그래프 안정성 검토

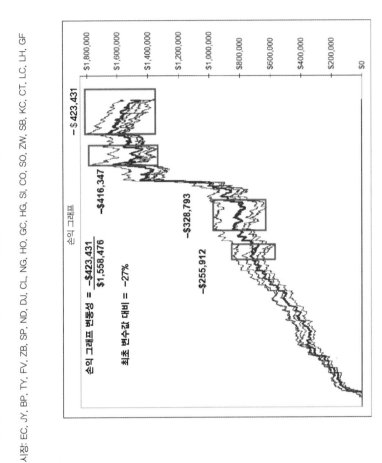

전략: 볼린저밴드(80일/1배)
매매 시작: 1980년 6월 5일
매매 기간: 39.4년

생존 가능성
투자 자금 분할 수: 50
기대치: 28%
파산 위험: 0%

위험 보상(1개월)
순이익: $1,558,476
연평균 누적 수익률: 9%
MDD: −$224,374
위험 보상 비율(순이익/MDD): 7
퇴양 성과 지수: 1.7
평균 손실: −3.7%
총 매매 횟수: 2,954
평균 이익: $528
평균 슬리피지: −$51
이익 손실 비율: 1.4
승률: 35%
평균 이익/평균 손실: 2.7

자금 관리의 효율성
자금 관리(투자 비율): 2%
초기 투자금: $50,000
매매당 위험: −4.6%
순이익: $431,000,000
연평균 누적 수익률: 26%

매매의 난이도
고점 대비 하락(최장기간): 1,579일
최대 연속 손실: 28회
결정 계수: 94%

시장: EC, JY, BP, TY, FV, ZB, SP, ND, DJ, CL, NG, HO, GC, HG, SI, CO, SO, ZW, SB, KC, CT, LC, LH, GF

순익 그래프

순익 그래프 변동성 = $\dfrac{-\$423,431}{\$1,558,476}$

최초 변수값 대비 = −27%

그림 8-5 순익 그래프 안정성 검토에는 전체 순익 그래프의 검토가 필요하다.

나는 24개의 추가 손익 그래프를 모두 만들었고, 그림 8-5에 그것들을 겹쳐 그렸다.

이것은 확실히 내가 제5장에서 완성한 반전 추세 전략보다 훨씬 좋아 보인다.

비록 그렇게 보이지는 않지만, 그림 8-5에는 25개의 손익 그래프가 표시되어 있다. 나는 많은 손익 그래프가 서로 닮아 있는 것으로부터 이 전략이 표준편차의 배수 변화에 민감하지 않다는 것을 알았다. 여러분이 볼 수 있는 변화의 대부분은 이동평균 길이의 변화로 인해 발생한다.

나의 임의적인 네 가지 조정 한도 내에서만 운용하면, 우리는 손익 그래프의 상한과 하한을 명확히 알 수 있다. 우리가 답해야 할 질문은, 가장 밑에 있는 손익 그래프가 0% 이상의 파산 위험을 가졌는지 여부다.

전체 손익 그래프의 파산 위험 계산 결과를 표 8-2에 요약했다.

보다시피 0%를 초과하는 파산 위험이 계산되는 손익 그래프가 없다는 것을 기쁘게 말할 수 있다. 볼린저밴드에 엄지손가락 두 개를 치켜세울 만하다.

이제 그림 8-6에 요약된 바와 같이 손익 그래프의 안정성 검토를 완료하겠다.

그림 8-6에는 비교를 위해 반전 추세 전략 검토 결과를 함께 표시했다. 내가 보기에, 볼린저밴드 전략의 손익 그래프 변화폭은 중간 정도다. 기대치의 변동은 작다. 0%를 초과하는 파산 위험을 변숫값이 없는 상태에서 결합할 경우, 전략의 손익 그래프가 매매할 수 있을 정

손익 그래프 안정성 검토

지표	볼린저밴드		기대치		투자 자금 분할 수		파산 위험
	이동평균 기간	표준편차 배수					
변수	80	1	28%	+	50	=	0%

변숫값의 변화

	64	0.8	21%	+	50	=	0%
	64	0.9	21%	+	50	=	0%
	64	1	21%	+	50	=	0%
	64	1.1	21%	+	50	=	0%
	64	1.2	21%	+	50	=	0%
	72	0.8	27%	+	50	=	0%
	72	0.9	27%	+	50	=	0%
	72	1	27%	+	50	=	0%
	72	1.1	27%	+	50	=	0%
	72	1.2	27%	+	50	=	0%
	80	0.8	28%	+	50	=	0%
	80	0.9	28%	+	50	=	0%
	80	1	28%	+	50	=	0%
	80	1.1	28%	+	50	=	0%
	80	1.2	28%	+	50	=	0%
	88	0.8	27%	+	50	=	0%
	88	0.9	27%	+	50	=	0%
	88	1	27%	+	50	=	0%
	88	1.1	27%	+	50	=	0%
	88	1.2	27%	+	50	=	0%
	96	0.8	29%	+	50	=	0%
	96	0.9	29%	+	50	=	0%
	96	1	29%	+	50	=	0%
	96	1.1	29%	+	50	=	0%
	96	1.2	29%	+	50	=	0%

표 8-2 볼린저밴드의 전체 손익 그래프는 그 어느 것도 0%를 초과하는 파산 위험이 계산되지 않는다.

손익 그래프 안정성 검토

전략		반전 추세 전략	볼린저밴드
예비 신호		34일 이동평균 250일 이동평균 RSI(4일, 80%)	볼린저밴드 (80일, 1배)
성공하는 전략의 속성			
측정 가능성	기대치	9%	28%
	투자 자금 분할 수	20	50
	파산 위험	0%	0%
지속성			
증거	표본 외 데이터에서의 성과	없다	없다
특성			
확장성	다양한 포트폴리오에서의 수익성	있다	있다
우수한	손익 그래프 안정성 검토		
설계	지표에 사용되는 변수의 개수	4	2
원칙	변수 조정의 개수	4	4
	가능한 손익 그래프의 개수	256	25
	손익 그래프의 등락 정도	크다	중간
	기대치의 등락 정도	크다	작다
	변수 조합 중 파산 위험이 0%를 초과하는 것이 있는가?	있다	없다
	손익 그래프가 매매할 수 있을 만큼 안정적인가?	**아니다**	**그렇다**

그림 8-6 전략에 취약성이 있다면 손익 그래프 안정성 검토에서 드러날 것이다.

도로 안정적이라는 주장을 하기에 부족함이 없다.

이것으로 완성이다. 볼린저밴드 전략은 표본 외 데이터에서의 성과 부재로 인해 지속성에 대한 증거가 없음에도 불구하고 고려할 만한 가치가 있다. 확장성과 단순성을 통해 지속성을 나타내는 좋은 특성을 보일 뿐 아니라, 0%를 초과하는 파산 위험이 보편적으로 계산되지 않는 안정적인 손익 그래프를 가진 것으로 보인다. 볼린저밴드는 지속성이 있는 전략으로 '추측'된다. 나는 알 수 없는 미래에 대한 어떤 보장도 없으므로 '추측'된다고 말했다. 그리고 우리는 볼린저밴드가 1990년대에 상업적으로 이용된 매우 성공적인 전략의 핵심이었다는 사실을 알고 있으니, 별로 놀랄 일은 아니다.

손익 그래프 안정성 검토는 나의 전략 검토 과정을 완성한다. 이제 이 새로운 전략 검토 도구를 사용하여 다음 도구인 벤치마크 전략을 선택해보자.

벤치마크 전략 – 어떤 전략이 적합한가?

제6장에서 검토한 전략 중 하나가 벤치마크 전략으로 선택하기에 적합한지 알아보자. 벤치마크 전략을 도입하는 이유는 관련성 함정에 빠지지 않기 위함이라는 점을 기억하자. 이 전략은 당신의 벤치마크가 될 것이다. 당신이 이겨야 하는 기준점이고, 반드시 넘어야 하는 경계선이다. 자신이 노력하여 직접 개발한 전략으로 매매하기 위해 뛰어넘어야 할 기준선이다.

나는 제6장에서 동전 던지기를 이용한 랜덤 추세 전략을 포함하는 19가지 전략을 검토했다. 그중 헌의 1% 룰이라는 단 하나의 전략만 돈을 벌지 못했다. 헌의 전략을 제외한 나머지 전략을 순이익에 따라 순위를 정하면 표 8-3과 같다.

많은 사람들이 공정한 선발 기준으로 믿는 이 방식대로 하면 50일-200일 이동평균 교차 전략이 눈에 띄는 전략으로 보인다. 선택할

대안적 성과 측정

전략	유형	발표 시점	시장	손순익 ($)	매매 횟수	평균 이익 ($)	매매 비용 ($)
50일-200일 이동평균 교차	상대적 가격 변동	2020	P24	1,715,940	1,235	1,389	-51
단기간의 4주 채널	채널 돌파	1960	P24	1,601,223	6,120	262	-51
볼린저밴드	변동성 돌파	1993	P24	1,558,476	2,954	528	-51
드레퓨스의 52주 채널	채널 돌파	1960	P24	1,442,906	475	3,038	-51
터틀 매매 전략	채널 돌파	1983	P24	1,418,786	5,212	272	-51
ATR밴드	변동성 돌파	2020	P24	1,193,319	3,544	337	-51
다우 이론	스윙 포인트 돌파	1900	P24	1,090,346	17,927	61	-51
거틀리의 3주-6주 이동평균 교차	상대적 가격 변동	1935	P24	1,079,398	3,387	319	-51
월별 종가 모델	상대적 시간 변동	1933	P24	1,003,526	4,993	201	-51
리카도 룰	가격 돌파	1838	P24	622,552	20,392	31	-51
분기별 종가 모델	상대적 시간 변동	1933	P24	611,092	1,670	366	-51
랜덤 추세 전략(추세 판단)	동전 던지기	2020	P24	583,946	15,871	37	-51
평균 회귀	되돌림	2020	P24	535,005	5,163	104	-51
단기간의 5일-20일 이동평균 교차	상대적 가격 변동	1960	P24	520,675	13,306	39	-51
아널드의 패턴 확률 전략	정체 돌파	1995	P24	450,780	2,586	174	-51
엘더의 삼중창 전략	되돌림	1986	P24	336,473	11,633	29	-51
다바스 박스	정체 돌파	1960	P24	136,731	636	215	-51
리버모어 반응 모델	정체 돌파	1940	P24	35,136	1,279	27	-51

표 8-3 제6장의 추세 추종 전략을 순이익에 따라 순위를 매겼다.

가치가 있는 전략이다. 그러나 전략을 검토하는 차원에서 볼 때 단일한 지표만으로 살펴보는 것은 수박 겉 핥기에 불과하다는 것을 이제 여러분도 잘 알 것이다. 이것만으로는 충분하지 않다. 지속성 검토와 성과 분석을 수행해야 한다. 이제 시작해보자.

데이터 모으기

표 8-4에 벤치마크 전략이 될 수 있는 후보인 18개의 전략을 요약했다. 표에는 지속성 분석을 위해 각 전략에 대한 지속성의 증거와 특성이 요약되어 있다.

표 8-4에는 내가 사용하는 모든 지속성 정보가 포함되어 있다. 각 전략이 발표된 시점을 통해 표본 외 데이터에서의 성과의 양을 알 수 있다. 이것은 전략의 지속성에 대한 확실한 증거를 제공하는 데이터다. 네 개의 전략을 제외하면, 대부분의 전략들이 지속성을 입증할 많은 증거를 갖고 있다. 나는 증거를 보완하기 위해, 지속성의 중요성 특성들을 요약했다. 보다시피, 표본 외 데이터에서의 성과로 이미 짐작할 수 있었듯이, 대부분의 전략들은 지속성의 우수한 특성을 갖고 있다. 이 전략들은 24개의 분산된 시장 포트폴리오에서 모두 수익성이 있을 만큼 확장성이 있다. 이는 이 전략들이 데이터 체리피킹으로 만들어지지 않았음을 강하게 암시한다. 또 다른 특성은 전략이 우수한 설계 원칙을 따랐는지 여부다. 전략이 단순한가, 복잡한가? 과도한 최적화가 있는가, 그렇지 않은가? 흠, 얼핏 보기에는 다음 세 개의 전략이 상당히 많은 규칙을 가진 것으로 보인다.

표 8–4 지속성이 핵심이며 증거는 표본 외 데이터에서의 성과이며, 핵심적인 특징은 확장성과 전략 설계의 단순성이다.

전략	지속성 검토												
	증거						확장성?	특성					
								과도한 최적화?					
								규칙		지표	변수		
	발표	표본 외 기간	순이익($)	매매 횟수	평균 이익($)	슬리피지($)	시장	개수	대칭	개수	개수	대칭	모든 시장
50일–200일 이동평균 교차	2020	0	1,715,940	1,235	1,389	51	P24	2	Yes	1	2	Yes	Yes
단기간의 4주 채널	1960	60	1,601,223	6,120	262	51	P24	1	Yes	0	1	Yes	Yes
볼린저밴드	1993	27	1,558,476	2,954	528	51	P24	2	Yes	1	2	Yes	Yes
드레퓨스의 52주 채널	1960	60	1,442,906	475	3,038	51	P24	1	Yes	0	1	Yes	Yes
터틀 매매 전략	1983	37	1,418,786	5,212	272	51	P24	3	Yes	0	2	Yes	Yes
ATR밴드	2020	0	1,193,319	3,544	337	51	P24	2	Yes	1	2	Yes	Yes
다우 이론	1900	120	1,090,346	17,927	61	51	P24	1	Yes	0	0	–	–
기틀리의 3주–6주 교차	1935	85	1,079,398	3,387	319	51	P24	2	Yes	1	3	Yes	Yes
월별 증가 모델	1933	87	1,003,526	4,993	201	51	P24	2	Yes	0	0	–	–
리카도 룰	1838	182	622,552	20,392	31	51	P24	3	Yes	0	0	–	–
분기별 증가 모델	1933	87	611,092	1,670	366	51	P24	2	Yes	0	0	–	–
랜덤 추세 전략(추세 판단)	2020	0	583,946	15,871	37	51	P24	4	Yes	1	3	Yes	Yes
평균 회귀	2020	0	535,005	5,163	104	51	P24	5	Yes	1	3	Yes	Yes
단기간의 5일–20일 교차	1960	60	520,675	13,306	39	51	P24	2	Yes	1	2	Yes	Yes
아들드의 패턴 활용 전략	1995	25	450,780	2,586	174	51	P24	6	Yes	1	5	Yes	Yes
엘더의 삼중창 전략	1986	34	336,473	11,633	29	51	P24	6	Yes	2	5	Yes	Yes
다바스 박스	1960	60	136,731	636	215	51	P24	4	Yes	1	5	Yes	Yes
리버모어 반응 모델	1940	80	35,136	1,279	27	51	P24	4	Yes	0	0	–	–

- 평균 회귀 전략
- 아널드의 패턴 확률 전략
- 엘더의 삼중창 전략

확실히 나머지 전략들에 비해 규칙이 많다. 이것은 불행하게도 과도한 최적화의 가능성을 시사한다. 하지만 많은 규칙 수에도 불구하고, 이 전략들은 모두 매수 및 매도에 동일하게 적용되는 대칭적인 규칙을 갖고 있으며, 모든 시장에 걸쳐 과도한 최적화가 존재하지 않음을 암시한다. 전략이 일반적으로 지표에 크게 의존하지 않는 것을 보면 긍정적인 느낌을 받는다. 그러나 다음 세 개의 전략처럼 전략 내에 포함된 변수의 개수에 대해서는 같은 말을 할 수가 없다.

- 아널드의 패턴 확률 전략
- 엘더의 삼중창 전략
- 다바스 박스

이 전략들은 각각 다섯 개의 변수를 갖고 있다. 이는 나머지 전략들의 평균에 비해 거의 2배에 달하는 수치다. 하지만 이 전략들을 위해 변명하자면, 이들은 모든 시장에서 동일한 매수와 매도 및 예비 신호의 값을 사용한다. 이는 다시 한번, 과도한 최적화가 존재하지 않을 가능성을 시사한다. 표본 외 데이터에서의 성과가 존재하는 것을 고려할 때 크게 걱정되지는 않는다.

표 8-5에는 내가 사용하는 주요 성과 지표를 요약했다.

전략	지속성		생존 가능성			성과 보상 비율				자금 관리의 효율성			매매의 난이도		
	발표	표본의 기간	기대치	자금 분할	파산 위험	순이익($)	고정 대비 최대 하락($)	위험 보상 비율	계량 성과 지수	위험	자금 관리 성과 (m,$)	연평균 수익률	고정 대비 하락 기간	연속 손실 횟수	결정 계수 (R²)
50일-200일 이동평균 교차	2020	0	39%	50	0%	1,715,940	-196,367	9	1.5	-4.4%	17	16%	1,197	22	97%
단기간의 4주 채널	1960	60	14%	50	0%	1,601,223	-261,817	6	1.4	-5.6%	69	20%	1,608	18	93%
볼린저밴드	1993	27	28%	50	0%	1,558,476	-224,374	7	1.7	-4.6%	431	26%	1,579	28	94%
드레퓌스의 52주 채널	1960	60	47%	50	0%	1,442,906	-113,469	13	1.3	-16.7%	2	10%	1,600	9	98%
터틀 매매 전략	1983	37	21%	50	0%	1,418,786	-95,107	15	2.2	-4.7%	257	24%	1,637	20	96%
ATR밴드	2020	0	18%	50	0%	1,193,319	-298,392	4	1.1	-4.2%	130	22%	3,036	22	92%
다우 이론	1900	120	5%	50	0%	1,090,346	-250,428	4	1.4	-3.3%	167	23%	2,238	24	95%
가틀리의 3주-6주 교차	1935	85	12%	50	0%	1,079,398	-295,771	4	1.1	-6.2%	30	18%	2,972	18	83%
월별 증가 모델	1933	87	10%	50	0%	1,003,526	-382,027	3	0.8	-5.0%	582	27%	3,556	22	83%
리카도 룰	1838	182	3%	50	100%	622,552	-449,550	1	0.5	-1.9%	116	21%	2,237	27	77%
분기별 증가 모델	1933	87	9%	50	0%	611,092	-261,974	2	0.4	-7.5%	5	12%	4,472	17	74%
랜덤 추세 전략(추세 편입)	2020	0	7%	50	0%	583,946	-197,797	3	0.4	-1.0%	0	0%	3,257	53	87%
평균 회귀	2020	0	13%	50	0%	535,005	-121,869	4	0.6	-1.8%	219	24%	3,441	27	92%
단기간의 5일-20일 교차	1960	60	3%	50	100%	520,675	-311,061	2	0.4	-3.0%	0	0%	6,689	25	36%
아널드의 패턴 활용 전략	1995	25	31%	50	0%	450,780	-62,059	7	0.7	-2.2%	35	18%	2,494	23	95%
엘더의 삼중창 전략	1986	34	4%	50	100%	336,473	-330,350	1	0.3	-1.8%	5	12%	5,039	32	51%
다바스 박스	1960	60	15%	50	0%	136,731	-75,614	2	0.1	-5.5%	0	0%	3,089	17	82%
리버모어 반응 모델	1940	80	3%	50	100%	35,136	-101,554	0	0.1	-2.8%	0	0%	3,827	17	30%

표 8-5 우수한 성과를 나타내는 주요 지표에는 생존 가능성, 위험 보상 비율, 자금 관리의 효율성, 매매의 난이도 등이 포함된다.

이것들은 내가 전략을 검토할 때 사용하는 주요 성과 지표들이다. 순이익을 기준으로 매긴 최초의 순위에서 상위 다섯 개의 전략은 다음과 같다.

1. 50일-200일 이동평균 교차 전략
2. 던키안의 4주 채널
3. 볼린저밴드
4. 드레퓌스의 52주 채널
5. 터틀 매매 전략

이제 세분화 단계로 넘어가 어떤 전략을 선택해야 하는지 알아보자.

지속성 검토와 성과 분석

모든 전략의 가장 중요한 속성은 지속성이다. 나는 표본 외 데이터에서의 증거를 선호한다. 이 기준에 따라 다음 전략들을 제외하겠다.

1. 50일-200일 이동평균 교차 전략
2. ATR밴드 전략
3. 랜덤 추세 전략
4. 평균 회귀 전략

50일-200일 이동평균 교차 전략의 경우, 한순간에 영웅에서 아무것도 아닌 것으로 전락했으니 운이 없는 편이다. 하지만 불행히도, 나는 이 전략이 처음 발표된 시기와 누가 만든 것인지에 대한 믿을 만한 기록이 없다. 당연하게도 오랫동안 성공적으로 이 전략을 사용하여 매매한 투자자가 있을 것이고, 그런 전략을 제외하기로 한 내 결정을 비웃을 수도 있다. 나는 개인적으로 200일 이동평균을 30년 넘게 주요 추세 판단 도구로 사용해왔다. 상당히 유용한 지표라고 생각한다. 하지만 50일 이동평균을 이용하여 매매 신호를 만들어본 적은 없었다. 따라서 이 전략이 언제 처음 발표되었는지에 대한 믿을 만한 증거가 없다면, 나중에 후회할지언정 지금은 제외하는 것이 옳다고 생각한다. 또한 나의 ATR밴드 전략과 평균 회귀 전략은 각각 22%와 24%라는 상당히 높은 연평균 누적 수익률(CAGR)을 갖고 있었기 때문에, 그것들을 제외하는 일 역시 힘든 결정이었다.

그러나 이것은 우리가 모든 전략을 고려하기 전에 객관적으로 검토해야 하는 이유에 대한 주요 쟁점의 핵심이다.

훌륭한 성과와 우수한 확장성 및 설계 원칙으로 아무리 멋져 보이는 전략이라도, 지속성이 있다는 증거가 없으면 계속 끌고 가기 어렵다. 특히 지속성에 대한 충분한 표본 외 데이터에서의 증거가 있는 선택 가능한 다른 전략이 많을 때는 더욱더 그렇다. 아마도 누군가가 20년 뒤에 책을 쓸 때 나의 두 전략을 다시 살펴보면서, 여전히 성과를 내는 모습을 볼 수도 있을 것이다. 하지만 지금 현재에 그것들을 계속 끌고 간다면, 그것은 희망에 기초한 것이지 증거에 기반한 것이 아니다. 이것은 명백하게 어리석은 일이다. 선택할 수 있는 다른 전략들이 많으니, 증거에 충실하자.

랜덤 추세 전략이 제외된 것은 실망스러운 일이지만, 이 전략은 이미 추세 추종 매매의 세 가지 황금 원리의 힘을 보여주려는 원래의 목적을 달성했다.

네 개의 전략을 제외했으므로, 선택 가능한 전략은 14개로 줄어들었다.

내가 가장 선호하는 성과 지표는 파산 위험이다. 나는 내가 선호하는 고정 비율 자금 관리 전략을 각 전략에 사용했다. 투자 자금 분할 수를 50개로 만들기 위해 2%의 고정된 위험을 각각의 매매에 투입했으며, 최초 투자 자금은 모두 5만 달러로 동일하게 출발했다. 나는 투자 자금을 100% 잃었을 때를 파산 시점으로 정의했다. 각 전략의 파산 위험을 계산하기 위해 《주식투자 절대지식》에 설명된 시뮬레이터를 사용했다. 시뮬레이션된 파산 위험 계산에 기초하여, 다음 전략들은 파산 위험이 0%를 초과했으므로 벤치마크 전략에서 제외된다.

1. 리카도 룰
2. 던키안의 5일-20일 교차 전략
3. 엘더의 삼중창 전략
4. 리버모어의 반응 전략

이들 네 가지 전략을 제거하면 선택 가능한 전략은 상위 10개로 줄어든다.

제시 리버모어의 반응 전략을 잃는 것은 실망스럽다고 말할 수밖에 없다. 그 정도의 전설적인 명성치고는 유감스러운 결과다. 하지만 이 투표가 그 사람 또는 시장에 대한 그의 접근법에 대한 불신임 투표로 보여서는 안 된다. 반응 전략은 그가 사용한 여러 가지 접근법 중 하나일 가능성이 크다. 리처드 던키안과 알렉산더 엘더 박사에게도 같은 말을 해야 한다. 이들 네 개의 전략이 탈락한 것은, 나의 방법대로 시뮬레이션된 파산 위험 계산에 따를 때 그들 아이디어의 파산 위험이 0%를 초과했음을 의미할 뿐이다. 더 이상의 의미는 없다. 던키안의 4주 채널 전략이나 매우 인기 있는 엘더의 베스트셀러인《심리 투자 법칙(*Trading for a Living*)》(Wiley, 1993; 국일경제연구소, 2004)과 같은 그들의 다른 전략이나 기여를 폄훼하고자 하는 어떤 의도도 없다. 이것은 단지 문제의 전략이 나의 지속성 검토를 통과하지 못한 것일 뿐, 다른 의미는 전혀 없다.

또한 나의 파산 위험 계산에서 이러한 전략이 제거되지 않더라도, 다른 성과 지표 중 일부에서 이 전략들이 제거될 수 있음을 밝혀두어야겠다.

예를 들어 이 전략들 모두는 다음과 같이 매우 낮은 위험 보상 비율 및 위험 조정 성과 지표를 가지고 있다.

	위험 보상 비율	궤양 성과 지수
• 리카도 룰	1	0.5
• 던키안의 5일-20일 교차 전략	2	0.4
• 엘더의 삼중창 전략	1	0.3
• 리버모어의 반응 전략	0	0.1

또한 리카도 룰을 제외하고는 다음과 같이 돈을 버는 효율성도 떨

어진다.

	자금 관리 전략 성과	연평균 수익률(CAGR)
• 리카도 룰	$116,000,000	21%
• 던키안의 5일 – 20일 교차 전략	$0	0%
• 엘더의 삼중창 전략	$5,000,000	12%
• 리버모어의 반응 전략	$0	0%

이 전략들은 특히 투자자의 인내심을 시험할 만큼 긴 고점 대비 하락 기간을 갖고 있다.

	고점 대비 하락 기간(최대 일수)
• 리카도 룰	2,237
• 던키안의 5일 – 20일 교차 전략	6,689
• 엘더의 삼중창 전략	5,039
• 리버모어의 반응 전략	3,827

그리고 마지막으로, 이들 모두 매우 불안정하게 보이는 손익 그래프와 낮은 결정 계수를 갖고 있어, 이 전략들로 매매하기는 거의 불가능하다.

	결정 계수(R^2)
• 리카도 룰	77%

- 던키안의 5일 – 20일 교차 전략   36%
- 엘더의 삼중창 전략   51%
- 리버모어의 반응 전략   30%

따라서 이들 전략이 탈락하는 것은 유감스럽지만, 표본 외 데이터에서의 성과를 통한 지속성에 대한 확실한 증거에도 불구하고 이들 전략은 부실한 성과의 확실한 증거를 보여주기 때문에 탈락시키는 것이 합당하다.

상위 10개 전략

이제 상위 10개 전략이 가려졌고, 이들의 지속성 검토 결과를 표 8-6에 요약했다.

표 8-7은 상위 10개 전략의 성과 분석을 요약한 것이다.

각각의 전략은 나의 상위 10위 전략 안에 들어갈 만하다. 이들은 모두 충분한 표본 외 데이터에서의 성과를 갖고 있으며, 가장 짧은 아널드의 패턴 확률 전략도 25년이나 된다. 모든 전략이 확장성을 갖고 있다. 이들은 24개 전체 시장 포트폴리오에서 수익성이 높고, 모든 전략에 데이터 체리피킹이 없었음을 보여준다. 일부 전략이 취약해 보이는 유일한 영역은 우수한 설계 원칙에 따라 개발되었는지 여부다.

아널드의 패턴 확률 전략, 다바스 박스 전략 그리고 가틀리의 3주 – 6주 교차 전략은 변수의 개수(각 5개, 5개, 3개) 때문에 탈락할 수도 있었다. 가틀리의 전략은 3주, 6주를 사용하는 그의 변수가 1935년에 명확하게 발표되었고 표본 외 데이터에서의 성과로 시간의 시험

전략	지속성 검토												
	증가						확장성	특성					
								규칙		지표 개수	과도한 최적화? 변수		
	발표	표본의 기간	순이익($)	매매 횟수	평균 이익($)	슬리피지($)	시장	개수	대칭		개수	대칭	모든 시장
단기간의 4주 채널	1960	60	1,601,223	6,120	262	-51	P24	1	Yes	0	1	Yes	Yes
볼린저밴드	1993	27	1,558,476	2,954	528	-51	P24	2	Yes	1	2	Yes	Yes
드레퓌스의 52주 채널	1960	60	1,442,906	475	3,038	-51	P24	1	Yes	0	1	Yes	Yes
터틀 매매 전략	1983	37	1,418,786	5,212	272	-51	P24	3	Yes	0	2	Yes	Yes
다우 이론	1900	120	1,090,346	17,927	61	-51	P24	1	Yes	0	0	-	-
가틀리의 3주~6주 교차	1935	85	1,079,398	3,387	319	-51	P24	2	Yes	1	3	Yes	Yes
월별 증가 모델	1933	87	1,003,526	4,993	201	-51	P24	2	Yes	0	0	-	-
분기별 증가 모델	1933	87	611,092	1,670	366	-51	P24	2	Yes	0	0	-	-
아널드의 패턴 확률 전략	1995	25	450,780	2,586	174	-51	P24	6	Yes	1	5	Yes	Yes
다바스 박스	1960	60	136,731	636	215	-51	P24	4	Yes	1	5	Yes	Yes

표 8-6 상위 10개 전략은 모두 우수한 지속성의 증가와 특성을 갖고 있다.

표 8-7

| 전략 | 지속성 | | 성과 분석 | | | | | | | | | | | | | |
| | 발표 | 표본의 기간 | 생존 가능성 | | | 순이익($) | 위험 보상 비율 | | | 위험 | 자금 관리의 효율성 | | 매매의 난이도 | | |
			기대치	자금 분할 불	파산 위험		고점 대비 최대 하락	위험 보상 비율	재앙 성과 지수		자금 관리 성과 (m, $)	연평균 수익률	고점 대비 하락 기간	연속 손실 횟수	결정 계수 (R^2)
단기간의 4주 채널	1960	60	14%	50	0%	1,601,223	−261,817	6	1.4	−5.6%	69	20%	1,608	18	93%
볼린저밴드	1993	27	28%	50	0%	1,558,476	−224,374	7	1.7	−4.6%	431	26%	1,579	28	94%
드레퀴스의 52주 채널	1960	60	47%	50	0%	1,442,906	−113,469	13	1.3	−16.7%	2	10%	1,600	9	98%
터틀 매매 전략	1983	37	21%	50	0%	1,418,786	−95,107	15	2.2	−4.7%	257	24%	1,637	20	96%
다우 이론	1900	120	5%	50	0%	1,090,346	−250,428	4	1.4	−3.3%	167	23%	2,238	24	95%
가틀리의 3주−6주 교차	1935	85	12%	50	0%	1,079,398	−295,771	4	1.1	−6.2%	30	18%	2,972	18	83%
월별 증가 모델	1933	87	10%	50	0%	1,003,526	−382,027	3	0.8	−5.0%	582	27%	3,556	22	83%
분기별 증가 모델	1933	87	9%	50	0%	611,092	−261,974	2	0.4	−7.5%	5	12%	4,472	17	74%
아널드의 패턴 활용 전략	1995	25	31%	50	0%	450,780	−62,059	7	0.7	−2.2%	35	18%	2,494	23	95%
다바스 박스	1960	60	15%	50	0%	136,731	−75,614	2	0.1	−5.5%	0	0%	3,089	17	82%

표 8-7 전부는 아니지만, 상위 10개 전략 중 대부분은 우수한 성과 지표를 갖고 있다.

을 견뎌왔기 때문에 괜찮은 것으로 주장할 수 있다. 아널드의 패턴 확률 전략 역시 괜찮다고 주장할 수 있다. 비록 이 전략이 다섯 개의 변수를 갖고 있지만, 이 변수들도 1995년에 명확히 정의되었고, 그중 세 개는 합리적인 논리에 따라 심사숙고된 그의 매매 계획과 관련이 있다.

따라서 나는 아널드와 가틀리의 전략을 탈락시키지 않고 당분간 검토해나갈 것이다.

그러나 니콜라스 다바스는 자신의 규칙이나 변수의 값을 명시적으로 기록하지 않았다. 나는 그의 전략에 대한 나의 해석을 바탕으로 변숫값들을 만들었다. 이런 위험한 특성 때문에 명확하게 정의된 규칙이 필요한, 우수한 설계 원칙을 따르지 않는 다바스 박스를 제외할 수도 있었다. 하지만 나는 상위 10위 안에 도전할 수 있을 것 같지 않은 이 전략이 순위 안에 들어 오히려 기쁘다.

이제 중요한 것은 상위 10개의 전략 중 하나를 벤치마크 전략으로 선택하는 것이다. 여러 번 언급했듯이, 투자자로서 우리의 최우선 목표는 먼저 시장에서 살아남는 것이다. 우리는 0%의 파산 위험을 가진 전략으로 매매함으로써 그렇게 한다. 우리가 살아남는다면, 다음 목표는 돈을 버는 것이다. 그리고 큰 수익의 이면에 있는 진짜 비밀은 자금 관리라는 점을 알고 있으므로, 각 전략의 돈을 버는 효율성을 살펴볼 필요가 있다. 바로 이것이 연평균 누적 수익률(CAGR)이 나의 3대 성과 지표에 속하는 이유다. 다른 모든 지속성 기준을 통과했다고 가정할 때, 이것은 전략의 우수성, 즉 돈을 버는 효율성에 대한 최종 결정권자다. 그러므로 각 전략의 연평균 누적 수익률에 따라 순위를 매겨보겠다.

연평균 누적 수익률에 따른 순위

나는 연평균 누적 수익률에 의해 측정된 돈을 버는 효율성을 기준으로 상위 10개 전략의 순위를 매겼고, 이것은 표 8-8과 표 8-9에 요약되었다.

상위 10위 전략 중에서, 새로운 상위 5위의 순위는 다음과 같이 상당한 변화가 있다.

1. 월별 종가 모델
2. 볼린저밴드
3. 터틀 매매 전략
4. 다우 이론
5. 던키안의 4주 채널

순이익을 기준으로 순위를 매겼던 아래 나열된 최초의 상위 5위 전략들과는 사뭇 다른 모습이다.

1. 50일-200일 이동평균 교차 전략
2. 던키안의 4주 채널
3. 볼린저밴드
4. 드레퓌스의 52주 채널
5. 터틀 매매 전략

전략	지속성 검토												
	증거						확장성	특성					
								과도한 최적화?					
								규칙		지표 개수	변수		모든 시장
	발표	표본 외 기간	순이익($)	매매 횟수	평균 이익($)	슬리피지($)	시장	개수	대칭		개수	대칭	
월별 증가 모델	1933	87	1,003,526	4,993	201	-51	P24	2	Yes	0	0	–	–
볼린저밴드	1993	27	1,558,476	2,954	528	-51	P24	2	Yes	1	2	Yes	Yes
터틀 매매 전략	1983	37	1,418,786	5,212	272	-51	P24	3	Yes	0	2	Yes	Yes
다우 이론	1900	120	1,090,346	17,927	61	-51	P24	1	Yes	0	0	–	–
단기간의 4주 채널	1960	60	1,601,223	6,120	262	-51	P24	1	Yes	0	1	Yes	Yes
이날드의 패턴 활용 전략	1995	25	450,780	2,586	174	-51	P24	6	Yes	1	5	Yes	Yes
가틀리의 3주-6주 교차	1935	85	1,079,398	3,387	319	-51	P24	2	Yes	1	3	Yes	Yes
분기별 증가 모델	1933	87	611,092	1,670	366	-51	P24	2	Yes	0	0	–	–
드레퓌스의 52주 채널	1960	60	1,442,906	475	3,038	-51	P24	1	Yes	0	1	Yes	Yes
다바스 박스	1960	60	136,731	636	215	-51	P24	4	Yes	1	5	Yes	Yes

표 8-8 연평균 누적 수익률로 순위를 매긴 상위 10개 전략의 지속성 지표

표 8-9 연평균 누적 수익률로 순위를 매긴 상위 10개 전략의 성과 지표

전략	지속성		성과 분석												
			생존 가능성			위험 보상 비율				자금 관리의 효율성			매매의 난이도		
	발표	표본의 기간	기대치	자금 분할	파산 위험	순이익 ($)	고점 대비 최대 하락 ($)	위험 보상 비율	계양 성과 지수	위험	자금 관리 성과 (m, $)	연평균 수익률	고점 대비 하락 기간	연속 손실 횟수	결정 계수 (R^2)
월별 종가 모델	1933	87	10%	50	0%	1,003,526	-382,027	3	0.8	-5.0%	582	27%	3,556	22	83%
볼린저밴드	1993	27	28%	50	0%	1,558,476	-224,374	7	1.7	-4.6%	431	26%	1,579	28	94%
터틀 매매 전략	1983	37	21%	50	0%	1,418,786	-95,107	15	2.2	-4.7%	257	24%	1,637	20	96%
다우 이론	1900	120	5%	50	0%	1,090,346	-250,428	4	1.4	-3.3%	167	23%	2,238	24	95%
단기간의 4주 채널	1960	60	14%	50	0%	1,601,223	-261,817	6	1.4	-5.6%	69	20%	1,608	18	93%
아널드의 패턴 활률 전략	1995	25	31%	50	0%	450,780	-62,059	7	0.7	-2.2%	35	18%	2,494	23	95%
기틀러의 3주-6주 교차	1935	85	12%	50	0%	1,079,398	-295,771	4	1.1	-6.2%	30	18%	2,972	18	83%
분기별 종가 모델	1933	87	9%	50	0%	611,092	-261,974	2	0.4	-7.5%	5	12%	4,472	17	74%
드레퓌스의 52주 채널	1960	60	47%	50	0%	1,442,906	-113,469	13	1.3	-16.7%	2	10%	1,600	9	98%
다버스 박스	1960	60	15%	50	0%	136,731	-75,614	2	0.1	-5.5%	0	0%	3,089	17	82%

던키안의 4주 채널, 볼린저밴드, 터틀 매매 전략이 계속해서 상위 5위 안에 살아남았다. 특히 터틀 매매 전략은 리처드 던키안의 4주 채널을 기반으로 만들어졌기 때문에, 던키안은 상위 5위 안에 두 개의 전략을 올려놓았다.

드레퓌스의 52주 채널 전략이 5위 밖으로 탈락한 것에 대해서는 위로가 있어야 한다. 단일 포지션 순이익이 144만 2,906달러라는 인상적인 수치에도 불구하고, 연평균 누적 수익률이 10%에 불과하여 나의 순위에서는 9위로 떨어졌다. 결정 계수의 측정치가 98%로 가장 안정적인 손익 그래프 중 하나이고(100%는 45도 기울기의 직선 손익 그래프라는 점을 기억하라), 최장 고점 대비 하락 기간도 1,600일로 가장 짧은 전략 중 하나임에도 불구하고 그렇게 되었다.

이 전략이 영광의 순위에 들지 못한 이유는 큰 폭의 손절매를 사용했기 때문이다.

드레퓌스의 전략은 기존 포지션 정리와 동시에 반대 포지션을 취하는 전략으로서, 항상 시장에 참여한다. 52주 채널을 돌파해야 포지션이 바뀌는 전략은 매매당 평균 −16.7%의 손절매를 취할 수 있는 엄청난 위험을 부담한다! 이것은 큰 위험이다. 이런 큰 폭의 손절매 때문에, 이 전략을 사용할 때는 매매당 포지션을 크게 할 수 없었다. 매매할 때 우리는 위험을 감수할 준비가 된 고정된 양의 자본만 투입할 수 있다는 것을 기억하자. 투입하는 자본의 양은 우리의 자금 관리 전략에 의해 정의된다. 예비 신호의 손절매 폭이 작으면 상대적으로 큰 포지션을 취할 수 있고, 반대로 손절매 폭이 크면 작은 포지션을 취할 수밖에 없다. 드레퓌스의 52주 채널 전략은 엄청난 크기의 손절매 폭을 갖고 있다. 결과적으로, 이 전략은 돈을 버는 데 효율적이지 않다. 큰 폭의 손절매가 효율성을 죽인다. 바로 이것이 자금 관리가 적용될 때 어떤 성과를 내는지 살펴보는 것이 전략을 검토할 때 중요한 이유다. 단일 계약 혹은 단일 포지션에 기초한 손익 그래프를 살펴볼 때는 큰 폭의 손절매와 같은 낮은 효율성의 존재가 드러나지 않을 수 있다. 기억하자, 연평균 누적 수익률(CAGR)은 여왕이다!

나의 지속성 검토와 성과 분석을 기초로 한 전략 검토의 현재 단계에서, 월별 종가 모델은 당신이 가장 선호하는 벤치마크 전략이 될 것이다. 이 전략은 지속성이 있을 뿐 아니라 연평균 누적 수익률 27%로 돈을 버는 일에서도 가장 효율적이다. 모든 것이 좋다.

하지만 정말 그럴까?

전략의 순위를 매길 수 있는 단 하나의 가장 좋은 평가 지표는 없다는 점을 기억하라. 연평균 누적 수익률도 마찬가지다. 괄목할 만한 연평균 수익률을 갖고 있기는 하지만, 월간 종가 모델은 여러 주요 지표에서 저조한 성과를 보여왔다. 이 전략은 3:1의 매우 낮은 위험 보상 비율과 낮은 궤양 성과 지수를 갖고 있다. 평균 고점 대비 하락 위험 각 단위에 대해 무위험 수익률 대비 0.8 단위의 초과 이익만 얻었다. 두 번째로 긴 3,556일의 고점 대비 최장 하락을 겪었고, 83%의 결정 계수를 기록하면서 안정적인 손익 그래프를 만들지도 못한다. 그러나 걱정할 필요는 없다. 우리에게는 선택할 수 있는 아홉 개의 다른 전략이 있으며, 다음 전략으로 볼린저밴드를 선택할 수 있다. 볼린저밴드는 26%의 높은 연평균 누적 수익률, 7:1의 개선된 위험 보상 비율 및 1.7의 양호한 궤양 성과 지수를 갖고 있으며, 고점 대비 최장 하락 기간도 1,579일로 적당하고 94%의 결정 계수를 가진 손익 그래프를 통해 확실히 우리의 선택을 받을 만하다.

정말 그럴까?

나의 평가 지표에서 차지하는 높은 순위에도 불구하고, 여러분은 이 전략의 핵심 변숫값인 80을 바로 내가 만들었다는 점을 기억해야 한다. 나는 1990년대부터 상업적으로 이용 가능했던 최고의 매매 전략 중 하나에서 그것의 사용을 인정하기 위해 발표 시점을 넉넉하게 잡았었다. 이 전략은《퓨처스 트루스(Futures Truth)》지가 선정한 '역대 최고의 10대 매매 시스템' 중 하나로 꼽혔다. 하지만 인상적인 자격 증명에도 불구하고, 나는 당시의 매매 시스템에 포함된 변숫값을 알지 못한다. 따라서 전략의 오랜 전통에도 불구하고, 그리고 나의 긍정적인 손익 그래프 안정성 검토 결과에도 불구하고, 나는 그것의 뛰어난 성과를 무시할 수밖에 없다. 전략의 성과는 표본 외 데이터에서의 성과가 아니다. 확장성이 있고 잘 설계되었으며 매매하기에 좋은 안정적인 손익 그래프를 가지고 있음에도 불구하고, 표본 외 데이터에서의 지속성에 대한 증거가 충분한 선택 가능한 다른 전략들이 있으므로 이 전략은 무시하는 것이 좋겠다.

나는 이렇게 볼린저밴드를 제외했기 때문에, 자연스럽게 다음으로 높은 순위를 받은 터틀 매매 전략을 고려할 것이다. 터틀 매매 전략은 24%의 양호한 연평균 누적 수익률과 탁월한 위험 조정 성과를 보여 준다. 두 개의 성과 지표에서 최고의 값을 갖는다. 이 전략은 15:1의 강력한 위험 보상 비율과 2.2의 우수한 궤양 성과 지수를 모두 갖고 있다. 또한 1,637일의 적당한 고점 대비 최장 하락 기간과 96%의 결정 계수를 가진 안정적인 손익 그래프도 갖고 있다. 개인적으로 터틀 매매 전략은 지속성과 성과 지표의 가장 강력한 조합을 가진 것으로 보이며, 최고의 위험 조정 성과를 생산하기 때문에, 벤치마크 전략이 될 이상적인 후보라고 할 수 있다.

손익 그래프 안정성 검토 – 터틀 매매 전략

당신의 벤치마크 전략으로 터틀 매매 전략을 추천하기 전에, 이 전략의 손익 그래프가 변숫값의 변화에 얼마나 민감한지를 검토하고자 한다. 37년이 넘는 표본 외 데이터에서의 성과를 가진 이 전략에 더 이상의 검토는 과잉일 정도이므로, 이 검토가 꼭 필요해서 하려는 것은 아니다. 터틀 매매 전략의 표본 외 데이터에서의 성과는 반박할 수 없는 증거를 제공한다. 하지만 연습하기에 너무 좋은 검토 대상이다. 따라서 변숫값의 변화에 대한 민감도를 검토하기 위해 손익 그래프 안정성 검토를 완료하겠다.

제6장에서 처음 본 이 전략의 규칙을 검토해보자.

규칙

전략명: 터틀 매매 전략

개발 시점: 미상

발표 시점: 1983년

타임프레임: 일봉

접근법: 추세 추종

매매 기법: 채널 돌파

매수/매도: 매수 및 매도

적용 시장: 전체 시장

사용 지표: 없음

변수의 수: 2개

      (4주) 진입 채널

      (2주) 손절매 채널

변수-대칭성: 매수와 매도에 동일한 변숫값 사용

변수-적용: 모든 시장에 동일한 변수

규칙 수: 3개

매수 규칙

예비 신호: 주간 채널이 직전 4주 고가 채널 중 최고점

필터: 직전 매매에서 손실을 보았을 때만 매매

진입 신호: 직전 4주 고가 채널을 상향 돌파할 때 매수

손절매: 직전 2주 저가 채널을 하향 돌파할 때 매도

매도 규칙

예비 신호: 주간 채널이 직전 4주 저가 채널 중 최저점

필터: 직전 매매에서 손실을 보았을 때만 매매

진입 신호: 직전 4주 저가 채널을 하향 돌파할 때 매도

손절매: 직전 2주 고가 채널을 상향 돌파할 때 매수

전략에는 두 개의 변수가 포함되어 있다. 첫 번째는 진입을 위한 채널의 기간(4주)이고, 두 번째는 손절매를 위한 반대쪽 채널의 기간(2주)이다.

각 변수의 조정은 4회로 제한하겠다. 볼린저밴드와 마찬가지로 두 가지 변수와 각각 네 번의 조정이 있을 때, 원래 변숫값 조합을 포함하여 전체 손익 그래프의 개수는 25개가 될 것이다.

　하지만 불행히도 2주나 4주를 쉽게 나눌 수는 없으므로, 볼린저밴드를 검토할 때처럼 각 변수에 대해 10%의 조정을 사용할 수는 없다. 따라서 최초의 변숫값에서 일주일 단위로 위로 두 번, 아래로 두 번을 조정값으로 사용할 것이다. 그럴 경우 진입을 위한 채널의 기간은 2주, 3주, 4주(최초의 변숫값), 5주, 6주를 사용하게 된다. 손절매를 위한 반대쪽 채널의 기간은 0주, 1주, 2주(최초의 변숫값), 3주, 4주를 사용해야 한다. 여기서 0주의 채널을 만드는 것은, 진입 즉시 손절매하는 전략을 의미하므로 불가능하다. 결과적으로 0주 채널 손절매를 제외하면 전체 손익 그래프의 개수는 25개에서 20개로 축소된다. 또한 터틀 매매 전략은 반대쪽 '손절매' 채널의 길이가 '진입'에 사용하는 채널의 길이보다 작다는 제한이 있다. 예를 들어 진입 채널이 2주일 경우, 반대쪽 3주 채널을 돌파하기 전에 반대 방향의 2주 채널 진입 신호가 나올 수 있으므로 3주짜리 손절매 채널을 사용할 수 없다. 이에 따라 세 가지 손익 그래프(2주 채널 진입과 3주 채널 손절매, 2주 채널 진입과 4주 채널 손절매, 3주 채널 진입과 4주 채널 손절매)가 사라지게 된다. 이는 전체 손익 그래프의 개수를 20개에서 17개로 감소시킨다. 이 정도로도 손익 그래프의 안정성을 검토하기에는 충분하다.

　나는 16개의 추가적 손익 그래프를 모두 만들었고, 그림 8-7에 그것들을 겹쳐 그렸다.

　나의 임의적인 4회 조정 한도 내에서만 운용하면, 우리는 전체 손

손익 그래프 안정성 검토

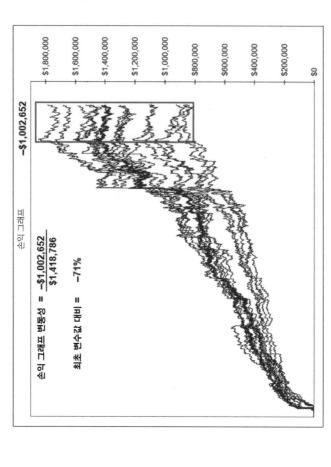

전략: 터틀 매매 전략(4주, 2주)
매매 시작: 1979년 12월 06일
매매 기간: 39.8년

시장: EC, JY, BP, TY, FV, ZB, SP, ND, DJ, CL, NG, HO, GC, HG, SI, CO, SO, ZW, SB, KC, CT, LC, LH, GF

생존 가능성
투자 자금 분할 수: 50
기대치: 21%
파산 위험: 0%

위험 보상(1계약)
순이익: $1,418,786
연평균 누적 수익률: 9%
MDD: –$95,107
위험 보상 비율(순이익/MDD): 15
계정 성과 지수: 2.2
평균 손실: –2.4%
총 매매 횟수: 5,212
평균 이익: $272
평균 슬리피지: –$51
이익 손실 비율: 1.3
승률: 40%
평균 이익/평균 손실: 2.0

자금 관리의 효율성
자금 관리(투자 비율): 2%
초기 투자금: $50,000
매매당 위험: –4.7%
순이익: $257,000,000
연평균 누적 수익률: 24%

매매의 난이도
고점 대비 하락(최장기간): 1,637일
최대 연속 손실: 20회
결정 계수: 96%

손익 그래프

손익 그래프 변동성 = –$1,002,652
$1,418,786

최초 변수값 대비 = –71%

–$1,002,652

그림 8–7 터틀 매매 전략의 전체 손익 그래프

손익 그래프 안정성 검토

지표	돌파 채널		기대치		투자 자금 분할 수		파산 위험
	진입 채널	손절매 채널					
변수	4	2	21%	+	50	=	0%
변숫값의 변화							
	2	1	8%	+	50	=	0%
	2	2	15%	+	50	=	0%
	3	1	14%	+	50	=	0%
	3	2	19%	+	50	=	0%
	3	3	23%	+	50	=	0%
	4	1	16%	+	50	=	0%
	4	2	21%	+	50	=	0%
	4	3	25%	+	50	=	0%
	4	4	24%	+	50	=	0%
	5	1	15%	+	50	=	0%
	5	2	21%	+	50	=	0%
	5	3	23%	+	50	=	0%
	5	4	24%	+	50	=	0%
	6	1	15%	+	50	=	0%
	6	2	23%	+	50	=	0%
	6	3	23%	+	50	=	0%
	6	4	24%	+	50	=	0%

표 8-10 터틀 매매 전략의 전체 손익 그래프는 그 어느 것도 0%를 초과하는 파산 위험이 계산되지 않는다.

익 그래프의 상한과 하한을 명확히 볼 수 있다. 우리가 답해야 할 질문은, 제일 아래쪽 손익 그래프가 0%를 초과하는 파산 위험 계산 결과를 만드는지 여부다.

파산 위험 계산 결과는 표 8-10에 요약되었다.

손익 그래프 안정성 검토

전략		반전 추세 전략	터틀 매매 전략
예비 신호		34일 이동평균	4주 채널
		250일 이동평균	2주 채널
		RSI(4일, 80%)	
성공하는 전략의 속성			
측정 가능성	기대치	9%	21%
	투자 자금 분할 수	20	50
	파산 위험	0%	0%
지속성			
증거	표본 외 데이터에서의 성과	없다	있다
특성			
확장성	다양한 포트폴리오에서의 수익성	있다	있다
우수한	손익 그래프 안정성 검토		
설계	지표에 사용되는 변수의 개수	4	2
원칙	변수 조정의 개수	4	4
	가능한 손익 그래프의 개수	256	17
	손익 그래프의 등락 정도	크다	크다
	기대치의 등락 정도	크다	크다
	변수 조합 중 파산 위험이 0%를 초과하는 것이 있는가?	있다	없다
	손익 그래프가 매매할 수 있을 만큼 안정적인가?	**아니다**	**그렇다**

그림 8-8 터틀 매매 전략의 안정성 검토는 이 전략이 매매하기에 충분히 안정적이라는 것을 확인해준다.

보다시피 0%를 초과하는 파산 위험이 계산되는 손익 그래프는 없다. 터틀 매매 전략에 무한한 경의를 표하는 바이다.

이제 그림 8-8과 같이 손익 그래프 안정성 검토를 완료하겠다.

변숫값 조정폭을 일주일로 잡으면 전체 손익 그래프 및 기대치의 변동이 크다. 터틀 매매 전략을 위한 변명을 하자면, 진입을 위한 4주 채널에서 일주일은 무려 25%의 조정을 의미한다. 이것은 내가 볼린저밴드의 손익 그래프 안정성 검토에 사용한 10%의 조정보다 훨씬 큰 값이다. 그럼에도 불구하고, 가장 작은 단위가 주간인 채널 돌파 전략에서 주간 단위로 변수를 조정하는 것 외에는 대안이 없었다. 그 결과, 손익 그래프의 상한과 하한 사이의 변화폭이 크다. 그러나 이런 변화폭과 관계없이 0%를 초과하는 파산 위험이 계산되는 손익 그래프가 하나도 없다는 것은, 터틀 매매 전략으로 매매하는 것이 충분히 안정적이라는 점을 의미한다.

게다가 앞에서도 말했듯이, 1983년에 리처드 데니스(Richard Dennis)와 빌 에크하르트(Bill Eckhardt)가 투자자에게 가르쳤던 터틀 매매 전략은 37년 이상의 표본 외 데이터에서의 성과를 갖고 있으므로 이 검토는 굳이 필요하지 않았다. 이미 전략의 지속성을 밝히는 명백한 증거가 되는 성과를 보여주기 때문이다. 이 정도면 적절한 벤치마크 전략이 되기에 충분하다. 하지만 당신이 전략을 기반으로 매매하면서 변수를 변경하는 것을 선호한다면, 최소한 선택 가능한 손익 그래프의 범위가 어느 정도인지는 알아야 할 것이다.

터틀 매매 전략은 벤치마크 전략으로 선정하기에 적합한 차선책이 되기에 충분한 것으로 보인다.

1980년대로 돌아가기 – 터틀 매매 전략

따라서 터틀 매매 전략은 당신의 매매에서 벤치마크 전략이 될 수 있다. 이것은 나의 지속성 검토와 성과 분석, 그리고 손익 그래프 안정성 검토에서 가장 순위가 높은 전략이다. 이제 이 전략은 당신 자신의 노력을 판단하는 기준이 되어야 한다. 만약 이 전략을 능가할 수 없고, 그런데도 매매를 원한다면, 바로 이 전략으로 매매하는 것을 심각하게 고려해야 한다.

자, 나의 분석이 터틀 매매 전략을 완벽한 전략으로 만들었는가? 아니다. 높은 순위에도 불구하고 완벽하지는 않다. 내가 보기에 가장 큰 문제는 -4.7%에 이르는 큰 폭의 손절매다. -16.7%만큼 크지는 않지만, 여전히 상대적으로 큰 값이다. 그러나 벤치마크 전략으로서는 완벽하다. 이 전략은 내가 제시한 전략의 목록 중 최고이고, 대부분의 실패한 매매 전략보다 훨씬 더 매력적인 속성이 있다. 만약 당신 자신의 노력이 터틀 매매 전략을 능가할 수 없고, 그런데도 매매를 원한다면, 상대적으로 큰 폭의 손절매가 있기는 하지만 바로 이 터틀 매매 전략으로 매매하는 것을 진지하게 고려해도 좋다.

그리고 당신들 중에서 더 경험 많은 투자자들로부터 지혜를 얻을 수 있다는 점을 잊지 않았기를 바란다. 당신이 해답을 찾기 위해 머리를 쥐어짜고, 효과가 있는 전략을 찾고, 책을 탐독하고, 세미나나 워크숍에 참석하고, 열띤 코딩 작업을 하고 있을 때, 그 해답은 평범한 곳에 숨어 있었다. 바로 터틀 매매 전략처럼 말이다.

이제 벤치마크 전략을 선택했으니, 당신의 도구함에 마지막으로 추가될 것은 전략 개발의 청사진이다.

전략 개발

이것은 당신의 도구함에 마지막으로 추가되는 것이다.

모든 어려운 일은 이미 끝났다. 당신의 도구함에는 전략을 개발하는 데 필요한 다음의 모든 것이 들어가 있다.

- 포트폴리오 구성
- 데이터
- 소프트웨어
- 성공하는 전략의 속성
- 전략 검토
- 벤치마크 전략

당신은 이미 다양성과 일일 평균 거래량을 기준으로 객관적으로 선택한 포트폴리오의 중요성을 알고 있다. 신뢰할 만한 데이터 소스를 확보해야 한다. 아직 전략 개발에 필요한 소프트웨어가 없다면, 앞으로 쇼핑할 목록에 추가해야 한다. 당신은 매매 전략에서 자신이 원하는 속성을 알고 있고, 터틀 매매 전략과 비교하여 자신의 노력을 검토하고 벤치마킹하는 방법을 알고 있다.

이 퍼즐의 마지막 조각은 전략 개발을 위한 청사진이다. 이는 다음과 같은 간단한 여섯 단계로 구성된다.

1. 매매 기법 찾기
2. 매매 기법 코드화
3. 매매 기법 검토
4. 매매 기법 비교

5. 매매 기법 조정
- 과도한 최적화 피하기
- 다시 검토
- 다시 비교

6. 손익 그래프의 안정성 검토 완료하기

헹구고 반복한다. 그것뿐이다.

당신의 오래된 책에 쌓인 먼지를 털어내라. 2000년 이전에 출판된 책들을 검토하는 것이 바람직한데, 그 책들은 당신에게 20년 이상의 표본 외 데이터에서의 성과를 보여주기 때문이다. 읽기를 시작하고 아이디어가 떠오르면 코드를 작성하고, 다양한 전체 시장 포트폴리오의 과거 데이터에서 테스트를 수행한다. 그러면 과거 손익 그래프가 생성되고 내가 사용한 성과 지표가 만들어진다. 아니면 스프레드시트를 사용하여 수동으로 구할 수도 있다. 전략을 검토하고 터틀 매매 전략과 비교해보라. 만약 그 전략이 더 주의를 기울일 가치가 있다면, 과도한 최적화의 함정에 빠지지 않고 그것을 개선하는 방법을 고려하라. 사용되는 규칙, 지표 및 변수의 수를 최소화하려고 노력하라. 수정된 전략을 검토한 다음 터틀 매매 전략과 다시 비교해본다.

어려운 점은 '조정'이 과도한 최적화로 너무 많이 흐른 경우를 인식하는 것이다. 한번 루비콘을 건너면 게임 끝이다. 멈칫할 시간이 없다. 처음부터 다시 시작해야 한다.

만약 당신이 과도한 최적화의 선을 넘지 않은 것으로 믿고 터틀 매매 전략보다 당신의 전략이 우월하다고 생각한다면, 마지막 단계는 손익 그래프의 안정성 검토에 착수하는 것이다. 조정이 허용되는 변수 및 조정 횟수에 따라 선택 가능한 손익 그래프의 전체 개수가 어느 정도인지 확인해야 한다. 선택 가능한 손익 그래프 중 0%를 초과하는 파산 위험이 있는지 확인한다. 선택 가능한 손익 그래프의 상한과 하한 사이에 얼마나 많은 변동이 존재하는지 확인하고, 이 변동이 매매하기에 적절한지를 판단해야 한다. 전략의 손익 그래프가 다양한 변숫값의 조합에 대해 매매할 수 있을 정도로 안정적인지를 확인해야 한다.

만약 모든 것에 그렇다고 대답할 수 있다면, 너무나 기쁘게도 당신의 다음 목표는 나의 T.E.S.T.(Thirty E-mailed Simulated Trades, 30번의 이메일을 통한 가상 매매의 머리글자를 딴 것 – 옮긴이) 검사를 완료하는 것이다. T.E.S.T. 검사가 성공적이라면, 당신은 올바른 길을 가는 것이다. 샴페인을 터뜨릴 시간이다.

만약 어떤 것이든 아니라고 대답해야 한다 해도, 걱정하지 마라. 당신을 바쁘게 할 수 있는 오래된 아이디어들은 많다. 그저 헹구고 반복하라.

데이터 나누기

앞서 언급했듯이, 전략의 지속성을 측정하는 또 다른 방법은 데이터를 반으로 나누어 표본 내 데이터에서 아이디어를 개발한 다음, 표본 외 데이터에서 이것이 어떻게 진행되는지 확인하는 것이다. 하지만 이미 말했듯이, 나는 손익 그래프의 안정성 검토를 위해 전체 데이터를 사용하는 쪽을 선호한다. 선택 가능한 손익 그래프의 크기와 폭을 측정하는 것을 좋아한다. 손익 그래프의 상한과 하한을 알고 싶어한다. 그 사이에서 무엇이 드러나는지 보기 위해서다. 내가 데이터 나누기에 신경 쓰지 않는 또 다른 이유는, 오래되고 확립된 기존 아이디어에 집중함으로써 1980년을 넘어서는, 내가 가진 대부분의 과거 데이터가 이미 표본 외 데이터가 되기 때문이다!

요약

자, 이제 다 왔다. 이제 흥미로운 전략 개발의 세계에 진출할 때 필요한 올바른 도구들을 갖추게 되었다. 이것들은 절대로 당신 곁을 떠나지 말아야 할 도구들이다. 당신은 이제 포트폴리오를 선택하고 구성하고 데이터를 확보하는 방법을 알게 되었다. 그리고 증거를 모으는 일에 도움이 되는 소프트웨어의 중요성을 알고 있다. 이제 당신은 성공하는 전략에서 무엇을 주의해야 할지 알게 되었고, 또 전략을 검토하는 방법을 알게 되었다. 당신이 관련성 함정에 빠지지 않도록 도와줄 벤치마크 전략을 선택하는 방법을 알게 되었다. 아니, 당신은 이미 훌륭한 벤치마크 전략을 갖고 있다.

제대로 장비를 갖추었으니, 이제 합리적인 매매 전략을 개발하려고 노력해야 할 때다. (바라건대) 이 전략은 기준치를 뛰어넘어 지속 가능한 매매를 향한 당신의 길을 확고히 이끌어줄 것이다.

제9장

다시 미래로

시장은 더 많이 변할수록, 더 많이 같은 자리에 머문다.

이제 앞으로 나아가기 위해 과거로 돌아가야 할 때다.

사실 이번 장은 초기 개발자들에게 바치고자 한다. 시장에 대한 통찰을 아낌없이 공유한 투자자들 말이다. 우리는 모두 그들의 어깨를 딛고 일어서 있다. 비록 그들은 이제 우리와 함께 있지 않지만, 나는 그들이 확실히 정신적으로 우리와 함께 있다는 사실을 보여주고 싶다. 그들은 변동성이 큰 글로벌 시장에 동반되는 매매의 안개를 헤쳐나갈 수 있도록 우리를 돕고 있다. 나는 이번 장이 거의 유용하지 않고 증거에 의해 뒷받침되지도 않는 데다 일반적으로 오해의 소지가 있고 때로 종종 모순되는 기술적 분석 분야에서 발견되는 특별한 보석을 조사하면서, 과거 그들이 기여한 바에 대해 정당하게 평가하기를 바란다.

우리 앞에 가신 분들에게 진심으로 감사의 인사를 드리는 것 외에, 이번 장의 목적은 합리적이고 지속 가능한 매매 전략을 개발하는 것이다. 나는 이를 위해 전략 개발의 청사진을 따를 것이다.

전략 개발

제8장에서 여러분과 공유한 다음 여섯 단계의 계획을 따르겠다.

1. 매매 기법 찾기
2. 매매 기법 코드화
3. 매매 기법 검토
4. 매매 기법 비교
5. 매매 기법 조정
   - 과도한 최적화 피하기
   - 다시 검토
   - 다시 비교
6. 손익 그래프의 안정성 검토 완료하기

매매 기법 찾기

추억의 길을 따라 걸어 내려갈 시간이다. 나는 당신이 앞으로 나아가기 위해 뒤를 돌아볼 필요가 있다고 확실히 믿는다. 영감을 얻기 위해선 백미러를 보는 시간을 가져야 한다. 이제 당신은 투자자가 원하는 가장 큰 선물, 즉 표본 외 데이터에서의 긍정적인 성과로부터 나오는 지속성의 증거를 줄 수 있는 것은 오래된 아이디어임을 알고 있다. 새로운 아이디어는 그런 것을 줄 수 없다. 그러나 오래된 아이디어는 가능하다.

2000년 이전에 출판된 매매 서적 검토

오래된 책에는 매매에 관한 오래된 아이디어가 많이 있다. 당신은 그런 아이디어를 찾아내기만 하면 된다. 한 가지 간단한 방법은 2000년 이전에 출판된 모든 매매 관련 서적을 검토하는 것이다. 아이디어가 당신의 관심을 끌면, 검토를 위해 코드로 작성하라. 2000년 이전에 출판되었다면 적어도 20년 이상의 표본 외 데이터에서의 성과를 제공한다. 그 정도면 아이디어의 지속성을 가늠하기에 충분하다.

10대 추세 추종 매매 전략

내가 당신이라면, 표 9-1과 9-2에 요약된 10대 추세 추종 매매 전략을 검토하는 일로 시작할 것이다.

이 표는 18개의 선택 가능한 추세 추종 매매 전략의 목록으로 시작되어 내가 랜덤 추세 전략을 추가하면서 19개로 늘어났다. 나의 지속성 검토와 성과 분석을 통해 그 목록은 상위 10개로 추려졌다. 알다시피 나의 원래 목록이 모든 전략을 포함한 것은 아니어서, 기존 아이디어에 대한 검색이 나의 상위 10개 전략으로 제한되어야 하는 것은

전략	지속성 검토												
	증거						확정성	특성					
								과도한 최적화?					
								규칙		지표	변수		
	발표	표본의 기간	순이익($)	매매 횟수	평균 이익($)	슬리피지($)	시장	개수	대칭	개수	개수	대칭	모든 시장
월별 종가 모델	1933	87	1,003,526	4,993	201	-51	P24	2	Yes	0	0	-	-
볼린저밴드	1993	27	1,558,476	2,954	528	-51	P24	2	Yes	1	2	Yes	Yes
터틀 매매 전략	1983	37	1,418,786	5,212	272	-51	P24	3	Yes	0	2	Yes	Yes
다우 이론	1900	120	1,090,346	17,927	61	-51	P24	1	Yes	0	0	-	-
단기간의 4주 채널	1960	60	1,601,223	6,120	262	-51	P24	1	Yes	0	1	Yes	Yes
아널드의 패턴 활룡 전략	1995	25	450,780	2,586	174	-51	P24	6	Yes	1	5	Yes	Yes
가틀리의 3주-6주 교차	1935	85	1,079,398	3,387	319	-51	P24	2	Yes	1	3	Yes	Yes
분기별 종가 모델	1933	87	611,092	1,670	366	-51	P24	2	Yes	0	0	-	-
드레퀴스의 52주 채널	1960	60	1,442,906	475	3,038	-51	P24	1	Yes	0	1	Yes	Yes
다바스 박스	1960	60	136,731	636	215	-51	P24	4	Yes	1	5	Yes	Yes

표 9-1 상위 10대 전략의 지속성 지표

전략	지속성		생존 가능성			성과 분석									
						위험 보상 비율				자금 관리의 효율성			매매의 난이도		
	발표	표본의 기간	기대치	자금 분할	파산 위험	순이익 ($)	고정 대비 최대 하락 ($)	위험 보상 비율	위험 성과 지수	위험	자금 관리 성과 (m, $)	연평균 수익률	고정 대비 하락 기간	연속 손실 횟수	결정 계수 (R²)
월별 종가 모델	1933	87	10%	50	0%	1,003,526	-382,027	3	0.8	-5.0%	20	27%	3,556	22	83%
볼린저밴드	1993	27	28%	50	0%	1,558,476	-224,374	7	1.7	-4.6%	431	26%	1,579	28	94%
터틀 매매 전략	1983	37	21%	50	0%	1,418,786	-95,107	15	2.2	-4.7%	257	24%	1,637	20	96%
다우 이론	1900	120	5%	50	0%	1,090,346	-250,428	4	1.4	-3.3%	85	23%	2,238	24	95%
단기간의 4주 채널	1960	60	14%	50	0%	1,601,223	-261,817	6	1.4	-5.6%	69	20%	1,608	18	93%
아벨드의 패턴 확률 전략	1995	25	31%	50	0%	450,780	-62,059	7	0.7	-2.2%	113	18%	1,875	31	95%
기틀러의 3주-6주 교차	1935	85	12%	50	0%	1,079,398	-295,771	4	1.1	-6.2%	30	18%	2,972	18	83%
분기별 종가 모델	1933	87	9%	50	0%	611,092	-261,974	2	0.4	-7.5%	5	12%	4,472	17	74%
드레퓌스의 52주 채널	1960	60	47%	50	0%	1,442,906	-113,469	13	1.3	-16.7%	2	10%	1,600	9	98%
다바스 박스	1960	60	15%	50	0%	136,731	-75,614	2	0.1	-5.5%	0	0%	3,089	17	82%

표 9-2 상위 10대 전략의 성과 지표

아니다.

문제는 이미 확립된 전략 가운데 어떤 것을 검토해야 하는가이다. 여기서 핵심 단어는 '확립된'이기 때문에, 나는 역사 면에서 가장 두드러진 전략인 다우 이론을 선택할 수 있다. 120년은 확실히 가장 역사가 긴 편이다. 이 정도면 충분하다.

다우 이론

이론의 배경

다우 이론은 기술적 분석, 특히 추세 분석의 아버지로 불리는 찰스 다우(Charles Dow, 1851~1902)로부터 시작되었다. 게다가 이 책이 추세 추종 매매에 관한 것이어서 나에겐 행운이다. 그의 이론과는 별개로 그는 시장의 일부였다. 그는 1882년 에드워드 존스(Edward Jones)와 함께 다우존스(Dow Jones & Company)를 설립했고,《월스트리트 저널(Wall Street Journal)》의 편집장이 되었다. 그는 1884년 다우존스 철도 지수(현재의 운수업종 지수)와 1896년 다우존스 산업 지수를 만든 월가의 기둥이었다. 시장의 행동에 대한 다우의 아이디어는 1900년《월스트리트 저널》에 연재 기사를 발표하면서 밝혀졌다. 흥미로운 것은 그가 시장에 대한 완전한 이론을 발표하지는 않았다는 점이다. 그는 자신의 통찰을 공유하는 책을 쓴 적도 없고, '다우 이론'이라는 용어를 사용한 적도 없다. 다우의 절친한 친구인 새뮤얼 넬슨(Samuel Nelson)이 그의 이론을 다듬고 '다우 이론'이라는 용어를 처음 만들었다. 다우의 아이디어를 뒷받침하는 주목할 만한 출판물로는 다음과 같은 것들이 있다.

- 1902년 – 새뮤얼 넬슨의《주식 투기 거래의 ABC(*The ABC of Stock Speculation*)》
- 1922년 – 윌리엄 해밀턴(William P. Hamilton)의《주식 시장 바로미터(*The Stock Market Barometer*)》
- 1932년 – 로버트 레아(Robert Rhea)의《다우 이론(*The Dow Theory*)》(굿모닝북스, 2005)
- 1960년 – 셰퍼(E. Schaefer)의《10,000명 이상의 투자자가 주식으로 돈을 버는 데 도움을 준 방법(*How I Helped More Than 10,000 Investors to Profit in Stocks*)》
- 1961년 – 리처드 러셀(Richard Russell)의《오늘날의 다우 이론(*The Dow Theory Today*)》

간단히 살펴보기

그렇다면 다우 이론은 어떤 것인가? 지나치게 단순화할 위험을 무릅쓰면, 다우 이론은 그림 9-1에 요약한 일곱 가지 사항으로 요약할 수 있다. 잠깐만 시간을 내어 읽어보자.

대강 알겠는가? 아니면 모르겠는가? 내가 간단히 설명할 터이므로 걱정할 필요는 없다.

고점과 저점의 추세 분석

나의 목적을 위해, 나는 다우 이론을 그것의 가장 단순한 해석으로 요약하고 싶다. 이 해석은 다우 이론을 요약하여 명확하고 객관적인 규칙을 가진 모델로 코드화할 수 있게 한다.

1. 시장에는 모든 정보가 들어 있다.

    가격은 그와 관련된 모든 기본적, 정치적, 심리적 정보를 반영한다.

    당신이 생각하는 것 말고 당신이 보는 것을 믿어라.

2. 시장의 추세는 고점들과 저점들로 정의된다.

    상승 추세는 더 높은 고점과 더 높은 저점으로 정의된다. 가격이 오르면, 추세는 상승한다.

    하락 추세는 더 낮은 고점과 더 낮은 저점으로 정의된다. 가격이 내리면, 추세는 하락한다.

3. 시장의 추세는 세 개의 추세로 구성된다.

장기 추세	큰 추세	추세의 방향으로 매매하고, 추세를 거스르지 마라.
		1년에서 3년 정도 지속된다.
중기 추세	중간 추세	장기 추세에 대한 되돌림이다.
		3주에서 3개월 정도 지속된다.
단기 추세	작은 추세	중기 추세에 대한 되돌림이다.
		장기 추세의 방향과 일치한다.
		3주 이내로 지속된다.

4. 시장의 장기 추세는 다음의 세 단계로 구성된다.

축적 단계	눈치 빠른 투자자들이 추세의 변화를 느끼며 참여하는 단계
추종 단계	대다수의 투자자들이 새로운 추세를 보고 참여하는 단계
분배 단계	대중이 참여하고, 뉴스에 추세가 많이 알려진 단계

5. 시장의 추세는 서로 확인되어야 한다.

    장기 추세의 변화를 확인하려면 각 지수가 추세의 변경을 확인해야 한다.

6. 거래량의 양상이 추세의 방향을 뒷받침해야 한다.

    장기 추세 거래량 〉 중기 추세 거래량. 가격이 거래량보다 중요하다.

7. 추세의 반전이 확인될 때까지는 장기 추세가 계속되는 것으로 생각한다.

그림 9-1 다우 이론은 일곱 개의 핵심 통찰로 구성된다.

나는 두 번째 핵심 요점에 초점을 맞추고 싶다.

2. 시장의 추세는 고점들과 저점들로 정의된다.

    상승 추세는 더 높은 고점과 더 높은 저점으로 정의된다. 가격이 오르면, 추세는 상승한다.

하락 추세는 더 낮은 고점과 더 낮은 저점으로 정의된다. 가격이 내리면, 추세는 하락한다.

이것은 다우의 고점 및 저점 추세 분석을 가리킨다. 이것은 그가 추세 분석의 아버지라는 이름을 얻은 기초가 된 분석이었다. 그림 9-2와 같이 이것은 추세를 파악하는 단순하면서도 효과적인 분석이다.

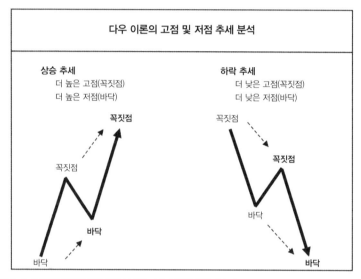

그림 9-2 다우의 고점 및 저점 추세 분석은 다우 이론의 핵심 요소다.

다우는 '꼭짓점(peaks)'과 '바닥(troughs)'이라는 용어를 사용했지만, 나는 '고점'과 '저점'을 선호한다. 시장이 상승 추세에 있는 동안 그것은 더 높은 고점과 더 높은 저점을 만들어야 한다. 마찬가지로, 만약 시장이 하락 추세라면 더 낮은 저점과 더 낮은 고점을 만들어야 한다.

단순화

나는 다우 이론이 꼭짓점과 바닥을 이용한 추세 분석 이상이라는 것을 안다. 하지만 나의 목적상 '다우 이론'이라는 용어를 사용할 때, 나는 단순히 꼭짓점과 바닥을 이용한 추세 분석을 의미할 것이다. 물론 이것이 다우 이론의 전부는 아니다. 또한 추세 파악을 돕기 위해 일봉 차트에 스윙 차트를 겹쳐 사용할 것이다. 스윙 차트는 가격을 매끄럽게 하고 시장의 고점과 저점을 식별하는 데 도움이 되며, 이는 다시 다우 이론(즉 꼭짓점과 바닥을 이용한 추세 분석)에 의해 정의된 추세와 추세 변화를 식별하는 데 도움이 된다.

다우 이론 - 기초

다우 이론은 '고점'과 '저점'을 어떻게 식별할 것인지를 정의하면 간단하다. 이미 말한 것처럼, 나는 일봉 차트에 스윙 차트를 겹쳐 사용한다. 다우 이론에 따르면, 시장의 추세를 파악할 때는 기억해야 할 세 가지 핵심 규칙만 있다.

1. 다우 이론은 항상 시장에 참여하고, 추세는 상승 혹은 하락이다.
2. 시장이 고점을 높여가면 추세는 상승이다.
3. 시장이 저점을 낮춰가면 추세는 하락이다.

간단하지 않은가? 그림 9-3에서 보듯이 하나, 둘, 셋 숫자를 세는 일만큼이나 간단하다.

그림 9-3을 이해할 수 있다면, 자신을 다우 이론(고점과 저점을 이용

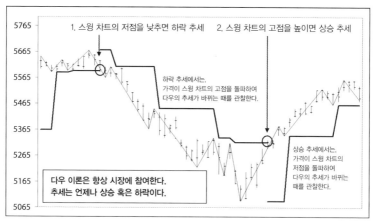

그림 9-3 다우 이론은 기존 포지션을 정리하는 동시에 반대 포지션을 취하는 전략으로, 매수든 매도든 항상 시장에 참여한다.

한 추세 분석)의 전문가로 생각해도 된다. 보다시피 일봉 차트에 중첩된 스윙 차트는 가격을 매끄럽게 만들어 '고점'과 '저점'을 정의하는데 도움을 준다.

다우 이론은 추세 해석과 함께 항상 시장에 참여한다. 추세는 언제나 상승 혹은 하락이므로, 이를 이용한 매매 모델은 매수 혹은 매도 포지션을 갖는다.

차트는 상승 추세로 시작한다. 시장은 (스윙) 고점과 (스윙) 저점을 높여간다. 추세가 상승일 때는 스윙 저점 돌파를 지켜볼 필요가 있다. 저점 돌파가 일어나면, 다우 추세의 변화가 있는 것이고 다우 이론은 포지션을 매수에서 매도로 바꾼다. 추세가 하락일 때 시장은 저점과 고점을 낮춰간다. 이럴 때는 스윙 고점 돌파를 지켜볼 필요가 있다. 고점 돌파가 발생하면 다우 이론이 포지션을 매도에서 매수로 바꾸는 다우 추세 변화가 발생한다. 이 차트는 상승으로 마감되는데, 트레이

더는 다우 추세가 상승에서 하락으로 바뀔 것을 예고하는 저점 돌파를 지켜봐야 한다.

이것이 전부다. 이것이 다우 이론의 기초다.

이제 다우 이론에 대해 더 잘 이해하게 되었으니, 코드를 짜야 할 시간이다.

매매 기법 코드화

운 좋게도 나는 이미 제6장에서 다우 이론을 코드화했다. 일봉을 기반으로 다우 이론 전략을 개발할 예정이기 때문에, 이 모델을 '일봉 다우 전략' 혹은 DDT(Daily Dow Trader)로 지칭하겠다. 이 모델은 일일 다우 추세의 변화에 따라 포지션을 취할 것이다.

규칙을 요약하면 다음과 같다.

규칙

전략명: 일봉 다우 전략(DDT)

핵심 아이디어: 다우 이론

발표 시점: 1900년

적용 시장: 전체 시장

사용 지표: 없음

규칙 수: 1개

매수 규칙

예비 신호/진입 신호: 일봉 다우 추세가 하락에서 상승으로 반전

손절매: 일봉 다우 추세가 상승에서 하락으로 반전

매도 규칙

예비 신호/진입 신호: 일봉 다우 추세가 상승에서 하락으로 반전

손절매: 일봉 다우 추세가 하락에서 상승으로 반전

제6장의 다우 이론 차트 예제를 그림 9-4에서 다시 살펴보겠다.

보다시피 일봉 다우 전략은 매수든 매도든 항상 시장에 참여한다. 이 전략은 일일 다우 추세의 변화에 따라 포지션을 취한다. 한번 포지션을 취하면, 가장 가까운 반대 방향의 스윙 포인트를 돌파하는 지점에 최초 손절매 및 추적 손절매를 위치시킨다. 스윙 포인트 돌파는 다우 추세의 변화를 일으킨다. 손절매가 일어나는 것과 동시에 자동으로 새로운 포지션을 취한다.

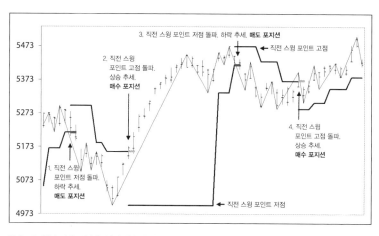

그림 9-4 일봉 다우 전략은 일일 다우 추세의 변화에 따라 포지션을 바꾼다.

매매 기법 검토

그림 9-5에 표시된 일봉 다우 전략의 성과를 살펴보자. 우리는 이미 제6장에서 나온 많은 숫자를 보았기 때문에 여기서 놀랄 일은 없다.

매매 기법 비교

다음의 표 9-3은 터틀 매매 전략과 일봉 다우 전략의 성과를 비교한 것이다.

나는 이 단계에서 일봉 다우 전략의 지속성에 만족한다. 결과는 전략(및 다우 이론)의 표본 외 데이터에서의 성과가 견고하다는 것을 증명한다. 다양한 24개 시장 포트폴리오에서 수익성이 높은 것은 전략의 확장성과 데이터 체리피킹의 부재를 보여준다. 단순성은 우수한 설계 원칙을 입증하고, 과도한 최적화가 없음을 보장한다. 따라서 지속성에 관해서는 모든 것이 좋다.

투자자로서 내가 우려하는 것은 고점 대비 하락의 수준이다.

'매매 가능한' 지속성은 모든 전략의 성배와 같은 목표이지만, 불행히도 일봉 다우 전략의 대규모 고점 대비 하락은 매매하기 어려운 요소라는 점을 기억해야 한다. 극소수의 개인투자자만이 이를 견딜 수 있을 것이다. 따라서 현재로서는 이 전략의 고점 대비 하락이 매매하기에 매력적이지 않으므로, 나로서는 이 전략의 사용을 주저할 수밖에 없다.

전략: 일봉 다우 전략(DDT)

매매 시작: 1979년 10월 31일

매매 기간: 40년

생존 가능성

투자 자금 보유 수: 50

기대치: 5%

파산 위험: 0%

위험 보상(1계약)

순이익: $1,090,346

연평균 누적 수익률: 8%

MDD: −$250,428

위험 보상 비율(순이익/MDD): 4

평균 성과 지수: 1.4

평균 손실: −2.3%

총 매매 횟수: 18,009

평균 이익: $61

평균 슬리피지: −$51

이익 손실 비율: 1.1

승률: 36%

평균 이익/평균 손실: 1.9

자금 관리의 효율성

자금 관리(투자 비율): 2%

초기 투자금: $50,000

매매당 위험: −3.3%

순이익: $167,000,000

연평균 누적 수익률: 23%

매매의 난이도

고정 대비 하락(최장기간): 2,238일

최대 연속 손실: 24회

결정 계수: 95%

시장: EC, JY, BP, TY, FV, ZB, SP, ND, DJ, CL, NG, HO, GC, HG, SI, CO, SO, ZW, SB, KC, CT, LC, LH, GF

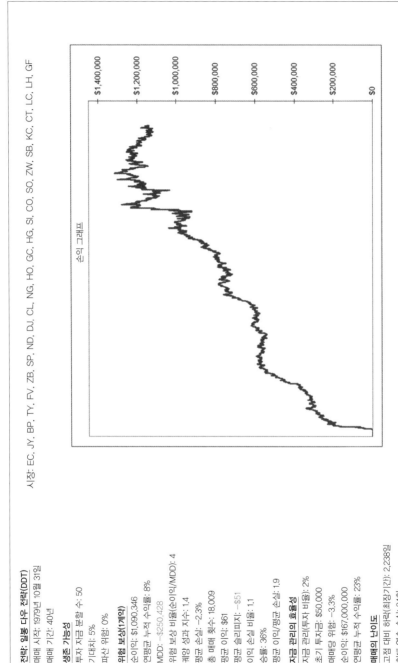

손익 그래프

$1,400,000

$1,200,000

$1,000,000

$800,000

$600,000

$400,000

$200,000

$0

시장 다우 전략의 표본 외 데이터에서의 성과는, 단순하지만 효과적인 다우 이론의 고점−저점 추세 분석의 지속성을 증명한다.

그림 9−5 일봉 다우 전략의 표본 외 데이터에서의 성과는, 단순하지만 효과적인 다우 이론의 고점−저점 추세 분석의 지속성을 증명한다.

| 전략 | 유형 | 지속성 | | 성과 분석 | | | | | | | | | | | | |
| | | | | 생존 가능성 | | | 위험 보상 비율 | | | | 자금 관리의 효율성 | | | 매매의 난이도 | | |
		발표	표본의 기간	기대치	자금 분할	파산 위험	순이익 ($)	고점 대비 최대 하락 ($)	위험 보상 비율	궤양 성과 지수	위험	자금 관리 성과 (m, $)	연평균 수익률	고점 대비 하락 기간	연속 손실 횟수	결정 계수 (R²)
터틀 매매 전략	채널 돌파	1983	37	21%	50	0%	1,418,786	–95,107	15	2.2	–4.7%	257	24%	1,637	20	96%
일봉 다우 전략	스윙 포인트 돌파	1900	120	5%	50	0%	1,090,346	–250,428	4	1.4	–3.3%	167	23%	2,238	24	95%

표 9–3 일봉 다우 전략의 역사적인 고점 대비 하락은 개인투자자에게는 적합하지 않다.

매매 기법 조정

이제 손질과 도전의 시간이다. 과도한 최적화를 피하면서 일봉 다우 전략을 개선하기 위한 아이디어를 찾아야 한다. 핵심 아이디어로서의 다우 이론은 오랜 역사와 단순성, 효율성 때문에 개선하기가 매우 어렵다. 일봉 다우 전략을 있는 그대로 유지하고 더 긴 타임프레임인 주봉을 바탕으로 하는 새로운 다우 이론 모델을 만들어보자. 더 긴 타임프레임의 모델이 더 낮은 고점 대비 하락으로 이어질 수 있는지 알아보겠다.

주봉 다우 전략 코드화

새로운 모델을 주봉 다우 전략(WDT)이라고 지칭하겠다. 이 모델의 규칙은 주봉 타임프레임을 사용한다는 점을 제외하면 일봉 다우 전략과 동일하다.

규칙

전략명: 주봉 다우 전략(WDT)

핵심 아이디어: 다우 이론

발표 시점: 1900년

적용 시장: 전체 시장

사용 지표: 없음

규칙 수: 1개

매수 규칙

예비 신호/진입 신호: 주봉 다우 추세가 하락에서 상승으로 반전

손절매: 주봉 다우 추세가 상승에서 하락으로 반전

매도 규칙

예비 신호/진입 신호: 주봉 다우 추세가 상승에서 하락으로 반전

손절매: 주봉 다우 추세가 하락에서 상승으로 반전

그림 9-6과 같이 주간 다우 추세의 변화를 기계적이고 체계적으로 찾아 매매하기 위해 엑셀 VBA로 주봉 다우 전략을 프로그래밍했다.

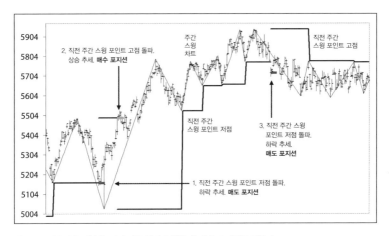

그림 9-6 주봉 다우 전략은 주간 다우 추세의 변화에 따라 포지션을 바꾼다.

주봉 다우 전략 검토

주봉 다우 전략의 성과는 그림 9-7에 요약되어 있다. 타임프레임을 일봉에서 주봉으로 바꾸면서 확실히 순이익이 2배로 증가하며 수익성을 높인다. 아직은 보기 좋다.

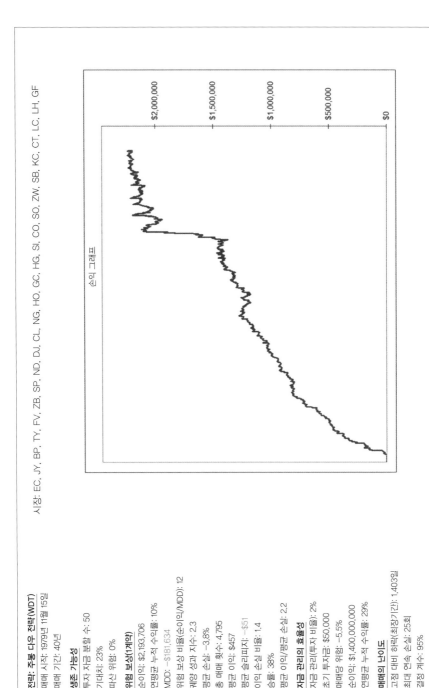

전략: 주봉 다우 전략(WDT)
매매 시작: 1979년 11월 15일
매매 기간: 40년

생존 가능성
투자 자금 분할 수: 50
기대치: 23%
파산 위험: 0%

위험 보상(1계약)
순이익: $2,193,706
연평균 누적 수익률: 10%
MDD: −$181,634
위험 보상 비율(순이익/MDD): 12
해양 성과 지수: 2.3
평균 손실: −3.8%
총 매매 횟수: 4,795
평균 이익: $457
평균 슬리피지: −$51
이익 손실 비율: 1.4
승률: 38%
평균 이익/평균 손실: 2.2

자금 관리의 효율성
자금 관리(투자 비율): 2%
초기 투자금: $50,000
매매당 위험: −5.5%
순이익: $1,400,000,000
연평균 누적 수익률: 29%

매매의 난이도
고정 대비 하락(최장기간): 1,403일
최대 연속 손실: 25회
결정 계수: 95%

시장: EC, JY, BP, TY, FV, ZB, SP, ND, DJ, CL, NG, HO, GC, HG, SI, CO, SO, ZW, SB, KC, CT, LC, LH, GF

손익 그래프

$2,000,000
$1,500,000
$1,000,000
$500,000
$0

그림 9–7 더 긴 타임프레임인 주봉을 사용한 주봉 다우 전략의 표본 외 데이터에서의 긍정적인 성과는, 단순하면서 효과적인 다우 이론의 고점−저점 추세 분석의 지속성을 더욱 확실히 증명한다.

주봉 다우 전략 비교

표 9-4는 주봉 다우 전략을 일봉 다우 전략 및 터틀 매매 전략과 비교한다.

전반적으로 주봉 다우 전략은 일봉 다우 전략보다 훨씬 앞서 있는데, 매우 만족스러운 일이다. 기대치, 순이익, 고점 대비 하락, 위험 보상 비율, 위험 조정 성과(궤양 성과 지수 대폭 상승), (놀라울 정도로 개선된) 효율성, 그리고 역사적 고점 대비 하락이 모두 개선되었다. 이것은 놀랄 만큼 좋은 출발이다. 그러나 주봉 다우 전략의 고점 대비 하락이 일봉 다우 전략보다는 작지만, 나에게는 여전히 너무 크고 매매를 주저하게 만드는 요인이다.

주봉 다우 전략 조정

좀 더 손을 봐야 할 시간이다. 일봉에서 주봉으로 타임프레임을 바꾸는 것이 효과가 있었기 때문에, 나는 또 다른 다우 이론 모델을 만들고 싶다. 월봉 타임프레임을 기반으로 모델을 만들 것이며, 이 모델의 이름은 월봉 다우 전략(MDT)이라 부르겠다.

월봉 다우 전략 코드화

이 모델의 규칙은 월봉 타임프레임을 사용한다는 점을 제외하면 일봉 다우 전략 및 주봉 다우 전략과 동일하다.

규칙

전략명: 월봉 다우 전략(MDT)

| 전략 | 유형 | 지속성 | | 생존 가능성 | | | 성과 분석 | | | | | | | | | |
| | | | | | | | 위험 보상 비율 | | | | 자금 관리의 효율성 | | | 매매의 난이도 | | |
		발표	표본의 기간	기대치	자금 분할	파산 위험	순이익 ($)	고점 대비 최대 하락 ($)	위험 보상 비율	캐양 성과 지수	위험	자금 관리 성과 (m, $)	연평균 수익률	고점 대비 하락 기간	연속 손실 횟수	결정 계수 (R²)
터틀 매매 전략	채널 돌파	1983	37	21%	50	0%	1,418,786	−95,107	15	2.2	−4.7%	257	24%	1,637	20	96%
일봉 다우 전략	스윙 포인트 돌파	1900	120	5%	50	0%	1,090,346	−250,428	4	1.4	−3.3%	167	23%	2,238	24	95%
주봉 다우 전략	스윙 포인트 돌파	1900	120	23%	50	0%	2,193,706	−181,634	12	2.3	−5.5%	1,400	29%	1,403	25	95%

표 9-4 주봉 다우 전략의 최악의 고점 대비 하락은 일봉 다우 전략에 비해 개선되었지만, 여전히 터틀 매매 전략에 도전할 만큼 작지는 않다.

핵심 아이디어: 다우 이론

발표 시점: 1900년

적용 시장: 전체 시장

사용 지표: 없음

규칙 수: 1개

매수 규칙

예비 신호/진입 신호: 월봉 다우 추세가 하락에서 상승으로 반전

손절매: 월봉 다우 추세가 상승에서 하락으로 반전

매도 규칙

예비 신호/진입 신호: 월봉 다우 추세가 상승에서 하락으로 반전

손절매: 월봉 다우 추세가 하락에서 상승으로 반전

나는 그림 9-8과 같이 월간 다우 추세의 변화를 기계적이고 체계적으로 찾아 매매하기 위해 엑셀 VBA로 월봉 다우 전략을 프로그래밍했다.

월봉 다우 전략 검토

월봉 다우 전략의 성과는 그림 9-9에 요약되어 있다. 타임프레임을 월봉으로 변경하는 것은 확실히 다우 이론의 지속성에 대한 또 다른 통찰을 우리에게 준다. 다만, 일부 지표는 개선되었으나, 어떤 지표는 개선되지 않았다.

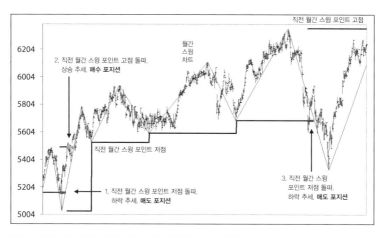

그림 9-8 월봉 다우 전략은 월간 다우 추세의 변화에 따라 포지션을 바꾼다.

월봉 다우 전략 비교

표 9-5에 있는 것처럼, 나는 이제 터틀 매매 전략을 상대로 세 가지 버전의 다우 이론 전략을 쌓아 올렸다.

지금까지 타임프레임을 길게 바꿈으로써 다우 이론의 약점인 역사적 고점 대비 최대 하락을 개선했다. 기대치, 하락 기간, 연속 손실 횟수, 손익 그래프의 안정성 등이 개선되는 것도 괜찮다. 실망스럽게 떨어지는 것은 전략의 효율성이다. 월봉 다우 전략의 −10.1%라는 막대한 평균 위험(손절매)은 포지션 크기를 늘리지 못하게 하여 결국 수익 증대를 방해한다. 실망스럽게도 13%라는 낮은 연평균 누적 수익률(CAGR)을 기록하고 있다. 월봉 다우 전략은 일봉 다우 전략, 주봉 다우 전략, 터틀 매매 전략과 비교하면 돈을 버는 데는 비효율적이다.

월봉 다우 전략은 빈약한 효율성으로 인해 큰 폭의 손절매 위험을 부담하는 완벽한 예다.

전략: 윌롱 다우 전략(MDT)
매매 시작: 1979년 10월 25일
매매 기간: 40년

생존 가능성
투자 자금 분할 수: 50
기대치: 4%
파산 위험: 0%

위험 보상(1계약)
순이익: $1,688,451
연평균 누적 수익률: 9%
MDD: −$170,287
위험 보상 비율(순이익/MDD): 10
최양 성과 지수: 1.6
평균 손실: −6.9%
총매매 횟수: 1,036
평균 이익: $1,630
평균 슬리피지: −$51
이익 손실 비율: 1.7
승률: 40%
평균 이익/평균 손실: 2.6

자금 관리의 효율성
자금 관리(투자 비율): 2%
초기 투자금: $50,000
매매당 위험: −10.1%
순이익: $8,000,000
연평균 누적 수익률: 13%

매매의 난이도
고점 대비 하락(최장기간): 936일
최대 연속 손실: 16회
결정 계수: 99%

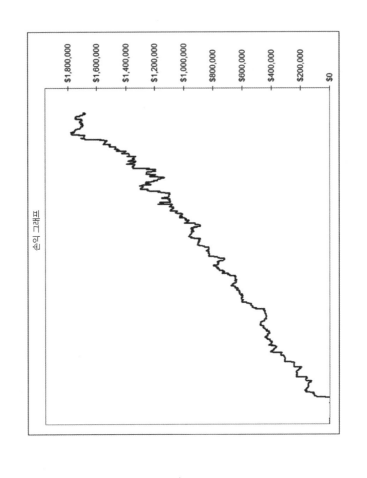

그림 9-9 더 긴 타임프레임인 윌롱을 사용한 윌롱 다우 전략의 표본 외 데이터에서의 긍정적인 성과는, 단순하면서 효과적인 다우 이론이 고점-저점 추세 분석의 지속성을 다시 한번 입증한다.

전략	유형	지속성		성과 분석												
				생존 가능성			위험 보상 비율				자금 관리의 효율성			매매의 난이도		
		발표	표본의 기간	기대치	자금 분할 위험	자금 파산 위험	순이익 ($)	고점 대비 최대하락 ($)	위험 보상 비율	꽤양 성과 지수	위험	자금 관리 성과 (m, $)	연평균 수익률	고점 대비 하락 기간	연속 손실 횟수	결정 계수 (R^2)
터틀 매매 전략	채널 돌파	1983	37	21%	50	0%	1,418,786	-95,107	15	2.2	-4.7%	257	24%	1,637	20	96%
일봉 다우 전략	스윙 포인트 돌파	1900	120	5%	50	0%	1,090,346	-250,428	4	1.4	-3.3%	167	23%	2,238	24	95%
주봉 다우 전략	스윙 포인트 돌파	1900	120	23%	50	0%	2,193,706	-181,634	12	2.3	-5.5%	1,400	29%	1,403	25	95%
월봉 다우 전략	스윙 포인트 돌파	1900	120	41%	50	0%	1,688,451	-170,287	10	1.6	-10.1%	8	13%	936	16	99%

표 9-5 월봉 다우 전략이나 주봉 다우 전략의 고점 대비 하락은 일봉 다우 전략이나 주봉 다우 전략보다 개선되었지만, 여전히 터틀 매매 전략에 도전할 만큼 작지는 않다.

전략의 손익 그래프를 보자. 보다시피 너무나 완벽하다. 99%의 결정 계수를 가졌다는 것은 말 그대로 직선의 화살표다. 누군들 이런 전략을 원하지 않겠는가? 유일한 문제는 큰 폭의 손절매가 존재한다는 점이다. 여러분도 성과 지표를 통해 명확하게 확인할 수 있겠지만, 모든 개발자가 자금 관리 전략을 적용할 때 전략의 평균 위험이나 성과를 보여주지는 않을 것이다.

따라서 월봉 다우 전략은 놀라운 손익 그래프로 표면적으로는 설득력 있어 보이지만, 지속적인 큰 폭의 고점 대비 하락과 큰 폭의 손절매의 존재는 월봉 다우 전략을 사용하는 것을 주저하게 만든다.

손실 필터를 사용하여 매매 기법 조정하기

나는 지금까지 점점 더 긴 타임프레임에 다우 이론을 적용하면서 조정을 해왔다. 하지만 평균 위험이 다시 급증하면서 더 큰 폭의 손절매를 적용하고 다우 이론의 효율성을 떨어뜨린다는 점을 알게 되면서 실험이 무의미해질 것처럼 보였다.

자, 이제 어떻게 해야 할까? 과도한 최적화의 함정에 빠지지 않고 다우 이론의 대규모 고점 대비 하락과 싸우기 위해 내가 무엇을 할 수 있을까? 이번 장의 정신 그리고 내 신념의 핵심은 오래된 아이디어를 재검토하는 것이기 때문에, 나는 계속해서 도움을 얻기 위해 확립된 통찰을 찾아야 한다. 시간의 시험을 통과한 아이디어와 통찰을 찾아야 한다. 그 점을 염두에 두고, 나는 리처드 데니스와 빌 에크하르트의 터틀 매매 책을 본보기 삼아 그들의 손실 매매 필터가 다우 이론의 다양한 고점 대비 하락을 줄이는 데 도움이 될지 살펴보고자 한다. 터틀 매매는 이전 신호에 의한 매매가 손실이 아니면 4주 채널을 돌파해도 포지션을 취하지 않는다는 것을 기억하자.

손실 필터를 추가한 일봉 다우 전략 코드화

나는 다시 일봉 다우 전략으로 돌아가 새로운 코드를 추가하겠다. 이는 일봉 다우 추세의 이전 변화가 손실인 경우에만 일봉 다우 신호가 발생하도록 만들 것이다. 다음은 손실 필터를 추가한 일봉 다우 전략의 규칙이다.

규칙

전략명: 일봉 다우 전략(DDT)

핵심 아이디어: 다우 이론

발표 시점: 1900년

적용 시장: 전체 시장

사용 지표: 없음

규칙 수: 2개

매수 규칙

필터: 일봉 다우 추세의 직전 변화가 손실일 경우에만 매매

예비 신호/진입 신호: 일봉 다우 추세가 하락에서 상승으로 반전

손절매: 일봉 다우 추세가 상승에서 하락으로 반전

매도 규칙

필터: 일봉 다우 추세의 직전 변화가 손실일 경우에만 매매

예비 신호/진입 신호: 일봉 다우 추세가 상승에서 하락으로 반전

나는 일봉 다우 전략의 프로그램을 직전 일봉 다우 추세의 변화가 손실일 경우에만 기계적이고 체계적으로 신호가 발생하고 매매를 수행하도록 변경했다. 그림 9-10을 참조하기 바란다.

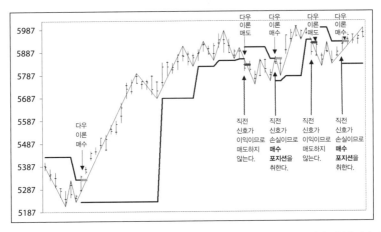

그림 9-10 일봉 다우 전략은 직전 다우 추세의 변화가 손실인 경우에만 일일 다우 추세의 변화에 따라 매매한다.

손실 필터를 추가한 일봉 다우 전략 검토

그림 9-11은 손실 필터를 사용한 일봉 다우 전략의 성과를 요약한 것이다. 손실 필터의 적용이 확실히 타구를 담장 밖으로 날리는 대박이라고 말해야 할 것 같다.

손실 필터를 추가한 일봉 다우 전략 비교

표 9-6은 지금까지의 모델들을 터틀 매매 전략과 비교한다. 나는

전략: 손실 필터를 추가한 일봉 다우 전략(DDT)

매매 시작: 1979년 11월 29일

매매 기간: 39.9년

시장: EC, JY, BP, TY, FV, ZB, SP, ND, DJ, CL, NG, HO, GC, HG, SI, CO, SO, ZW, SB, KC, CT, LC, LH, GF

생존 가능성

투자 자금 분할 수: 50

기대치: 14%

파산 위험: 0%

위험 보상(1계약)

순이익: $1,684,485

연평균 누적 수익률: 9%

MDD: -$149,512

위험 보상 비율(순이익/MDD): 11

재앙 성과 지수: 2.4

평균 손실: -2.3%

총 매매 횟수: 11,306

평균 이익: $149

평균 슬리피지: -$51

이익 손실 비율: 1.2

승률: 39%

평균 이익/평균 손실: 1.9

자금 관리의 효율성

자금 관리(투자 비율): 2%

초기 투자금: $50,000

매매당 위험: -3.4%

순이익: $2,300,000,000

연평균 누적 수익률: 31%

매매의 난이도

고점 대비 하락(최장기간): 1,685일

최대 연속 손실: 2회

결정 계수: 96%

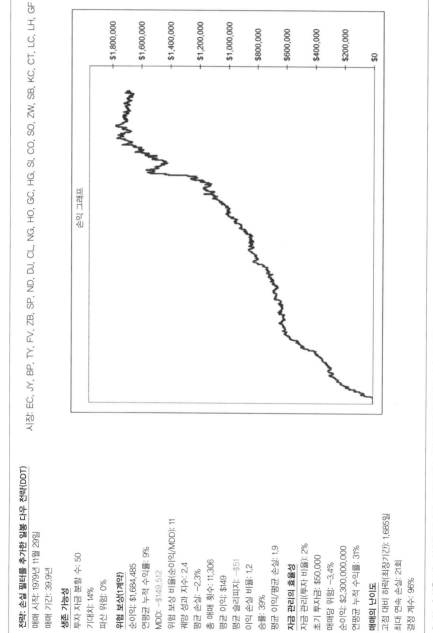

손익 그래프

그림 9-11 손실을 보는 선물을 기다리는 것은 일봉 다우 전략의 성과에 긍정적인 영향을 미친다.

전략	유형	지속성		생존 가능성			성과 분석							매매의 난이도		
		발표	표본의 기간	기대치	자금 분할 불능	파산 위험	위험 보상 비율				자금 관리의 효율성			고점 대비 하락 기간	연속 손실 횟수	결정 계수 (R²)
							순이익 ($)	고정 대비 최대 하락 ($)	위험 보상 비율	궤양 성과 지수	위험	자금 관리 성과 (m, $)	연평균 수익률			
터틀 매매 전략	채널 돌파	1983	37	21%	50	0%	1,418,786	-95,107	15	2.2	-4.7%	257	24%	1,637	20	96%
일봉 다우 전략	스윙 포인트 돌파	1900	120	5%	50	0%	1,090,346	-250,428	4	1.4	-3.3%	167	23%	2,238	24	95%
주중 다우 전략	스윙 포인트 돌파	1900	120	23%	50	0%	2,193,706	-181,634	12	2.3	-5.5%	1,400	29%	1,403	25	95%
월봉 다우 전략	스윙 포인트 돌파	1900	120	41%	50	0%	1,688,451	-170,287	10	1.6	-10.1%	8	13%	936	16	99%
일봉 다우 전략 (손실 필터)	스윙 포인트 돌파	1900	120	14%	50	0%	1,684,485	-149,512	11	2.4	-3.4%	2,300	31%	1,685	21	96%

표 9-6 손실 필터의 도입으로 일봉 다우 전략의 성과가 크게 향상되었다.

리처드 데니스와 빌 에크하르트가 그들의 간단한 필터에 대해 큰 감사를 받을 자격이 있다고 생각한다. 이 필터는 그들이 1983년에 제자들을 가르칠 때 사용한 것이다.

손실 필터는 일봉 다우 전략의 성과 지표에 다음과 같이 상당한 영향을 미친 것으로 보인다.

	일봉 다우 전략	손실 필터를 추가한 일봉 다우 전략	손실 필터의 영향
기대치	5%	14%	+180%
순이익	$1,090,000	$1,684,000	+55%
고점 대비 하락	−$250,000	−$150,000	−40%
위험 보상 비율	4	11	+175%
궤양 성과 지수	1.4	2.4	+71%
자금 관리를 적용한 순이익	$167,000,000	$2,300,000,000	+1,277%
연평균 누적 수익률(CAGR)	23%	31%	+35%
연속 손실 횟수	24	21	−12.5%
결정 계수(R^2)	95%	96%	+1%

이는 성과에 엄청난 영향을 미친 것이다. 그리고 그런 결과가 '오래된' 아이디어에서 나왔다는 것은 즐거운 일이다.

불행하게도 놀라운 성과가 나오기는 했지만, 슬픈 현실은 여전히 고점 대비 하락이 너무 크다는 것이다. 40%나 줄었지만, 일반적인 개인투자자에겐 여전히 너무 큰 규모다. 우리의 탐색은 계속되어야 한다.

손실 필터를 추가하여 주봉 다우 전략 조정

손실 필터가 일봉 다우 전략에서 매우 잘 작동했기 때문에, 나는 이것이 주봉 다우 전략과 월봉 다우 전략에도 비슷한 영향을 미치는지 알고 싶다. 고점 대비 하락을 관리 가능한 수준으로 떨어뜨릴 수 있을까?

손실 필터를 추가한 주봉 다우 전략 코드화

새로운 규칙에 맞게 주봉 다우 전략에 새로운 코드를 추가했다. 새로운 규칙은 다음과 같다.

규칙

전략명: 주봉 다우 전략(WDT)

핵심 아이디어: 다우 이론

발표 시점: 1900년

적용 시장: 전체 시장

사용 지표: 없음

규칙 수: 2개

매수 규칙

필터: 주봉 다우 추세의 직전 변화가 손실일 경우에만 매매

예비 신호/진입 신호: 주봉 다우 추세가 하락에서 상승으로 반전

손절매: 주봉 다우 추세가 상승에서 하락으로 반전

매도 규칙

필터: 주봉 다우 추세의 직전 변화가 손실일 경우에만 매매

예비 신호/진입 신호: 주봉 다우 추세가 상승에서 하락으로 반전

손절매: 주봉 다우 추세가 하락에서 상승으로 반전

그림 9-12에서 볼 수 있듯이, 나는 주봉 다우 전략의 프로그램을 직전 주봉 다우 추세의 변화가 손실일 경우에만 기계적이고 체계적으로 신호가 발생하고 매매를 수행하도록 변경했다.

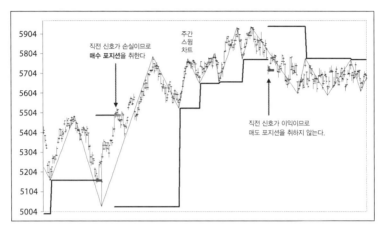

그림 9-12 주봉 다우 전략은 직전 다우 추세의 변화가 손실인 경우에만 주간 다우 추세의 변화에 따라 매매한다.

손실 필터를 추가한 주봉 다우 전략 검토

그림 9-13은 손실 필터를 추가한 주봉 다우 전략의 성과를 요약한 것이다. 손실 필터의 도입은 확실히 고점 대비 하락을 줄이고, 손익 그래프를 부드럽게 바꿨으며, 최악의 고점 대비 하락 기간의 일수를 줄였다. 이것은 확실히 매매를 더 쉽게 하는 전략으로 보인다.

손실 필터를 추가한 주봉 다우 전략 비교

불행하게도, 표 9-7은 매매 가능성의 개선이, 상당한 양의 성과 하락을 대가로 치르고 만들어졌다는 것을 보여준다.

전략: 손실 필터를 추가한 주기반 주봉 다우 전략(WDT)   시장: EC, JY, BP, TY, FV, ZB, SP, ND, DJ, CL, NG, HO, GC, HG, SI, CO, SO, ZW, SB, KC, CT, LC, LH, GF

매매 시작: 1979년 11월 16일

매매 기간: 40년

생존 가능성

투자 자금 분할 수: 50

기대치: 27%

파산 위험: 0%

위험 보상(1계약)

순이익: $1,577,026

연평균 누적 수익률: 9%

MDD: −$130,703

위험 보상 비율(순이익/MDD): 12

계양 성과 지수: 2.0

평균 순실: −3.7%

총매매 횟수: 2,923

평균 이익: $540

평균 슬리피지: −$51

이익 순실 비율: 1.5

승률: 40%

평균 이익/평균 순실: 2.1

자금 관리의 효율성

자금 관리(투자 비율): 2%

초기 투자금: $50,000

매매당 위험: −5.7%

순이익: $474,000,000

연평균 누적 수익률: 26%

매매의 난이도

고정 대비 하락(최장기간): 975일

최대 연속 순실: 18회

결정 계수: 97%

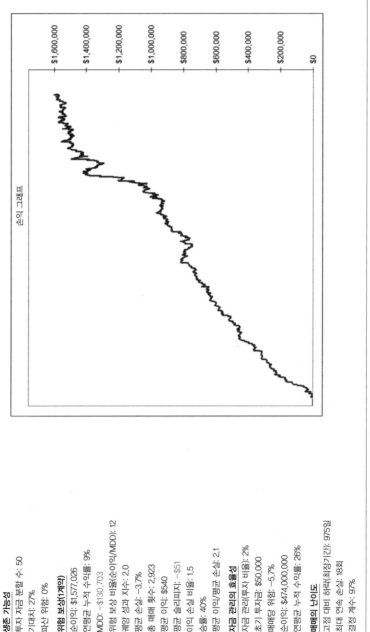

손익 그래프

그림 9–13 손실을 보는 선물을 기다리는 겠음 주봉 주봉 다우 전략의 성과에 긍정적인 영향을 미친다.

| 전략 | 유형 | 지속성 | | 생존 가능성 | | | 성과 분석 | | | | | | | 매매의 난이도 | | |
| | | | | | | | 위험 보상 비율 | | | | 자금 관리의 효율성 | | | | | |
		발표	표본의 기간	기대치	자금 분할	파산 위험	순이익 ($)	고점 대비 최대 하락 ($)	위험 보상 비율	궤양 성과 지수	위험	자금 관리 성과 (m, $)	연평균 수익률	고점 대비 하락 기간	연속 손실 횟수	결정 계수 (R²)
터틀 매매 전략	채널 돌파	1983	37	21%	50	0%	1,418,786	−95,107	15	2.2	−4.7%	257	24%	1,637	20	96%
일봉 다우 전략	스윙 포인트 돌파	1900	120	5%	50	0%	1,090,346	−250,428	4	1.4	−3.3%	167	23%	2,238	24	95%
주봉 다우 전략	스윙 포인트 돌파	1900	120	23%	50	0%	2,193,706	−181,634	12	2.3	−5.5%	1,400	29%	1,403	25	95%
월봉 다우 전략	스윙 포인트 돌파	1900	120	41%	50	0%	1,688,451	−170,287	10	1.6	−10.1%	8	13%	936	16	99%
일봉 다우 전략 (손실 필터)	스윙 포인트 돌파	1900	120	14%	50	0%	1,684,485	−149,512	11	2.4	−3.4%	2,300	31%	1,685	21	96%
주봉 다우 전략 (손실 필터)	스윙 포인트 돌파	1900	120	27%	50	0%	1,577,026	−130,703	12	2.0	−5.7%	474	26%	975	18	97%

표 9-7 손실 필터의 도입으로 주봉 다우 전략의 최악의 고점 대비 하락폭을 줄였지만, 선호 전략에서 터틀 매매 전략을 밀어내기에는 여전히 부족하다.

수익성 비교에서는 다음과 같이 손실 필터를 추가하는 것이 그다지 좋아 보이지 않는다.

	주봉 다우 전략	손실 필터를 추가한 주봉 다우 전략	손실 필터의 영향
순이익	$2,200,000	$1,600,000	−27%
자금 관리를 적용한 순이익	$1,400,000,000	$474,000,000	−66%

하지만 다른 성과 지표에서는 다음과 같은 개선이 보인다.

	주봉 다우 전략	손실 필터를 추가한 주봉 다우 전략	손실 필터의 영향
기대치	23%	27%	+15%
고점 대비 하락	−$182,000	−$131,000	−28%
궤양 성과 지수	2.3	2.0	−15%
연속 손실 횟수	25	18	−28%
결정 계수(R^2)	95%	97%	+2%

가장 보기 좋은 성과 지표는 28% 감소한 고점 대비 최대 하락 (MDD)이다. 하지만 불행히도, 이 역시 개인투자자에게는 여전히 너무 큰 값이다. 월봉 다우 전략에 손실 필터를 도입하여 이것이 효과가 있는지 알아보자.

손실 필터를 추가한 월봉 다우 전략 코드화

새로운 규칙에 맞게 주봉 다우 전략에 새로운 코드를 추가했으며, 규칙은 다음과 같다.

규칙

전략명: 월봉 다우 전략(MDT)

핵심 아이디어: 다우 이론

발표 시점: 1900년

적용 시장: 전체 시장

사용 지표: 없음

규칙 수: 2개

매수 규칙

필터: 월봉 다우 추세의 직전 변화가 손실일 경우에만 매매

예비 신호/진입 신호: 월봉 다우 추세가 하락에서 상승으로 반전

손절매: 월봉 다우 추세가 상승에서 하락으로 반전

매도 규칙

필터: 월봉 다우 추세의 직전 변화가 손실일 경우에만 매매

예비 신호/진입 신호: 월봉 다우 추세가 상승에서 하락으로 반전

손절매: 월봉 다우 추세가 하락에서 상승으로 반전

그림 9-14에서 볼 수 있듯이, 직전 월봉 다우 추세의 변화가 손실일 경우에만 기계적이고 체계적으로 신호가 발생하고 매매를 수행하도록 월봉 다우 전략의 프로그램을 변경했다.

손실 필터를 추가한 월봉 다우 전략 검토

그림 9-15는 손실 필터를 추가한 월봉 다우 전략의 성과를 요약한 것이다.

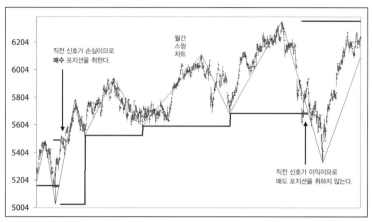

그림 9-14 월봉 다우 전략은 직전 다우 추세의 변화가 손실인 경우에만 월간 다우 추세의 변화에 따라 매매한다.

손실 필터를 추가한 월봉 다우 전략 비교

손실 필터를 추가한 것은 월봉 다우 전략의 최악의 고점 대비 하락에 긍정적인 영향을 미쳤다. 하지만 표 9-8에서 알 수 있듯이, 손실 필터의 추가로 성과까지 나빠졌다.

확실히 고점 대비 하락이 작아진 것은 긍정적이다. 하지만 전략 전체로 보았을 때는 긍정적인 기여라고 할 수 없다. 기대치, 수익성, 위험 보상 비율, 궤양 성과 지수, 효율성, 고점 대비 하락 기간 그리고 손익 그래프의 안정성에 모두 악영향을 미쳤다.

손실 필터

손실 필터는 주봉 다우 전략과 월봉 다우 전략의 수익성을 떨어뜨렸지만, 일봉 다우 전략에는 상당한 효과를 발휘했다. 이처럼 불균형적인 영향이 나타난 것은 일봉 타임프레임을 사용했을 때 다우 추세

전략: 손실 필터를 추가한 월봉 다우 전략(MDT)

매매 시작: 1979년 11월 1일

매매 기간: 40년

생존 가능성

투자 자금 분할 수: 50

기대치: 34%

파산 위험: 0%

위험 보상(1계약)

순이익: $844,920

연평균 누적 수익률: 8%

MDD: −$108,963

위험 보상 비율(순이익/MDD): 8

궤양 성과 지수: 0.9

평균 손실: −7.0%

총 매매 횟수: 609

평균 이익: $1,387

평균 슬리피지: −$51

이익 손실 비율: 1.6

승률: 42%

평균 이익/평균 손실: 2.2

자금 관리의 효율성

자금 관리(투자 비율): 2%

초기 투자금: $50,000

매매당 위험: −10.2%

순이익: $2,000,000

연평균 누적 수익률: 10%

매매의 난이도

고점 대비 하락(최장기간): 1,350일

최대 연속 손실: 14회

결정 계수: 97%

시장: EC, JY, BP, TY, FV, ZB, SP, ND, DJ, CL, NG, HO, GC, HG, SI, CO, SO, ZW, SB, KC, CT, LC, LH, GF

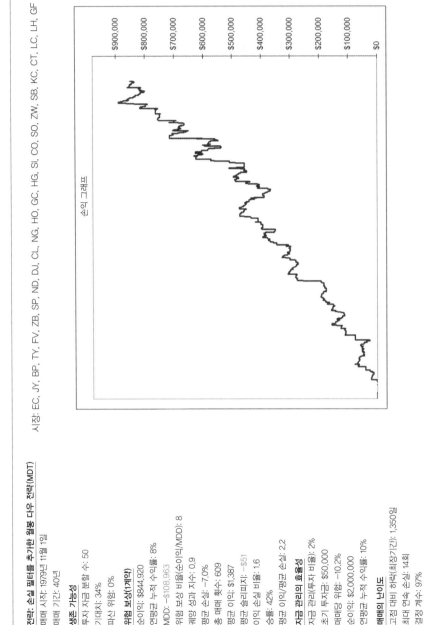

순익 그래프

그림 9-15 손실을 보는 신호를 기다리는 것은 월봉 다우 전략의 성과에 긍정적인 영향을 미친다.

전략	유형	지속성		생존 가능성			성과 분석									
		발표	표본의 기간	기대치	자금 분할 파산 위험		위험 보상 비율				자금 관리의 효율성			매매의 난이도		
							순이익 ($)	고정 대비 최대 하락 ($)	위험 보상 비율	위험 계양 성과 지수	위험	자금 관리 성과 (m, $)	연평균 수익률	고정 대비 하락 기간	연속 손실 횟수	결정 계수 (R²)
티틀 매매 전략	채널 돌파	1983	37	21%	50	0%	1,418,786	-95,107	15	2.2	-4.7%	257	24%	1,637	20	96%
일봉 다우 전략	스윙 포인트 돌파	1900	120	5%	50	0%	1,090,346	-250,428	4	1.4	-3.3%	167	23%	2,238	24	95%
주봉 다우 전략	스윙 포인트 돌파	1900	120	23%	50	0%	2,193,706	-181,634	12	2.3	-5.5%	1,400	29%	1,403	25	95%
월봉 다우 전략	스윙 포인트 돌파	1900	120	41%	50	0%	1,688,451	-170,287	10	1.6	-10.1%	8	13%	936	16	99%
일봉 다우 전략 (손실 필터)	스윙 포인트 돌파	1900	120	14%	50	0%	1,684,485	-149,512	11	2.4	-3.4%	2,300	31%	1,685	21	96%
주봉 다우 전략 (손실 필터)	스윙 포인트 돌파	1900	120	27%	50	0%	1,577,026	-130,703	12	2.0	-5.7%	474	26%	975	18	97%
월봉 다우 전략 (손실 필터)	스윙 포인트 돌파	1900	120	34%	50	0%	844,920	-108,963	8	0.9	-10.2%	2	10%	1,350	14	97%

표 9-8 손실 필터의 도입으로 월봉 다우 전략의 최악의 고정 대비 하락을 줄였지만, 다른 성과 지표에 대한 부정적인 영향으로 인해 월봉 다우 전략이 티틀 매매 전략보다 우월해지지는 않는다.

가 더 빈번하게 발생하기 때문이다.

표 9-9에는 손실 필터가 각각의 다우 모델에 미치는 영향이 요약되어 있다. 직전 손실 후의 매매와 직전 이익 후의 매매에 미치는 영향을 비교하는 것은 흥미롭다. 일봉 다우 전략과 주봉 다우 전략의 경우 각각 268%와 64%의 개선 효과를 볼 수 있다. 월봉 다우 전략에서는 안타깝게도 평균 수익이 30% 감소한다. 매매 신호의 발생이 빈번할수록 손실 필터의 긍정적인 영향이 크기 때문에, 매매 횟수의 부족이 월봉 다우 전략에 악영향을 미쳤다.

충분하지 않다

일봉 다우 전략과 주봉 다우 전략에 미치는 긍정적인 영향에도 불구하고, 손실 필터는 고점 대비 하락을 관리 가능한 수준으로 줄일 수 없었다. 따라서 나는 계속해서 손질해야 한다.

무엇을 해야 할까?

지금까지 나는 다우 추세의 변화를 매매에 활용할 것인지 아닌지를 측정하면서 다우 신호를 관찰해왔다. 손실 필터가 각각의 전략에 어떤 영향을 미치는지도 살펴보았다. 다음으로, 매매 계획의 변경이 다양한 모델의 고점 대비 하락 축소에 도움을 줄 수 있는지 검토하고자 한다.

최초 손절매를 이용한 매매 기법 조정

지금까지의 매매 계획은 순수한 다우 이론을 채택했다. 진입과 포지션 정리는 모두 다우 추세의 변화에서 발생했다. 비록 사용한 타임

시장: EC, JY, BP, TY, FV, ZB, SP, ND, DJ, CL, NG, HO, GC, HG, SI, CO, SO, ZW, SB, KC, CT, LC, LH, GF

	일봉 다우 전략			주봉 다우 전략			월봉 다우 전략		
매매 시작	1979/10/31	손실 필터 사용	이익 필터 사용	1979/11/15	손실 필터 사용	이익 필터 사용	1979/10/25	손실 필터 사용	이익 필터 사용
위험 보상(1계약)									
순이익($)	1,090,346	1,684,485	−594,139	2,193,706	1,577,026	616,680	1,688,451	844,820	843,531
매매 횟수	18,009	11,306	6,703	4,795	2,923	1,872	1,036	609	427
평균 이익($)	61	149	−89	457	540	329	1,630	1,387	1,975
			268%			64%			−30%

표 9-9 손실 필터는 매매 빈도가 높은 모델에 더 큰 영향을 미친다.

프레임(일봉, 주봉, 월봉)은 다르지만, 일봉 다우 전략, 주봉 다우 전략, 월봉 다우 전략은 모두 다우 이론에서 파생되었으며, 나는 순수하게 다우 이론을 100% 유지하는 것을 가장 선호한다. 지금까지 나는 원시 다우 모델과 손실 필터를 모두 검토하면서 타임프레임에 변화를 주었다. 따라서 이제부터는 장중에 초기 다우 손절매를 도입하여 그 영향을 조사하고자 한다. 그것이 역사적 고점 대비 하락을 줄이는 데 긍정적인 영향을 미칠 수 있는지 알아보기 위해서다.

이 아이디어는 이익을 보는 매매를 그대로 지속되도록 놔두고 과거를 돌아보지 말아야 한다는 생각이다. 따라서 최초 손절매를 도입하는 목적은 손실을 보는 매매를 빨리 정리하는 것이다. '손실을 짧게'라는 황금 원리에 깊이 고개를 숙이고 성공적인 매매를 위한 유일한 진짜 비결을 확고히 포용하는 것, 즉 손실을 짧게 하여 잘 잃는 투자자가 되는 것이다. 손실을 보는 매매를 정리하기 위해 다우 추세의 변화를 기다리는 대신, 좀 더 작은 폭의 손절매를 사용하고자 한다. 이를 위해 나는 장중에 더 짧은 타임프레임의 다우 추세 변화를 사용할 것이다. 나는 장중 데이터를 모으지 않으므로, 대용물을 사용하고자 한다. 일간 예비 신호 혹은 진입 신호가 나온 봉에서 반대쪽으로 가장 먼 곳을 돌파하는 시점을 손절매로 사용할 것이다. 예비 신호가 나온 봉은 진입 신호가 나온 봉의 직전 봉이다. 일반적으로 (항상 그런 것은 아니지만) 일봉의 고가 혹은 저가가 장중 스윙 포인트를 나타내므로, 장중 스윙 포인트의 대용으로 일봉의 고가 혹은 저가를 사용하는 것도 나쁘지 않다.

손실 필터와 손절매 계획을 추가한 일봉 다우 전략 코드화

일봉 최초 손절매를 추가하기 위해 일봉 다우 전략을 수정하였고, 이 모델은 다음과 같은 규칙으로 매매된다.

규칙

전략명: 일봉 다우 전략(DDT)

핵심 아이디어: 다우 이론

발표 시점: 1900년

적용 시장: 전체 시장

사용 지표: 없음

규칙 수: 3개

매수 규칙

필터: 일봉 다우 추세의 직전 변화가 손실일 경우에만 매매

예비 신호/진입 신호: 일봉 다우 추세가 하락에서 상승으로 반전

최초 손절매: 예비 신호 또는 진입 신호가 나온 일봉의 최저점을 하향 돌파할 때 매도

추적 손절매: 일봉 다우 추세가 상승에서 하락으로 반전

매도 규칙

필터: 일봉 다우 추세의 직전 변화가 손실일 경우에만 매매

예비 신호/진입 신호: 일봉 다우 추세가 상승에서 하락으로 반전

최초 손절매: 예비 신호 또는 진입 신호가 나온 일봉의 최고점을 상향 돌파할 때 매수

추적 손절매: 일봉 다우 추세가 하락에서 상승으로 반전

그림 9-16에 표시된 것처럼 최초 손절매 및 추적 손절매를 추가하여 일봉 다우 전략을 수정했다.

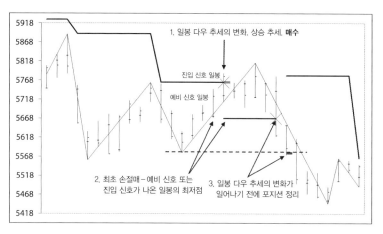

그림 9-16 일봉 최초 손절매를 도입하여 일봉 다우 전략의 손실을 보는 매매를 더 빨리 정리할 수 있다.

손실 필터와 손절매 계획을 추가한 일봉 다우 전략 검토

그림 9-17은 손실 필터와 최초 손절매를 모두 포함한 일봉 다우 전략의 성과를 요약한 것이다. 일봉 최초 손절매를 추가한 일봉 다우 전략은 계속해서 강력한 성과를 보여준다.

손실 필터와 손절매 계획을 추가한 일봉 다우 전략 비교

표 9-10은 선택 가능한 모델의 늘어나는 목록을 요약한다. 보다시피 최초 손절매를 도입하는 것이 일봉 다우 전략에 긍정적인 영향을 미쳤다.

일봉 최초 손절매를 도입함으로써 일봉 다우 전략의 기대치, 위험

전략: 손실 필터와 손절매를 추가한 일봉 다우 전략(DDT)　　　시장: EC, JY, BP, TY, FV, ZB, SP, ND, DJ, CL, NG, HO, GC, HG, SI, CO, SO, ZW, SB, KC, CT, LC, LH, GF

매매 시작: 1979년 11월 29일

매매 기간: 39.9년

생존 가능성

투자 자금 보할 수: 50

기대치: 16%

파산 위험: 0%

위험 보상(1계약)

순이익: $1,755,392

연평균 누적 수익률: 9%

MDD: −$158,902

위험 보상 비율(순이익/MDD): 11

계양 성과 지수: 2.7

평균 순실: −2.1%

총 매매 횟수: 11,306

평균 이익: $155

평균 슬리피지: −$51

이익 손실 비율: 1.3

승률: 36%

평균 이익/평균 손실: 2.3

자금 관리의 효율성

자금 관리(투자 비율): 2%

초기 투자금: $50,000

매매당 위험: −2.5%

순이익: $2,700,000,000

연평균 누적 수익률: 31%

매매의 난이도

고점 대비 하락(최장기간): 1,685일

최대 연속 손실: 22회

결정 계수: 97%

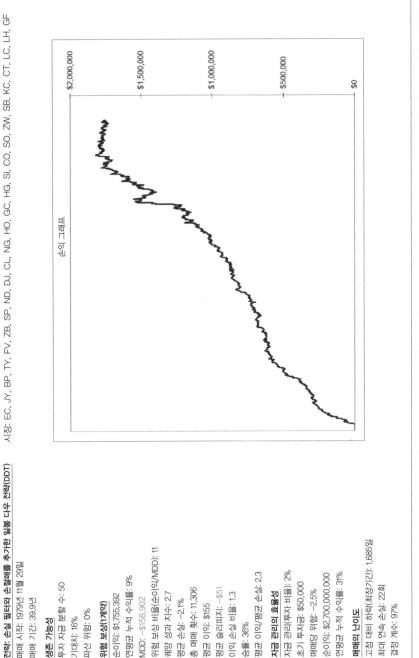

순익 그래프

$2,000,000

$1,500,000

$1,000,000

$500,000

$0

그림 9−17 일봉 최초 손절매를 도입하면 일봉 다우 전략의 성과 지표에 긍정적인 영향을 미치며, 특히 계양 성과 지수가 2.7에 도달하여 손실을 짧게 줄이는 것이 고점 대비 하락의 평균적인 길이와 폭을 줄여 모델의 위험 조정 성과를 개선한다는 것을 보여준다.

전략	유형	지속성		성과 분석											매매의 난이도		
				생존 가능성			위험 보상 비율				자금 관리의 효율성						
		발표	표본의 기간	기대치	자금 분할	파산 위험	순이익 ($)	고점 대비 최대 하락 ($)	위험 보상 비율	켈리 성과 지수	위험	자금 관리 성과 (m, $)	연평균 수익률	고점 대비 하락 기간	연속 손실 횟수	결정 계수 (R^2)
티틀 매매 전략	채널 돌파	1983	37	21%	50	0%	1,418,786	−95,107	15	2.2	−4.7%	257	24%	1,637	20	96%
일봉 다우 전략	스윙 포인트 돌파	1900	120	5%	50	0%	1,090,346	−250,428	4	1.4	−3.3%	167	23%	2,238	24	95%
주봉 다우 전략	스윙 포인트 돌파	1900	120	23%	50	0%	2,193,706	−181,634	12	2.3	−5.5%	1,400	29%	1,403	25	95%
월봉 다우 전략	스윙 포인트 돌파	1900	120	41%	50	0%	1,688,451	−170,287	10	1.6	−10.1%	8	13%	936	16	99%
일봉 다우 전략 (손실 필터)	스윙 포인트 돌파	1900	120	14%	50	0%	1,684,485	−149,512	11	2.4	−3.4%	2,300	31%	1,685	21	96%
주봉 다우 전략 (손실 필터)	스윙 포인트 돌파	1900	120	27%	50	0%	1,577,026	−130,703	12	2.0	−5.7%	474	26%	975	18	97%
월봉 다우 전략 (손실 필터)	스윙 포인트 돌파	1900	120	34%	50	0%	844,920	−108,963	8	0.9	−10.2%	2	10%	1,350	14	97%
일봉 다우 전략 (손실 필터+최초 손절매)	스윙 포인트 돌파	1900	120	16%	50	0%	1,755,392	−158,902	11	2.7	−2.5%	2,700	31%	1,685	22	97%

표 9-10 최초 일봉 손절매를 도입하는 것은 일봉 다우 전략의 대부분의 성과 지표를 개선한다.

조정된 궤양 성과 지수 및 효율성을 개선했다(궤양 성과 지수는 크게 개선되었다). 그러나 불행하게도, 최악의 역사적 고점 대비 하락을 감당할 수 있는 수준으로 낮추지는 못했다. 이제 일봉 최초 손절매를 도입하는 것이 주봉 다우 전략 혹은 월봉 다우 전략의 최악의 고점 대비 하락을 줄이는 데 도움이 되는지 알아보자.

손실 필터와 손절매 계획을 추가한 주봉 다우 전략 코드화

일봉 최초 손절매를 추가하기 위해 주봉 다우 전략을 수정하였고, 이 모델은 다음과 같은 규칙으로 매매된다.

규칙

전략명: 주봉 다우 전략(WDT)

핵심 아이디어: 다우 이론

발표 시점: 1900년

적용 시장: 전체 시장

사용 지표: 없음

규칙 수: 3개

매수 규칙

필터: 주봉 다우 추세의 직전 변화가 손실일 경우에만 매매

예비 신호/진입 신호: 주봉 다우 추세가 하락에서 상승으로 반전

최초 손절매: 예비 신호 또는 진입 신호가 나온 일봉의 최저점을 하향 돌파할 때 매도

추적 손절매: 주봉 다우 추세가 상승에서 하락으로 반전

매도 규칙

필터: 주봉 다우 추세의 직전 변화가 손실일 경우에만 매매

예비 신호/진입 신호: 주봉 다우 추세가 상승에서 하락으로 반전

최초 손절매: 예비 신호 또는 진입 신호가 나온 일봉의 최고점을 상향
　　　　　　돌파할 때 매수

추적 손절매: 주봉 다우 추세가 하락에서 상승으로 반전

　그림 9-18에 표시된 것처럼 최초 손절매 및 추적 손절매를 추가하
여 주봉 다우 전략을 수정했다.

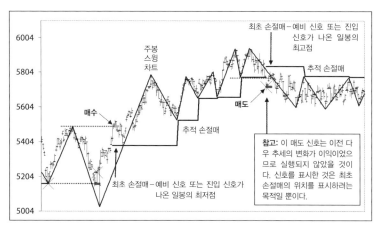

그림 9-18 일봉 최초 손절매를 도입하여 주봉 다우 전략의 손실을 보는 매매를 더 빨리 정리할 수 있다.

손실 필터와 손절매 계획을 추가한 주봉 다우 전략 검토

　그림 9-19는 손실 필터와 최초 일봉 손절매를 모두 포함한 이후
의 주봉 다우 전략의 성과를 요약한 것이다. 최초 일봉 손절매가 도

전략: 손실 필터와 손절매를 추가한 주봉 다우 전략(WDT) 시장: EC, JY, BP, TY, FV, ZB, SP, ND, DJ, CL, NG, HO, GC, HG, SI, CO, SO, ZW, SB, KC, CT, LC, LH, GF

매매 시작: 1979년 11월 16일

매매 기간: 40년

생존 가능성

투자 자금 분할 수: 50

기대치: 33%

파산 위험: 0%

위험 보상(1계약)

순이익: $1,160,253

연평균 누적 수익률: 8%

MDD: −$80,520

위험 보상 비율(순이익/MDD): 14

재앙 성과 지수: 1.8

평균 손실: −2.5%

총 매매 횟수: 2,923

평균 이익: $397

평균 슬리피지: −$51

이익 손실 비율: 1.5

승률: 29%

평균 이익/평균 손실: 3.5

자금 관리의 효율성

자금 관리(투자 비율): 2%

초기 투자금: $50,000

매매당 위험: −2.7%

순이익: $1,300,000,000

연평균 누적 수익률: 29%

매매의 난이도

고정 대비 하락(최장기간): 1,757일

최대 연속 손실: 19회

결정 계수: 96%

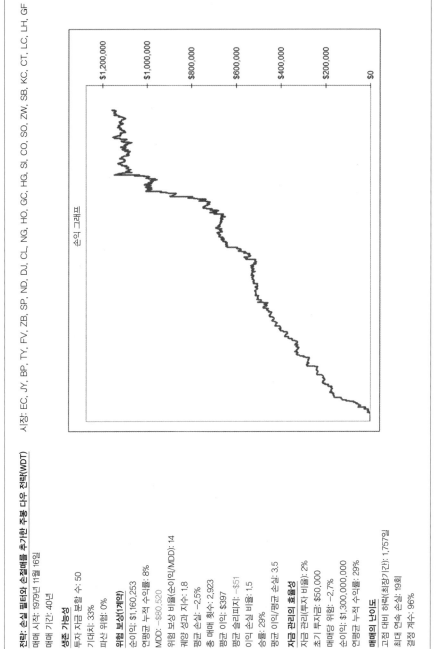

손익 그래프

그림 9-19 일봉 초츠 손절매를 도입하면 주봉 다우 전략의 성과에 긍정적인 영향을 미친다.

입되면서 주봉 다우 전략의 매매당 평균 위험은 −5.7%에서 절반 이하인 −2.7%로 줄어들었다.

손실 필터와 손절매 계획을 추가한 주봉 다우 전략 비교

표 9-11은 최초 일봉 손절매가 주봉 다우 전략에 미치는 영향을 요약한 것이다. 알다시피 작은 폭의 손절매를 사용하는 이점은 전략의 매매당 포지션 크기 확대와 효율성의 향상이다. 최초 일봉 손절매를 도입하면서 주봉 다우 전략의 평균 위험이 −5.7%에서 −2.7%로 절반가량 감소해 순이익은 4억 7400만 달러에서 13억 달러로 증가했다. 이로써 주봉 다우 전략의 연평균 누적 수익률(CAGR)은 26%에서 29%로 뛰어올랐다. 아주 훌륭하다.

성과가 많이 향상되었을 뿐만 아니라 고점 대비 최대 하락 폭이 −13만 703달러에서 −8만 520달러로 38% 감소했다. 성과와 위험을 모두 잡았다. 유일한 실망은 위험 조정 궤양 성과 지수가 평균 단위 위험당 2.0 단위의 초과 수익을 냈는데 1.8 단위로 떨어진 것이다. 이것이 실망스럽기는 하지만, 엄청난 수익성을 고려할 때 협상을 결렬시킬 만한 정도는 아니다. 손실을 짧게 자른 것은 확실히 주봉 다우 전략에 효과가 있었다.

손실 필터와 손절매 계획을 추가한 월봉 다우 전략 코드화

일봉 최초 손절매를 추가하는 것이 월봉 다우 전략에 어떤 도움이 되는지 알아보자. 나는 월봉 다우 전략을 수정하여 이 모델이 다음 규칙을 따라 매매하도록 바꾸었다.

전략	유형	지속성		생존			성과 분석					자금 관리효율성			매매의 난이도		
		발표	표본의 기간	기대치	자금 분할	파산 위험	순이익($)	위험 보상 비율		켈리 성과 지수		위험	자금 관리 성과 (m, $)	연평균 수익률	고점 대비 하락 기간	연속 손실 횟수	결정 계수 (R²)
								고점 대비 최대 하락($)	위험 보상 비율								
터틀 매매 전략	채널 돌파	1983	37	21%	50	0%	1,418,786	-95,107	15	2.2		-4.7%	257	24%	1,637	20	96%
일봉 다우 전략	스윙 포인트 돌파	1900	120	5%	50	0%	1,090,346	-250,428	4	1.4		-3.3%	167	23%	2,238	24	95%
주봉 다우 전략	스윙 포인트 돌파	1900	120	23%	50	0%	2,193,706	-181,634	12	2.3		-5.5%	1,400	29%	1,403	25	95%
월봉 다우 전략	스윙 포인트 돌파	1900	120	41%	50	0%	1,688,451	-170,287	10	1.6		-10.1%	8	13%	936	16	99%
일봉 다우 전략 (손실 필터)	스윙 포인트 돌파	1900	120	14%	50	0%	1,684,485	-149,512	11	2.4		-3.4%	2,300	31%	1,685	21	96%
주봉 다우 전략 (손실 필터)	스윙 포인트 돌파	1900	120	27%	50	0%	1,577,026	-130,703	12	2.0		-5.7%	474	26%	975	18	97%
월봉 다우 전략 (손실 필터)	스윙 포인트 돌파	1900	120	34%	50	0%	844,920	-108,963	8	0.9		-10.2%	2	10%	1,350	14	97%
일봉 다우 전략 (손실 필터+ 최초 손절매)	스윙 포인트 돌파	1900	120	16%	50	0%	1,755,392	-158,902	11	2.7		-2.5%	2,700	31%	1,685	22	97%
주봉 다우 전략 (손실 필터+ 최초 손절매)	스윙 포인트 돌파	1900	120	33%	50	0%	1,160,253	-80,520	14	1.8		-2.7%	1,300	29%	1,757	19	96%

표 9-11 최초 일봉 손절매를 도입하면서 주봉 다우 전략의 최악의 고점 대비 하락이 터틀 매매 전략의 고점 대비 하락 이래로 내려왔고, 이와 동시에 돈을 버는 효율성이 극적으로 높아졌다. 성과와 위험을 모두 잡은 것이다.

규칙

전략명: 월봉 다우 전략(MDT)

핵심 아이디어: 다우 이론

발표 시점: 1900년

적용 시장: 전체 시장

사용 지표: 없음

규칙 수: 3개

매수 규칙

필터: 월봉 다우 추세의 직전 변화가 손실일 경우에만 매매

예비 신호/진입 신호: 월봉 다우 추세가 하락에서 상승으로 반전

최초 손절매: 예비 신호 또는 진입 신호가 나온 일봉의 최저점을 하
향 돌파할 때 매도

추적 손절매: 월봉 다우 추세가 상승에서 하락으로 반전

매도 규칙

필터: 월봉 다우 추세의 직전 변화가 손실일 경우에만 매매

예비 신호/진입 신호: 월봉 다우 추세가 상승에서 하락으로 반전

최초 손절매: 예비 신호 또는 진입 신호가 나온 일봉의 최고점을 상
향 돌파할 때 매수

추적 손절매: 월봉 다우 추세가 하락에서 상승으로 반전

그림 9-20과 같이 월봉 다우 전략을 최초 손절매 및 추적 손절매가
모두 포함되도록 수정했다.

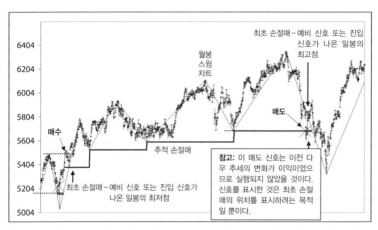

그림 9-20 일봉 최초 손절매를 도입하여 월봉 다우 전략의 손실을 보는 매매를 더 빨리 정리할 수 있다.

손실 필터와 손절매 계획을 추가한 월봉 다우 전략 검토

그림 9-21은 손실 필터와 일봉 최초 손절매를 모두 포함한 월봉 다우 전략의 성과를 요약한 것이다.

손실 필터와 손절매 계획을 추가한 월봉 다우 전략 비교

표 9-12는 일봉 최초 손절매를 도입한 것이 월봉 다우 전략의 최악의 고점 대비 하락의 축소에 현저한 영향을 미쳤음을 보여준다.

가장 반가운 것은 역사상 가장 최악의 고점 대비 하락이 -6만 3,000 달러 미만으로 44% 감소했지만, 단일 포지션 기준의 순이익에는 22%의 영향만 미친다는 점이다. 또한 평균 위험이 -10.2%에서 -2.9%로 70% 이상 감소하면서 돈을 버는 효율성이 200만 달러에서 1500만 달러로 향상되었다. 더 작은 폭의 손절매를 사용하여 매매하는 것은 확실히 효과가 있다.

전략: 손실 필터와 손절매를 추가한 월봉 다우 전략(MDT)

매매 시작: 1979년 11월 1일

매매 기간: 40년

시장: EC, JY, BP, TY, FV, ZB, SP, ND, DJ, CL, NG, HO, GC, HG, SI, CO, SO, ZW, SB, KC, CT, LC, LH, GF

생존 가능성

투자 자금 분할 수: 50

기대치: 80%

파산 위험: 0%

위험 보상(1계약)

순이익: $650,835

연평균 누적 수익률: 7%

MDD: -$62,723

위험 보상 비율(순이익/MDD): 10

재앙 성과 지수: 0.9

평균 순실: -2.8%

총 매매 횟수: 617

평균 이익: $1,055

평균 슬리피지: -$51

이익 손실 비율: 2.0

승률: 20%

평균 이익/평균 순실: 7.8

자금 관리의 효율성

자금 관리(투자 비율): 2%

초기 투자금: $50,000

매매당 위험: -2.9%

순이익: $15,000,000

연평균 누적 수익률: 15%

매매의 난이도

고정 대비 하락(최장기간): 2,637일

최대 연속 손실: 21회

결정 계수: 95%

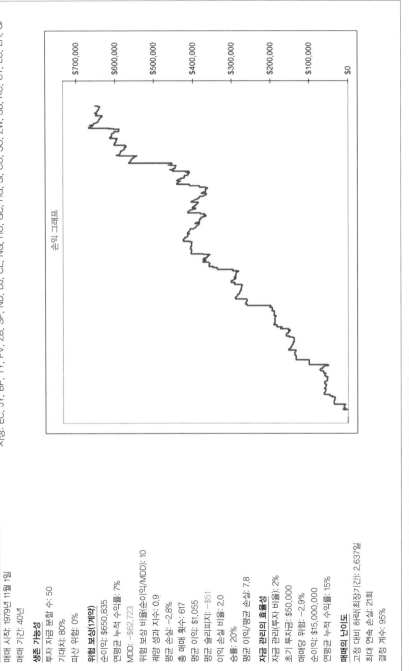

순익 그래프

그림 9-21 일봉 최초 손절매를 도입하면 월봉 다우 전략의 성과에 긍정적인 영향을 미친다.

전략	유형	지속성		생존 가능성			성과 분석							매매의 난이도		
								위험 보상 비율			자금 관리의 효율성					
		발표	표본의 기간	기대치	자금 분할	파산 위험	순이익 ($)	고정 대비 최대 하락 ($)	위험 보상 비율	궤양 성과 지수	위험	자금 관리 성과 (m, $)	연평균 수익률	고정 대비 하락 기간	연속 손실 횟수	결정 계수 (R²)
터틀 매매 전략	채널 돌파	1983	37	21%	50	0%	1,418,786	-95,107	15	2.2	-4.7%	257	24%	1,637	20	96%
일봉 다우 전략	스윙 포인트 돌파	1900	120	5%	50	0%	1,090,346	-250,428	4	1.4	-3.3%	167	23%	2,238	24	95%
주봉 다우 전략	스윙 포인트 돌파	1900	120	23%	50	0%	2,193,706	-181,634	12	2.3	-5.5%	1,400	29%	1,403	25	95%
월봉 다우 전략	스윙 포인트 돌파	1900	120	41%	50	0%	1,688,451	-170,287	10	1.6	-10.1%	8	13%	936	16	99%
일봉 다우 전략 (손실 필터)	스윙 포인트 돌파	1900	120	14%	50	0%	1,684,485	-149,512	11	2.4	-3.4%	2,300	31%	1,685	21	96%
주봉 다우 전략 (손실 필터)	스윙 포인트 돌파	1900	120	27%	50	0%	1,577,026	-130,703	12	2.0	-5.7%	474	26%	975	18	97%
월봉 다우 전략 (손실 필터)	스윙 포인트 돌파	1900	120	34%	50	0%	844,920	-108,963	8	0.9	-10.2%	2	10%	1,350	14	97%
일봉 다우 전략 (손실 필터+ 최초 순절매)	스윙 포인트 돌파	1900	120	16%	50	0%	1,755,392	-158,902	11	2.7	-2.5%	2,700	31%	1,685	22	97%
주봉 다우 전략 (손실 필터+ 최초 순절매)	스윙 포인트 돌파	1900	120	33%	50	0%	1,160,253	-80,520	14	1.8	-2.7%	1,300	29%	1,757	19	96%
월봉 다우 전략 (손실 필터+ 최초 순절매)	스윙 포인트 돌파	1900	120	80%	50	0%	650,835	-62,723	10	0.9	-2.9%	15	15%	2,637	21	95%

표 9-12 최초 일봉 순절매를 도입한 것이 월봉 다우 전략의 최악의 고점 대비 하락을 감소시키는 네 전략의 최악의 고점 대비 하락을 감소시키는데 긍정적인 영향을 미치지만, 정확도가 20%까지 떨어지는 높은 부담을 감수해야 한다. 개인투자자에게는 너무 먼 세상의 이야기일 수 있는 수준이다.

하지만 마침내 고점 대비 하락이 더 감당할 수 있는 수준으로 떨어졌음에도 불구하고, 즉 터틀 매매 전략의 고점 대비 하락보다 확실히 낮은 수준으로 떨어졌음에도 불구하고, 내 생각에는 이것이 여전히 합리적인 매매 계획의 최종 목적지에 도달한 것은 아니라고 여겨진다. 첫째, 촘촘한 손절매를 사용하면서 정확도, 즉 승률이 20%로 떨어져 이를 따르기가 어려운 매매 기법이 되었다. 투자자는 기대치를 얻을 기회를 갖기 위해서만 매매해야 한다는 것을 알지만, 현실적으로 20%의 정확성을 갖는 전략은 일반 개인투자자가 따라 하기에는 너무 어려울 수 있다. 그리고 둘째, 그리고 더 중요한 것은, 터틀 매매 전략이 여전히 돈을 버는 데 훨씬 더 효율적이라는 것이다.

그러나 손실 필터와 일봉 최초 손절매가 있는 월봉 다우 전략은 세 가지 황금 원리를 옹호하기 위한, 개인적으로 의미 있는 전략이다. 월봉 다우 추세의 변화를 이용하는 것은 확실히 전략을 강한 추세에 맞추는 것이다. 월봉 진입 신호와 일봉 최초 손절매를 함께 사용하면 분명 손실을 줄인다. 그리고 월봉 스윙 포인트를 추적 손절매로 사용하면 확실히 이익이 지속되도록 한다. 월봉 다우 전략은 분명 추세 추종 매매의 세 가지 황금 원리의 전형으로 여겨질 만한 것이다. 더 나은 성과를 내는 다우 모델들이 있으므로 이것이 최고의 전략이라고는 말할 수 없겠지만, 이것은 확실히 추세 추종 매매의 본질, 즉 추세를 따라 매매하고, 손실을 짧게 하며, 이익을 길게 유지하는 추세 추종 전략의 전형이라고 할 수 있다.

지금까지 나는, 다우 이론의 고점 대비 하락을 줄이겠다는 주된 목표를 달성해왔지만, 때때로 성과가 줄어드는 대가를 치르기도 했다.

이제 다른 아이디어를 하나 더 시도해보자.

다중 타임프레임을 이용한 매매 기법 조정

다음으로 나는 여러 타임프레임의 다우 모델을 결합하고 싶다. 더 긴 타임프레임의 진입 신호가 더 짧은 타임프레임의 매매 계획과 어떻게 결합할 수 있을까? 더 긴 타임프레임, 이를테면 주봉 혹은 월봉 다우 추세의 변화에 신규 포지션을 취하고, 일봉 다우 추세의 변화를 추적 손절매로 사용하면 될 것이다. 이 아이디어는 그런 결합이 고점 대비 하락을 감소시킬 수 있는지를 알아보려는 것이다. 이제부터 살펴보자.

손실 필터와 일봉 스윙 포인트 추적 손절매를 추가한 주봉 다우 전략 코드화

일봉 최초 손절매 및 일봉 추적 손절매를 사용하도록 주봉 다우 전략을 수정했다. 주봉 다우 전략은 이제 다음 규칙에 따라 매매한다.

규칙

전략명: 주봉 다우 전략(WDT)

핵심 아이디어: 다우 이론

발표 시점: 1900년

적용 시장: 전체 시장

사용 지표: 없음

규칙 수: 4개

매수 규칙

필터: 주봉 다우 추세의 직전 변화가 손실일 경우에만 매매

예비 신호/진입 신호: 주봉 다우 추세가 하락에서 상승으로 반전

최초 손절매: 예비 신호 또는 진입 신호가 나온 일봉의 최저점을 하향 돌파할 때 매도

추적 손절매: 일봉 다우 추세가 상승에서 하락으로 반전

매도 규칙

필터: 주봉 다우 추세의 직전 변화가 손실일 경우에만 매매

예비 신호/진입 신호: 주봉 다우 추세가 상승에서 하락으로 반전

최초 손절매: 예비 신호 또는 진입 신호가 나온 일봉의 최고점을 상향 돌파할 때 매수

추적 손절매: 일봉 다우 추세가 하락에서 상승으로 반전

그림 9-22와 같이 주봉 다우 전략을 일봉 최초 손절매 및 일봉 스윙 포인트 추적 손절매를 사용하여 매매하도록 수정했다.

손실 필터와 일봉 스윙 포인트 추적 손절매를 추가한 주봉 다우 전략 검토

그림 9-23은 일봉 최초 손절매와 일봉 스윙 포인트 추적 손절매를 포함한 이후의 주봉 다우 전략의 성과를 요약한 것이다.

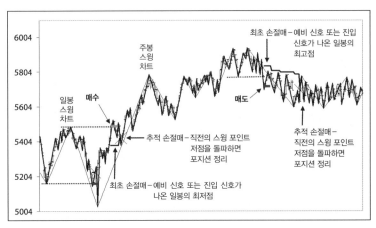

그림 9-22 일봉 스윙 포인트 추적 손절매를 도입하면 주봉 다우 전략이 다중 타임프레임을 사용하는 다우 모델로 변환된다.

손실 필터와 일봉 스윙 포인트 추적 손절매를 추가한 주봉 다우 전략 비교

표 9-13은 선택 가능한 모델의 늘어나는 목록을 요약하여 보여 준다.

주봉 다우 전략에 일봉 최초 손절매 및 일봉 스윙 포인트 추적 손절 매를 도입했을 때 고점 대비 하락이 -8만 520달러에서 -6만 9,487 달러로 14% 감소함으로써 나의 주요 목표를 확실히 달성했다. 하지 만 이런 개선을 위해 값비싼 대가를 치러야 했다. 전략의 성과는 순이 익이 13억 달러에서 4억 8800만 달러로 62% 감소했다. 너무 비싼 대가를 치른 것이다. 또한 위험 조정 궤양 성과 지수가 1.2로 33% 감 소했다.

월봉 다우 전략에 다중 타임프레임 손절매를 추가했을 때는 무엇이 드러나는지 살펴보자.

전략: 손실 필터와 일봉 스윙 포인트

주식 순결매를 추가한 주봉 다우 전략(WDT)

매매 시작: 1979년 11월 16일

매매 기간: 40년

시장: EC, JY, BP, TY, FV, ZB, SP, ND, DJ, CL, NG, HO, GC, HG, SI, CO, SO, ZW, SB, KC, CT, LC, LH, GF

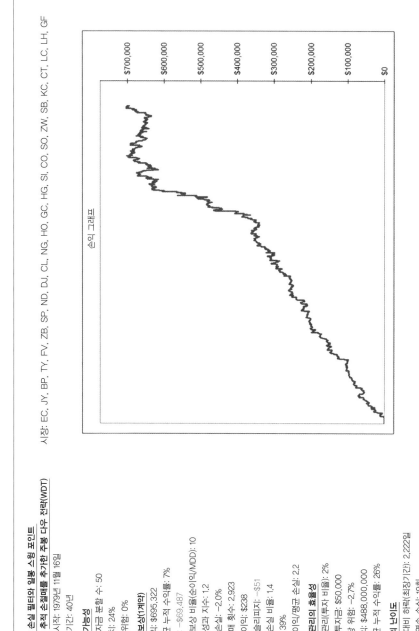

순익 그래프

$700,000
$600,000
$500,000
$400,000
$300,000
$200,000
$100,000
$0

생존 가능성

투자 자금 분할 수: 50

기대치: 24%

파산 위험: 0%

위험 보상(1계약)

순이익: $695,322

연평균 누적 수익률: 7%

MDD: −$69,487

위험 보상 비율(순이익/MDD): 10

제앙 성과 지수: 1.2

평균 순실: −2.0%

총 매매 횟수: 2,923

평균 이익: $238

평균 슬리피지: −$51

이익 손실 비율: 1.4

승률: 39%

평균 이익/평균 손실: 2.2

자금 관리의 효율성

자금 관리(투자 비율): 2%

초기 투자금: $50,000

매매당 위험: −2.7%

순이익: $488,000,000

연평균 누적 수익률: 26%

매매의 난이도

고점 대비 하락(최장기간): 2,222일

최대 연속 손실: 19회

결정 계수: 95%

그림 9-23 일봉 스윙 포인트 주식 순결매를 도입하면 주봉 다우 전략의 최악의 고점 대비 하락이 감소한다.

전략	유형	지속성		생존 가능성			성과 분석				자금 관리의 효율성			매매의 난이도		
								위험 보상 비율								
		발표	표본의 기간	기대치	자금 분할 위험	파산 위험	순이익 ($)	고점 대비 최대 하락 ($)	위험 보상 비율	계양 성과 지수	위험	자금 관리 성과 (m, $)	연평균 수익률	고점 대비 하락 기간	연속 손실 횟수	결정 계수 (R²)
타틀 매매 전략	채널 돌파	1983	37	21%	50	0%	1,418,786	-95,107	15	2.2	-4.7%	257	24%	1,637	20	96%
일봉 다우 전략	스윙 포인트 돌파	1900	120	5%	50	0%	1,090,346	-250,428	4	1.4	-3.3%	167	23%	2,238	24	95%
주봉 다우 전략	스윙 포인트 돌파	1900	120	23%	50	0%	2,193,706	-181,634	12	2.3	-5.5%	1,400	29%	1,403	25	95%
월봉 다우 전략	스윙 포인트 돌파	1900	120	41%	50	0%	1,688,451	-170,287	10	1.6	-10.1%	8	13%	936	16	99%
일봉 다우 전략 (순길 필터)	스윙 포인트 돌파	1900	120	14%	50	0%	1,684,485	-149,512	11	2.4	-3.4%	2,300	31%	1,685	21	96%
주봉 다우 전략 (순길 필터)	스윙 포인트 돌파	1900	120	27%	50	0%	1,577,026	-130,703	12	2.0	-5.7%	474	26%	975	18	97%
월봉 다우 전략 (순길 필터)	스윙 포인트 돌파	1900	120	34%	50	0%	844,920	-108,963	8	0.9	-10.2%	2	10%	1,350	14	97%
일봉 다우 전략 (순길 필터+최초 순접매)	스윙 포인트 돌파	1900	120	16%	50	0%	1,755,392	-158,902	11	2.7	-2.5%	2,700	31%	1,685	22	97%
주봉 다우 전략 (순길 필터+최초 순접매)	스윙 포인트 돌파	1900	120	33%	50	0%	1,160,253	-80,520	14	1.8	-2.7%	1,300	29%	1,757	19	96%
월봉 다우 전략 (순길 필터+최초 순접매)	스윙 포인트 돌파	1900	120	80%	50	0%	650,835	-62,723	10	0.9	-2.9%	15	15%	2,637	21	95%
주봉 다우 전략 (순길 필터+일봉 최초/주적 순접매)	스윙 포인트 돌파	1900	120	24%	50	0%	695,322	-69,487	10	1.2	-2.7%	488	26%	2,222	19	95%

표 9-13 좋은 소식은 일봉 스윙 포인트 추적 순접매를 도입했을 때 최악의 고점 대비 하락 폭이 줄어든다는 것이다. 하지만 나쁜 소식은 그것이 성과를 떨어뜨리는 비율을 치르게 한다는 점이다.

손실 필터와 일봉 스윙 포인트 추적 손절매를 추가한 월봉 다우 전략 코드화

일봉 최초 손절매 및 일봉 스윙 포인트 추적 손절매를 사용하도록 월봉 다우 전략을 수정했다. 월봉 다우 전략은 이제 다음 규칙에 따라 매매한다.

규칙

전략명: 월봉 다우 전략(MDT)

핵심 아이디어: 다우 이론

발표 시점: 1900년

적용 시장: 전체 시장

사용 지표: 없음

규칙 수: 4개

매수 규칙

필터: 월봉 다우 추세의 직전 변화가 손실일 경우에만 매매

예비 신호/진입 신호: 월봉 다우 추세가 하락에서 상승으로 반전

최초 손절매: 예비 신호 또는 진입 신호가 나온 일봉의 최저점을 하향 돌파할 때 매도

추적 손절매: 일봉 다우 추세가 상승에서 하락으로 반전

매도 규칙

필터: 월봉 다우 추세의 직전 변화가 손실일 경우에만 매매

예비 신호/진입 신호: 월봉 다우 추세가 상승에서 하락으로 반전

최초 손절매: 예비 신호 또는 진입 신호가 나온 일봉의 최고점을 상

향 돌파할 때 매수

추적 손절매: 일봉 다우 추세가 하락에서 상승으로 반전

그림 9-24와 같이 월봉 다우 전략을 일봉 최초 손절매 및 일봉 스윙 포인트 추적 손절매를 사용하여 매매하도록 수정했다.

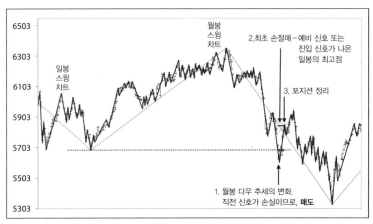

그림 9-24 일봉 스윙 포인트 추적 손절매를 도입하면 월봉 다우 전략이 다중 타임프레임을 사용하는 다우 모델로 변환된다.

손실 필터와 일봉 스윙 포인트 추적 손절매를 추가한 월봉 다우 전략 검토

그림 9-25는 일봉 최초 손절매 및 일봉 스윙 포인트 추적 손절매를 포함한 후의 월봉 다우 전략의 성과를 요약한 것이다. 다중 타임프레임의 손절매 계획을 월봉 다우 전략과 결합하는 것이 긍정적으로 보이지는 않는다.

전략: 손실 필터와 일봉 스윙 포인트

주식 순절매를 추가한 일봉 다우 전략(MDT)

매매 시작: 1979년 11월 1일

매매 기간: 40년

생존 가능성

투자 자금 보함 수: 50

기대치: 34%

파산 위험: 0%

위험 보상(1계약)

순이익: $205,571

연평균 누적 수익률: 4%

MDD: –$33,057

위험 보상 비율(순이익/MDD): 6

꿰양 성과 지수: 0.3

평균 손실: –2.2%

총 매매 횟수: 622

평균 이익: $331

평균 슬리피지: –$51

이익 손실 비율: 1.5

승률: 37%

평균 이익/평균 손실: 2.6

자금 관리의 효율성

자금 관리(투자 비율): 2%

초기 투자금: $50,000

매매당 위험: –2.9%

순이익: $293,234

연평균 누적 수익률: 5%

매매의 난이도

고정 대비 하락(최장기간): 4,362일

최대 연속 손실: 13회

결정 계수: 88%

시장: EC, JY, BP, TY, FV, ZB, SP, ND, DJ, CL, NG, HO, GC, HG, SI, CO, SO, ZW, SB, KC, CT, LC, LH, GF

일봉 다우 전략의 최악의 고점 대비 하락 폭을 줄였음에도 불구하고 일봉 다우 전략에 전반적으로 긍정적인 영향을 미치지 않

그림 9–25 일봉 스윙 포인트 추식 순절매를 도입하는 것이 일봉 다우 전략의 최악의 고점 대비 하락 폭을 줄였음에도 불구하고 일봉 다우 전략에 전반적으로 긍정적인 영향을 미치지 않는 것으로 보인다.

손실 필터와 일봉 스윙 포인트 추적 손절매를 추가한 월봉 다우 전략 비교

표 9-14는 일봉 최초 손절매 및 일봉 스윙 포인트 추적 손절매가 도입되면서 월봉 다우 전략의 최악의 고점 대비 하락 폭이 현저히 감소했음을 보여준다. 이것은 지금까지 달성한 것 중 가장 작은 값이다.

고점 대비 하락 폭을 줄이려는 나의 주된 목표에 따르면, 일봉 최초 손절매 및 일봉 스윙 포인트 추적 손절매를 추가한 월봉 다우 전략이 터틀 매매 전략을 무너뜨릴 수 있는 전략으로 보인다. 이것은 -3만 3,057달러로 가장 낮은 고점 대비 하락 폭을 가지고 있다. 하지만 엄청난 대가를 치른 결과다. 수익성이 완전히 무너졌다. 궤양 성과 지수가 0.3으로 떨어지면서 위험 조정 성과가 거의 사라졌다. 가장 긴 고점 대비 하락 기간은 4,362일이라는 불편한 수준으로 날아올랐다. 나쁜 소식은 이 조합이 고점 대비 하락 폭을 줄이려는 나의 목표와 부합하지만 가장 매력적이지 않다는 불명예를 안게 될 것이라는 점이다. 좋은 소식은 전략을 손질하는 나의 여정이 종착역에 다가왔다는 것이다.

당신의 선택

내가 제공한 어떤 조합이든 터틀 매매 전략을 뛰어넘을 만큼 좋은지 아닌지를 결정하는 것은 개인투자자의 몫이다. 나로서는, 여전히 큰 폭의 고점 대비 하락에도 불구하고 손실 필터, 일봉 최초 손절매 및 주봉 스윙 포인트 추적 손절매를 포함하는 수정된 주봉 다우 전략(MWDT)이 가장 우수하다고 생각한다.

전략	유형	지속성		생존 가능성			성과 분석							매매의 난이도		
							위험 보상 비율				자금 관리의 효율성					
		발표	표본의 기간	기대치	자금 보함률	파산 위험	순이익 ($)	고정 대비 최대 하락 ($)	위험 보상 비율 ($)	위험 조정 성과 지수	위험	자금 관리 성과 (m, $)	연평균 수익률	고정 대비 하락 기간	연속 손실 횟수	결정 계수 (R^2)
터틀 매매 전략	채널 돌파	1983	37	21%	50	0%	1,418,786	−95,107	15	2.2	−4.7%	257	24%	1,637	20	96%
일봉 다우 전략	스윙 포인트 돌파	1900	120	5%	50	0%	1,090,346	−250,428	4	1.4	−3.3%	167	23%	2,238	24	95%
주봉 다우 전략	스윙 포인트 돌파	1900	120	23%	50	0%	2,193,706	−181,634	12	2.3	−5.5%	1,400	29%	1,403	25	95%
월봉 다우 전략	스윙 포인트 돌파	1900	120	41%	50	0%	1,688,451	−170,287	10	1.6	−10.1%	8	13%	936	16	99%
일봉 다우 전략 (손실 필터)	스윙 포인트 돌파	1900	120	14%	50	0%	1,684,485	−149,512	11	2.4	−3.4%	2,300	31%	1,685	21	96%
주봉 다우 전략 (손실 필터)	스윙 포인트 돌파	1900	120	27%	50	0%	1,577,026	−130,703	12	2.0	−5.7%	474	26%	975	18	97%
월봉 다우 전략 (손실 필터)	스윙 포인트 돌파	1900	120	34%	50	0%	844,920	−108,963	8	0.9	−10.2%	2	10%	1,350	14	97%
일봉 다우 전략 (손실 필터+ 최초 손절매)	스윙 포인트 돌파	1900	120	16%	50	0%	1,755,392	−158,902	11	2.7	−2.5%	2,700	31%	1,685	22	97%
주봉 다우 전략 (손실 필터+ 최초 손절매)	스윙 포인트 돌파	1900	120	33%	50	0%	1,160,253	−80,520	14	1.8	−2.7%	1,300	29%	1,757	19	96%
월봉 다우 전략 (손실 필터+ 최초 손절매)	스윙 포인트 돌파	1900	120	80%	50	0%	650,835	−62,723	10	0.9	−2.9%	15	15%	2,637	21	95%
주봉 다우 전략 (손실 필터+ 일봉 최초 /주식 손절매)	스윙 포인트 돌파	1900	120	24%	50	0%	695,322	−69,487	10	1.2	−2.7%	488	26%	2,222	19	95%
월봉 다우 전략 (손실 필터+ 일봉 최초 /주식 손절매)	스윙 포인트 돌파	1900	120	34%	50	0%	205,571	−33,057	6	0.3	−2.9%	0.3	5%	4,362	13	88%

표 9–14 가장 작은 고정 대비 하락 폭을 기록했음에도 불구하고, 일봉 최초 손절매 및 일봉 스윙 포인트 추적 손절매를 도입하는 것이 일봉 다우 전략의 성과에 전반적으로 부정적인 영향을 미쳤다.

터틀 매매 전략과 성과를 비교하면 다음과 같다.

	MWDT 손실 필터 +일봉 최초 손절매	터틀 매매 전략	비교
기대치	33%	21%	+57%
순이익	$1,160,000	$1,419,000	−18%
고점 대비 하락	−$80,000	−$95,000	−16%
위험 보상 비율	14	15	−7%
궤양 성과 지수	1.8	2.2	−18%
자금 관리를 적용한 순이익	$1,300,000,000	$257,000,000	+406%
연평균 누적 수익률(CAGR)	29%	24%	+21%
최장 고점 대비 하락	1,757일	1,637일	+7%
연속 손실 횟수	19	20	−5%
결정 계수(R^2)	96%	96%	+0%

첫째, 일반적인 개인투자자의 관점에서 볼 때, 수정된 주봉 다우 전략의 작은 고점 대비 하락 폭은 큰 매력이다. 둘째, 위험 보상 비율은 터틀 매매 전략에 뒤처지지만, 2억 5700만 달러를 벌어들인 터틀 매매 전략과 비교하여 13억 달러를 벌어들여 연평균 누적 수익률(CAGR) 29%를 기록하면서 뒤처진 위험 보상 비율을 몇 배로 보충한다. 초기 위험이 -2.7%로 낮으므로 초기 위험이 -4.7%인 터틀 매매 전략과 비교하면 투자자가 훨씬 빠르게 투자 자산을 늘릴 수 있어 돈을 버는 데 훨씬 효율적이다. 게다가 의심할 여지 없이, 수정된 주봉 다우 전략은 지속성이 더 강하다. 다우 이론은 (터틀 매매 전략의 기반인) 리처드 던키안의 강력한 4주 채널 전략보다 훨씬 더 오래 존재해왔기 때문이다.

손익 그래프 안정성 검토

   나의 전략 개발 청사진의 마지막 단계는 손익 그래프 안정성 검토를 수행하는 것이다. 지금 이 단계를 수정된 주봉 다우 전략에 적용하는 것은 매우 불필요한 작업이다. 1983년의 손실 필터와는 별개로, 수정된 주봉 다우 전략은 100% 다우 이론에 따른 것이며 성과 대부분이 표본 외 데이터에서의 결과물이다. 모델이 지속성을 갖고 있다는 부인할 수 없는 증거를 제공하는 표본 외 데이터에서의 성과가 있는 것이다. 하지만 나의 전략 개발 과정을 시연하기 위해 손익 그래프의 안정성 검토를 완료하겠다.

목적

   안정성 검토의 목적은 전략의 손익 그래프가 안정적인지를 판단하는 것이다. 다양한 변숫값에서 0%의 파산 위험을 유지할 정도로 안정적이고 매매하기에 수월한지를 알아내야 한다. 이를 위해서는 선택 가능한 전체 손익 그래프, 기대치 및 파산 위험 계산을 알아야 한다. 선택 가능한 손익 그래프의 범위는 전략의 변수 수와 허용되는 조정 횟수의 함수로 결정된다. 변수가 많고 조정이 많을수록 선택 가능한 손익 그래프의 범위가 넓어진다. 선택 가능한 손익 그래프가 많을수록 하나 이상의 손익 그래프가 0% 이상의 파산 위험 계산을 만들 가능성이 커진다. 이것은 우리가 바라는 바가 아닐 것이다. 그러나 손익 그래프 안정성 검토가 완료될 때까지는 그 사실을 알 수 없다.

   그림 9-26은 수정된 주봉 다우 전략에 대한 나의 손익 그래프 안정

성 검토를 요약한 것이다.

손익 그래프 안정성 검토

전략		반전 추세 전략	수정된 주봉 다우 전략
예비 신호		34일 이동평균 250일 이동평균 RSI(4일, 80%)	주봉 다우 전략 손실 필터 일봉 최초 손절매
성공하는 전략의 속성			
측정 가능성	기대치	9%	33%
	투자 자금 분할 수	20	50
	파산 위험	0%	0%
지속성			
증거	표본 외 데이터에서의 성과	없다	있다
특성			
확장성	다양한 포트폴리오에서의 수익성	있다	있다
	손익 그래프 안정성 검토		
	지표에 사용되는 변수의 개수	4	0
우수한	변수 조정의 개수	4	0
설계	가능한 손익 그래프의 개수	256	1
원칙	손익 그래프의 등락 정도	크다	없다
	기대치의 등락 정도	크다	없다
	변수 조합 중 파산 위험이 0%를 초과하는 것이 있는가?	있다	없다
	손익 그래프가 매매할 수 있을 만큼 안정적인가?	**아니다**	**그렇다**

그림 9-26 손익 그래프 안정성 검토 결과, 손실 필터, 일봉 최초 손절매 및 주봉 스윙 포인트 추적 손절매가 있는 수정된 주봉 다우 전략은 안정적인 손익 그래프를 갖고 있다.

　수정된 주봉 다우 전략이 얼마나 지속성이 있는지 알아보기 위해 제5장의 반전 추세 전략(RTT) 검토를 비교 대상에 포함시켰다. 보다시피, 이것은 비교적 간단한 검토 과정이었다. 손실 필터와 일봉 최초 손절매를 포함하는 수정된 주봉 다우 전략은 반전 추세 전략과 달리 주관적인 변수 의존적 지표들을 포함하지 않는다. 수정된 주봉 다우 전략은 단지 하나의 손익 그래프를 갖고 있으며, 그것이 잘 작동하거나 혹은 그렇지 않거나 둘 중 하나다. 보다시피 수정된 주봉 다우 전략은 잘 작동한다. 이 전략은 유리한 결과를 얻기 위해 변숫값을 설정할 필요가 없다. 다우 이론은 객관적이고 독립적인 테스트를 통과한다. 다우 이론은 순수하게 100% 가격만을 사용한다. 다우 이론은 100% 객관적이다. 어느 누구도 다우 추세의 변화를 조정하거나 왜곡시키거나 손댈 수 없다. 그 누구도 할 수 없고, 당신도 마찬가지다. 나도 마찬가지이고, 중앙은행도 예외가 될 수 없다. 그리고 심지어 시장의 극한의 역경마저도 이것을 손댈 수 없다. 이것은 순수한 100% 시장 행동이다. 당신은 여기에 어떤 영향도 미칠 수 없다. 나도 마찬가지다. 다우 이론이 잘 작동하거나 혹은 그렇지 않거나 둘 중 하나일 뿐인데, 다우 이론은 잘 작동한다.

합리적인 매매의 도착지

나는 수정된 주봉 다우 전략이 시장에서 매매하기 위한 합리적이고 지속 가능한 접근 방식을 제시한다고 확신한다. 주봉 다우 전략에 간단한 손실 필터, 일봉 최초 손절매 및 주봉 스윙 포인트 추적 손절매를 추가하면 검증 가능한 증거 기반의 특별한 장점이 있다. 이 모델은 추세 추종 매매의 세 가지 황금 원리의 기둥을 단단히 감싼다. 이 모델은 긴 타임프레임인 주봉을 사용하여 투자자가 다우 이론에 정의된 대로 '추세를 따르도록' 보장한다. 더 짧은 타임프레임의 일봉 최초 손절매를 사용하는 것은 확실히 '손실을 짧게' 줄이는 반면, 다우 추세의 주간 변화를 추적 손절매로 사용하는 것은 '이익을 길게' 유지하는 것을 가능하게 한다. 이 모델은 세 가지 황금 원리를 따를 뿐만 아니라, 돈을 버는 효율성이 뛰어나 29%의 훌륭한 연평균 누적 수익률(CAGR)을 누릴 수 있다. 나는 여러분이 이 모델의 사용을 고려해보길 권하고 싶고, 만약 그러고자 마음먹는다면 시장에서 이 모델을 구현하기 전에 먼저 독자적으로 검증하고 T.E.S.T.(30번의 이메일을 통한 가상 매매)를 완료하기를 권한다. 모델의 이후 성과가 어떻게 되었는지 알고 싶다면 언제든지 나의 웹사이트(www.indextrader.com.au.)를 방문하여 문의를 남겨주기 바란다. 문의 제목에 수정된 주봉 다우 전략의 현재 성과(MWDT's current performance)라고만 적으면 내가 자료를 보내줄 것이므로, 문의를 남기는 데 주저할 필요는 없다.

고점 대비 하락

나의 노력에도 불구하고, 24개 시장으로 구성된 내 P24 포트폴리오에서 -8만 520달러를 기록한 수정된 주봉 다우 전략의 고점 대비 최대 하락 폭은 개인투자자 대부분에게 여전히 너무 클 것이다. 내가 수정된 주봉 다우 전략에서 그랬듯이, 당신의 개인적인 전략을 검토하면서 그 결과가 만족스럽지만, 여전히 고점 대비 하락 수준이 걱정된다면, 합리적인 다음 단계는 당신의 투자 자산과 위험 수용 수준에서 받아들일 수 있을 만한 역사적 고점 대비 하락을 보여주는 포트폴리오를 구성하는 것이다. 더 작은 시장 포트폴리오를 구축하려면, 데이터 체리피킹의 함정에 빠지지 않도록 유념해야 한다. 나의 P24 포트폴리오 중에서 가장 성과가 좋은 시장만을 선택하는 일, 즉 체리피킹을 해서는 안 된다. 그것은 절대로, 절대로 해서는 안 되는 일이다. 제8장에서 보여준 것처럼, 다양성과 유동성을 바탕으로 점진적인 포트폴리오를 구축하는 것이 좋다. 표 8-1에 표시된 미니 포트폴리오인 P2, P4, P8, P16을 참고하는 것도 괜찮다. 이들 포트폴리오는 다양성과 유동성의 객관적인 기준에 따라 구성되었다. 나는 그림 9-27과 같이 다양한 포트폴리오 구성에 대해 수정된 주봉 다우 전략을 실행했다.

모든 포트폴리오에서 잘 작동하는 전략을 보는 것은 좋은 일이다. 포트폴리오가 커질수록 성과가 개선된다는 점을 이해하기 바란다. 작은 포트폴리오는 시장이 줄어들어 좋은 매매 기회를 잡을 기회가 적기 때문에 항상 불이익을 받는다. 표 9-15에 각 포트폴리오 조합에서 수정된 주봉 다우 전략의 성과를 요약했다.

수정된 주봉 다우 전략의 성과는 다우 이론과 전략의 지속성으로 인해 포트폴리오 조합 전체에 걸쳐 일관된 결과를 나타낸다. 모든 포트폴리오에서 이익/손실 비율, 정확성, 평균 이익/평균 손실 비율 및 결과적인 기대치가 균일하며, 이는 전략의 성과가 소수의 주요 시장에 의존하지 않음을 보여준다. 더 큰 포트폴리오에서 매매하는 것의 이점은 포트폴리오의 크기가 증가함에 따라 위험 보상 비율과 효율성이 개선되는 것을 통해 확실히 알 수 있다.

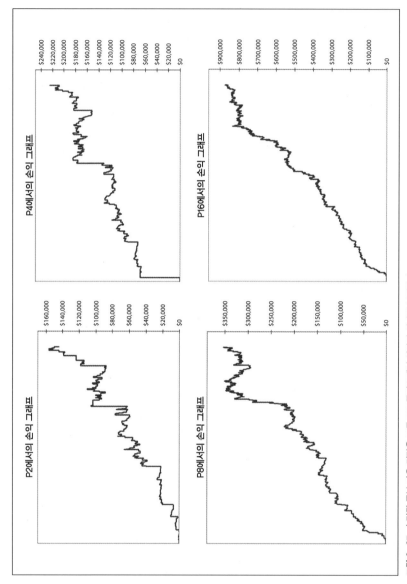

그림 9-27 수정된 주봉 다우 전략은 모든 포트폴리오에서 일관된 성과를 보여준다.

전략: 손실 필터와 일봉 최초 손절매를 추가한 주봉 다우 전략(MWDT)

매매 시작: 1979년 11월 16일
매매 기간: 40년

포트폴리오	P2	P4	P8	P16	P24
생존 가능성					
투자 자금 분할 수	50	50	50	50	50
기대치	40%	38%	38%	41%	33%
파산 위험	0%	0%	0%	0%	0%
위험 보상(1계약)					
순이익	$144,190	$219,530	$352,733	$871,470	$1,160,253
연평균 누적 수익률	4%	4%	5%	8%	8%
MDD	−$22,405	−$32,948	−$56,288	−$55,262	−$80,520
위험 보상 비율(순이익/MDD)	6	7	6	16	14
궤양 성과 지수	0.2	0.4	0.7	1.7	1.8
평균 손실	−1.8%	−1.6%	−1.8%	−2.6%	−2.5%
총 매매 횟수	258	501	929	1,900	2,923
평균 이익	$559	$438	$380	$459	$397
평균 슬리피지	−$51	−$51	−$51	−$51	−$51
이익 손실 비율	1.6	1.6	1.5	1.6	1.5
승률	33%	34%	31%	30%	29%
평균 이익/평균 손실	3.3	3.1	3.5	3.8	3.5
자금 관리의 효율성					
자금 관리(투자 비율)	2%	2%	2%	2%	2%
초기 투자금	$50,000	$50,000	$50,000	$50,000	$50,000
매매당 위험	−2.0%	−1.7%	−2.0%	−2.8%	−2.7%
순이익	$277,365	$200만	$2,200만	$8억1,300만	$13억
연평균 누적 수익률	5%	10%	17%	27%	29%
매매의 난이도					
고점 대비 하락(최장 기간, 일)	1,599	2,884	2,509	1,800	1,757
최대 연속 손실(회)	11	14	16	17	19
결정 계수(R^2)	93%	95%	93%	98%	96%

표 9−15 수정된 주봉 다우 전략의 성과는 소수의 시장에서 나온 좋은 실적에 의존하지 않는다.

찰스 다우

찰스 다우(Charles Dow, 1851~1902)에게 경의를 표하자. 나는 단지 표본 외 데이터에서의 가상 매매를 거쳐 얻은 역사적 손익 그래프와 나 자신의 매매를 통해서 그의 고점 – 저점 추세 분석 기사가 1900년《월스트리트 저널》에 실리면서 처음 공유되었을 때만큼이나 오늘날에도 효과적이라는 사실을 입증할 수 있다. 나는 이것이 오랜 시간의 시험을 견뎌왔음을 증명할 수 있다. 1987년의 주식 시장 붕괴나 아시아 외환 위기, 닷컴 버블, 미국 주택 시장 버블, 글로벌 금융 위기, 양적 완화 혹은 초단타 매매, 파괴적인 기술 유니콘의 등장, 무기화된 트윗 그리고 각국 중앙은행이 거품을 일으키게 만든 바이러스 대유행조차도 그 효과를 약화시키지 못한다. 다우 이론은 시대를 초월한 것이며, 의심할 여지 없이 다음과 같은 오래된 격언을 증명한다.

시장이 더 많이 변할수록, 더 많은 것들이 같은 상태를 유지한다.

다우 이론은 많은 사람에게 오래되고 유행에 뒤처진 것처럼 보일 수 있다. 하지만 다양한 타임프레임과 모든 시장 조건 및 결코 일어날 것 같지 않은 엄청난 사건들 속에서 부인할 수 없는 표본 외 데이터에서의 성과는 시장 참여자들이 심각하게 고민하고 적극적으로 고려해야 하는 강력한 매매 기법임을 보여준다. 많은 사람이 시장을 연구하고 불확실성만 발견하는 곳에서, 다우 이론은 기회를 찾는다. 가장 큰 의문은 다우 이론이 과거처럼 미래에도 좋은 성과를 이어갈 수 있느냐이다. 글쎄, 그것은 나도 모르고 여러분도 모를 일이다. 그러나 모든 시장 상황, 상승과 하락의 사이클을 아우르는 모든 시장 조건에서 과거의 실적이 유일한 기준이라면, 그 가능성은 상당히 긍정적으로 보인다. 그렇지만 시장에서 살아남기 위해 반드시 특별한 것이 있어야 하는 것은 아니다. 생존을 보장하기 위해 당신의 파산 위험을 0%로 굳건하게 유지한다면, 다우 이론의 나침반이 글로벌 시장이라 불리는 변덕스럽고 예측할 수 없는 미로 속에서 당신의 안내자가 될지도 모를 일이다.

이번 장은 찰스 다우와 그의 동료들을 기리기 위한 것이다.

전진을 위해 다시 미래로

내가 어떤 식으로 전략을 개발하는지 여러분이 잘 이해했기를 바란다. 나는 앞으로 나아가기 위해 뒤돌아보기를 고집하는 사람이다. 오래된 아이디어만이 많은 표본 외 데이터에서의 성과와 지속성의 확실한 증거를 줄 수 있기 때문이다. 당신이 검토할 오래된 아이디어를 발견하면, 그다음은 전형적인 과정이 이어진다. 소프트웨어를 사용하여 아이디어를 코드화하고, 그렇게 만들어진 모델을 검토하고 벤치마크 전략과 비교해보라. 데이터 체리피킹을 방지하기 위해 분산된 전체 포트폴리오에서의 확장성을 확인하라. 여기서 흥미로운 결과가 나온다면 과도한 최적화의 함정에 빠지지 않는 범위 내에서 전략을 조정한다. 전략이 여전히 괜찮아 보인다면, 손익 그래프의 안정성 검토를 완료한다. 그러고도 여전히 웃고 있다면, T.E.S.T.(30번의 이메일을 통한 가상 매매)를 완료하고, 만약 그 결과가 긍정적이라면 멋진 저녁 식사에 가족들을 초대해서 자축할 일이다! 어려울 것은 하나도 없다!

다양성 포용하기

앞서 말한 과정이 완성되면, 당신의 목표는 결국 다양한 시장에서 다양한 타임프레임으로 매매하는 추세 추종 기법과 역추세 기법이 모두 포함되어 있고, 상관관계가 적은 전략들로 구성된 포트폴리오를 구축하는 것이다. 매매 기법, 타임프레임 그리고 시장의 다양화는 당신의 손익 그래프를 안정적으로 만들어줄 것이다.

세계 최대의 헤지펀드 가운데 하나인 브리지워터 어소시에이츠(Bridgewater Associates)의 최고경영자 레이 달리오(Ray Dalio)가 그의 저서 《원칙(*Principles*)》(Simon & Schuster, 2017; 한빛비즈, 2018)에서 말했듯이, 상관관계가 없는 전략의 포트폴리오를 구축하는 것, 즉 다각화하는 것은,

⋯⋯투자의 성배였다.

다양한 시장에서 다양한 타임프레임을 사용하는, 상관관계가 없는 여러 전략을 사용하는 것은 당신에게 더 많은 기회를 제공하고, 개별

전략이나 개별 시장에서의 실패를 분산시키며 더욱 안정적인 손익 그래프를 제공한다. 다각화는 더 나은 위험 관리를 제공한다. 하지만 먼저, 추세를 따라 지속 가능한 매매를 달성하는 데 초점을 맞춰야 한다.

감사의 글

추세 추종 매매에 대한 내 생각을 읽을 시간을 내준 여러분에게 감사의 인사를 드린다. 모든 사람의 시간은 한정되어 있다는 것을 알기 때문에, 이 책을 읽어준 여러분이 정말로 감사하다. 여러분이 내가 쓴 모든 글에 동의할 거라고는 기대하지 않으며, 때때로 나의 의견이 여러분의 의견과 정반대였다면 이 자리에서 사과하고 싶다. 하지만 나는 여러분이 이 책을 읽는 데 들인 시간을 정당화하도록 내 아이디어에 충분히 동의할 수 있기를 바란다.

나도 처음에는 추세 추종 투자자가 되는 것에 대한 끊임없는 그림을 그리면서 힘들었다는 점을, 그것이 대부분의 시간 동안에 얼마나 비참한 존재인가 하는 것을 안다. 나는 그것을 현실로 유지하고 싶었다. 여러분이 몇 번의 실패 후에도 포기하지 않도록 돕기 위해, 나는 여러분이 자신을 강화하기 위해 앞으로 다가올 피할 수 없는 고통을 알고 환영하기를 원했다. 그것은 추세 추종 매매의 세계에 도사리고 있는 피할 수 없는 손실이라는 고통이다. 나는 여러분이 첫 패배에서 살아남기를 바라기 때문에 이 일을 한 것이다. 손익 그래프의 새로운 고점이 기다리고 있는 반대편까지 당신이 안전하게 도달하기를 바라기 때문이다. 그렇게 할 수 있다면, 당신은 성공으로 가는 유리한 위치에 서게 될 것이다.

그리고 당신은 할 수 있다. 이제 여러분은 지속성이 있고 긍정적인 기대치를 갖는 자신만의 매매 전략을 알아내거나 만들어낼 수 있는 모든 지식을 갖추고 있다. 피할 수 없는 손익 그래프의 하락 속에서 살아남을 수 있는 전략 말이다. 따라서 나는 내가 검토했던 아이디어들과 함께 추세 추종 매매에 대한 나의 솔직하고 현실적인 논의가, 여러분이 가격 분포의 두꺼운 꼬리를 추적할 때 확고한 과학적 데이터에 의해 뒷받침되어, 비록 때때로 울퉁불퉁할지라도 우상향하는 손익 그래프에 올라타는 데 도움이 되기를 바란다.

이제 당신은 매매의 모순된 본질을 잘 이해하고 있어야 한다. 이제 당신은 어쩌다 나타나는 예상치 못한 상황에 대처할 준비가 되어 있어야 한다. 당신이 가고자 하는 매매의 세계는 모순이 너무 많다. 기술의 발달이나 인터넷, 스마트 기기의 발전을 고려하면 지금이 가장 좋은 시기로 보일 수 있지만, 여전히 90% 이상의 투자자가 손해를 보는 최악의 시기이기도 하다. 우리의 영원한 동반자가 편안함, 확실함, 안전함이 아니라 고통과 변동성 그리고 불확실성인 세상이다. 가장 설득력 있는 언어인 기술적 분석이 설득력을 거의 갖지 못하는 세상이다. 생각하는 것이 돈을 벌어주는 것이 아니라 돈을 잃게 만드는 세상이다. 가장 잘 잃는 자가 최고의 승리자가 되는 세상이다. 정확하면서, 가장 좋은 진입 기법을 가지고 있는 최고의 전략을 선택하는 것이 성공으로 이어지지는 않지만, 수학을 아는 것이 성공으로 이어지는 세상이다. 편리함이 사람을 망가뜨릴 수 있는 세상이다. 전문가가 추천하는 지표를 주의해야 한다. 이 세상은 정보에 둘러싸인 사람들이 가장 적은 정보를 갖고 있는 세상이다. 관련성 있는 것이 성공과 무관한 세상이다. 과도한 창의성과 독창성이 지나치게 처벌받는 세상이다. 본질은 빈축을 사고, 단순함은 소중히 여겨지는 세상이다. 적은 것이 더 많은 세상이다. 거꾸로 가는 것이 앞으로 가는 것으로 보이는 세상이다. 새로운 것보다 오래된 것이 더 좋은 세상이다. 거꾸로 된 세상인 것이다. 무언가 있는 것처럼 보이지만 아무것도 없는 세상이다. 성공은 찬양받지 못하지만, 겸손은 찬양받는 세상이다. 한편으로는 추세가 우리의 친구이며 추세를 따르라는 말을 듣지만, 다른 한편으로는 과거의 성과가 미래의 성과를 보장하지 않는다는 말을 듣는 세상이다. 분포가 정상이라고 하지만, 어디를 보아도 전혀 정상적이지 않다. 다이어트 서적은 뚱뚱한 것이 나쁘다고 말하지만, 매매의 성공은 뚱뚱한(두꺼운) 꼬리를 좋아한다. 확고한 과학은 추세 추종 매매가 실패할 수 없다고 말하지만, 많은 사람이 실패하는 세상이다. 표준편차는 보편적으로 받아들여지는 위험의 지표이지만, 보편적인 비판을 함께 받는 세상이다. 더 많은 궤양이 더 적은 궤양보다 칭송받는 세상이다. 우리들 투자자가 사는 세상은 이상하고 모순된 세상이다. 기회는 확실하게 찾아지지 않고 불확실하게 찾아지는 세상이다. 이러한 모순을 인정하고, 받아들이고, 포용하고, 실행하는 것은 당신이 지속 가능한 매매로 가는 길을 확고히 하는 데 큰 도움이 될 것이다.

이야기를 마치기 전에, 내가 로마로 가는 수많은 길 중에 단지 하나의 길만 보여줬다는 것을 기억하기 바란다. 이 길이 당신의 길이 아니더라도, 걱정할 필요는 없다. 당신의 투자에는 선택 가능한 많은 길이 있다. 나의 지나치게 반복적인 스타일에 대해 다시 한번 사과하고 싶고, 당신이 고려하고자 하는 내 아이디어에 대해 질문하고, 독자적으로 검증하는 것을 잊지 않기를 바란다.

그리고 마지막으로, 나는 이 책의 아이디어만으로는 당신이 성공하기에 충분하지 않다고 말하고 싶다. 투자를 위해서는 지속성이 있고 긍정적인 기대치를 가진 전략이 필요할 뿐만 아니라 성공적인 투자를 위한 보편적인 원칙도 필요하다. 아직 읽어보지 않았다면, 필자의 이전 저서 《주식투자 절대지식》을 꼭 읽어보기 바란다. 나는 사실 지금 이 책보다 이전 책을 더 높게 평가한다. 투자의 보편적인 원칙이 매매 전략보다 우선하기 때문이다. 하지만 나는 지금 이 책을 《주식투자 절대지식》의 잃어버린 제14장 혹은 동반자라고 여기기 때문에, 여기에서 여러분과 공유한 것들을 높이 평가한다. 또한 이 두 책이 합리적이고 지속 가능한 매매로 가는 길로 여러분을 확고히 이끌어줄 것이라고 믿는다. 그리고 수정된 주봉 다우 전략의 최근 성과를 알고 싶다면 주저하지 말고 나의 웹사이트를 통해 질문을 남겨주기 바란다.

여러분 모두 성공적인 투자자가 되기를 기원한다.

추세 추종 매매의 궁금함에 대한
저자의 명확한 응답

추세 추종 매매의 보편적인 원리를 다룬 브렌트 펜폴드의 전작《주식투자 절대지식(*The Universal Principles of Successful Trading*)》을 번역하여 출간한 지 정확히 10년의 세월이 흘렀다. 이미 오래전부터 추세 추종 매매의 매력에 빠져 있던 역자에게도 눈이 번쩍 뜨일 만큼 놀라운 혜안과 지혜가 가득 담긴 책이었다. 역자 역시 그 이후로도 여전히 시장에 머물러왔지만, 브렌트 펜폴드가 전작에서 밝힌 보편적인 원리들을 실제 매매에 적용하기에는 어려움을 느낀 것이 사실이었다. 자금 관리의 중요성은 잘 알았으나, 그것을 나의 매매 전략과 어떻게 결합해야 하는지, 그 이전에 나의 매매 전략이 추세 추종 매매의 보편적인 원리를 잘 따르고 있는지는 어떻게 평가할 것인지 등이 늘 궁금했고, 그것은 독자 여러분도 크게 다르지 않았을 것이라고 생각한다.

이 책은 나와 여러분의 그런 궁금함에 대한 브렌트 펜폴드의 명확한 응답이다. 추세 추종 매매가 좋은 건 알겠는데, 그것을 어떻게 내 것으로 만들 수 있는지, 그렇게 만들어진 전략이 실제 매매에 사용될 수 있을 만한 전략인가를 검토하고 확인하는 방법은 무엇인지, 그리고 그런 검토를 마친 추세 추종 매매 전략의 위험을 측정하고 자신의 자금 관리 전략과 결합하는 방법들을 처음부터 차근차근 자세히 설명하려는 저자의 노력이 빛을 발한다. 국제적인 선물투자대회에서 네 번이나 우승한 안드레아 웅거가 서평에서 말한 것처럼, "아하!" 하고 감탄할 수밖에 없는 내용으로 가득하다.

이야기를 풀어나가는 브렌트 펜폴드의 스타일은 저자 자신이 미리 언급하며 독자에게 용서를 구한 것처럼, 매우 반복적이고, 정말로, 반복적이다. 하지만 저자가 이야기하고 싶어 하고 우리가 이해하기를 바라는 바가 무엇인지를 생각하면서 이 책을 읽는다면 그것이 절대로 지루하거나 쓸데없는 반복이 아니라는 사실을 독자 여러분도 느낄 것이다. 추세 추종 매매로 투자하려는 투자자라면, 그리고 시장에서 살아남아 성공하고 싶은 투자자라면 누구나 알고 있어야 하는 너무나 중요한 원리와 사실들을 우리에게 알려주려는 저자의 사려 깊은 배려가 바로 반복적인 표현으로 나타난 것일 뿐이다.

시장의 원리와 거기에서 살아남아 성공으로 이끌 수 있는 보편적인 원칙들을 아는 것은 쉬운 일일 수도 있다. 하지만 그 원칙들을 자신의 매매 전략에 적용하고 그것을 실제 매매에서 사용할 수 있을 정도로 갈고닦는 것은, 사실 별개의 문제다. 역자도 언제나 그런 문제들로 고민했고, 아직도 답을 찾지 못해 헤매고 있음을 고백한다.

저자는 추세 추종 매매라는 것이 어떤 특징을 가진 매매 전략인지,

추세라는 것이 왜 그토록 중요한지, 추세가 중요하다는 것을 잘 알고 시장의 추세를 따라 매매하려고 시도하는 수많은 투자자가 왜 그렇게 많은 실패를 겪는지를 설명하는 데 지면의 많은 부분을 할애하고 있다. 역자 역시 여기서 느끼는 바가 많았는데, 독자 여러분도 이 부분을 읽으면서 과연 내가 추세 추종 매매 전략을 사용하는 투자자가 될 수 있을지 진지하게 고민하는 시간이 되길 바란다. 성공적인 많은 추세 추종 투자자들이 증명해왔듯이, 추세 추종 매매는 분명히 시장에서 살아남아 성공으로 향하도록 만들 수 있는 훌륭한 매매 전략이지만, 그것이 누구나 편하게 따라 하거나 쉽게 이룰 수 있는 평범한 투자 전략을 의미하는 것은 아니다.

추세 추종 매매 전략은 간단하고 명확한 단 세 가지 원칙에 바탕을 두고 있지만, 비참하고 견디기 어려운 역경들을 이겨내야만 제대로 실행이 가능한 어려운 전략이다. 만약 여러분이 추세 추종 매매의 세계에 들어서고자 한다면, 그런 역경들을 이겨내고 시장에서 살아남아 성공하고자 한다면, 이 책은 여러분이 몇 번이고 반복해서 읽어야 할 훌륭한 지침서가 될 거라 믿는다. 이 책을 읽는 모든 독자 여러분이 시장의 역경을 이겨내고 투자 여정에 행운이 깃들기를, 그리고 이 책이 거기에 조금이라도 도움이 되기를 진심으로 바란다.

정진근

찾아보기

2
24시간 매매 132

5
50일-200일 이동평균 교차 전략 338-340, 438, 474, 478, 480

A
ADX 지표 304
ATR밴드 386-388, 480

I
IDX 포트폴리오 104

M
MACD(이동평균 수렴 확산 지수) 265, 267, 299, 300, 390

N
Norgate Data(www.norgatedata.com) 312, 392, 448

T
T.E.S.T. 505, 580

ㄱ
가격 돌파 325, 349, 389, 439

가변성 264, 268, 279, 303
가장 잘 잃는 투자자 68-69
가틀리(Gartley)의 3주-6주 이동평균 교차 전략 331, 485
가틀리의 1-2-3 되돌림 차트 패턴 331
갠 이론 57-58, 222
거짓 돌파 255
결정 계수 111-112, 464, 484, 492-494
겸손함 129, 142-143
경로 의존성 242-243
고점 대비 최대 하락(MDD) 109, 420-421, 431, 461, 544
고점 대비 하락 110-111, 131, 409, 580
고점-저점 추세 분석 354-355, 358, 584
곡물 시장의 유령 66
골든 크로스 338, 340
과도한 최적화 94-95, 106, 114-116, 453
과소 반응 239
과잉 반응 238-242
관련성 함정 457, 474, 506
군중 편향 241
궤양 성과 지수 412, 424-426, 433-441
  계산법 434
  예시 434
궤양 지수 423-433
  계산법 425
  단점 432

장점 430
해석 427
글로벌 금융 위기 133, 584
금의 가격 변동 186
　정규분포 186
긍정적인 기대치 261, 263, 588, 590
기대 편향 125-126
기대치 61, 63, 73-80, 260-262, 290-
　292
기술적 분석 54-57, 126-127, 267, 371,
　514

ㄴ

나쁜 투자자 66
나심 탈레브(Nassim Taleb) 188
냉소주의자 62
니콜라스 다바스(Nicholas Darvas,
　1920~1977) 162, 362

ㄷ

다바스 박스 362-365
다양성 447-450, 582, 586
다우 이론 156-157, 354-356, 514-525,
　579, 584
　고점과 저점의 추세 분석 515
　단순화 518
　이론의 배경 514
다우존스 산업 지수 514
다우존스 철도 지수 514
닷컴 버블 584
던키안(Donchian)의 5일-20일 이동평균
　교차 전략 335, 340
던키안의 4주 채널 372-374, 435-436,
　489
데드 크로스 338, 340-341
데이비드 리카도(David Ricardo,
　1772~1823) 154, 349
데이비드 라이프슈나이더(David

Reifschneider) 84
데이비드 하딩(David Harding) 148, 218
데이터 72-75, 94-95, 108-119, 212-219
데이터 나누기 505
데이터 체리피킹 94, 114, 259, 269, 446-
　447, 459, 585
독립적이고 객관적인 도구들 302
돌파 전략 164, 252, 325, 371, 439
되돌림 전략 325, 349, 389
되돌림 추세 추종 매매 전략 389
두꺼운 꼬리 188-190, 196-203, 208-
　211, 254-256, 319
두려움과 탐욕 235
드레퓌스의 52주 채널 375-377
뚱뚱한 꼬리 188

ㄹ

라세 헤제 페데르센(Lasse Heje
　Pedersen) 214
래리 윌리엄스(Larry Williams) 77, 103
래리 페사벤토(Larry Pesavento) 331
랜덤워크 이론 166, 168, 172-177, 202-
　203
랜덤 추세 전략 312-322, 399-401
레이 달리오(Ray Dalio) 586
로버트 레아(Robert Rhea) 157, 515
로버트 에드워즈(Robert Edwards) 161,
　371
롱텀캐피털 133, 205
루비(Ruby) 102, 452
루이 바슐리에(Louis Bachelier) 172
르네상스 테크놀로지 89
리버모어 반응 모델(1900) 357
리처드 던키안(Richard Donchian,
　1905~1993) 163, 335
리처드 데니스(Richard Dennis) 377,
　501
리처드 와이코프(Richard Wyckoff,

1873~1934) 158
리카도 룰 349-353

ㅁ

마이클 코벨(Michael Covel) 218, 378
마틴 지수(Martin Ratio) 424
매매 가능성 111-112, 455
매매 기법 코드화 520
매매의 난이도 464-465
매매의 유일한 비밀 64, 69
멀티차트(MultiCharts) 101-102, 451-
  452
메달리온 펀드(Medallion Fund) 88-89
모딜리아니(Modigliani) 410
모멘텀 추세 추종 매매 324
무작위성 167, 174-175, 178
무지
  기대치에 대한 무지 262
  부실한 전략으로 매매하는 것에 대한 무
  지 263
  투자자 256
  파산 위험에 대한 무지 260
미국 주택 시장 버블 133, 584

ㅂ

바이런 매캔(Byron McCann) 423
바클레이헤지(BarclayHedge) 77, 218
반전 추세 전략 271-277, 279-281, 290-
  292
  매매 적합성 298
  선택 가능한 손익 그래프의 범위 279
  지속성 276
  측정 가능성 274
반전형 전략 342
백테스팅 103, 295
백테스팅 소프트웨어 100
버턴 말킬(Burton Malkiel) 172
벤치마크 전략 457, 474-501

변동성 돌파 325, 349
변동성 돌파 전략 381, 386
변동성 지표 223, 267
변화에 대한 두려움 139
변화율 전략 324
보수적 편향 240
복잡성 96, 107-108
볼린저밴드 267, 381-388, 467-471
분기 수익률 분포 200
분기별 종가 모델 345
불안정성 106-107
불확실성 84, 129, 136-140, 224
브라이언 샤드(Brian Schad) 100
브라이언 허스트(Brian Hurst) 214
블랙숄즈 옵션 가격 모델 168
블랙 스완 사건 188
블룸버그 프로서비스 267-268
비주얼베이직(Visual Basic) 102, 452
빌 던(Bill Dunn) 148, 218
빌 에크하르트(Bill Eckhardt) 377, 501

ㅅ

상대 강도 추세 추종 전략 323, 325
상대 강도 지수(RSI) 267-268
상대적 가격 변동 전략 324
상대적 모멘텀 추세 추종 324
상대적 모멘텀 추세 추종 매매 전략 328,
  439
상대적 시간 변동 전략 324
상대적 시간 변동률 모멘텀 추세 추종 전략
  341
상품 거래 자문(CTAs) 148
새로운 것에 저항하라 118
새뮤얼 넬슨(Samuel Nelson) 514
샤프 지수 213, 409, 412
선택 가능한 다양한 손익 그래프, 기대치, 파
  산 위험 290
선택 편향 125

선형 차트 179, 181, 184
성공하는 전략의 속성 453
　벤치마크 전략 457
　지속성 454
　측정 가능성 454
성과 분석 460
성과 지표 109-110, 112-113, 408, 458
세일럼 에이브러햄(Salem Abraham)
　219
소르티노 지수 409, 412
손실 필터 534
손실 회피 편향 241
손익 그래프 무시 94, 98
손익 그래프 안정성 검토 277, 466, 577
　수정된 주봉 다우 전략 574
　터틀 매매 전략 495
수익을 내는 매매의 수학 69
스스로 해내길 원하는 당신 91
스윙 포인트 돌파 354, 521
스토캐스틱 267, 300
스티브 코언(Steve Cohen) 107
시스템 트레이더 77, 116, 217-218
시장 프로파일 223
시장의 극한의 역경 209, 221, 291, 293,
　310, 579
시장의 사기꾼 106
시카고 상품거래소(CME) 코드 312
신경 전달 물질 26, 119-120
신념 보존 편향 239
신성 기하학 223
심리적인 문제 63, 257
쓰레기가 들어가면 쓰레기가 나온다 263

ㅇ
아널드의 패턴 확률 전략 366, 454, 485
아미브로커(AmiBroker) 101, 451
아서 커튼(Arthur Cutten) 157
아시아 외환 위기 584

알고리즘 트레이더 116
알고리즘 트레이딩 71
알렉산더 엘더(Alexander Elder) 389
앨릭스 그레이저맨(Alex Greyserman)
　212
앵커링 편향 239
야오화우이(Yao Hua Ooi) 214
양적 완화 584
에드 세이코타(Ed Seykota) 148, 218
에드워드 존스(Edward Jones) 514
에드윈 르페브르(Edwin Lefe`vre)
　159, 357
엑셀 105, 214, 413
　난수 발생기 175, 312
엑셀의 VBA 100, 327, 451
엘더의 삼중창 전략 389, 482
엘리엇 파동 이론 57, 58, 222, 239, 361
역추세 전략 29, 59, 128, 135
연간 수익률 분포 201
연평균 누적 수익률(CAGR) 51, 64-65,
　408-409, 464, 493
완벽한 (무작위적인) 시장 174
우수한 설계 원칙
　과도한 최적화 방지 114
　지속성 118
운수업종 지수 514
월간 수익률 분포 199
월별 종가 모델 342
월봉 다우 전략 528
　손실 필터를 추가한 월봉 다우 전략 검
　토 545
　손실 필터를 추가한 월봉 다우 전략 비
　교 546
　손실 필터를 추가한 월봉 다우 전략 코
　드화 544
　손실 필터와 손절매 계획을 추가한 월
　봉 다우 전략 검토 562
　손실 필터와 손절매 계획을 추가한 월

봉 다우 전략 비교 562
손실 필터와 손절매 계획을 추가한 월
봉 다우 전략 코드화 559
손실 필터와 일봉 스윙 포인트 추적 손
절매를 추가한 월봉 다우 전략 검토
572
손실 필터와 일봉 스윙 포인트 추적 손
절매를 추가한 월봉 다우 전략 비교
574
손실 필터와 일봉 스윙 포인트 추적 손
절매를 추가한 월봉 다우 전략 코드화
571
위험 81-99, 299, 407-409
위험 측정 415
위험 보상 비율 461
위험 조정 성과 측정 410, 424, 433
위험 조정 성과 평가 409
윌리엄 파울러(William Fowler) 156,
328
윌리엄 해밀턴(William P. Hamilton)
157, 515
유진 파마(Eugene Fama) 172, 202
이동평균 265, 272, 280, 304
이익보다는 생존이 우선 407
인간의 본성 296
인기 있는 지표들 265
인지적 편향 124, 234
인포테이너 82
일괄 수행 매매 전략 122-124, 127-
128
일본 부동산 시장 붕괴 133
일봉 다우 전략 520
손실 필터를 추가한 일봉 다우 전략 검
토 536
손실 필터를 추가한 일봉 다우 전략 비
교 536
손실 필터를 추가한 일봉 다우 전략 코
드화 535

손실 필터와 손절매 계획을 추가한 일
봉 다우 전략 검토 553
손실 필터와 손절매 계획을 추가한 일
봉 다우 전략 비교 553
손실 필터와 손절매 계획을 추가한 일
봉 다우 전략 코드화 552

ㅈ
자금 관리의 효율성 463
자본 자산 가격 결정 모델 168
자유재량에 의한 투자자 71-75, 123-124
잘 잃는 투자자 67, 70
잭 드레퓌스(Jack Dreyfus) 164
잭 슈웨거(Jack Schwager) 377
저축과 대출 위기 133
전략 개발의 여섯 단계
1. 매매 기법 찾기 503, 510
2. 매매 기법 코드화 503, 520
3. 매매 기법 검토 503, 522
4. 매매 기법 비교 503, 522
5. 매매 기법 조정 503, 525
6. 손익 그래프 안정성 검토 504, 577
전략 파멸의 네 기수 93-94
전략의 기대치 74-75, 115, 259-264
전략의 성배 86, 108
전자 매매 132
절대적 모멘텀 추세 추종 324
절대적 모멘텀 추세 추종 매매 전략 348,
371
점성술 42, 57, 222
정규분포 168-170
시장 수익률은 정규분포를 따르는가 201
정규분포의 가정 204, 207
정규분포의 이점 169
정규분포 곡선 170-171, 186-188, 194
정보 편향 125
정체 돌파 357
제리 파커(Jerry Parker) 219

제시 리버모어(Jesse Livermore) 159, 357

제임스 그랜트(James Grant) 154, 349

제임스 사이먼스(James Simons) 88

젠센알파 109

조지 시먼(George Seaman) 160

조지 체스트넛(George Chestnutt) 161

존 마지(John Magee) 161, 371

존 볼린저(John Bollinger) 381

존 헨리(John Henry) 148, 218

좁고 높은 봉우리 188-190, 196

종 모양 곡선 170-171, 178. 194-196, 253-256

  일일 수익률 183-197

  종 모양 구조 255

주간 수익률 분포 199

주관성 303

주봉 다우 전략 525

  손실 필터를 추가한 주봉 다우 전략 검토 541

  손실 필터를 추가한 주봉 다우 전략 비교 541

  손실 필터를 추가한 주봉 다우 전략 코드화 540

  손실 필터와 손절매 계획을 추가한 주봉 다우 전략 검토 557

  손실 필터와 손절매 계획을 추가한 주봉 다우 전략 비교 559

  손실 필터와 손절매 계획을 추가한 주봉 다우 전략 코드화 556

  손실 필터와 일봉 스윙 포인트 추적 손절매를 추가한 주봉 다우 전략 검토 567

  손실 필터와 일봉 스윙 포인트 추적 손절매를 추가한 주봉 다우 전략 비교 568

  손실 필터와 일봉 스윙 포인트 추적 손절매를 추가한 주봉 다우 전략 코드화 566

중개 회사 코드 312

쥘 르뇨(Jules Regnault) 172

증거 기반의 접근법 72

증거 56, 72, 212, 455

지속성 108-122

  매매 가능성 결정 계수 111

  증거 기반 112

  측정 방법 112

  특성 기반 113

지속성은 금이다 108

지표 분석 223

ㅊ

차트 패턴 222, 367, 454

찰스 다우(Charles Dow) 514, 584

채널 돌파 371-380

채널라이즈(Channalyze) 101, 451

처분 효과 66, 241

체서피크 캐피털(Chesapeake Capital Management) 219

초단타 매매 584

최대 예상 손실(VaR) 168

최신 편향 242

최초 손절매 367, 549-553, 556-562

추세선 162, 226, 304, 367

추세 추종 매매의 역사 154

추세 추종 매매의 황금 원리 163, 225

  손실은 짧게 자른다 154, 249, 309, 327, 349, 350

  이익은 길게 유지한다 226, 249, 309, 327

  추세를 따라 매매한다 249, 309, 327

측정 가능성 115, 269. 274, 453, 454

ㅋ

칼마 비율 109, 410

캐스린 카민스키(Kathryn Kaminski) 212-213

캔들 차트 154, 222

커티스 아널드(Curtis Arnold) 366

코로나바이러스 대유행 41, 133, 136, 139, 207, 221
콜스(Alfred Cowles)와 존스(Herbert Jones) 341
키스 캠벨(Keith Campbell) 218

ㅌ

탐욕 235, 294
터틀 매매 전략 377, 438, 489, 495, 501
톰 디마크(Tom DeMark) 107
투자의 목적지 446
트레이너 지수(Treynor Ratio) 410
트레이드가이더(Tradeguider) 101, 449
트레이드내비게이터(Trade Navigator) 101, 451
트레이드스테이션(TradeStation) 101, 452
트레이딩블록스(Trading Blox) 101, 452

ㅍ

파괴적인 기술 유니콘 584
파산 위험 122, 260, 290
파이썬(Python) 102, 452
패스파인더(Pathfinder) 103
패턴 인식 222
팻 헌(Pat Hearne) 328
평균 연수익률 64-65
평균 회귀 전략 197-201, 395
포트폴리오 구성 446
폴 치아나(Paul Ciana) 126, 267
폴 튜더 존스(Paul Tudor Jones) 107
표준편차
　계산 및 해석 413
　위험 평가 방식 413
　장점 414
　최고의 위험 측정인가? 415
표준편차의 단점
　고점 대비 하락 무시 419

시장의 현실 무시 416
이익에 벌칙 주기 418
투자자의 현실 무시 417
프랙탈 198, 223
플라세보 투자자 78-79
피보나치 분석 223
피보나치 비율 265, 300
피터 마틴(Peter Martin) 423
피터 튤립(Peter Tulip) 84

ㅎ

해럴드 가틀리(Harold Gartley, 1899-1972) 162
해리엇 노블(Harriet Noble) 160
행동 금융학 234-238, 242
행동 편향 235
헌(Hearne)의 1% 룰 328, 354
현대 포트폴리오 이론 168
혼마 무네히사(本間宗久) 154
확실성 138
확장성 114, 270, 274, 276, 456
확증 편향 240
회귀 전략 250
효율적 시장 가설 166, 172-177, 201-203, 233
희망, 두려움, 탐욕 70
히스토그램 178-189, 192-204

추세 매매 절대지식

초판 1쇄 발행 | 2021년 12월 7일
초판 4쇄 발행 | 2024년 8월 31일

지은이 | 브렌트 펜폴드
옮긴이 | 정진근
발행인 | 김태진, 승영란
편집주간 | 김태정
마케팅 | 함송이
경영지원 | 이보혜
디자인 | 여상우
출력 | 블루엔
인쇄 | 다라니인쇄
제본 | 다인바인텍
펴낸 곳 | 에디터
주소 | 서울특별시 마포구 만리재로 80 예담빌딩 6층
전화 | 02-753-2700, 2778 팩스 | 02-753-2779
출판등록 | 1991년 6월 18일 제1991-000074호

값 30,000원
ISBN 978-89-6744-239-2 03320